JUAN JOSÉ GONZÁLEZ BADILLO

Doctor en Educación Física por la Universidad de Granada.

Licenciado en Ciencias de la Educación por la Universidad Complutense de Madrid

Jefe de estudios del Centro Olímpico de Estudios Superiores (COES) del Comité Olímpico Español (COE).

Profesor del Máster Universitario en Alto Rendimiento Deportivo del COE y la Universidad Autónoma de Madrid.

Entrenador y asesor en la preparación de diversas selecciones nacionales y deportistas individuales como ciclismo en pista, hockey hierba, halterofilia, vela, lucha, voleibol, remo, atletismo.

Fue miembro del Comité Técnico, del Comité Científico y de Investigación de la Federación Internacional de Halterofilia.

Fue Director Técnico de la Federación Española de Halterofilia 1974-1993.

JUAN RIBAS SERNA

Doctor en Ciencias por la Universidad de Saint Etienne(Francia).

Médico especialista en Medicina Deportiva.

Director del Centro de Investigación y Medicina del Deporte. Instituto Navarro de Deporte y Juventud (Pamplona).

Profesor del Máster Universitario en Alto Rendimiento Deportivo del COE.

Fue Asesor Biomédico del A.D.O.'92.

Fundamentos del entrenamiento de la fuerza. Aplicación al alto rendimiento deportivo

TEXTO BÁSICO DEL MÁSTER UNIVERSITARIO
EN ALTO RENDIMIENTO DEPORTIVO DEL COMITÉ
OLÍMPICO ESPAÑOL Y DE LA UNIVERSIDAD
AUTÓNOMA DE MADRID

Juan J. González Badillo
Esteban Gorostiaga Ayestarán

Publicaciones

Cuarta edición, 2018
Tercera edición, 2002
Segunda edición, 1997
Primera edición, 1995

© 2018, Editorial INDE
  Pl. Sant Pere, 4 bis, baixos, 2a
  08003 Barcelona – España
  Tel. 93 319 97 99
  www.inde.com
  editorial@inde.com
  editorialinde.tumblr.com
  facebook.com/INDEEditorial
  @INDEEditorial

© 2018, Juan J. González Badillo
  Esteban Gorositaga Ayestarán

ISBN: 978-84-87330-38-4

Dep. Legal: Z-1489-2002

Impreso en España

ÍNDICE

PRÓLOGO 13

INTRODUCCIÓN 15

Capítulo I
CONCEPTO DE FUERZA 19

    1. Definición 19

    2. Papel de la fuerza en el rendimiento deportivo 21
        2.1. Fuerza y técnica 21
        2.2. Fuerza y potencia 21
        2.3. Fuerza y resistencia 22
        2.4. Fuerza y valoración 23

    3. Manifestaciones de fuerza 23
        3.1. Curva fuerza-tiempo 23
        3.2. Curva fuerza-velocidad 30
        3.3. La tensión muscular 44
            3.3.1. Tipos de tensión 45
        3.4. Clasificación de las manifestaciones de fuerza 48
            3.4.1. Fuerza absoluta 53
            3.4.2. Fuerza isométrica máxima 53
            3.4.3. Fuerza máxima excéntrica 53
            3.4.4. Fuerza dinámica máxima 53

3.4.5. Fuerza dinámica máxima relativa	53
3.4.6. Fuerza explosiva	55
3.4.7. Fuerza elástico-explosiva	56
3.4.8. Fuerza elástico-explosivo-reactiva	56
3.5. Relación entre las distintas manifestaciones de fuerza	60

Capítulo II
FUNDAMENTOS BIOLÓGICOS SOBRE EL DESARROLLO Y LA MANIFESTACIÓN DE LA FUERZA 65

1. Factores estructurales del desarrollo de la fuerza	66
1.1. La hipertrofia o aumento del tamaño del músculo	66
1.1.1. El aumento de la talla y el número de miofibrillas	67
1.1.2. El aumento del tejido conectivo	69
1.1.3. El aumento de la vascularización	69
1.1.4. El aumento de la talla y del número de fibras musculares	70
1.2. Las fibras musculares	72
1.2.1. Distinción: isomorfas de la miosina	73
1.2.2. Clasificación de las fibras musculares	73
1.2.3. Fibras musculares y rendimiento deportivo	75
1.2.4. Efecto del entrenamiento en la transformación de las fibras musculares	77
1.3. Aplicaciones prácticas	78
2. Factores nerviosos del desarrollo de la fuerza	79
2.1. Generalidades sobre control nervioso del movimiento: central, periférico y unidades motoras	79
2.1.1. Estructura jerárquica del sistema motor. El sistema nervioso central	79
2.1.2. La unidad motora	82
2.2. Mecanismos de adaptación neural debidos al entrenamiento de fuerza	91
2.2.1. Actividad eléctrica integrada (IEMG) de los músculos durante distintos tipos de contracción muscular	91
2.2.2. Posibles mecanismos de adaptación neural con el entrenamiento de fuerza	92
2.3. Aplicaciones prácticas	95

3. Factores del desarrollo de la fuerza relacionados con el ciclo estiramiento-acortamiento ... 96

   3.1. Razones por las cuales la contracción concéntrica del CEA es más eficaz que la contracción concéntrica aislada ... 98

   3.2. Efectos del entrenamiento del CEA sobre la capacidad de mejora del mismo ... 99

   3.3. Aplicaciones prácticas ... 100

4. Mecanismos hormonales relacionados con el desarrollo de la fuerza ... 101

   4.1. Balance anabólico ... 101

   4.2. Hormona del crecimiento (GH) ... 103

      4.2.1. Mecanismos de regulación de la secreción de GH ... 103

      4.2.2. Secreción diaria de GH ... 104

      4.2.3. Acciones de la GH ... 105

   4.3. Testosterona ... 105

      4.3.1. Síntesis, transporte y eliminación ... 105

      4.3.2. Regulación de la síntesis de la testosterona ... 106

      4.3.3. Acciones de la testosterona ... 107

      4.3.4. Efectos del ejercicio físico y del entrenamiento sobre la producción de testosterona ... 109

   4.4. Cortisol ... 110

   4.5. Otras hormonas ... 112

   4.6. Aplicaciones prácticas ... 113

Capítulo III
EL COSTO ENERGÉTICO EN EL ENTRENAMIENTO DE FUERZA ... 115

1. Costo energético de distintas sesiones de entrenamiento de fuerza ... 115

   1.1. Costo energético de los ejercicios isométricos ... 116

      1.1.1. Relación intensidad-tiempo ... 117

      1.1.2. Contracciones isométricas de intensidad inferior al 20% de la fuerza isométrica máxima ... 118

      1.1.3. Contracciones isométricas de intensidad comprendida entre el 25 y el 60% de la fuerza isométrica máxima ... 119

      1.1.4. Contracciones isométricas de intensidad superior al 80% de la fuerza isométrica máxima ... 121

1.1.5. Aspectos prácticos sobre el costo energético de los ejercicios isométricos 122

1.2. Costo energético de las sesiones de entrenamiento de fuerza dinámica . 123

    1.2.1. Estudio descriptivo de las sesiones de entrenamiento de fuerza máxima (con 1 a 6 repeticiones por serie) 124

    1.2.2. Estudio descriptivo de las sesiones de entrenamiento de fuerza máxima por hipertrofia (con 10 repeticiones por serie) 129

    1.2.3. Estudio descriptivo de las sesiones de entrenamiento de fuerza básica o de iniciación a la fuerza máxima 132

    1.2.4. Estudio descriptivo de algunos tipos de sesiones de entrenamiento de resistencia a la fuerza 133

    1.2.5. Estudio descriptivo de las sesiones de entrenamiento de fuerza explosiva 136

    1.2.6. Aspectos prácticos sobre el estudio descriptivo de las sesiones de entrenamiento de fuerza dinámica 136

2. Mujer y fuerza 138

2.1. Diferencias en la magnitud de fuerza máxima entre hombres y mujeres . 138

2.2. Costo energético de las sesiones de fuerza máxima y de fuerza máxima por hipertrofia 139

2.3. Efectos del entrenamiento de fuerza en la mujer 141

2.4. Ciclo menstrual y entrenamiento de fuerza 144

Capítulo IV
COMPONENTES DEL ENTRENAMIENTO DE FUERZA 145

1. Volumen 146

2. Intensidad 150

2.1. Intensidad máxima: absoluta y relativa 150

2.2. Repeticiones por serie 151

2.3. Potencia y/o velocidad de ejecución 152

2.4. Intensidad media 154

2.5. Densidad 155

2.6. Repeticiones con el 90% y más 156

2.7. Efectos de la intensidad en el rendimiento 158

2.7.1. Efectos en el rendimiento con entrenamiento de intensidades pequeñas, medias y grandes 158
2.7.2. Estudio sobre la mejor combinación posible de series y repeticiones por serie 160
2.7.3. Efectos de intensidades altas y bajas sobre la velocidad del movimiento 161
2.7.4. Efectos de intensidades altas, medias y ligeras sobre la manifestación de fuerza, la actividad eléctrica del músculo y la sección muscular 163
2.7.5. Efectos de entrenamiento con cargas pesadas y la combinación de métodos concéntricos y excéntricos 165
2.7.6. Efecto de entrenamientos de tipo explosivo basados en ejercicios de salto 167
2.7.7. Efectos de distintos niveles de intensidad con el mismo volumen de entrenamiento 169
2.7.8. Síntesis de los efectos fundamentales de las distintas intensidades 172

3. Velocidad de ejecución 177

4. Ejercicios 179

Capítulo V
METODOLOGÍA DEL ENTRENAMIENTO DE FUERZA 185

1. Vías de desarrollo 186
   1.1. La hipertrofia 186
   1.2. Coordinación neuromuscular 188
      1.2.1. Coordinación intramuscular 188
      1.2.2. La coordinación intermuscular 190

2. Métodos de entrenamiento 191
   A. Entrenamiento para la mejora de la fuerza máxima 192
      A.1. Métodos de régimen de contracción concéntrica 192
         A.1.1. Método de intensidades máximas I 193
         A.1.2. Método de intensidades máximas II 193
         A.1.3. Método de repeticiones I 194
         A.1.4. Método de repeticiones II 194
         A.1.5. Método de repeticiones III 196

        A.1.6. Método mixto: pirámide 196
        A.1.7. Método concéntrico puro 197
        A.1.8. Método de contrastes 198
        A.1.9. Método basado en la potencia de ejecución 199
   A.2. Métodos en régimen de contracción isométrica 201
   A.3. Métodos en régimen de contracción excéntrica 202
B. Entrenamientos para mejorar el IMF: fuerza explosiva y elástico- explosiva 205
   B.4. Método de esfuerzos dinámicos 205
   B.5. Método excéntrico-concéntrico explosivo 205
   B.6. Método pliométrico 206
   B.7. Ejercicios específicos con cargas 209
C. Entrenamiento de fuerza reactiva 211
D. Entrenamiento de la resistencia a la fuerza 211
   D.1. Importancia de la fuerza en el entrenamiento de la resistencia 211
   D.2. Algunos enfoques metodológicos 213
   D.3. Efectos del entrenamiento simultáneo de la fuerza y la resistencia . 217

Capítulo VI
PRINCIPIOS DE PLANIFICACIÓN 229

1. Con relación a los ejercicios de entrenamiento 230

2. Acerca del principio de progresión 233

3. Sobre los métodos de entrenamiento 233

4. Sobre la organización de los entrenamientos 239

Capítuo VII
EVALUACIÓN DE LA FUERZA 243

1. Objetivos de la evaluación 244

2. Factores que influyen en la medición 244

3. Métodos para la medida de cada cualidad/capacidad 246
   3.1. Método isométrico 246
   3.2. Método isocinético 251

3.3. Métodos anisométricos concéntricos con pesos libres o máquinas 253
    3.3.1. Pesos libres 253
    3.3.2. Pesos libres medidos con el "ergo power" o "biorrobot" 255
    3.3.3. Otros instrumentos de medida 264
    3.3.4. Plataforma de fuerza 266
3.4. Métodos basados en el ciclo estiramiento-acortamiento (CEA) 266
    3.4.1. El SJ 267
    3.4.2. El CMJ 272
    3.4.3. El DJ 279

4. Algunos valores de fuerza en deportistas que practican diferentes disciplinas deportivas 283

4.1. Fuerza isométrica máxima y curva fuerza-tiempo 283

4.2. Valores de salto vertical y salto con contramovimiento sin carga 284

4.3. Valores de salto vertical y salto con contramovimiento con carga (curva fuerza-velocidad) 287

4.4. Valores de saltos pliométricos (Drop jump) 288

4.5. Relación entre los valores de fuerza y la marca deportiva 289

5. Medida de la concentración sanguínea de testosterona y de cortisol 300

BIBLIOGRAFÍA 303

Prólogo

Con satisfacción respondo el ofrecimiento que me hacen Juan J. González Badillo y Esteban Gorostiaga de prologarles este libro sobre entrenamiento de fuerza, ya que me une con ellos una buena amistad fraguada a lo largo de estos años a través del deporte olímpico español.

Creo que la aparición de este libro viene a aportar las bases teóricas sobre la aplicación del entrenamiento de fuerza a todas las especialidades deportivas.

El estilo de la exposición es directo, se exponen las ideas, se analizan, se sugieren conclusiones, y lo que se afirma se circunscribe siempre a las situaciones de laboratorio o experimentales de las que se derivan. Destaca la claridad con la que se exponen las ideas, la justificación que se hace de la terminología empleada, la precisión en la definición de conceptos que son usados habitualmente, pero cuyo significado e interpretación son frecuentemente erróneos, y que por tanto, tienen como consecuencia una mala aplicación en el entrenamiento.

En definitiva, en mi opinión, con este trabajo se cumple en gran medida el objetivo de establecer una línea de conexión entre la investigación deportiva y la práctica, que es lo que se propusieron los autores al planificar esta obra.

Deseo que las personas amantes del deporte y de sus aspectos científicos se puedan beneficiar de los conocimientos y de la experiencia que aportan los autores, con su talante comunicador y desprendido que siempre les ha distinguido.

Alfredo Goyeneche Moreno
VICEPRESIDENTE 1º COMITÉ OLÍMPICO ESPAÑOL

Introducción

Los métodos de entrenamiento que se utilizan en el mundo del deporte para mejorar una cualidad física son la consecuencia de dos tipos de conocimientos: 1) los adquiridos por la experiencia práctica que han tenido los entrenadores a lo largo de los años con deportistas de élite, 2) los derivados de los estudios científicos realizados en laboratorio, aunque algunos de estos se hacen con sujetos sedentarios o de baja cualificación deportiva.

Los conocimientos que los entrenadores han desarrollado a partir de sus experiencias con deportistas de élite, aunque no se puedan considerar siempre como probados científicamente, permiten conocer las mejoras técnicas y los procedimientos para realizar un programa de entrenamiento eficaz, y, de alguna manera, crean las bases teóricas que pueden llevar al éxito.

Zatsiorsky (1992) cree que estas bases teóricas de los actuales sistemas de entrenamiento de fuerza que se hacen con los deportistas de élite, y que fueron definidos en los años 70, no han sido demostradas científicamente, aunque son las que se utilizan en la práctica. Estas bases, según Zatsiorsky, deberían considerarse, desde el punto de vista científico, más como hipótesis que como teorías.

Por otra parte, los estudios realizados por los científicos han estado demasiadas veces muy alejados de las inquietudes y necesidades de los entrenadores. En el caso del entrenamiento de fuerza, este alejamiento entre el laboratorio y el entrenamiento deportivo ha sido mucho mayor y más duradero que, por ejemplo, en el caso del entrenamiento de la resistencia.

En los últimos años, esta situación ha cambiado, y han sido muchos los investigadores que se han dedicado al estudio científico de los efectos de distintos tipos de entrenamiento de fuerza en el hombre. A través del texto, nosotros intentamos exponer los hallazgos experimentales de mayor aplicación, en un intento de alcanzar la unión de la teoría y la práctica, con el fin de dar una mayor racionalidad al entrenamiento de fuerza.

Otro de los avances con respecto al entrenamiento de la fuerza es que ya casi nadie duda de que la mejora de esta cualidad es prioritaria si se quiere conseguir el éxito en la preparación de casi todos los deportistas. Pero como cada deporte tiene sus necesidades en cuanto a la cantidad y al tipo de entrenamiento necesario para el desarrollo de dicha cualidad, lo más adecuado no es ir estudiando su aplicación en cada caso, sino tratar los principios y leyes fundamentales que rigen su entrenamiento, para que cada entrenador tenga los fundamentos suficientes que le permitan interpretar y adaptar de forma adecuada la preparación de fuerza.

Por ello, el objetivo básico del texto no es tanto intentar dar respuesta a la pregunta de cómo desarrollar la fuerza en cada caso concreto, sino mostrar qué es lo que se necesita conocer para que cada entrenador diseñe un programa racional aplicable a cada especialidad. Por tanto, el criterio de selección de los contenidos ha estado orientado hacia el objetivo de ofrecer los conocimientos teóricos y prácticos necesarios para poder abordar de forma autónoma el entrenamiento de la fuerza.

Según esto, los contenidos concretos de esta obra giran alrededor del concepto de fuerza y de la metodología de su entrenamiento, apoyados de forma permanente por los datos experimentales de laboratorio y de la práctica deportiva. No se aborda en amplitud todo lo relacionado con la planificación del entrenamiento, porque este apartado exige un tratamiento extenso que no entra dentro de los objetivos de este texto. Es probable que en un futuro próximo abordemos en profundidad la planificación del entrenamiento de fuerza en una obra especialmente dedicada a ello.

Estos contenidos están distribuidos en siete apartados, cuya estructura es la siguiente:

En síntesis, la lectura atenta de este libro puede permitir llegar a evaluar la necesidad e influencia de la fuerza en el entrenamiento y el rendimiento en un deporte o especialidad, interpretar los fundamentos teóricos que presiden el entrenamiento de la fuerza, distinguir los diferentes métodos y medios de entrenamiento de la misma e identificar y aplicar sus procedimientos de control, análisis y valoración específicos.

Capítulo I
Concepto de fuerza

OBJETIVOS DE ESTE APARTADO:

1. Definir con propiedad el concepto de fuerza.

2. Explicar la influencia de la fuerza en el rendimiento deportivo.

3. Distinguir las características y aplicaciones de las curvas fuerza-tiempo, fuerza-velocidad y potencia y la influencia del entrenamiento sobre las mismas.

4. Identificar las diferencias y semejanzas entre los términos fuerza-velocidad, fuerza explosiva y fuerza rápida.

5. Diferenciar las distintas manifestaciones de fuerza y la relación entre ellas.

6. Diagnosticar las características del deportista, el estado de forma y el efecto del entrenamiento a través de las curvas fuerza-tiempo, fuerza-velocidad y potencia.

1. DEFINICIÓN

La fuerza en el ámbito deportivo se entiende como la *capacidad de producir tensión que tiene el músculo al activarse o, como se entiende habitualmente, al contraerse.* A nivel ultraestructural, la fuerza está en relación con el número de puentes cruzados (p.c.) de miosina que pueden interactuar con los filamentos de actina (Goldspink,1992). (nota: a través del texto se emplearán indistintamente los términos "activación" y "contracción" como sinónimos)

Desde el punto de vista de la Física, la fuerza muscular sería la capacidad de la musculatura para producir la aceleración o deformación de un cuerpo, mantenerlo inmóvil o frenar su desplazamiento. En algunas situaciones deportivas, la resistencia a la que se opone la musculatura es el propio cuerpo del deportista, en otras ocasiones se actúa además sobre ciertas resistencias externas, que forman parte de la peculiaridad de cada deporte.

La *fuerza útil* en el ámbito deportivo es aquella que somos capaces de aplicar o manifestar a la velocidad que se realiza el gesto deportivo. Un deportista no tiene un nivel de *fuerza máxima único,* sino muchos diferentes en función de la velocidad a la que se mida la fuerza máxima ejercida. La fuerza que no se es capaz de aplicar podemos decir que realmente no se tiene. En este sentido, y adaptando la definición de Knuttgen y Kraemer (1987), la *fuerza* se definiría como *la máxima tensión manifestada por el músculo* (o conjunto de grupos musculares) *a una velocidad determinada*.

Para Harman (1993), la definición más precisa de fuerza es la habilidad para generar tensión bajo determinadas condiciones definidas por la posición del cuerpo, el movimiento en el que se aplica la fuerza, tipo de activación (concéntrica, excéntrica, isométrica, pliométrica) y la velocidad del movimiento.

Pero en el deporte no sólo interesa la fuerza aplicada en relación con la velocidad del movimiento, sino que también es importante considerar la fuerza que se puede manifestar en un tiempo dado, sobre todo en los periodos de tiempo muy reducidos (100-200 ms). Ante esta realidad, la fuerza de un deportista también se puede definir como la *máxima tensión manifestada por el músculo en un tiempo determinado.* Si un sujeto tiene la oportunidad de manifestar la máxima tensión muscular durante 3-4 segundos, seguramente llegue a producir su máxima fuerza isométrica, pero si sólo dispone de 200-300 ms, situación mucho más frecuente en el deporte, su fuerza *útil* será la que sea capaz de conseguir en estos periodos de tiempo.

Los *factores básicos* que la determinan son de carácter morfológico y fisiológico: constitución, sección muscular, etc., de coordinación inter e intramuscular y de motivación. Su manifestación depende fundamentalmente de las unidades motoras (U.M.) solicitadas y de la frecuencia de impulso sobre dichas unidades; y esto, a su vez, está en relación con la magnitud de la carga y la velocidad del movimiento.

El tipo de activación: concéntrica, excéntrica, isométrica o combinada, determina en un mismo sujeto una expresión de fuerza de diferente magnitud. En régimen dinámico, por ejemplo, no se puede desarrollar la fuerza máxima isométrica, y siempre habrá un porcentaje de la misma que no se aplique. La diferencia entre la fuerza isométrica máxima y la que se es capaz de aplicar en un movimiento de tipo concéntrico es una de las medidas del déficit de fuerza (Verkhoshansky,1986). En otros casos, el déficit de fuerza se establece por la diferencia entre las fuerzas excéntrica e isométrica máximas (Schmidtbleicher, 1985).

La fuerza *casi nunca se manifiesta en el hombre de forma pura.* Cualquier movimiento se realiza por la participación en mayor o menor medida de distintas expresiones de fuerza. Toda fuerza dinámica viene precedida de una fase isométrica de cierta duración y magnitud en función de la resistencia a vencer; y en la mayoría de los gestos deportivos se produce una fase de estiramiento-acortamiento que puede requerir la participación de distintas manifestaciones de fuerza: próxima a la máxima isométrica, explosiva, elástica y reactiva. *El ejercicio de competición, por sus características dinámicas y cinemáticas, es el determinante de las necesidades de fuerza en cada situación.*

En algunos casos, una *modificación insignificante en la posición o en el ángulo* de una articulación puede dar lugar a cambios importantes en la aplicación de fuerza. Por ejemplo, al realizar el tirón para hacer una cargada o una arrancada, ejercicios muy frecuentes en el entrenamiento de fuerza, se puede perder hasta un 40% de la fuerza por flexionar los codos precipitadamente, o un 13% por flexionar la espalda, o un 9% simplemente por bajar la cabeza. La máxima fuerza en la extensión de la rodilla en posición de sentado se da a los 160.º, sin embargo, en la prensa de piernas no se ve diferencia en el rango de 100.º a 140.º (Verkhoshansky, 1986). El mismo autor afirma que la fuerza aumenta un 10-12% si se echa atrás el tronco un 20-25% con el sujeto sentado en posición de remar.

La fuerza máxima está en relación directa con la *masa muscular,* pero esta relación se va haciendo más débil a medida que aumenta la velocidad con la que se realiza el movimiento: un press de hombros con el máximo peso posible presenta una correlación alta con el peso corporal del sujeto, una arrancada sólo tiene una correlación media y en un ejercicio con la oposición de una resistencia pequeña, la masa corporal puede incluso resultar negativa para la manifestación de la fuerza específica.

En la inmensa mayoría de los deportes no es necesario desarrollar la fuerza al máximo de las posibilidades del sujeto, sino que lo que se busca es la *fuerza óptima* que aporte el mayor beneficio en la realización técnica y en el resultado deportivo. A medida que crece el nivel competitivo, la fuerza máxima disminuye su relación con los resultados. Lo importante en esta situación es mantener los valores de fuerza y conseguir la mejor aplicación de la misma.

2 PAPEL DE LA FUERZA EN EL RENDIMIENTO DEPORTIVO

La mejora de la fuerza es un factor importante en todas las actividades deportivas, y en algunos casos determinante. Nunca puede ser perjudicial para el deportista si se desarrolla de una manera correcta. Sólo un trabajo mal orientado, en el que se busque la fuerza por sí misma, sin tener en cuenta las características del deporte, puede influir negativamente en el rendimiento específico.

2.1. Fuerza y técnica

La fuerza juega un papel decisivo en la buena ejecución técnica. En muchos casos el fallo técnico no se produce por falta de coordinación o habilidad del sujeto, sino por falta de fuerza en los grupos musculares que intervienen en una fase concreta del movimiento.

2.2. Fuerza y potencia

La velocidad de ejecución está estrechamente relacionada con la fuerza. La relación entre ambas aumenta cuanto mayor es la resistencia. Una mayor aplicación de fuerza puede llevar a una mejora de la *potencia*, lo que se traduce en una velocidad más alta de desplazamiento o de ejecución de un gesto deportivo. Un incremento de la potencia del 19% se asoció a un incremento del 4% de la velocidad de nado (Sharp y otros, 1982) (Fig.1.1), y la máxima potencia medida en condiciones casi isocinéticas en un "banco de natación" correlacionó con la velocidad de nado de un grupo de nadadores de competición entre 0,9 y 0,76 para las pruebas de 25 a 500 yardas.

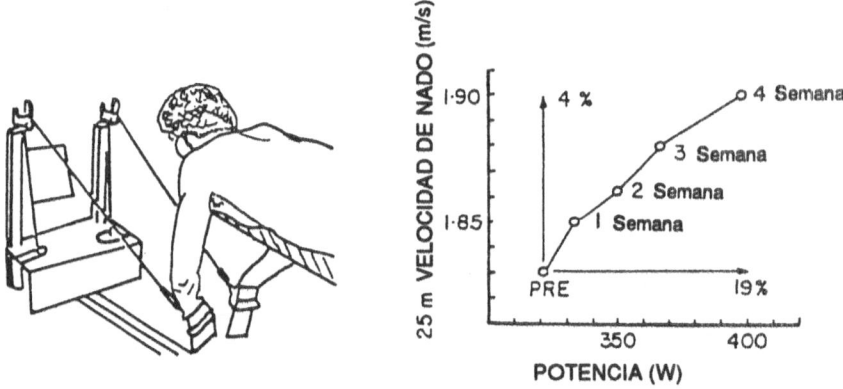

Figura 1.1. Efecto de cuatro semanas de entrenamiento específico sobre 25 m en natación. Un incremento de la potencia del 19% medida con el aparato de entrenamiento se asoció con un incremento de la velocidad de nado del 4% (Sharp, Troup y Costill, 1982)

2.3. Fuerza y resistencia

La fuerza, aunque podríamos situarla en el extremo opuesto al de *la resistencia*, también está en relación con esta cualidad y puede influir en la mejora del rendimiento, siempre que el entrenamiento realizado se ajuste a las necesidades de cada especialidad deportiva. Los deportistas más "fuertes" tienen más resistencia ante cargas más elevadas en términos absolutos, pero menos en términos relativos. Es decir, un sujeto con un gran desarrollo de fuerza máxima soportará una carga pesada durante más tiempo que uno más "débil", pero éste será capaz de repetir más veces un 40 ó un 50% de su máxima fuerza que el primero de la suya; es decir, tendrá más resistencia relativa. Por tanto, un entrenamiento destinado especialmente al aumento de la fuerza máxima mejora en un porcentaje mayor dicha fuerza máxima y la resistencia ante grandes pesos, pero hace disminuir la resistencia relativa con respecto al nuevo nivel de fuerza. Un entrenamiento con un número alto de repeticiones por serie mejora la fuerza máxima en menor grado, pero permite una resistencia relativa mayor con respecto a la fuerza máxima conseguida. En cualquier caso, ante una determinada fuerza requerida para la realización de un ejercicio o resultado deportivo, un aumento de la fuerza máxima significa que es necesario emplear un porcentaje menor de dicha fuerza para alcanzar el mismo resultado, lo que supone que es posible mantener por más tiempo la manifestación de la fuerza necesaria o aplicar más en el mismo tiempo, lo que significa una mejora de la resistencia a la manifestación de fuerza.

2.4. Fuerza y valoración

La fuerza tiene tal trascendencia en el gesto deportivo que solamente con la *valoración de la misma es suficiente para poder dirigir correctamente muchos aspectos del entrenamiento.* Por ejemplo, el componente dinámico de la estructura de un movimiento viene determinado por la correcta aplicación de la fuerza; por tanto, la medición de esta fuerza nos va a permitir valorar un aspecto importante, quizá el que más, de la calidad técnica: su componente dinámico. Un efecto positivo o negativo del entrenamiento sobre la técnica y, por tanto, sobre el resultado puede venir motivado por la utilización de cargas (de fuerza) inadecuadas: tanto si son excesivas como si muy reducidas provocan distorsión en la técnica y desarrollo incorrecto de la fuerza específica.

3. MANIFESTACIONES DE FUERZA

La manifestación de fuerza depende de la tensión, la velocidad, el tipo de activación o contracción producida y otros factores.

En la manifestación de la fuerza se producen dos relaciones que son de vital importancia para comprender el significado de la propia fuerza y de su entrenamiento. Se trata: 1) de la relación entre la producción de fuerza y el tiempo necesario para ello, y 2) de la relación entre las manifestaciones de fuerza y la velocidad del movimiento.

3.1. Curva fuerza-tiempo

Toda manifestación de fuerza se produce de acuerdo con unas características determinadas, que evolucionan en el tiempo de forma diferente, pero pasando por las mismas fases hasta llegar a su máxima expresión. La relación entre la fuerza manifestada y el tiempo necesario para ello se conoce como la *curva fuerza-tiempo* (C.f-t).

En la fig.1.2 tenemos la representación de la fuerza expresada por un sujeto en relación con el tiempo. En ella podemos observar que se ha alcanzado la fuerza isométrica

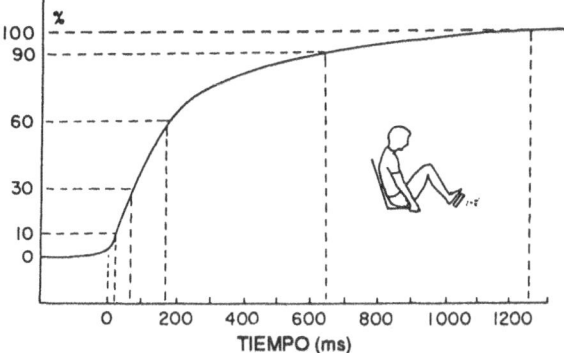

Figura 1.2. Ejemplo de C.f-t (Hakkinen, Alen y Komi, 1984)

máxima, es decir el 100% de la capacidad del ejecutante, pero para ello ha necesitado un tiempo, y la curva ha tenido una determinada pendiente. Estos dos datos: el *porcentaje de fuerza máxima conseguida y el tiempo necesario para ello,* son dos puntos de referencia fundamentales a tener en cuenta en la planificación y control del entrenamiento de fuerza.

Toda acción o todo movimiento puede representarse con la C.f-t. Ante una resistencia a vencer, el efecto del esfuerzo viene determinado por la relación entre esa resistencia y la magnitud de la fuerza manifestada para superarla. Cuanto mayor sea ésta y más rápidamente se manifieste, mayor será la velocidad a la que desplacemos la resistencia. El objetivo del entrenamiento, por tanto, debe consistir en mejorar en la mayor medida posible la fuerza aplicada para vencer una resistencia dada. En la fig.1.3 tenemos la representación de la fuerza empleada (F) para vencer una resistencia (P). El área sombreada indica la diferencia entre la fuerza a superar (P) y la ejercida por el sujeto. El incremento de esta área es lo que pretendemos con el entrenamiento.

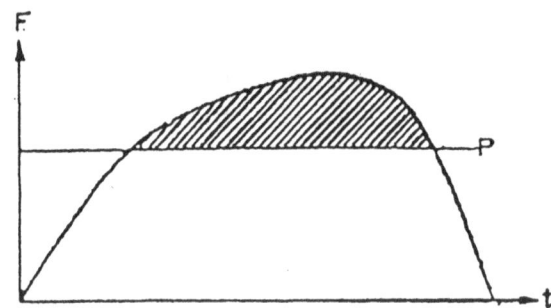

Figura 1.3. Manifestación de fuerza (F) en el tiempo (t). P = resistencia a vencer (Verkhoshansky, 1986)

Dentro de C.f-t se han distinguido tradicionalmente tres fases: la *fuerza inicial,* relativamente independiente de la resistencia a vencer, y que se entiende como la habilidad para manifestar fuerza en el inicio de la tensión o contracción muscular; *la fuerza explosiva,* o zona en la que se establece una mejor relación entre el incremento de la fuerza aplicada y el tiempo empleado para ello; y *la fuerza máxima expresada,* que puede ser la isométrica, si la resistencia es insuperable, o la máxima dinámica, si existe desplazamiento del punto de aplicación de la fuerza.

Los datos más relevantes que se pueden obtener de la C.f-t son los siguientes:

Fuerza isométrica máxima
Fuerza máxima aplicada ante resistencias superables.
Tiempo necesario para alcanzar cualquier nivel o porcentaje de la fuerza máxima isométrica o dinámica
Tiempo total de acción de la fuerza
Impulso de fuerza (fuerza x tiempo), representado por el área bajo la C.f-t.
Fuerza media: relación entre el impulso y el tiempo total de acción.

Indice de manifestación de fuerza (IMF): relación entre la fuerza alcanzada y el tiempo necesario para ello. Este índice se puede medir desde el inicio de la tensión muscular o en cualquier punto de la C.f-t.
Tiempo de relajación después de una contración isométrica máxima.

En la fig.1.4 tenemos diferentes medidas del IMF desde el 10% (500 N.) aproximadamente, hasta el 30% (1500 N.), el 60% (2500 N.) y el pico máximo de fuerza (PMF) isométrica. El máximo IMF se produce cuando se expresa alrededor del 30% del PMF.

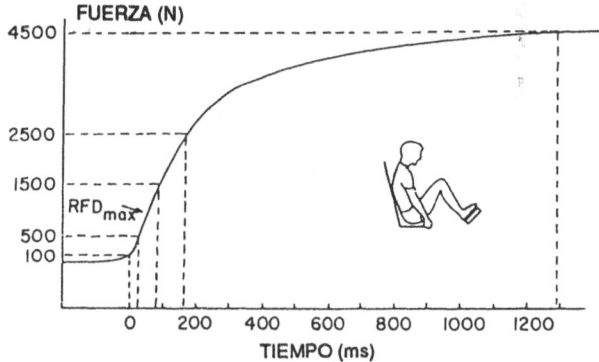

Figura 1.4. *Diferentes medidas del IMF (RFD = rate of force development). El IMF máximo se produce alrededor del 30 % del pico máximo de fuerza (PMF) (Hakkinen, Alen y Komi, 1984)*

En la práctica deportiva pocas veces se realiza una fuerza isométrica máxima, sino que lo que se produce es la combinación de contracciones excéntrico-concéntricas con manifestaciones de fuerza inferiores a dicha fuerza isométrica máxima al tener que superar sólo el propio cuerpo o artefactos más o menos pesados, perdiendo, incluso, en muchos casos, el contacto con el objeto que desplazamos. Cuando ocurre esto último, sólo podemos manifestar un porcentaje de nuestra máxima fuerza, que estará en relación con la magnitud de la resistencia a vencer. Cuanto menor sea ésta, menor fuerza seremos capaces de aplicar. En la fig 1.5 vemos la diferencia entre la fuerza isométrica máxima y la fuerza aplicada cuando disminuimos la resistencia. La línea discontinua expresa la fuerza aplicada en contracciones concéntricas con cargas inferiores a la fuerza isométrica máxima, mientras que la continua indica la manifestación de fuerza en la contracción isométrica máxima. El mismo hecho lo podemos apreciar en la fig 1.6, en la que se representa la fuerza aplicada con distintos porcentajes de la fuerza isométrica máxima. En ambos casos apreciamos que la fuerza alcanzada es cada vez menor a medida que disminuye la carga, y que, al mismo tiempo, el PMF se alcanza antes.

El conocimiento de las características y el significado de la C.f-t es muy importante y útil para *optimizar* la *programación*, la *dosificación* y el *control* del entrenamiento, así como para *diferenciar a unos deportistas de otros*. A través de su estudio podemos conocer los *efectos del trabajo realizado* y el *nivel actual de la forma*, lo que nos permite reorientar las actividades y conducir mejor el entrenamiento.

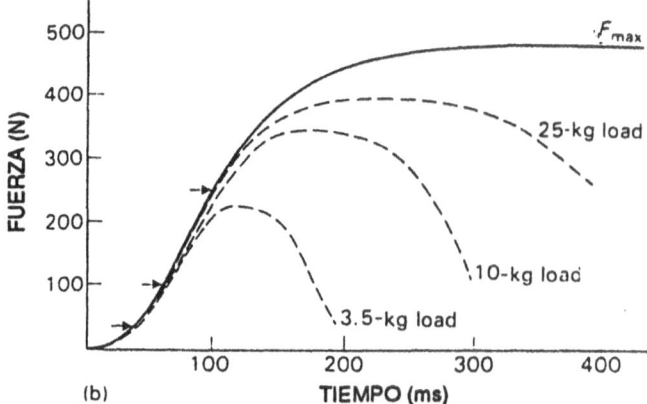

1.5. C.f-t con activación isométrica máxima (línea continua) y concéntrica con diferentes cargas (Schmidtbleicher, 1992)

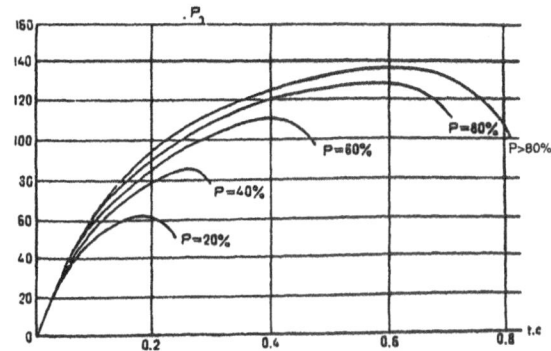

Figura 1.6. Gráfico de la C.f-t con la fuerza isométrica máxima y cargas del 20, 40, 60 y 80% del máximo (Verkhosansky, 1986).

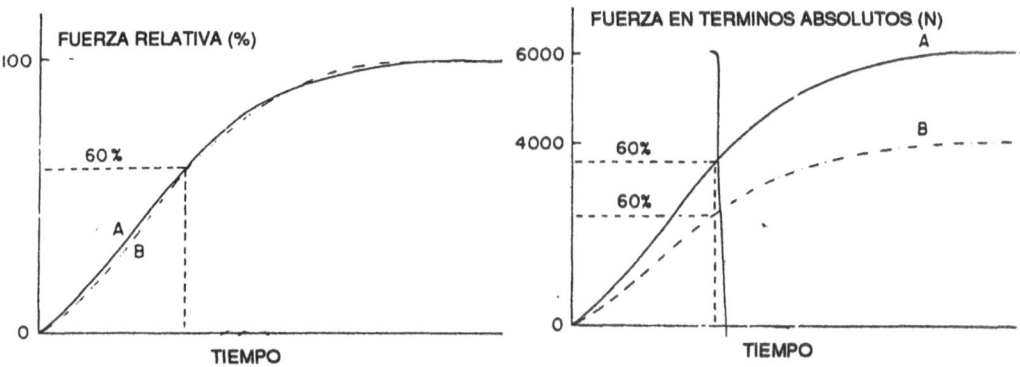

Figura 1.7. IMF en dos deportistas que tienen una fuerza relativa similar, pero diferente fuerza máxima (ver texto) (De Alen y otros, 1984 en MacDougall, 1991).

En la fig 1.7 tenemos dos deportistas con un IMF equivalente (fig. izquierda): los dos consiguen manifestar el 60% de su fuerza máxima en el mismo tiempo, pero el deportista A posee mayor PMF y ha alcanzado una fuerza absoluta mayor en el mismo tiempo (fig. derecha). Esto indica que los dos son igualmente rápidos ante las mismas cargas relativas, pero el A es más fuerte que el B: en el mismo tiempo puede expresar una fuerza mayor.

Dos sujetos pueden tener la misma fuerza máxima relativa (relación fuerza/peso corporal), y sin embargo un IMF diferente. En la fig 1.8 podemos observar cómo saltadores de esquí comparados con hombres no entrenados que poseen la misma fuerza relativa se diferencian claramente en su capacidad para expresar su fuerza más rápidamente.

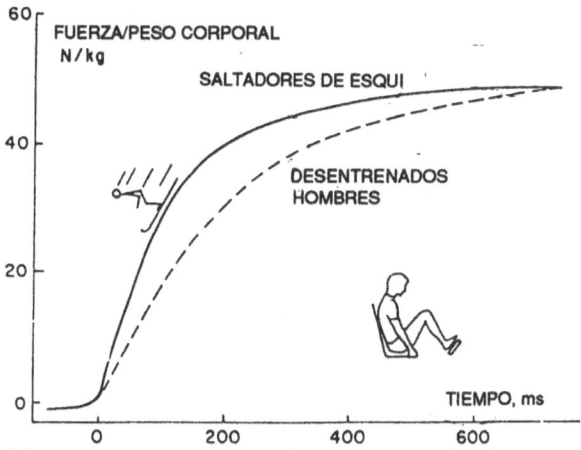

Figura 1.8. C.f-t en esquiadores y en hombres desentrenados. La fuerza máxima relativa es la misma, pero el IMF es mayor en los esquiadores (ver texto) (Komi, 1984, (fig. adaptada por MacDougall, 1991).

En un mismo sujeto, el efecto del entrenamiento se manifiesta por modificaciones en la C.f-t. En la fig 1.9 vemos las alteraciones que se producen en diferentes tipos de movimientos: a) manifestación de la fuerza isométrica máxima con carácter explosivo; b) modificaciones en un movimiento de tipo elástico-explosivo; c) desplazamiento angular y fuerza dinámica en un movimiento explosivo-elástico-reactivo; d) cambios en la dinámica de un movimiento cíclico.

En síntesis, lo que ocurre con el entrenamiento es un *incremento de la fuerza máxima aplicada* y una *reducción del tiempo necesario para conseguirla,* con el consiguiente *acortamiento del tiempo de ejecución del trabajo.* Todos estos cambios tienen una repercusión directa en la mejora de los resultados deportivos.

La *especificidad del entrenamiento* también se refleja claramente en la C.f-t. Esto lo podemos observar en los resultados producidos por un entrenamiento con cargas (pesos) pesadas y otro de tipo explosivo. En la fig. 1.10 vemos que los cambios después de un entrenamiento típico con cargas pesadas se producen en la parte alta de la curva, cuando

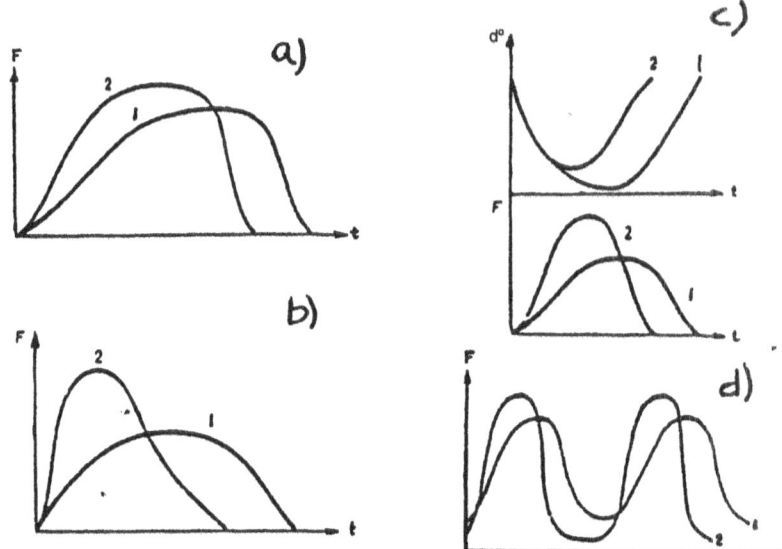

Figura 1.9. Alteraciones producidas en la C.f.t por el efecto del entrenamiento: a) fuerza isométrica máxima, b) fuerza elástico-explosiva, c) fuerza explosivo-elástico-reactiva, d) movimientos cíclicos. 1) antes del entrenamiento, 2) después del entrenamiento. (Verkhoshansky, 1986).

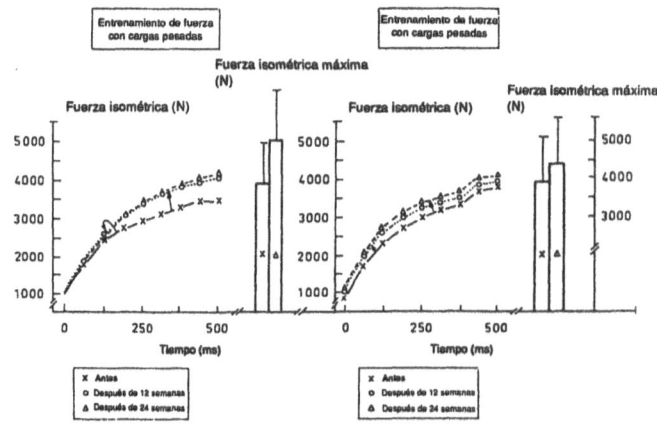

Figura 1.10. C.f-t de la fuerza isométrica máxima después de un entrenamiento de fuerza con cargas pesadas y otro de tipo explosivo. Las tres curvas se producen antes del entrenamiento, después de 12 semanas y después de 24, (ver texto). (Hakkinen y otros 1985a, 1985b).

hay más tiempo para manifestar la fuerza. No obstante, estos cambios son progresivamente más pequeños en la parte inicial de la misma, cuando el tiempo para expresar la fuerza es corto. También se puede observar que cuando se sobrepasan las 10-12 semanas con un trabajo de este tipo, los resultados casi no mejoran, e incluso podrían empeorar en la parte inicial de la curva. Sin embargo, el trabajo de tipo explosivo permite una mejora en la parte inicial, cuando el tiempo para producir fuerza es corto. Aunque también se observa que después de 12 semanas no existen prácticamente mejoras en este sentido, por lo que se deberían programar ciclos de extensión adecuada para evitar el posible retroceso en la capacidad de manifestación de fuerza en los primeros momentos de la activación muscular.

Este es un fenómeno que puede ocurrir si se prolonga el tiempo de entrenamiento excesivamente. Lo observamos en la fig 1.11, en la que se representa el tiempo medio necesario para producir una fuerza submáxima de un nivel de 500 N.(manifestación rápida de fuerza) en los extensores de la pierna en mujeres durante un entrenamiento de fuerza de tipo explosivo. A partir de las 8 semanas no se manifiestan mejoras, y después de 12 comienza un empeoramiento.

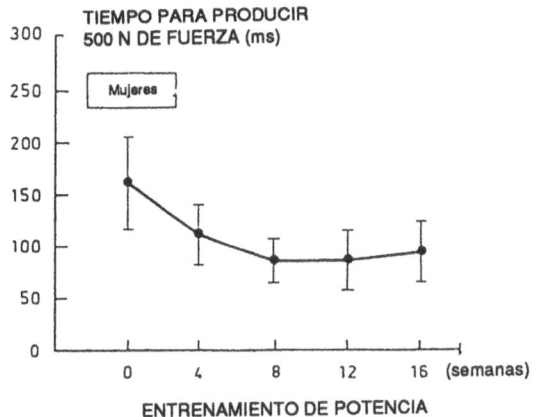

Figura 1.11. Tiempo necesitado para producir un nivel de fuerza submáxima de 500 N en los extensores de los músculos de las piernas durante un entrenamiento de tipo explosivo. (Hakkinen y otros, 1990c)

Por tanto, parece claro que la medida sistemática de los valores de la C.f-t nos permite optimizar la programación y el control del entrenamiento en función de unos objetivos determinados.

Según las *características de la especialidad deportiva*, se producen unas curvas típicas en las que se establecen diferencias tanto en la producción de fuerza máxima como submáxima. En la fig 1.12 se representan la fuerza máxima y el tiempo necesario para producir una fuerza submáxima en términos absolutos (2500 N.) de tres grupos de deportistas de distintas especialidades. Los deportistas de fuerza alcanzarían una fuerza mayor si el tiempo de aplicación fuese más largo, pero tardan más tiempo en alcanzar una fuerza más pequeña. Los de resistencia siempre se encontrarán por debajo de los demás, es decir, barren un área menor (menor impulso) en su manifestación máxima de fuerza en cualquier situación. Los de velocidad son capaces de manifestar más fuerza en menos tiempo, aunque finalmente alcancen un PMF menor que los de fuerza.

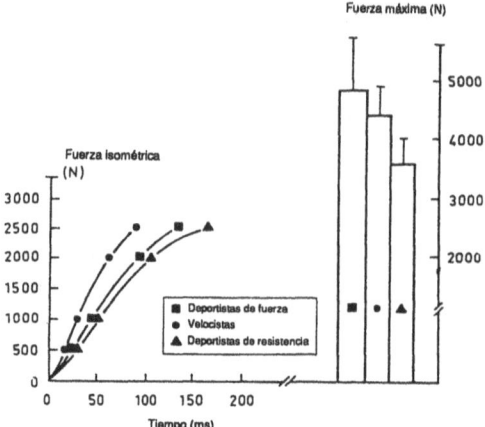

Figura 1.12. C.f-t en la extensión de piernas de tres grupos de deportistas: de fuerza, de velocidad y de resistencia, (ver texto) (Hakkinen y Keskinen, 1989, en Hakkinen, 1991c)

Pero la capacidad para expresar una fuerza no depende sólo del entrenamiento realizado, sino que ya viene predeterminada en cierto modo por la *constitución del individuo*. La habilidad para producir mayor fuerza en menos tiempo está en relación con la frecuencia de impulso que reciben las fibras musculares. Las fibras que con mayor frecuencia se pueden estimular son las rápidas, por lo que tendrán mejores condiciones de base para conseguir óptimos resultados aquellos sujetos que posean una proporción mayor de este tipo de fibras. Si se realiza un salto sin contramovimiento (squat jump) sobre una plataforma de fuerza, los sujetos con un porcentaje mayor de fibras rápidas consiguen un perfil de manifestación de fuerza más eficaz, es decir, un PMF más elevado y un tiempo menor de aplicación de fuerza. Ver (Fig.2.8)

3.2. Curva fuerza-velocidad

La fuerza y la velocidad mantienen una relación inversa en su manifestación: cuanto mayor sea la velocidad con la que se realiza un gesto deportivo, menor será la fuerza aplicada; o lo que es lo mismo, a mayor fuerza menor velocidad. Esto, por supuesto, no debe interpretarse como que cuanta más fuerza ganemos más lentos seremos, sino que más bien ocurrirá lo contrario, si el entrenamiento se ha realizado correctamente. Es decir, cuanta más fuerza tengamos más probable será que podamos desplazar un cuerpo más rápidamente. Pero esto va a depender tanto del tipo de entrenamiento realizado como de la magnitud de la resistencia a desplazar.

Realmente, desde el punto de vista de la Física, la velocidad y la fuerza son directamente proporcionales. De la igualdad entre el impulso (F x t) y la cantidad de movimiento (m x v) se deduce que la V = F x t / m, es decir, la velocidad es igual al producto de la fuerza ejercida por el tiempo que se aplica esa fuerza dividido por la masa del cuerpo o resistencia que se desplaza. Por tanto, habría tres posibilidades de mejorar la velocidad: a) aumentar el tiempo de aplicación de la fuerza, b) reducir la masa del cuerpo y c) aumentar la fuerza. La primera de ellas queda agotada rápidamente en cuanto se consigue una técnica correcta del ejercicio. También podríamos pensar en hacer el movimiento más lentamente, y así prolongar el tiempo de aplicación de la fuerza, pero esto es a todas luces negativo, ya que con un movimiento lento nunca podríamos incrementar la velocidad. La reducción de la masa del artefacto propio de competición no es posible por las limitaciones impuestas por el reglamento, y la reducción del peso corporal sólo tiene un pequeño margen hasta conseguir el peso idóneo de competición. La única salida que nos queda es la mejora de la fuerza. Por tanto, un aumento de la fuerza hasta alcanzar el nivel óptimo en cada caso y etapa de trabajo, realizado en el momento oportuno, y a través de las cargas y ejercicios adecuados a las necesidades del gesto específico, es el objetivo del entrenamiento y, por ello, también el contenido principal de este libro.

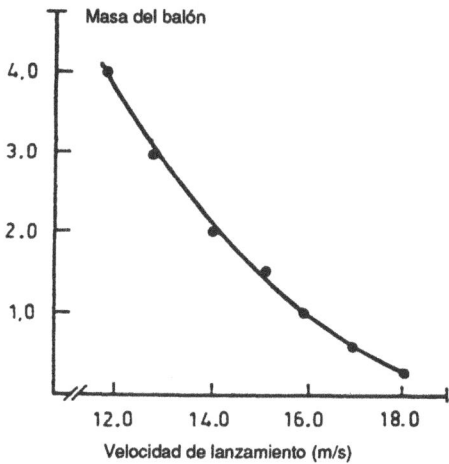

Figura 1.13. C.f-v en el lanzamiento de balones de diferentes pesos, (Vitasalo y otros, 1985; en Hakkinen, 1991c)

Desde los tiempos del fisiólogo H.V. Hill se sabe que la relación entre las manifestaciones de fuerza y velocidad vienen representadas por una curva hiperbólica llamada curva fuerza-velocidad (C.f-v). En las figs.1.13 y 1.14 tenemos dos ejemplos reales de esta relación. En el primero vemos cómo a medida que disminuye la resistencia, la velocidad del balón es mayor. En la parte alta de la curva aplicamos una fuerza mayor, pero conseguimos menor velocidad, en la parte inferior ocurre lo contrario. En el segundo vemos la dependencia entre la fuerza máxima expresada en porcentajes y la velocidad de contracción en los músculos de la pierna. El fenómeno, como vemos, se produce tanto con resistencias máximas como con ligeras, y en cualquier gesto deportivo.

La C.f-v, no obstante, no tiene las mismas características en todos los deportistas y en todas las especialidades. Precisamente por esto tiene tanta importancia en el terreno deportivo. Las cualidades naturales del sujeto y el tipo de entrenamiento realizado dan lugar a curvas diferenciadas.

32 Fundamentos del entrenamiento de la fuerza. Aplicación al alto rendimiento deportivo

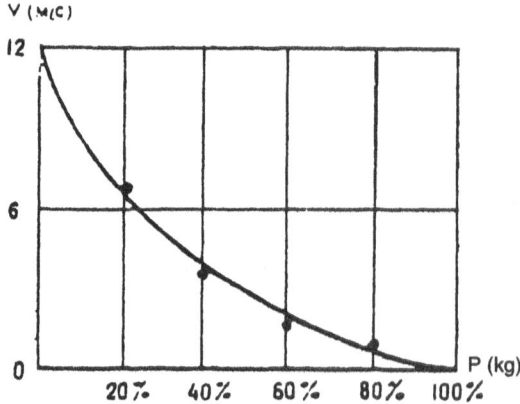

Figura 1.14. Relación entre la carga y la velocidad de contracción de los extensores de las piernas desde el 20 al 100% de la máxima fuerza (Verkhoshansky, 1986).

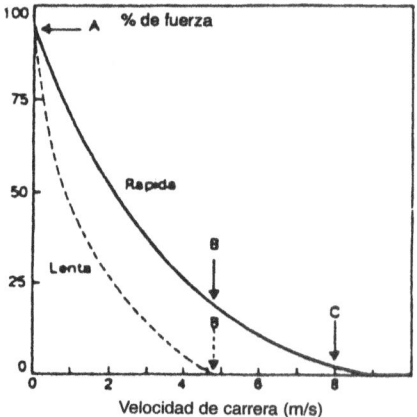

Figura 1.15. Ejemplo de la relación fuerza-velocidad en un sujeto lento y otro rápido. (Bosco, 1983; en Bosco, 1992).

En la fig.1.15 se representan las curvas típicas de una persona lenta y otra rápida. Las curvas están muy próximas cuando las cargas son altas, pero a medida que éstas disminuyen, las diferencias se acentúan. La velocidad máxima que alcanza el más lento, cuando la resistencia es cero, la puede conseguir el más rápido con una resistencia aproximada del 20% de la fuerza máxima.

Dado que la elección de las especialidades deportivas está en estrecha relación con las condiciones naturales, referidas en gran medida a las características de fuerza y velocidad, las curvas que presentan los practicantes de cada una de ellas difieren claramente, tanto por *su propia constitución,* como por la influencia del *entrenamiento específico.* Así lo podemos comprobar en las figs.1.16 y 1.17. En la primera de ellas vemos la velocidad conseguida por jugadoras de voleibol y baloncesto al lanzar balones de 3, 2 y 0,5 Kg. En todos los casos se establecen diferencias significativas a favor de las jugadoras de voleibol, y a medida que disminuye el peso, las diferencias se acentúan. Como era de esperar, las jugadoras de voleibol, que son, como media, más rápidas y potentes, consiguen mejor C.f-v, es decir, son capaces de aplicar o manifestar una fuerza mayor ante cualquier situación. Lo mismo ocurre con corredores de diferentes distancias, desde velocistas a fondistas, cuando se establece la relación entre la fuerza y la velocidad de impulso al realizar un salto sin contramovimiento con cargas progresivas, (fig. 1,17).

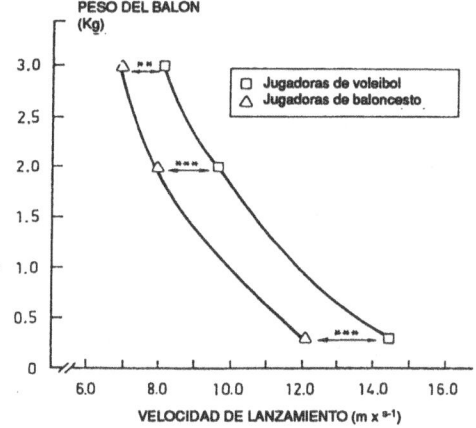

Figura 1.16. C.f-v en jugadoras de voleibol y baloncesto (Hakkinen, 1989).

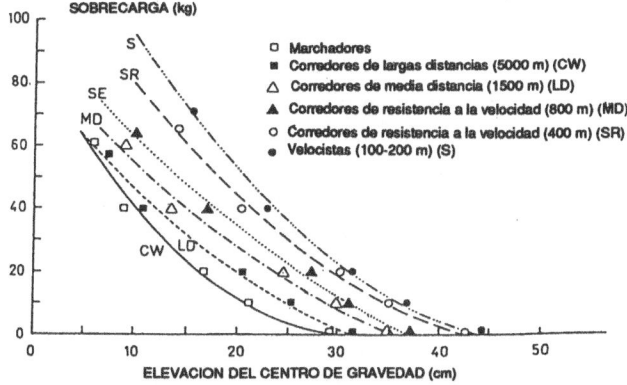

Figura 1.17. Relación entre la velocidad de despegue obtenida en el salto vertical sin contramovimiento (SJ) y distintas cargas en deportistas de diferentes disciplinas en atletismo (Bosco y col., 1989; en Bosco, 1992).

Estas mismas diferencias que se dan entre especialidades también ocurren *dentro de las mismas*. Es decir, un deportista va modificando su C.f-v a través de los años de entrenamiento, e incluso entre las distintas fases de una misma temporada.

Como vemos, la C.f-v es un *factor diferenciador* tanto de las *especialidades* como de la *categoría* y la *forma* de los deportistas dentro de cada deporte. El objetivo del entrenamiento será mejorar permanentemente esta curva en su totalidad, es decir, ser capaz de conseguir cada vez más velocidad ante cualquier resistencia.

Las características de la curva, como hemos podido deducir, están en relación con el entrenamiento, pero básicamente dependen de la propia constitución. Podemos admitir que a mayor porcentaje de fibras rápidas, más fuerza se aplica a la misma velocidad, o más velocidad ante la misma resistencia (fuerza).

Un concepto importante para el entrenamiento, que viene asociado a la C.f-v, es el de *potencia*. Como sabemos, la potencia sería el producto de la fuerza por la velocidad en cada instante del movimiento. Por tanto, también existe una curva de potencia, dependiente de la C.f-v. Lo más importante para nosotros es el mejor producto fuerza-velocidad conseguido a través del movimiento, es decir, el pico máximo de potencia, que define las características dinámicas (fuerza aplicada) durante el ejercicio.

La mayor potencia no se consigue ni a la máxima velocidad de contracción ante resistencias ligeras, ni cuando utilizamos grandes resistencias a baja velocidad, sino cuando realizamos el movimiento tanto con cargas como con velocidad intermedias. Por tanto, la C.f-v será un continuo en el que distinguimos tres grandes zonas:

1) Zona de utilización de máxima o gran fuerza y mínima o poca velocidad de movimiento. La potencia desarrollada es media o baja.

2) Zona en la que se consigue una gran velocidad pero ante resistencias pequeñas. La potencia también será media o baja.

3) Una zona en la que la fuerza aplicada y la velocidad presentan valores intermedios. La potencia alcanza sus máximos niveles.(Fig 1.18)

A la máxima potencia generada por un músculo o conjunto de grupos musculares se le ha considerado como el *umbral de rendimiento muscular* (URM). La mejora del URM siempre será positivo para el deportista, aunque esta mejora puede generarse por distintas vías y con resultados también distintos. Cuando se trabaja con cargas muy ligeras, la mejora del URM se consigue ante la misma carga por un aumento de la velocidad de ajecución; pero cuanto mayor sea la carga de entrenamiento, la mejora, si se produce, tendrá lugar ante cargas superiores a las precedentes, lo que significa que ha habido un aumento de la fuerza y, probablemente, alguna mejora de la velocidad o pérdida pequeña. El objetivo del entrenamiento y las necesidades de cada especialidad deben marcar la vía de mejora más adecuada.

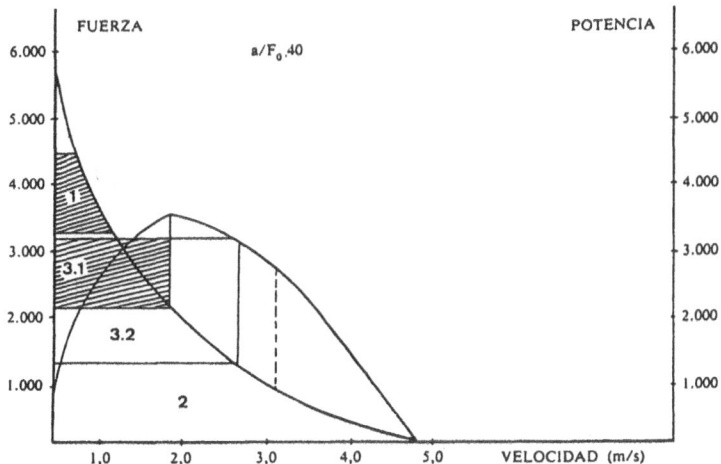

Figura 1.18. Curva de potencia y relación con la C.f-v (Tihany, 1988).

Los *valores* concretos de *fuerza y velocidad* (suponiendo que ésta siempre sea la máxima posible) a los que se alcanza la máxima potencia o URM no son los mismos en todos los sujetos y especialidades. Como término medio, la fuerza (resistencia) debe estar entre el 30 y el 40% de la fuerza isométrica máxima, y la velocidad entre el 35 y el 45% de la velocidad máxima de contracción ante resistencias muy ligeras o nulas. La oscilación dentro de estos márgenes dependerá de las características del deportista y del tipo de entrenamiento realizado. Los sujetos más fuertes y/o más lentos generalmente conseguirán su máxima potencia a menor velocidad que los más rápidos. En el primer caso el resultado depende más del reclutamiento de las unidades motoras (UM), y en el segundo del orden de reclutamiento (preponderancia de fibras rápidas en primer lugar) y de la sincronización muscular. Si queremos que estos valores no se queden en simple anécdota y nos sirvan para algo, debemos tener en cuenta el *ángulo* en que hemos medido la *fuerza isométrica,* pues las cargas utilizadas en el entrenamiento y los valores correspondientes de potencia deberán relacionarse con dicho ángulo.

La potencia máxima que puede generar un deportista, al margen del tipo de entrenamiento que realice, está en relación directa con el tanto por ciento de fibras rápidas (FT) y lentas (ST) que posea. En un estudio llevado a cabo por Faulkner y otros (1986) con el propósito de recoger datos de las características de fuerza-velocidad de pequeños haces de fibras FT y ST del músculo esquelético humano, se pudo comprobar que tanto las fibras FT como las ST tienen una capacidad similar para generar fuerza isométrica máxima, pero que las rápidas son mucho más efectivas que las lentas en la producción de potencia (fig. 1.19). Una diferencia característica entre las fibras FT y ST es la mayor curvatura en la curva fuerza-velocidad de las fibras lentas con relación a las rápidas (figura pequeña de la fig. 1.19). La potencia desarrollada por las fibras FT es mayor que el de las ST a todas las velocidades. El pico de potencia desarrollado por las fibras FT es cuatro veces mayor que el de las lentas. Un músculo con una composición de fibras FT y ST de alrededor del

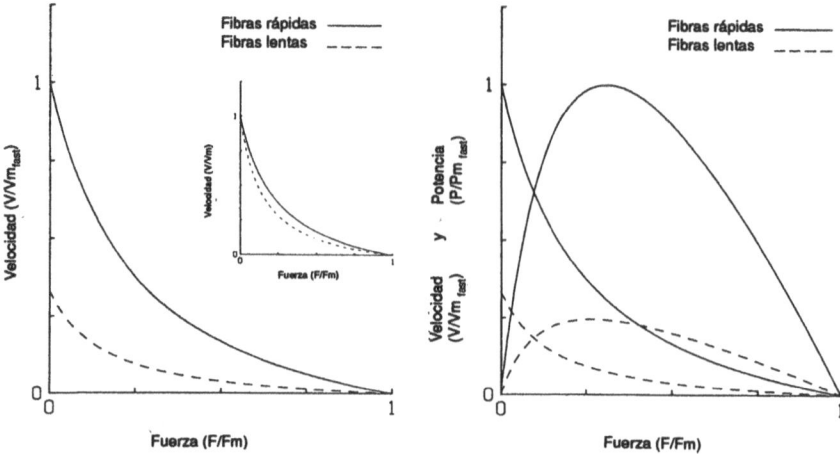

Figura 1.19. Velocidad de acortamiento y potencia desarrolladas en función de la fuerza por fibras rápidas y lentas del músculo esquelético humano. En la figura central pequeña se ilustra la diferencia en la curvatura de la relación fuerza-velocidad entre las fibras rápidas y lentas (Faulkner y otros, 1986)

50% de cada tipo produce un pico de potencia equivalente al 55% del que produce un músculo compuesto por fibras FT exclusivamente. Cuando todas las fibras de un músculo mixto se contraen, las fibras lentas contribuyen casi en la misma medida que las rápidas en la producción de potencia a velocidades muy lentas, sólo muy poco a velocidades moderadas y nada en absoluto a altas velocidades. Sin embargo, las fibras lentas son más eficientes tanto para producir fuerza isométrica como concéntrica a velocidades muy lentas.

En la figura 1.20 podemos observar un ejemplo práctico de los estudios de laboratorio. En ella aparecen distintas curvas de f-v y sus correspondientes curvas de potencia. Se obtienen por la relación entre la velocidad vertical en el salto sin contramovimiento y las distintas cargas progresivas utilizadas al realizar dichos saltos. La parte superior de la C.f-v es mejor en los sujetos más fuertes y relativamente rápidos, cuando la carga (fuerza) a vencer es importante (desde 40 kg. en adelante). A medida que decrece ésta, las curvas de los lanzadores, velocistas y saltadores se aproximan mucho hasta cruzarse; si desaparecieran las cargas adicionales, los mejores resultados los obtendrían los más rápidos y "menos fuertes". Las curvas obtenidas por los corredores de largas distancias, con una media del 28,3% de fibras rápidas, son claramente distintas. En todas las cargas y a todas las velocidades son inferiores.

En cuanto a la curva de potencia, vemos que los lanzadores, más fuertes, consiguen su máximo a menor velocidad que los velocistas, y que a los corredores de fondo, más lentos, también les ocurre lo mismo, aunque con una potencia máxima mucho menor que aquellos.

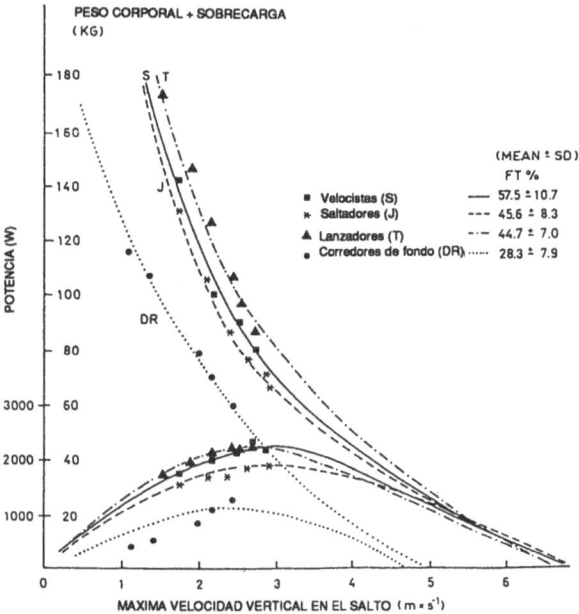

Figura 1.20. Fuerza y potencia mecánica de los extensores de las piernas en función de la velocidad vertical obtenida en el despegue durante un SJ con cargas progresivas, en deportistas de diferentes especialidades (velocistas, saltadores, lanzadores y corredores de larga distancia) con porcentajes de fibras rápidas (FT) distintos (Bosco y col., 1989; en Bosco, 1992)

El conocimiento de las curvas de f-v y de potencia es muy importante en la práctica del entrenamiento. Siempre que entrenamos lo hacemos en una de las grandes zonas de la C.f-v que hemos descrito anteriormente, y, por consiguiente, con una potencia distinta. *La zona en la que trabajamos va a determinar el efecto básico del entrenamiento.* Y la *potencia* máxima que desarrollamos en cada zona va a *matizar ese efecto.* Es decir, si trabajamos en la zona de máxima fuerza (fig. 1.21 A), el efecto se refleja, fundamentalmente, en una mejora de la curva en esa zona, pero si no lo hacemos a una velocidad máxima o cerca de ella, la potencia desarrollada será relativamente baja dentro de la zona, y el efecto sobre el sistema nervioso será menor: desarrollamos una fuerza máxima más lenta, con menor influencia en la pendiente de la C.f-t, y, por consiguiente, con una menor incidencia en la manifestación de fuerza rápida. Si entrenamos en la zona de máxima velocidad (fig. 1.21 B), los efectos se producirán en esa zona, como se indica en la figura, pero si lo hacemos con una potencia relativamente baja en relación con la máxima posible para la resistencia que empleamos, nos estaremos desviando hacia efectos de resistencia, si realizamos numerosas repeticiones por serie, o estaremos perdiendo el tiempo por falta de estímulo suficiente si se hacen pocas repeticiones. El trabajo en la zona de máxima potencia (fig. 1.21 C) produce un efecto intermedio de fuerza y velocidad, pero que exige, precisamente, unos niveles óptimos de potencia por repetición, cosa que no ocurre si la resistencia es la adecuada pero la velocidad es baja con relación a dicha resistencia.

Por tanto, en el entrenamiento, no sólo hemos de considerar la carga que empleamos (zona) como resistencia a vencer, sino la potencia mínima que debemos desarrollar en cada una de las repeticiones que realizamos.

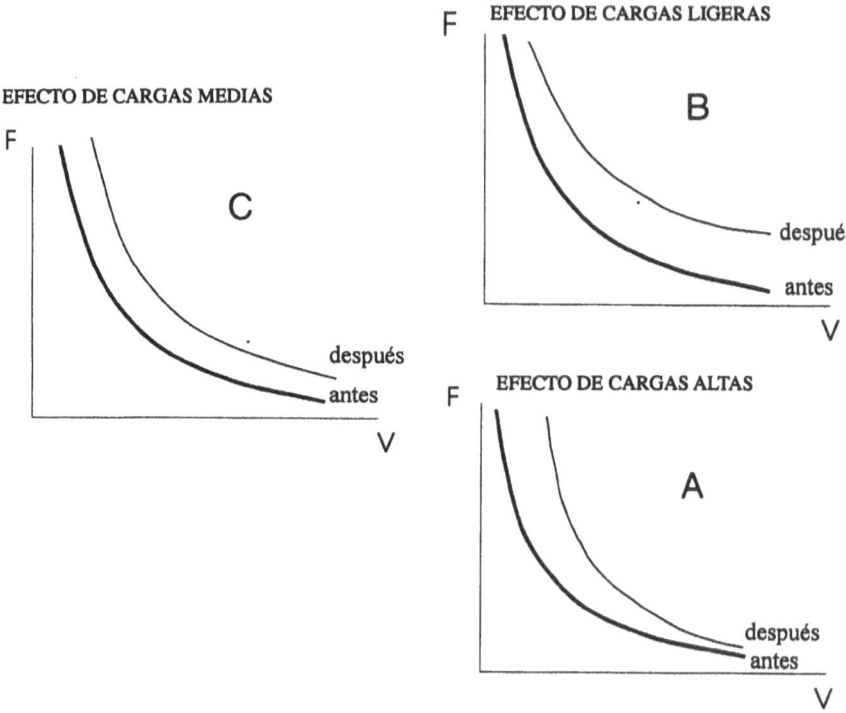

Figura 1.21. Esquemas del efecto producido por diferentes tipos de cargas sobre la C.f-v.

La C.f-v vendrá modificada como consecuencia del *tipo de trabajo realizado*. El objetivo último será mejorar toda la C.f-v, aunque es necesario, temporalmente, hacer hincapié en el trabajo en distintas zonas, tanto para buscar adecuadas transferencias, como para respetar cierta variabilidad en el entrenamiento.

Estas adaptaciones producidas por el entrenamiento han sido comprobadas experimentalmente tanto en el laboratorio como en entrenamientos más complejos y de aplicación práctica.

En un estudio realizado por Kaneko y otros (1983) se determinó el efecto específico de diferentes cargas sobre la relación fuerza-velocidad (F-V) y la máxima potencia de los flexores del codo a través de un instrumento preparado para entrenar y medir dichos parámetros en el laboratorio.

Se formaron cuatro grupos que entrenaron con cargas relativas a la fuerza isométrica máxima (P) de los flexores del codo medida en un ángulo de 90 grados. El grupo 0% de P (G0) realizó contracciones concéntricas sin cargas externas; otro grupo realizó contracciones concéntricas con el 30% de P (G30); un tercer grupo realizó el mismo tipo de contracción con el 60% de P (G60), y el cuarto entrenó con contracciones isométricas al 100% de P (G100).

Los sujetos entrenaron con contracciones concéntricas (G0, G30, G60) o isométricas (G100) de los flexores del codo con el máximo esfuerzo 10 veces al día (10 repeticiones por día), tres veces a la semana, durante 12 semanas.

En la fig. 1.22 se expresan los resultados del experimento. El entrenamiento de G0 resultó ser el más efectivo para la mejora de la máxima velocidad medida sin cargas externas, mientras que el G100 mejoró en mayor medida la máxima fuerza isométrica. En estos dos grupos, la relación F-V se modificó con una clara mejora en las zonas de velocidad (G0) y en las de fuerza (G100), respectivamente. El entrenamiento de G30 produjo una mejora en todas las zonas de la curva F-V, dando lugar a una nueva curva paralela a la inicial. El entrenamiento de G60 produjo unos resultados parecidos al grupo anterior, pero con un efecto ligeramente superior en la zona de fuerza que en la de velocidad. Estos datos indican que en todos los grupos excepto en G30 se produjo una pérdida proporcional de fuerza o velocidad, según los casos, mientras que en G30 se mantenía el equilibrio entre ambos componentes de la curva.

La máxima potencia o URM, que, como se sabe, se da con cargas próximas al 30% de P, se incrementó significativamente en todos los grupos, pero tuvo su máximo incremento con el entrenamiento de G30, seguido por G100, G60 y G0. Se observa que G30 no sólo obtiene la mayor mejora en potencia, sino que ésta la consigue a la máxima velocidad (fig. 1.22).

Las velocidades ante determinadas cargas (0%, 10%, 20%, 30%, 45% y 60% de P) se incrementaron significativamente en todos los casos excepto con el 45% y el 60% para el grupo G0. La velocidad máxima sin cargas mejoró en mayor medida en el G0, seguido de G30, G60 y G100, y se establecieron diferencias significativas ($p>0,01$) entre G0 y G60 y entre G0 y G100. Mientras que la fuerza isométrica máxima mejoró de más a menos siguiendo un orden inverso al de la velocidad, con diferencias significativas ($p<0,01$) entre cada par de grupos. Como resultado, la relación velocidad fuerza isométrica máxima (V/P) tiende a incrementarse en G0 y en G30, pero decrece en G60 y en G100.

En la fig. 1.23 se presenta una comparación directa de los efectos producidos por cada método. En la parte derecha de la figura se observa cómo a medida que la carga (% de P) de entrenamiento ha sido mayor, el URM o máxima potencia se alcanza con cargas superiores con relación a la fuerza máxima inicial, que la máxima potencia se da con G30 y la mínima con G0, siendo muy próximas las conseguidas por los otros dos grupos, y cómo con las cargas más altas, a partir del 80% de los valores del test inicial, la potencia alcanzada está en relación directa con la carga utilizada durante el entrenamiento.

40 Fundamentos del entrenamiento de la fuerza. Aplicación al alto rendimiento deportivo

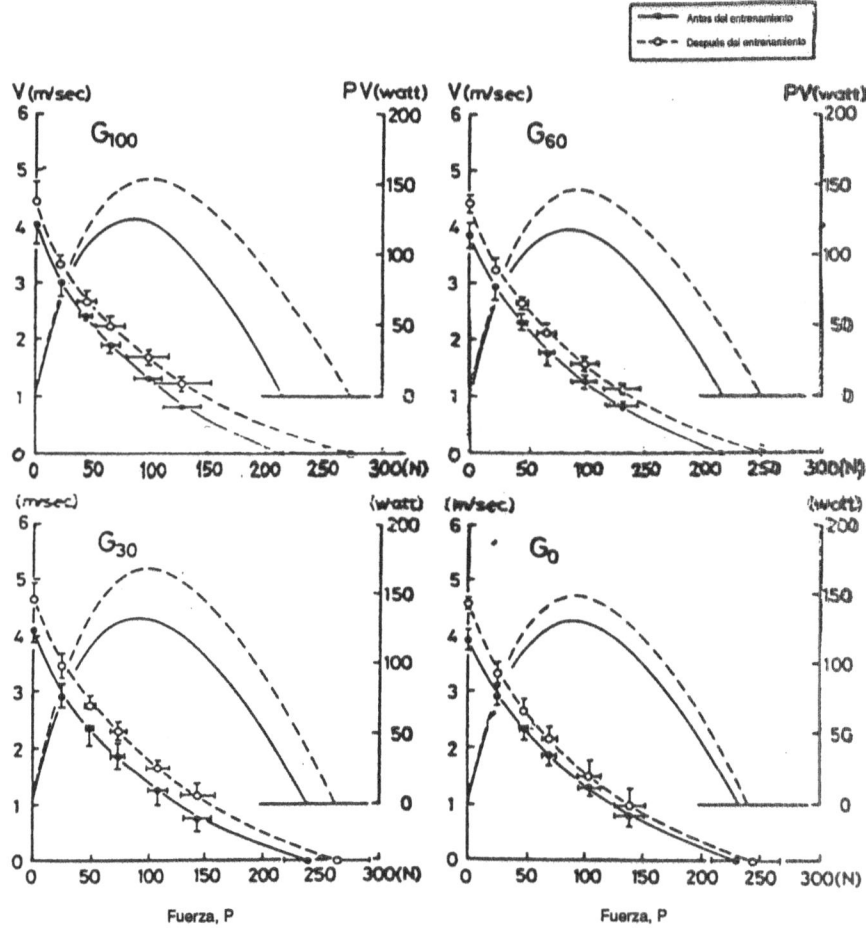

Figura 1.22. Cambios en las relaciones fuerza-velocidad y fuerza-potencia debidas al entrenamiento (Kaneko y otros, 1983)

Según los resultados de este estudio, si sólo utilizamos una intensidad (% de 1RM) de entrenamiento, y realizando el mismo ejercicio con el que se mide la fuerza isométrica máxima, parece quedar claro que el 30% de dicha fuerza isométrica máxima sería la intensidad más adecuada para mejorar la potencia máxima y la relación F-V en toda la curva, que el trabajo a la máxima velocidad sin cargas influye fundamentalmente sobre la velocidad con cargas ligeras, con poco efecto sobre la potencia, y que con cargas del 60% ó más de la fuerza isométrica máxima los incrementos de la potencia son muy parecidos.

Aun reconociendo que este estudio nos parece muy brillante, y que los resultados que ofrece son de gran valor para conocer los efectos que producen distintas intensidades de trabajo, tenemos la impresión de que los entrenamientos realizados suponen cargas muy

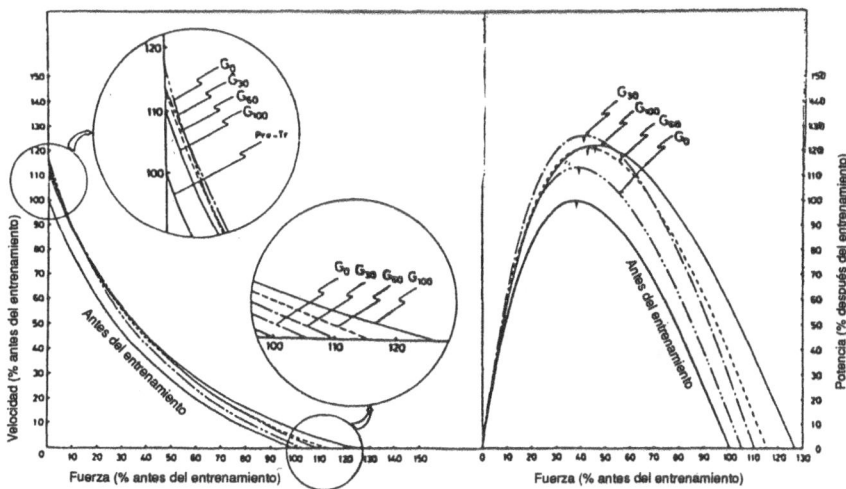

Figura 1.23. Cambios relativos de las relaciones fuerza-velocidad (izquierda) y fuerza-potencia (derecha) debidos al entrenamiento. Los valores del test inicial se tomaron como el 100%. (Kaneko y otros, 1983)

distintas para cada uno de los grupos: 10 repeticiones isométricas máximas (aunque el tiempo de activación fuese corto) suponen una carga desproporcionadamente mayor que 10 repeticiones a la máxima velocidad sin cargas. Quizá hubiera sido deseable haber diseñado una cierta equiparación del esfuerzo realizado por cada grupo. En cualquier caso, entendemos que el trabajo es de gran relevancia para ayudar a conocer mejor los efectos del entrenamiento, y, por tanto, las conclusiones son aplicables a la práctica deportiva; aunque, como en toda investigación, simpre deban tenerse presente las condiciones en las que se han producido los resultados.

En la figura 1.24 tenemos un ejemplo del efecto producido por un entrenamiento complejo con *cargas pesadas* (80-100% de trabajo concéntrico y 100-120% de excéntrico). Podemos observar que las modificaciones fundamentales se producen en la parte alta de la curva, cuando hay que saltar con mayores cargas adicionales, y que a medida que bajamos cada vez son menores, incluso llegando a diferencias no significativas entre las dos curvas en la zona de máxima velocidad. Lo que más se mejoró después de este entrenamiento fue la fuerza isométrica máxima (21%), seguida de la capacidad de salto sin contramovimiento (SJ) (10%), que tiene una mayor relación con la fuerza máxima, y por último el salto con contramovimiento (CMJ) (7%).

Los efectos de un entrenamiento de fuerza de *tipo explosivo* son diferentes. Lo podemos observar en la figura 1.25. Las modificaciones se producen en toda la curva, con diferencias estadísticas de un nivel de significación de 0,001. El tipo de entrenamiento consistió en la realización de saltos con cargas y sin cargas, con reducción del peso corporal por medio de gomas y diferentes saltos en profundidad; también se realizaron ejercicios

42 Fundamentos del entrenamiento de la fuerza. Aplicación al alto rendimiento deportivo

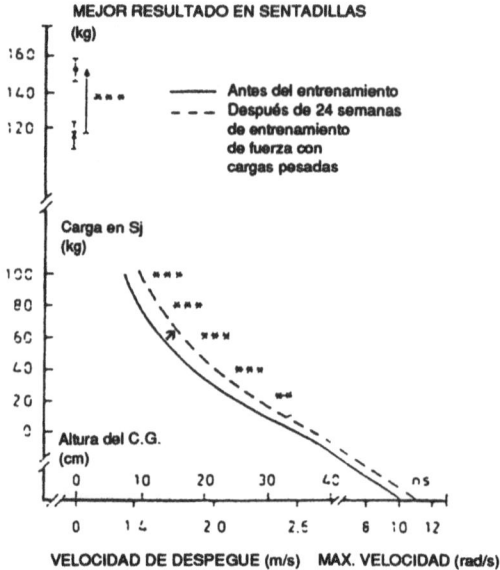

Figura 1.24. C.f-v de los extensores de las piernas a través del SJ con y sin cargas, antes y después de 24 semanas de entrenamiento con cargas pesadas. En la parte superior aparece la mejora en sentadillas (Hakkinen y Komi, 1985g)

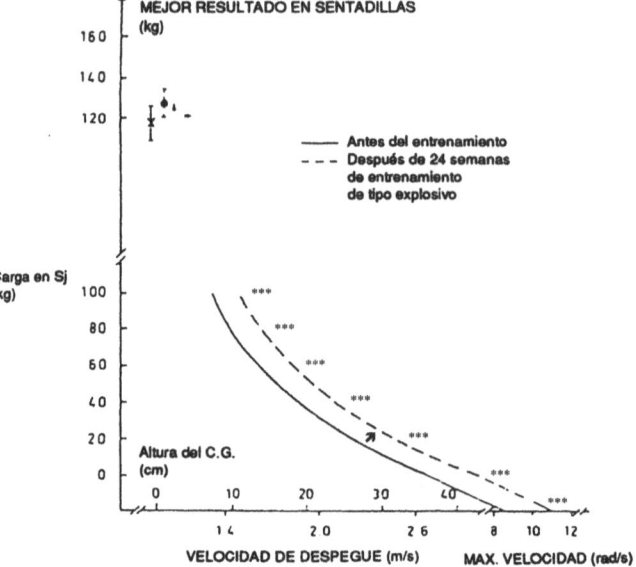

Figura 1.25. C.f-v de los extensores de las piernas a través del SJ con y sin cargas, antes y después de 24 semanas de entrenamiento de tipo explosivo. En la parte superior aparece la mejora en sentadillas (Hakkinen y Komi, 1985c)

con cargas ligeras (60-80% del máximo del ejercicio) para las piernas, el tronco y los brazos. La fuerza máxima de las piernas (medida por medio de una sentadilla) aumentó un 6,9% (p<0,05). El SJ sin carga adicional mejoró un 21,2% (p<0,001). El CMJ sin carga aumentó un 17,6% (p<0,001), y también se consiguieron progresos semejantes en el CMJ con cargas desde 20 a 100 kg. El tiempo de contacto en la fase concéntrica del CMJ se redujo significativamente (p<0,001) desde 0 (cero) hasta 80 kg. de carga adicional, pero el CMJ con 100 kg. sólo mejoró al 0,05. El salto en profundidad (DJ) mejoró en todas las alturas, desde 20 a 100 cm. (p<0,01--0,001), y el mejor de todos fue el DJ desde 100 cm., con una superación del 32,5%. El tiempo de contacto mejoró sólo ligeramente, tanto en la fase excéntrica como concéntrica, y de forma no significativa.

La C.f-v también nos puede dar información acerca de la *pérdida de capacidad transitoria* ocasionada por el entrenamiento o por la competición, y, por tanto, del momento en que hemos recuperado dicha capacidad. Si medimos la relación fuerza-velocidad a través de lanzamientos con balones medicinales en jugadoras de voleibol antes y después de una larga fase competitiva, nos podemos encontrar con una modificación de la C.f-v como la de la figura 1.26. Ha habido una pérdida de la velocidad de lanzamiento con todos los pesos. La magnitud de esta pérdida como media para todo el equipo nos puede dar una idea de la carga que ha supuesto la competición y de la forma física del conjunto. Por otra parte, el estudio de la respuesta de cada jugadora nos permitirá tomar decisiones adecuadas para individualizar el entrenamiento.

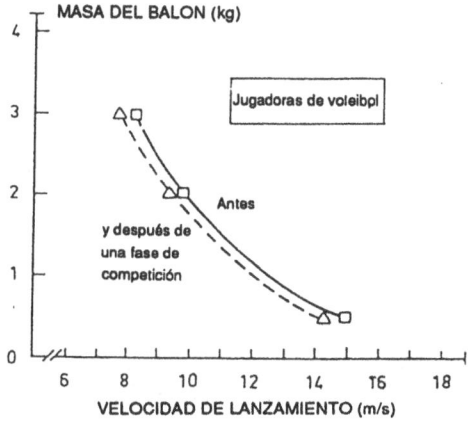

Figura 1.26. Modificaciones de la C.f-v en jugadoras de voleibol después (línea discontinua) de una larga fase competitiva. (Hakkinen, 1990e).

Como vemos, las transformaciones de la C.f-v son un fiel reflejo de los cambios producidos en el comportamiento motriz del deportista en cualquier fase del entrenamiento, se pueden medir a través de muy diferentes ejercicios y tienen muchas aplicaciones para controlar la carga y la evolución de la forma.

3.3. La tensión muscular

Toda manifestación de fuerza refleja la tensión producida en el músculo. La *tensión* será la *capacidad de los puentes cruzados para producir fuerza*. Por tanto, en el campo deportivo, *la tensión viene transformada en fuerza* (Bosco, 1988). Sólo desde el punto de vista de la Física no ocurriría esto en el caso de una activacción isométrica, ya que no existe aceleración, pues la velocidad es cero, y la fuerza mecánica sería nula (F = m x a), pero es obvio que en el músculo se ha producido una gran tensión y la fuerza ejercida por el sujeto podría haber sido, incluso, la máxima posible.

La clasificación de las manifestaciones de fuerza exige la descripción de los efectos provocados por la tensión, es decir, las diferentes formas que tienen los músculos de transformar en fuerza su propia tensión.

Para ello es necesario tener en cuenta los *factores* que intervienen en el proceso de producción de la tensión, y que, fundamentalmente, son los siguientes:

– *Tipos* básicos de *activación o contracción* muscular:
anisométrico: concéntrico y excéntrico
isométrico
combinado

– *Velocidad* y *aceleración* de la contracción

– *Magnitud* de la tensión

– *Fases* en las que se acentúa la *manifestación máxima de fuerza* dentro del desarrollo del movimiento

– *Condiciones iniciales de ejecución:* sin estiramiento previo (desde contracción isométrica) o con estiramiento. En este último caso habría que considerar: longitud y velocidad del estiramiento y tiempo transcurrido entre las fases de estiramiento y acortamiento.

El tipo de activación está tan relacionado con la manifestación de fuerza que algunas de ellas toman su nombre del propio régimen de trabajo. La activación o contracción excéntrica es la que permite una mayor manifestación de fuerza, seguida por la isométrica y por la concéntrica. Un aspecto diferenciador de los tres, y muy importante para el entrenamiento, es su relación con la velocidad. Cuando la velocidad negativa (de estiramiento) de la contracción excéntrica aumenta, la fuerza producida se incrementa hiperbólicamente hasta cierto punto. En la contracción concéntrica ocurre lo contrario: a mayor velocidad de acortamiento menor fuerza producida. En la contracción isométrica, como sabemos, la velocidad de desplazamiento es cero.(fig 1.27)

Según estos factores condicionantes, se producirán unos tipos de tensiones básicas que estarán presentes en cada una de las distintas manifestaciones de fuerza que vamos a estudiar más adelante. Tomamos algunos términos de la ya clásica división de Verkhoshansky, pero con las modificaciones que son necesarias si queremos llegar a una correspondencia lógica entre el tipo de tensión y su o sus transformaciones en fuerza.

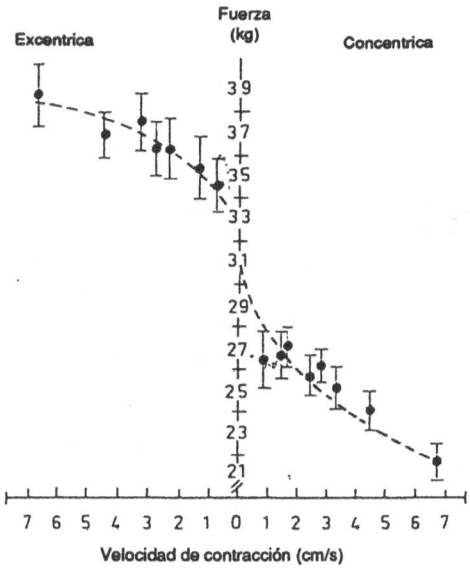

Figura 1.27. Relación entre la fuerza y la velocidad en los distintos tipos de activación (concéntrica, isométrica y excéntrica) (Komi, 1973; en Hakkinen, 1991c).

3.3.1. Tipos de tensión

Tónica: se produce cuando se trata de vencer una gran resistencia tanto a través de una contracción isométrica (fuerza estática) como anisométrica (fuerza dinámica). La duración de la tensión es relativamente larga. La velocidad de ejecución es lenta o nula. La fuerza desarrollada/manifestada está al límite de las posibilidades del sujeto o próxima a ellas. El pico máximo de fuerza (PMF) se alcanza al final de la contracción. Si nos arriesgamos a cuantificar la magnitud de la fuerza (resistencia) a vencer, la colocaríamos entre el 80-85% y el 100% de la capacidad del sujeto en la posición/ángulo en el que se realiza el esfuerzo.

Las características de la tensión tónica se pueden apreciar si observamos la representación gráfica de la C.f-t en una contracción isométrica máxima o con cargas del 80-95% de dicha fuerza isométrica, de lo cual ya hemos hablado en páginas anteriores.

Tónico-explosiva o *isométrico-explosiva:* se trata de vencer una resistencia significativa, pero inferior que la anterior. La contracción es concéntrica, aunque con un componente isométrico inicial de cierta importancia, según la magnitud de la resistencia. Se alcanza rápidamente una elevada manifestación de fuerza y velocidad. Se consigue un elevado PMF hacia el final del movimiento, aunque en algunos casos se pierde contacto con el objeto o resistencia, y la fuerza aplicada disminuye. Se produce cuando levantamos pesos rápidamente o lanzamos objetos muy pesados. Un salto sin contramovimiento, sin estiramiento previo, es un ejemplo válido de este tipo de tensión para las cargas más ligeras. Las resistencias a vencer estarían entre el 50 y el 80% aproximadamente de la máxima fuerza isométrica en el ángulo en el que se produce la máxima tensión o aplicación de fuerza.

Elástico-explosiva: Tiene lugar cuando tratamos de vencer una resistencia relativamente pequeña. La fuerza se manifiesta antes que en el caso anterior, hacia el principio o el medio del desarrollo de la tensión, y con un PMF mayor, pero después comienza a disminuir, hasta ser claramente inferior al peso del propio cuerpo, por lo que se puede mantener cierta velocidad pero sin aceleración. La fase concéntrica del movimiento viene precedida de un estiramiento previo. Se manifiesta cuando golpeamos un balón, en un saque de tenis o en un salto normal, partiendo desde posición de firmes y con flexión-extensión de piernas. La resistencia a superar estaría por debajo del 50%, en las mismas condiciones que en los casos anteriores.

Elástico-explosivo-reactiva: también podríamos cambiar el término "reactiva" por "refleja", dada la importancia que adquiere el reflejo de estiramiento en la manifestación de este tipo de fuerza. Tiene las mismas características que la tensión elástico-explosiva, pero con la particularidad de que aquí el estiramiento previo es muy intenso, más rápido y claro que en el caso anterior, y además se produce un cambio más rápido de la fase excéntrica a la concéntrica. El PMF se produce antes, es más elevado y dura menos tiempo. Los gestos en los que aparece serían los mismos que en el caso anterior. La inclusión en uno o en otro grupo dependerá de las características del ciclo estiramiento-acortamiento. Por ejemplo, un salto en profundidad, con caída desde diferentes alturas, con una rápida reacción para elevarse lo máximo posible después de la toma de contacto con el suelo, estaría dentro de este tipo de tensión. Si el tiempo de contacto es más breve, con una mínima flexión de rodillas, la actividad fundamental recae sobre el triceps sural; si es más prolongado, con una flexión mayor de rodillas, actuamos más con el cuádriceps.

En la fig 1.28 podemos apreciar con claridad las características de estas tres últimas formas de tensión, a través de la representación de la fuerza aplicada en tres tipos de saltos: sin contramovimiento (tensión isométrico-explosiva), con contramovimiento (tensión elástico-explosiva) y con salto en profundidad (tensión elástico-explosivo-reactiva). En ella se observa cómo el PMF se consigue cada vez más pronto, desde "A" a "C", y que también es más elevado, y de igual manera se ve que el tiempo de aplicación de fuerza se reduce.

El resto de los tipos de tensión y de sus correspondientes manifestaciones de fuerza son una variante de lo expuesto anteriormente y/o una mezcla de varias de ellas.

Las tensiones fásicas suponen la aplicación de cierta fuerza en movimientos cíclicos, con fases de contracción y relajación alternativas, y con una relación importante con la resistencia (capacidad para mantener la actividad durante más o menos tiempo) en la mayoría de los casos. Lo que procede, por tanto, es hacer el estudio de cada especialidad tomando como referencia el tiempo de aplicación de fuerza, las condiciones iniciales, el PMF y el momento en el que se produce, el régimen de trabajo, etc. y obtener un perfil adecuado del gesto y las necesidades del deporte en cuestión. Los resultados, en estos casos, no dependen sólo de la magnitud de los parámetros de fuerza aplicados, sino también de la capacidad de mantener los niveles óptimos durante el mayor tiempo posible.

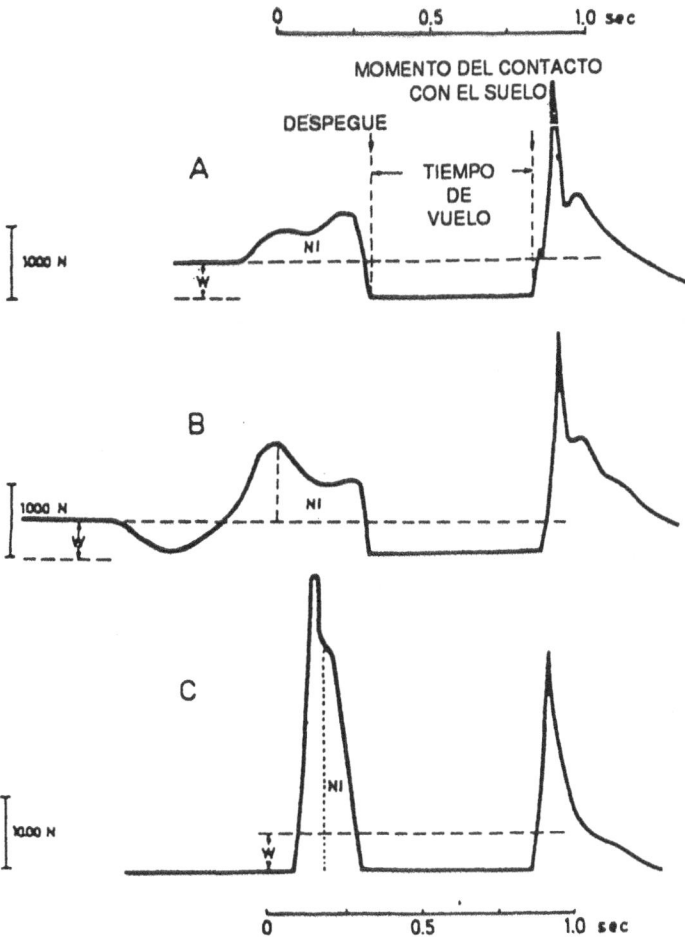

Figura 1.28. Registro de la fuerza aplicada en una plataforma de fuerza. A = Salto sin contramovimiento (SJ), B = Salto con contramovimiento (CMJ), C = Salto en profundidad (DJ). NI = fase de impulso en la que se eleva el centro de gravedad. W = masa del sujeto (Bosco, 1980; en Bosco, 1992).

Las *tensiones acíclicas* veloces se pueden considerar como variantes de tensiones explosivas, con cargas muy ligeras o sin cargas adicionales.

Cuando se trata de *movimientos cíclicos veloces,* nos encontramos con la realización de diferentes tipos de tensión, que se suceden en función de cada uno de los factores condicionantes. Así, en una carrera rápida tenemos tensiones de tipo explosivo, elástico y reactivo durante toda la carrera, con predominio de cada una de ellas en ese mismo orden desde el principio hasta que se alcanza la velocidad máxima.

3.4. Clasificación de las manifestaciones de fuerza

Una vez conocidas las distintas posibilidades de tensión muscular, ya tenemos casi elaborada la clasificación de las manifestaciones de fuerza. Pero antes de entrar en ello, creemos que es necesario aclarar el concepto de tres expresiones de fuerza que generalmente se confunden y se emplean sin propiedad, y, por tanto, nos pueden llevar a errores. Se trata de: *fuerza-velocidad, fuerza-rápida y fuerza explosiva*.

El término *fuerza-velocidad* es el más ambiguo de los tres. Puede indicar la relación entre la fuerza y la velocidad, para lo cual ya hemos utilizado la C.f-v, o la denominación de un entrenamiento que tuviera un efecto múltiple para desarrollar conjuntamente las dos cualidades, es decir, un entrenamiento de fuerza-velocidad. Nosotros utilizaremos este término sólo con estos dos significados, por lo que nunca aparecerá como una forma de manifestar la fuerza.

En términos generales, la manifestación explosiva de la fuerza es una relación entre la fuerza expresada y el tiempo necesario para ello. Por tanto, la *fuerza explosiva máxima* se definiría como la *mejor relación entre la fuerza aplicada y el tiempo empleado para ello en la manifestación de la máxima fuerza contra cualquier resistencia*. Equivale al máximo gradiente de fuerza (N/s) conseguido en una contracción voluntaria máxima ante cualquier resistencia. Vendría representada por la zona de máxima pendiente en la C.f-t. (Ver Fig.1.4)

Un sujeto puede tener una fuerza explosiva pobre o magnífica. En el primer caso diremos que "no es explosivo", en el segundo diremos lo contrario. La diferente "explosividad" de estos dos sujetos no depende, dentro de ciertos límites, de la resistencia que traten de vencer, sino de la velocidad con la que sean capaces de manifestar su fuerza. Una contracción isométrica máxima se puede hacer de forma explosiva, con máxima manifestación de fuerza explosiva, aunque no se produzca ningún desplazamiento del punto de aplicación de la fuerza; es decir, aunque no haya movimiento. Cuanto mayor es la carga, más fuerza se puede aplicar en menos tiempo; y cuando la carga disminuye, la capacidad de aplicar fuerza también baja, y, por tanto, la pendiente o la fuerza explosiva lograda en la C.f-t (ver Fig 1.5). Por tanto, podemos manifestar fuerza explosiva con cualquier tipo de carga (resistencia); la diferencia está en que la velocidad del movimiemto será distinta: a mayor carga menor velocidad, y viceversa, como ya sabemos. La mejora en la velocidad del movimiento dependerá de que haya mejorado o no la fuerza explosiva. Es decir, de que se aplique más fuerza en menos tiempo ante una misma resistencia.

Si la carga a desplazar es muy ligera, no será necesario alcanzar un gran pico de fuerza isométrica máxima, es decir, no es necesario ser "muy fuerte" para conseguir gran velocidad: se es explosivo y se tiene la fuerza suficiente para alcanzar la velocidad necesaria. Cuando la carga aumenta, además de ser igualmente explosivo, es necesario tener más fuerza máxima.

La explosividad es en cierto modo *específica para cada magnitud de carga*. El entrenamiento para mejorar la explosividad con cargas ligeras es diferente que el necesario para hacerlo con cargas altas. En el primer caso hay que mantener una fuerza máxima óptima y alcanzar una gran velocidad para manifestar/aplicar una fuerza suficiente, ya que la resistencia es muy pequeña. En el segundo, la velocidad es menor y la fuerza aplicada mayor; y sólo esto ya es suficiente como para que la metodología de entrenamiento cambie de forma sustancial. Un sujeto explosivo ante cargas ligeras lo es igualmente ante grandes cargas, pero no obtendría buenos resultados por falta de fuerza. Uno explosivo ante cargas pesadas probablemente lo sería menos ante cargas ligeras por falta de velocidad.

Por tanto, hablaremos siempre de fuerza explosiva, referida a cargas grandes, medias o ligeras. Cada una de ellas tendrá sus peculiaridades, pero todas son igualmente explosivas.

La fuerza rápida se identifica con la fuerza explosiva. Se puede considerar como la *mejor relación entre fuerza y velocidad*, es decir, que vendría representada por la C.f-v. Para Tihany (1989), cuanto más se aproxime esta curva a la linea recta mayor será la fuerza rápida, lo cual coincide con las diferencias observadas por Faulkner y otros (1986) entre las fibras rápidas y lentas. Es decir, cuanta más fuerza seamos capaces de aplicar a la misma velocidad, o cuanta más velocidad consigamos ante la misma resistencia, mejor será la C.f-v y, por tanto, más fuerza rápida desarrollamos/aplicamos. O dicho de otra manera, cuanto mayor sea la diferencia entre la fuerza aplicada (m(g+a)) y el peso de la resistencia (m x g), mayor será la velocidad conseguida y la mejora de la fuerza rápida (ver fig 1.3). La mayor diferencia se produce cuando hay que mover un peso comprendido entre el 30 y el 40% de la fuerza isométrica máxima (Tihany, 1989), lo que representa la manifestación de la máxima potencia.

La identidad de ambos conceptos fuerza: explosiva y rápida, se puede comprobar con la ayuda de la figura 1.29, en la que podemos observar que los puntos A y B representan el mismo fenómeno, tanto en la C.f-t, como expresión de la fuerza explosiva, como en la C.f-v, representando la fuerza rápida.

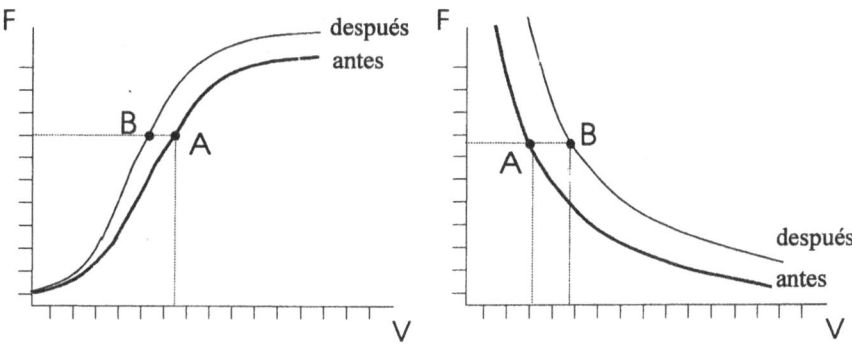

Figura 1.29. Los puntos A y B representan el mismo fenómeno. La mejora en la C.f-t se manifiesta en la misma medida en la C.f-v (G. Badillo, JJ,).

La fuerza rápida, al igual que la explosiva, tiene un *carácter específico* en cada especialidad deportiva. Se podrá tener una mejor fuerza rápida proporcionalmente con cargas altas, medias o bajas, lo cual dependerá de la magnitud de la carga a desplazar, del PMF, de su posición y de la duración de la expresión de fuerza en dicho pico máximo.

Un concepto muy extendido de fuerza rápida es el que la expresa como la relación entre la fuerza máxima manifestada y el tiempo necesario para alcanzarla (F.máx./t.máx.). Esta interpretación no deja de ser una forma más de establecer la relación entre la fuerza y la velocidad, por lo que está totalmente de acuerdo con nuestros planteamientos. Además, esta definición de fuerza rápida lo es también de fuerza explosiva, pues no deja de ser la relación entre la fuerza y el tiempo necesario para expresarla.

Nos podemos encontrar con un concepto de fuerza rápida relacionado con la capacidad de desplazar cargas submáximas a una velocidad intermedia, ni muy rápida ni muy lenta, y asociado a la realización de varias repeticiones por serie. Esta interpretación no nos parece adecuada ni nos aporta nada útil. Cada vez que se realiza una repetición se alcanza una explosividad/rapidez determinada que, aunque el sujeto ponga su máximo empeño, va a ser diferente (disminuye progresivamente) a medida que aumenta el número de las repeticiones dentro de la misma serie.

No se puede confundir la expresión de fuerza explosiva o rápida con la *velocidad del movimiento*. Se suelen clasificar los movimientos, por ejemplo, en lentos, rápidos y explosivos, cuando se realizan, respectivamente, con cargas altas y a baja velocidad, con cargas submáximas y a velocidad intermedia y con cargas ligeras y a velocidad máxima. Está claro que la velocidad del movimiento depende de la carga, pero eso no significa que no se haya podido manifestar una alta o máxima fuerza explosiva en los tres casos. Un mismo sujeto realizará movimientos explosivos, rápidos o lentos según la progresión de la carga, pero si mantenemos una misma carga, los cambios de velocidad se deberán a los cambios de la capacidad del propio sujeto para manifestar fuerza explosiva. Estas variaciones de fuerza explosiva dependerán, lógicamente, del entrenamiento realizado y de la forma actual del deportista.

En síntesis, la fuerza rápida y explosiva son la misma cosa, y expresan la relación entre la fuerza y la velocidad, o lo que es lo mismo, entre la fuerza y el tiempo en aplicarla. Cuando hablamos de entrenamiento de fuerza rápida o explosiva, entendemos que tratamos de mejorar la relación fuerza-velocidad. Según la magnitud de la resistencia a vencer o de la fuerza que tengamos que manifestar en la realización de un gesto deportivo, los medios y las cargas utilizadas serán diferentes, específicos para cada necesidad. Realmente, como ya hemos indicado en páginas anteriores, todo entrenamiento busca una mejora de la relación fuerza-velocidad, aunque en determinados momentos se acentúe más un aspecto u otro.

Una vez aclarados estos conceptos, que nos ahorrarán muchas explicaciones y confusiones posteriores, pasamos a exponer una clasificación básica de las distintas manifestaciones de fuerza. Para entender mejor esta clasificación, debemos tener en cuenta que cada una de las expresiones de fuerza recibe su denominación por el factor condicionante que más se destaca en su propia manifestación. Así, por ejemplo, hablamos de fuerza máxima porque lo que prevalece es la magnitud de la resistencia superada o de la fuerza desarrollada, pero esto no quiere decir que no se supere esta resistencia con una manifestación explosiva de la máxima fuerza. De igual modo podemos hablar de fuerza elástico-explosiva porque el resultado de esta acción está relacionado con el ciclo de estiramiento-acortamiento, que proporciona un efecto adicional a la capacidad contráctil del sujeto, pero no por eso no estamos aplicando la máxima fuerza posible; lo que ocurre es que la fuerza que se puede aplicar en este gesto no se acerca a la máxima isométrica, ya que la resistencia es más ligera y el tiempo para aplicar fuerza muy corto, etc.

El potencial de fuerza, su desarrollo y manifestación dependen de una serie de factores que vamos a enumerar brevemente.

Composición del músculo:

Sección muscular: número y grosor de fibras
Tipo de fibras: proporción fibras rápidas y lentas.
Ángulo de inserción del músculo

Utilización de las unidades motoras (UM):

Reclutamiento
Frecuencia de impulso
Sincronización
Coordinación intermuscular

Factores que coadyuvan a la contracción:

Reflejo de estiramiento
Elasticidad muscular
Reducción de la actividad de células
inhibidoras (órganos de Golgi)

Factores mecánicos:

Número de puentes cruzados activos, según el estado de estiramiento del músculo con respecto a su longitud de reposo

Los mecanismos de todos estos factores serán tratados con mayor profundidad en el apartado sobre fundamentos biológicos.

Esquema de la clasificación de las manifestaciones de fuerza

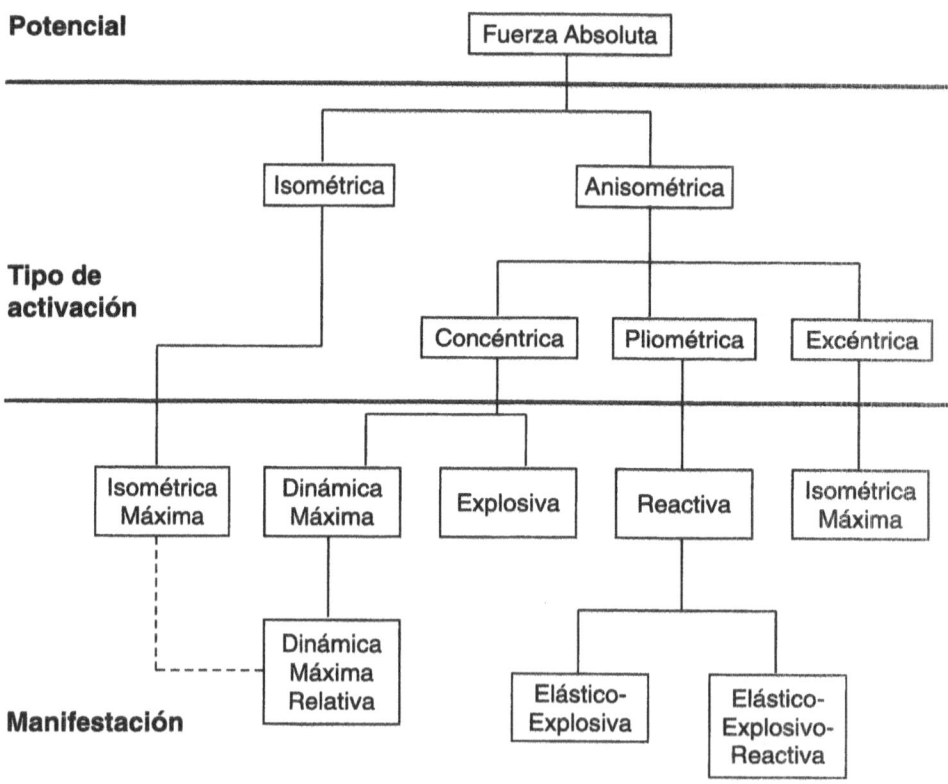

Como vemos, no consideramos la fuerza-resistencia como una manifestación de fuerza, puesto que se trata de la capacidad para mantener la manifestación de una o varias expresiones de fuerza durante más o menos tiempo. Es una capacidad objeto de entrenamiento, que va a permitir que cualquier manifestación de fuerza se realice al mejor nivel durante un tiempo concreto, o que se mantenga su expresión durante el mayor tiempo posible. Esta fuerza-resistencia nos puede servir tanto para la manifestación prolongada de una fuerza máxima determinada como de un nivel de fuerza explosiva o cualquier otra, o todas ellas conjuntamente.

Toda expresión de fuerza gira alrededor de dos conceptos fundamentales: fuerza máxima y fuerza explosiva o rápida. Es decir: fuerza que se es capaz de manifestar y su relación con el tiempo necesario para conseguirlo. Cada una de ellas tiene diferentes formas o niveles de manifestación.

3.4.1. Fuerza absoluta

Capacidad potencial teórica de fuerza dependiente de la constitución del músculo: sección transversal y tipo de fibra. Esta fuerza no se manifiesta de forma voluntaria, es decir, ni en entrenamiento ni en competición, sólo en situaciones psicológicas extremas, con la ayuda de fármacos o por electroestimulación.

3.4.2. Fuerza isométrica máxima

Se produce cuando el sujeto realiza una contracción voluntaria máxima contra una resistencia insalvable. Es lo que también se puede llamar fuerza máxima estática. Cada valor de fuerza isométrica debe venir acompañado de su correspondiente información sobre el ángulo y/o posición en la que se ha conseguido. Si esta manifestación de fuerza se hace lo más rápidamente posible, también se manifestará la máxima fuerza explosiva

3.4.3. Fuerza máxima excéntrica

Se manifiesta cuando se opone la máxima capacidad de contración muscular ante una resistencia que se desplaza en sentido opuesto al deseado por el sujeto. La fuerza expresada en estos casos depende de la velocidad a la que se produce el estiramiento o contracción excéntrica. Por eso siempre hay que especificar la velocidad o la resistencia con la que se hace el moviemiento. Para realizar un control de esta capacidad se toma un porcentaje de la fuerza isométrica máxima, que, generalmente, suele ser el 150% de la misma.

3.4.4. Fuerza dinámica máxima

Es la expresión máxima de fuerza cuando la resistencia sólo se puede desplazar una vez, o se desplaza ligeramente y/o transcurre a muy baja velocidad en una fase del movimiento. La fuerza máxima expresada en este caso estará referida al ángulo en el que se produce la mínima velocidad de desplazamiento. Un ejemplo sencillo de manifestación de máxima fuerza dinámica sería la realización de una repetición con el máximo peso posible en una sentadilla completa. Tendríamos, entonces, una expresión de dicha fuerza referida a las piernas. Aunque en el gesto necesario para medir este manifestación de fuerza se produce un ciclo de estiramiento-acortamiento, y, por tanto, una activación pliométrica, su efecto sobre el resultado con grandes cargas es despreciable, incluso en sujetos muy expertos. Por tanto, lo que se manifiesta y se mide es un valor de fuerza muy elevado, a una velocidad lenta, y que no depende de la elasticidad muscular.

3.4.5. Fuerza dinámica máxima relativa

Es la máxima fuerza expresada ante resistencias inferiores a la que se corresponde con la fuerza dinámica máxima. Equivale al valor máximo de fuerza que se puede aplicar con cada porcentaje de dicha fuerza o de la máxima isométrica. También se puede definir como la capacidad muscular para imprimir velocidad a una resistencia inferior a aquella con la que se manifiesta la fuerza dinámica máxima. La mejora sistemática de esta manifestación de fuerza es un objetivo importante del entrenamiento, ya que ésta es la principal y más frecuente expresión de fuerza durante la competición. Podemos decir que *un deportista sólo tiene la fuerza que es capaz de aplicar a una velocidad dada*. De nada sirve una fuerza isométrica máxima o incluso dinámica máxima muy elevadas si el porcentaje de esa fuerza que se aplica a mayores velocidades es bajo.

Si exceptuamos la fuerza absoluta, que no vamos a utilizar en el entrenamiento, la más alta expresión de fuerza se produce en la activación o contracción excéntrica –debido al efecto suplementario del reflejo de estiramiento y a la resistencia elástica (rigidez) de los elementos elásticos activos y pasivos del músculo–, aunque no todas las contracciones excéntricas producen la misma fuerza; depende, como sabemos, de la velocidad y de la resistencia. En segundo lugar está la contracción isométrica, que es la expresión más aproximada de la capacidad de contracción voluntaria máxima de un sujeto. Esta expresión de fuerza aporta una base de datos biomecánicos y fisiológicos importantes para la valoración de las características de la fuerza, y se toma como referencia válida de los cambios producidos por el entrenamiento. Por último, la menor expresión de fuerza se produce en la contracción concéntrica, dado que existe una velocidad de desplazamiento. Cuanto mayor sea esta velocidad (fuerza dinámica máxima relativa) menor fuerza se aplicará.

La relación entre estas fuerzas tiene importancia en el entrenamiento, y viene definida por lo que se conoce como *déficit de fuerza*. Se denomina así tanto a la diferencia entre fuerza máxima excéntrica e isométrica (Schmidtbleicher, 1985 y 1992), como a la diferencia entre isométrica máxima y la dinámica con cualquier carga (Verkhoshansky, 1986). Dado que la fuerza excéntrica máxima es difícil de medir, es mucho más práctico utilizar la isométrica y la dinámica. En la práctica, dadas las dificultades que podemos encontrar para medir las fuerzas excéntrica e isométrica máximas, lo más aconsejable es utilizar la diferencia entre la fuerza dinámica máxima y la dinámica máxima relativa. Estos datos nos dan información sobre la capacidad de activación neuromuscular voluntaria desarrollada. Si, por ejemplo, un sujeto tiene un déficit de fuerza de un 20% (diferencia en porcentajes entre los dos valores de fuerza considerados), podemos decir que su actual umbral de mivilización es del 80%, y que tiene una reserva sin utilizar del 20%. Si tenemos en cuenta que los grandes deportistas reducen su déficit hasta un 5% (G. Tidow, 1990), no cabe duda de que con estos datos podemos establecer objetivos claros de entrenamiento.

Si tomamos como referencia la figura 1.5, podemos deducir los déficits de fuerza que se producen en función de las cargas. En esta figura se establece la relación entre la fuerza isométrica máxima y las distintas fuerzas dinámicas máximas conseguidas con unos porcentajes de la fuerza isométrica.

Si consideramos como fuerza máxima 500 N (50 Kg. aprox.), tenemos:

carga	% de F.iso.	F.aplicada	déficit
25 Kg.	50%	80%	20%
10 Kg.	20%	70%	30%
3,5 Kg.	7%	45%	55%

La fuerza aplicada representa la fuerza dinámica máxima para cada carga (fuerza dinámica máxima relativa), que se expresa como un porcentaje de la isométrica máxima.

Verkhosansky (1986) da los siguientes valores:

% de F.iso.	F.aplicada	déficit	Correlación F.m.d.-F.is.
80%	94,0%	6,0%	0,822
60%	82,7%	17,3%	0,798
40%	64,4%	35,6%	0,657
20%	47,7%	52,3%	0,316

(F.= fuerza)
(F.m.d.= fuerza dinámica máxima relativa)
(F.is.= fuerza isométrica máxima)

El déficit de fuerza varía a través del ciclo de entrenamiento *y de la temporada,* según la orientación del trabajo y de la forma adquirida. Cuando existe una mejor adaptación/ capacidad de activación del sistema nervioso por un trabajo dirigido a la mejora del IMF (índice de manifestación de fuerza), por la utilización de cargas altas y a gran velocidad, el déficit se reduce; por el contrario, cuando el entrenamiento ha estado fundamentalmente basado en la mejora de la fuerza por la hipertrofia, se produce un aumento.

Por tanto, la oscilación del déficit indica el *efecto del entrenamiento* y el *"tipo de forma"* que se ha adquirido. Una vez conocido esto y las necesidades de nuestro deporte o especialidad, podremos orientar convenientemente el trabajo en la dirección que nos interese.

3.4.6. Fuerza explosiva

Como hemos venido exponiendo a lo largo de este capítulo, viene representada por una fase de la C.f-t, exactamente por la de mayor pendiente, donde se produce el mayor incremento de la tensión muscular (manifestación de fuerza) por unidad de tiempo. Se corresponde con el mayor IMF, que está en relación, a su vez, con la habilidad del sistema neuromuscular para desarrollar una alta velocidad de acción o para crear una fuerte aceleración en la expresión de fuerza. Por tanto, la fuerza explosiva está presente en todas las manifestaciones de fuerza.

La fuerza explosiva sin preestiramiento depende en gran medida de la capacidad contráctil, es decir, de la fuerza máxima isométrica o dinámica; y su manifestación se basa en la capacidad de desarrollar una gran fuerza por el reclutamiento y sincronización instantáneos del mayor número de UM.

Si no se dispone de medios para medir directamente la fuerza explosiva a través de la C.f-t, se utiliza, fundamentalmente, el salto vertical sin contramivimiento. La altura del salto depende de la velocidad de despegue, y ésta de la capacidad del sujeto para aplicar fuerza rápidamente (fuerza explosiva)

3.4.7. Fuerza elástico-explosiva

Se apoya en los mismos factores que la anterior, más el componente elástico que actúa por efecto del estiramiento previo. Lógicamente, la importancia de la capacidad contráctil y de los mecanismos nerviosos de reclutamiento y sincronización es menor en este caso, puesto que un porcentaje del resultado se debe a la elasticidad. El reflejo de estiramiento parece que no actúa en este tipo de acciones, salvo que la fase excéntrica del movimiento fuese muy rápida, lo que nos situaría en un tipo de manifestación de fuerza como la que describimos a continuación.

3.4.8. Fuerza elástico-explosivo-reactiva

Añade a la anterior un componente de facilitación neural importante como es el efecto del reflejo miotático (de estiramiento), que interviene debido al carácter del ciclo estiramiento-acortamiento (CEA), mucho más rápido y con una fase de transición muy corta, por lo que el resultado dependerá en menor medida de los factores anteriores, debido a la inclusión de este nuevo elemento. Grosser (1992) afirma que este tipo de fuerza sólo se manifiesta de forma completa si el CEA se sitúa por debajo de 200 mseg. C. Vittori (1990) distingue como manifestación de esta fuerza dos CEA, uno lento de alrededor de 240 mseg. (salto con contramovimiento con ayuda de los brazos), y otro rápido, sobre 160 mseg. (serie de saltos seguidos con mínima flexión de rodillas). En el primer caso la máxima tensión recae sobre los músculos del cuádriceps, mientras que en el segundo son el triceps sural y sinérgicos los más solicitados.

Si tomamos el salto como ejercicio modelo para ilustrar la manifestación de fuerza explosiva, podremos observar muy claramente las características de cada una de ellas en la fig. 1.30.

Como vemos, toda fuerza explosiva viene precedida de una fuerte contracción isométrica o de una excéntrica. La velocidad de contracción concéntrica depende del grado de tensión originado en la contracción isométrica precedente y de la velocidad a la que se produce. La duración y velocidad del estiramiento determina el tipo de fibras que estimulamos, el resultado del gesto y el efecto del entrenamiento.

Un estiramiento más lento y largo se asocia con la estimulación de fibras lentas (ST), y uno más rápido activa más fibras rápidas (FT), y además provoca una mayor frecuencia de estímulos que probablemente permite un mayor número de uniones de puentes cruza-

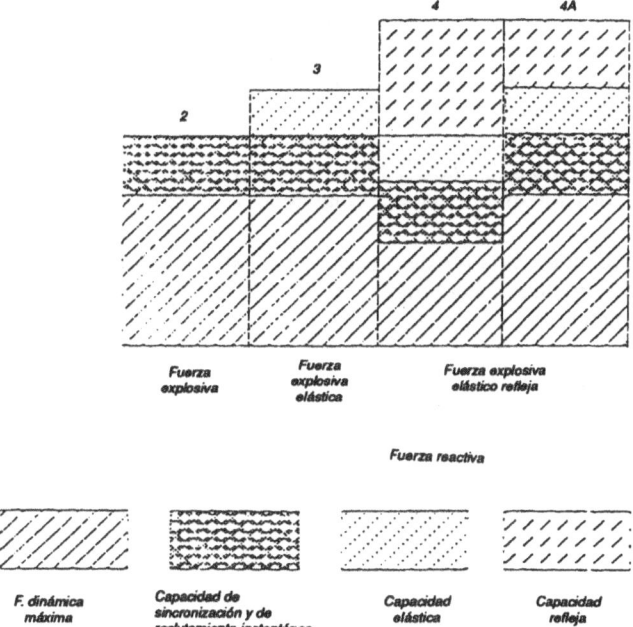

Fig. 1.30. Factores determinantes de las manifestaciones de fuerza explosiva a través del salto vertical (adaptado de Vittori, 1990).

dos. Si el tiempo disponible para realizar las uniones actomiosínicas es muy corto, puede que las fibras ST no puedan actuar. Si el estiramiento del músculo y la transición a la fase concéntrica son más largos que el tiempo de activación de los puentes cruzados de las fibras FT, la energía elástica se pierde por la ruptura local del complejo actina- miosina (Cavagna, Citteric 1974; Bosco y otros, 1982. En Tihany, 1989).

En síntesis, el CEA permite obtener un mayor rendimiento (desarrollar mayor potencia), según el siguiente proceso.

El estiramiento produce una fuerte contracción excéntrica, que genera una mayor tensión inicial.

Esta tensión elevada significa que hay una mayor diferencia entre la fuerza interna y la externa (resistencia)

Una diferencia más acentuada produce una velocidad de contracción concéntrica más alta.

Ante cualquier resistencia, cuanto mayor es la velocidad, más alta será la potencia alcanzada.

Dentro de la C.f-t hay otro componente relacionado con la capacidad de manifestar fuerza rápidamente, es decir, fuerza explosiva. Se trata del concepto de *fuerza inicial*, introducido por Verkhosansky y Tatjan en 1975, según Schmidtbleicher (1992), aunque el propio Verkhosansky ya se cita a sí mismo con respecto a este concepto en los años 1968 y 1970 (Verkhosansky, 1986). Se define como la *capacidad de manifestar una gran fuerza al inicio de una activación o contracción muscular y en muy poco tiempo*. Según distintos autores, se considera solamente la fuerza manifestada durante los primeros 30-50 mseg.

Es una cualidad independiente de la resistencia externa y del régimen de trabajo muscular (dinámico o isométrico). Por tanto, en un mismo sujeto, es prácticamente invariable ante cualquier resistencia.

En la fig. 1.31, que es una modificación de la 1.5, podemos comprobar lo que acabamos de expresar, y, además, completar el concepto de fuerza explosiva.

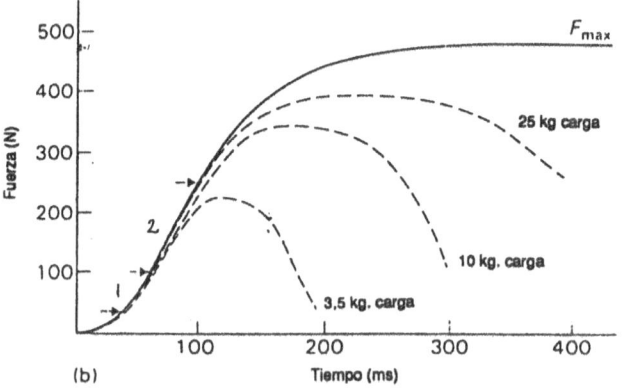

Fig. 1.31. C.f-t con diferentes cargas. El número 1 indica la zona correspondiente a la fuerza inicial; el 2 la que representa la fuerza explosiva (adaptado de Schmidtbleicher, 1992).

La zona de la curva correspondiente a la fuerza inicial viene marcada por las flechas de la parte inferior de la figura. Como se puede observar, no hay prácticamente diferencias desde el 100% hasta el 7% de la carga. Sin embargo, es importante observar que la zona de fuerza explosiva, la máxima pendiente de la curva, decae a partir de los 10 Kg., equivalente a una carga del 20% de la fuerza máxima. Es decir, la manifestación de máxima fuerza explosiva, o simplemente la fuerza explosiva, es menor con cargas ligeras que con altas, precisamente lo contrario de lo que se podría pensar. Esto viene a demostrar lo que decíamos en páginas anteriores: en los movimientos más veloces, con cargas muy ligeras, no se manifiesta la máxima fuerza explosiva.

Parece, por tanto, que para manifestar la máxima fuerza explosiva es necesario actuar sobre resistencias superiores al 20%, de la fuerza máxima. Concretamente, Muller (1987) afirma que hay que emplear cargas superiores al 25% (Schmidtbleicher, 1992). Por tanto, el máximo IMF es el mismo para todas las cargas superiores al 25% de la fuerza máxima. Los movimientos rápidos con cargas inferiores al 25% son determinados, no tanto por la fuerza explosiva máxima, sino por IMF en la parte inicial de la curva, es decir, por la fuerza inicial. Esto ocurre, por ejemplo en boxeo, esgrima, karate. etc.

Esta puede ser la razón por la que Grosser (1992) define la fuerza explosiva como la capacidad de desarrollar rápidamente una fuerza contra resistencias superiores al 50% de la máxima fuerza actual (p.44).

En esta misma línea, Harre y Lotz (1988) dicen que muchas veces este concepto se basa también en el tiempo necesario para alcanzar entre el 50 y el 70% del máximo valor de la fuerza.

Parece derivarse de estas dos definiciones que si no se llega a manifestar un 50% de la fuerza máxima, la pendiente de la curva decae; y, por otra parte, que si el tiempo necesario para alcanzar dicho porcentaje es mayor, la fuerza explosiva también será menor.

Y por esta misma razón no nos parece acertada la definición que ofrece P. Tschiene, aunque para E. Locatelli sí lo sea, de "Forza Veloce": "Capacidad de desarrollar en un tiempo muy breve una gran fuerza contra un obstáculo de peso modesto, sea el instrumento deportivo o el peso del sujeto, con una ejecución del movimiento lo más exacta posible" (En Locatelli, 1990). Es probable que esta definición se refiera a los movimientos más rápidos, pero no a los que producen una mayor fuerza explosiva.

Otro concepto relacionado con la rápida manifestación de fuerza, y también introducido por Verkhoshansky (1986), es el de *fuerza de aceleración*. La primera parte de la C.f-t depende de la fuerza inicial, pero la zona que le sigue a continuación está en relación con la *habilidad de los músculos para manifestar rápidamente la máxima fuerza posible*. A esta habilidad/capacidad le denomina fuerza de aceleración, que realmente se puede identificar con fuerza explosiva, aunque este autor la emplea como algo distinto pero íntimamente relacionado.

En términos generales, podemos decir que la fuerza explosiva o capacidad de expresar rápidamente una fuerza está en relación con:

La composición muscular, sobre todo con el porcentaje de fibras rápidas.
La frecuencia de impulso.
La sincronización.
La coordinación intermuscular.
Las capacidades de *fuerza máxima, de salida y de aceleración.*
La velocidad de acortamiento del músculo.

Cada uno de estos factores influye de la siguiente forma:

La fuerza máxima óptimamente desarrollada y la *fuerza de aceleración* contribuyen fundamentalmente a la mejora del máximo IMF, o máxima fuerza explosiva. Como sabemos, la relación de la fuerza máxima y la explosiva es mayor cuando se incrementa la resistencia a vencer. No obstante, una fuerza óptimamente desarrollada siempre podrá contribuir en mayor medida a la expresión rápida de la fuerza en cualquier zona de la C.f-v.

Si la resistencia disminuye, cobra un papel más importante la *velocidad de acortamiento* del músculo y la *fuerza inicial.* De ésta depende el IMF inicial, es decir, en el comienzo de la curva, cuando las cargas son inferiores al 25% del máximo (Schmidtbleicher, 1992).

La velocidad máxima está en relación con la *composición muscular.* Se define como el índice de acortamiento por sarcómero y por longitud del músculo. La capacidad de acortamiento de un músculo está, en parte, determinada por el número de sarcómeros en serie y también por la velocidad intrínseca de acortamiento de los sarcómeros. La velocidad de acortamiento del sarcómero está en relación con el tipo de miosina de los puentes cruzados (Goldspink, 1992).

La *frecuencia de impulso* juega un papel decisivo en el IMF, es decir, en la fuerza explosiva. Para alcanzar la máxima fuerza isométrica puede ser suficiente una frecuencia de impulso de 50 Hz. Si aumentamos la frecuencia de impulsos hasta 100 Hz., no se alcanza más fuerza máxima, pero sí se consigue ésta en menos tiempo. Por tanto la fuerza explosiva será mayor (Ver Fig. 2.15).

Otros procesos de coordinación: *sincronización* (coordinación intramuscular) y *coordinación intermuscular* favorecen la manifestación de fuerza por la utilización del máximo número de unidades motoras de forma instantánea y por la mejora de la técnica del movimiento, respectivamente.

Para Newton y Kraemer (1994) el desarrollo de la potencia explosiva depende de cinco factores o componentes que deben mejorarse conjuntamente y de forma óptima si se quiere conseguir el mejor resultado. Estos componentes son: fuerza a velocidad lenta (grandes cargas), fuerza a alta velocidad (cargas medias y ligeras), coordinación intermuscular y habilidades específicas, el CEA y el IMF. El entrenamiento debe ser orientado a optimizar cada una de estas cinco variables. La potencia óptima sólo puede ser lograda si cada uno de estos factores es incorporado al entrenamiento.

3.5. Relación entre las distintas manifestaciones de fuerza

A lo largo de las páginas anteriores hemos ido haciendo mención a las distintas relaciones entre las manifestaciones de fuerza. Vamos a terminar sintetizando las relaciones entre la fuerza explosiva y sus componentes básicos y de éstos entre sí.

La fuerza explosiva es una cualidad muy importante en muchos deportes y el punto de referencia más adecuado en la valoración de la forma deportiva. Está determinada, según hemos ido viendo, por otras manifestaciones de fuerza: *fuerza máxima, fuerza de salida, fuerza o capacidad de aceleración* y por la *velocidad de movimiento absoluta.* El conocimiento de la relación de estas cualidades entre sí y con la propia fuerza explosiva es importante dentro de la metodología del entrenamiento.

El autor que más ha estudiado estas cuestiones ha sido el conocido Verkhosansky. Lo que exponemos ha continuación es una síntesis de sus hallazgos en este campo.

La conexión entre la *fuerza inicial* y la *máxima isométrica* es alta en los principiantes, pero no es significativa en los deportistas entrenados. Este autor estima que la varianza común entre estas dos cualidades es del 20-25%, y la específica del 75-80%, por lo que se pueden considerar como cualidades independientes.

La *fuerza máxima:*

no determina:
— el trabajo/efecto en la fase inicial de la tensión muscular.
— la fuerza máxima manifestada con cargas ligeras.

no contribuye:
— al desarrollo de la velocidad absoluta del movimiento. Incluso puede ser negativa si se busca un desarrollo desproporcionado de la fuerza máxima isométrica

Si se vencen resistencias externas, la relación entre *velocidad de movimiento* y *fuerza máxima* se incrementa. Desde el 50-60% de la fuerza máxima isométrica, la velocidad depende de la *fuerza de aceleración* y de la *fuerza máxima*.

Hay muy poca relación entre la *velocidad absoluta* y la *velocidad del movimiento* si hay resistencia externa. Incluso con resistencias del 20% de la fuerza isométrica máxima la varianza no común llega al 70%.

Cuanto menor es la resistencia externa, mayor es la *velocidad del movimiento* y la influencia de la *velocidad absoluta* y de la *fuerza inicial*.

La *fuerza explosiva* y la *fuerza de aceleración* son dependientes. Su varianza común es del 84%. La *fuerza explosiva* y la *inicial* tienen una relación del 52%, por lo que son relativamente dependientes.

La *fuerza inicial* es el mecanismo previo a la manifestación de *fuerza de aceleración*, y necesario para alcanzar cierto nivel de tensión lo más rápidamente posible. Cuando hay una resistencia externa, la fuerza inicial se produce en régimen isométrico, y la de aceleración en régimen concéntrico/dinámico. Cuanto más alto sea el nivel de desarrollo/ manifestación de la fuerza inicial, más aceleración se podrá conseguir, y, por tanto, más velocidad, aspecto muy importante en el entrenamiento.

La *fuerza explosiva*, como cualidad central, objetivo básico del entrenamiento, refuerza su relación progresivamente con la *velocidad absoluta*, la *fuerza inicial*, la *fuerza de aceleración* y la *fuerza máxima* a medida que aumenta la resistencia externa.

Esta serie de expresiones de fuerza, que hemos denominado componentes de la fuerza explosiva, tienen algunas características:

Su desarrollo es relativamente independiente. La progresión en una no se refleja de forma significativa en el mejora de las demás.

El desarrollo de cada habilidad requiere un adecuado régimen motor. El entrenamiento que influye directamente en una de ellas no afecta a las otras. Una fuerza máxima elevada no implica necesariamente la capacidad de manifestarla rápidamente.

La relativa independencia aumenta en los deportistas avanzados.

La fuerza de aceleración y la fuerza máxima son más entrenables que la velocidad absoluta y la fuerza inicial.

SÍNTESIS DE IDEAS FUNDAMENTALES

- La fuerza (en contracción concéntrica y pliométrica) es la capacidad de producir tensión que tiene el músculo o un grupo de músculos a una velocidad específica, desde cero a la máxima o absoluta. En relación con el tiempo, la fuerza es la capacidad de producir tensión que tiene el músculo o grupo de músculos en un tiempo determinado.

- Su desarrollo y manifestación depende:
  - De factores morfológicos/estructurales y de coordinación neuromuscular.
  - Del tipo de contracción.
  - Del ángulo en el que se realiza la acción.

- Su importancia en el deporte queda reflejada por su influencia en:
  - La ejecución de la técnica
  - La velocidad de realización del movimiento
  - La mejora de la resistencia
  - La valoración del entrenamiento

- Las curvas de f-t, f-v y de potencia están determinadas por la constitución del sujeto y por el entrenamiento. Su conocimiento y análisis nos permite:
  - Optimizar la programación, por una mejor selección de las cargas, una dosificación más racional y un mejor control del entrenamiento.
  - Diferenciar a unos deportistas de otros.
  - Prever y comprobar el efecto del trabajo realizado.
  - Valorar la forma actual del deportista.

- En el ámbito deportivo, la tensión muscular siempre viene transformada en fuerza.

- La mayor o menor producción de tensión muscular depende:
  - Del régimen de contracción muscular.
  - De la velocidad y aceleración de la contracción.
  - De la magnitud de la carga
  - De las condiciones previas a la contracción muscular.

- La fuerza explosiva se manifiesta ante cualquier resistencia. La mejora de la misma se produce cuando se consigue aplicar más fuerza en menos tiempo ante una misma resistencia.

- La fuerza rápida se identifica con la fuerza explosiva. Mejoramos la fuerza rápida cuando somos capaces de aplicar más fuerza a la misma velocidad, o cuanta más velocidad consigamos ante una misma resistencia.

- Conseguir más velocidad ante la misma resistencia es lo mismo que aplicar más fuerza en el mismo tiempo. Es decir, la mejora en la C.f-t (fuerza explosiva) se refleja en la misma medida en la C.f-v (fuerza rápida).

- No se debe confundir la fuerza explosiva o rápida con la velocidad del movimiento. La fuerza explosiva puede ser máxima ante cualquier carga y a cualquier velocidad.

- La manifestación de fuerza explosiva es menor con cargas ligeras que con altas. En movimientos veloces, con cargas ligeras, no se manifiesta la máxima fuerza explosiva.

- Toda expresión de fuerza gira alrededor de dos conceptos fundamentales: fuerza que se es capaz de manifestar (fuerza máxima) y tiempo necesario para conseguirlo (fuerza explosiva)

- El déficit de fuerza indica el porcentaje de la fuerza máxima (excéntrica, isométrica o dinámica máxima) que no se es capaz de aplicar ante cargas submáximas.

- La reducción del déficit depende de que mejore el IMF ante una resistencia dada, es decir, la fuerza explosiva, y de la fuerza máxima aplicada.

- Conviene recordar también la síntesis sobre la relación entre las distintas manifestaciones de fuerza que aparecen al final de este apartado.

Capítulo II

Fundamentos biológicos sobre el desarrollo y la manifestacion de la fuerza

OBJETIVOS DE ESTE APARTADO:

1. Distinguir los factores de tipo biológico de los que depende la capacidad de un sujeto para desarrollar fuerza.

2. Interpretar los efectos de cada uno de estos factores sobre el rendimiento deportivo.

La capacidad de un sujeto para desarrollar fuerza depende de distintos factores. La figura 2.1 muestra un esquema de dichos factores que son de cuatro tipos:

– Estructurales, o relacionados con la composición del músculo.
– Nerviosos, relacionados con las unidades motoras.
– Los relacionados con el ciclo estiramiento-acortamiento.
– Hormonales.

En las páginas siguientes desarrollaremos este esquema que está basado en el trabajo de Cometti (1988), que es, a su vez, una síntesis de distintos trabajos de la literatura científica internacional.

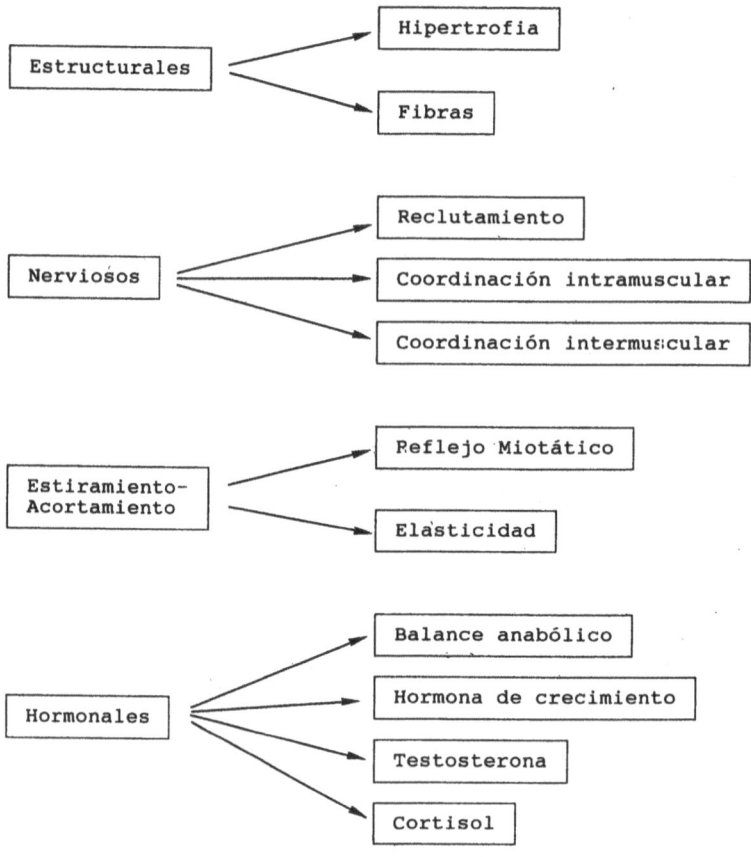

Fig. 2.1. Mecanismos del desarrollo de la fuerza.

1. FACTORES ESTRUCTURALES DEL DESARROLLO DE LA FUERZA

Comprende dos tipos de factores (Figura 2.1):

– La hipertrofia.
– Las fibras musculares.

1.1. La hipertrofia o aumento del tamaño del músculo

Es un hecho conocido que los sujetos que presentan un grosor muscular más grande son los que tienen mayor fuerza. Esto se ha demostrado estudiando en poblaciones muy heterogéneas la relación existente entre el grosor o sección muscular y la fuerza isométrica máxima de un músculo (Ikay, 1968).

Sin embargo, cuando se realizan estudios longitudinales analizando, por ejemplo, los efectos de unas semanas de entrenamiento de fuerza en una población determinada, se observa que la ganancia de fuerza tras unas semanas de entrenamiento es superior al aumento de la masa muscular. Esto permite pensar que no sólo la hipertrofia contribuye a la mejora de la fuerza, sino que existen además otros factores que también intervienen.

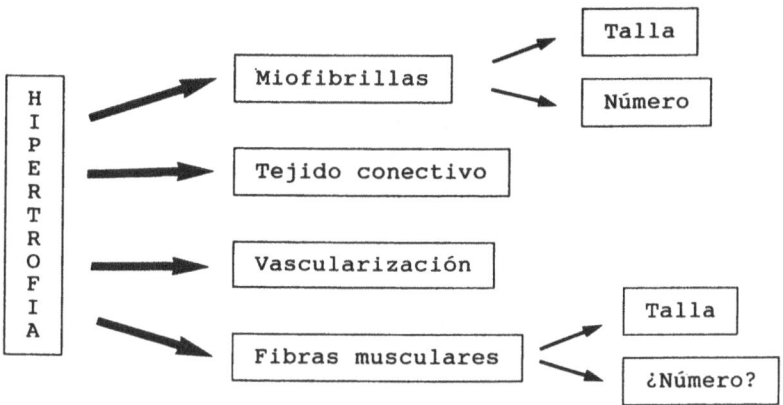

Fig. 2.2. Origen de la hipertrofia muscular.

La figura 2.2 (Cometti, 1988) muestra, de modo esquemático, las causas por las que se cree que se produce la hipertrofia tras el entrenamiento de fuerza. Teóricamente, un aumento del tamaño del músculo puede ocurrir como resultado de un (MacDougall, 1992):

– Aumento del número y la talla de las miofibrillas.
– Aumento del tamaño del tejido conectivo y otros tejidos no contráctiles del músculo.
– Aumento de la vascularización.
– Aumento del tamaño y, probablemente, del número de fibras musculares.

Para entender mejor los distintos elementos que intervienen en la hipertrofia, presentamos la figura 2.3 (Billeter, 1992) en la que se observan los distintos componentes del músculo.

1.1.1. El aumento de la talla y el número de miofibrillas

Investigaciones realizadas en músculo humano permiten pensar que la hipertrofia producida en el músculo por el entrenamiento de fuerza se acompaña generalmente de un aumento tanto del tamaño como del número de las miofibrillas (MacDougall, 1986).

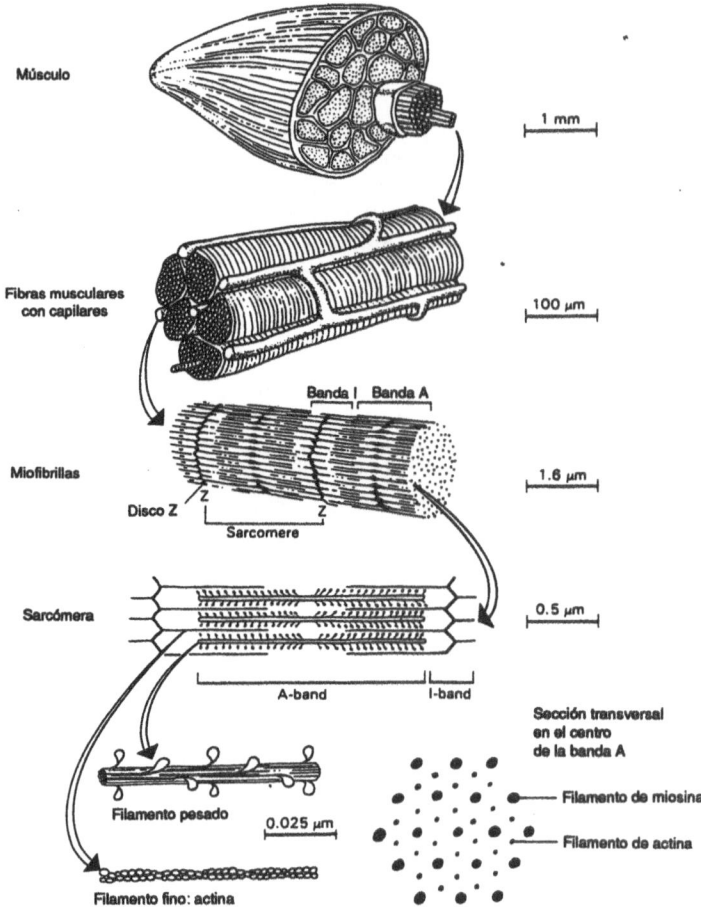

Fig. 2.3. Estructura del músculo desde su aspecto macroscópico hasta su nivel molecular. Cada fibra muscular (célula) contiene unas proteínas contráctiles, llamadas miofibrillas, que son estriadas. Cada estriación contiene unos filamentos finos (actina) y pesados (miosina) que están ordenados en unidades contráctiles llamadas sarcómeras. Los capilares rodean a las fibras musculares (a partir de Billeter, 1992).

El aumento del tamaño de las miofibrillas podría ser debido, según MacDougall (1986), a una adición de filamentos de actina y de miosina en la periferia de las miofibrillas.

El aumento en el número de miofibrillas es más complejo y se conoce menos. El mecanismo, que podría ser muy parecido al que ocurre en el niño en las primeras semanas de vida, se puede resumir del siguiente modo: la miofibrilla se iría adaptando en primer lugar aumentando de tamaño, hasta que alcanza un nivel crítico determinado de tamaño y de fuerza a partir del cual las contracciones musculares sucesivas provocan microrrupturas de las bandas Z de las miofibrillas. A partir de estas microrrupturas, se forman dos "miofibrillas hijas" que tienen la misma longitud de sarcómero (Goldspink, 1970) (Goldspink, 1974).

El aumento en el número de miofibrillas contribuye en mayor medida a la hipertrofia que el aumento del tamaño (Goldspink, 1970) (Goldspink, 1974).

1.1.2. El aumento del tejido conectivo

Además del tejido contráctil, el músculo está formado por otros tejidos no contráctiles, que representan alrededor del 13% del volumen muscular total (MacDougall 1984). De entre dichos tejidos no contráctiles, el principal elemento es el colágeno, que representa el 7% de la masa muscular total.

Debido a que el tejido conectivo ocupa una proporción pequeña del músculo, algunos investigadores consideran que debe tener poca importancia a la hora de contribuir al desarrollo de la fuerza (MacDougall, 1992). Sin embargo, conviene retener algunas características poco conocidas del colágeno, a saber:

- Está compuesto por 3 cadenas de aminoácidos (Prolina, Hidroxiprolina, Glicina).
- La hipertrofia muscular se suele acompañar de un aumento proporcional del tejido conectivo y, viceversa, la atrofia se acompaña de una disminución proporcional del tejido conectivo. Por ejemplo, el tejido conectivo del hombre sedentario representa, como el del culturista entrenado, un 13% del volumen muscular (MacDougall, 1984).
- Parece ser que, contrariamente a lo que se pensaba, los procesos de adaptación del tejido conectivo son más rápidos que los del tejido contráctil (Goldspink, 1992).

1.1.3. El aumento de la vascularización

Numerosos estudios han demostrado que los capilares que rodean el músculo, expresados bien sea en número de capilares por fibra muscular o en número de capilares por mm^2 de superficie muscular, aumentan después de varias semanas de entrenamiento de resistencia aeróbica (Saltin, 1983). Por eso, los atletas entrenados en resistencia aeróbica presentan una mayor densidad capilar que los sedentarios (Saltin, 1983).

Hemos visto anteriormente que el entrenamiento de fuerza se suele acompañar de una hipertrofia muscular. Si dicha hipertrofia muscular no se acompañase de una formación de nuevos capilares sanguíneos proporcional al aumento de la talla del músculo, la densidad capilar disminuiría en el músculo hipertrofiado (Tesch, 1992). Los estudios realizados con halterófilos y fisicoculturistas por Tesch (1984) y Dudley (1986) permiten pensar que distintos tipos de entrenamiento de fuerza tienen distintos efectos en la vascularización del músculo. Así, por ejemplo, Tesch (1984) (Figura 2.4) observó que los halterófilos de élite tenían el mismo número de capilares por fibra muscular que los sedentarios. Si tenemos en cuenta que el tamaño del músculo en los halterófilos es muy superior al de los sujetos sedentarios, esto implica que la densidad capilar (número de capilares por mm^2 de superficie del músculo) es menor en los halterófilos. Esto permite pensar que el entrenamiento de halterofilia no se acompaña de una proliferación o formación de nuevos capilares en el músculo.

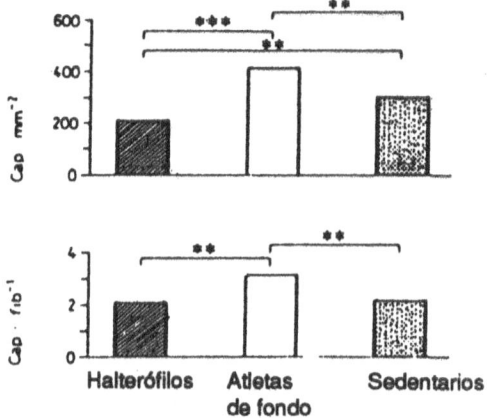

Fig. 2.4. Densidad capilar (capilares por mm²) y número de capilares por fibra muscular en 3 poblaciones distintas: atletas de fondo, sedentarios y halterófilos (a partir de Tesch, 1984).

Las características de la densidad capilar de los halterófilos, que se suelen entrenar con cargas de intensidad casi máxima (80-100%) y con pocas repeticiones, parecen ser muy distintas de las de los culturistas, que se suelen entrenar empleando cargas más ligeras (70% de 1RM), con muchas repeticiones, hasta el agotamiento. En efecto, los culturistas suelen tener casi el doble de capilares por fibra muscular que los halterófilos (Dudley, 1986). Esto puede ser el reflejo de una proliferación o formación de nuevos capilares sanguíneos como consecuencia del entrenamiento "de hipertrofia", típico del culturista. Sin embargo, la densidad capilar (número de capilares por mm²) del culturista es inferior a la del sujeto sedentario. Esto indicaría que la formación de nuevos capilares debidas al entrenamiento del culturista es proporcionalmente menor que la hipertrofia muscular que presenta.

Por último, algunos autores han observado que la disminución de la densidad capilar provocada por el entrenamiento de fuerza se acompaña también de una disminución de la densidad del volumen de las mitocondrias de la fibra muscular (MacDougall, 1979). Esto podría explicar, por una parte, los bajos contenidos en enzimas oxidativos encontrados en los músculos de los atletas que practican disciplinas de fuerza y, por otra parte, la inconveniencia de favorecer la hipertrofia muscular en los atletas que practiquen disciplinas de fondo (Tesch, 1992).

1.1.4. El aumento de la talla y del número de fibras musculares

Hemos visto con anterioridad que el aumento de la talla y del número de las miofibrillas contribuye a la hipertrofia muscular. Teniendo en cuenta que las miofibrillas constituyen el componente más importante del volumen total de las fibras musculares, es evidente que las fibras musculares aumentan de tamaño.

Como en el caso de las miofibrillas, la hipertrofia de las fibras musculares podría deberse a dos razones:

— Un aumento en la talla de las fibras musculares.
— Un aumento en el número de las fibras musculares (se le suele llamar hiperplasia).

En lo que respecta a la talla de las fibras musculares, numerosos estudios han observado un aumento de la talla de las fibras musculares después de un período de entrenamiento de fuerza. (Thorstenson, 1976) (MacDougall, 1980) (Häkkinen, 1981a). La magnitud de este aumento varía considerablemente dependiendo del entrenamiento previo del sujeto y, sobre todo, de la intensidad y la duración del entrenamiento (MacDougall, 1992). En general, se puede afirmar que el aumento de tamaño suele afectar de modo preferente a las fibras de tipo II (Thorstenson, 1976) (MacDougall, 1980), aunque las fibras de tipo I suelen aumentar de tamaño pero en menor proporción (Häkkinen, 1981a). El aumento de tamaño de las fibras de tipo I se manifiesta especialmente en el entrenamiento de culturismo (ej.: 10 x 10RM), y cuando la duración del entrenamiento de fuerza supera las 12-16 semanas (Häkkinen, 1981a).

No podemos dar actualmente una respuesta definitiva en lo que respecta a si la hipertrofia muscular provocada por el entrenamiento de fuerza se acompaña o no de un aumento en el número de las fibras musculares (hiperplasia). Los argumentos experimentales que permiten pensar que pudiera existir una hiperplasia de las fibras musculares son los siguientes:

— Se sabe que en el hombre el mayor contribuyente del crecimiento del músculo desde antes del nacimiento hasta el primer año de vida es el aumento en el número de fibras musculares (Goldspink, 1974). Este fenómeno, que no se observa en el adulto sedentario, podría muy bien ser del mismo tipo del que se produce tras el entrenamiento de fuerza (MacDougall, 1992).

— En los años 70 algunos investigadores encontraron, trabajando con animales, que el crecimiento del grosor del músculo que ocurría tras un entrenamiento de fuerza se acompañaba de un aumento del número de fibras musculares (Reitsma, 1969) (Hall-Craggs, 1970) (Sola, 1973). Aunque algunos de estos trabajos han sido criticados por la metodología experimental que emplearon (Gollnick, 1981), posteriores estudios más precisos en su metodología realizados con animales han confirmado la existencia de hiperplasia de las fibras musculares tras el entrenamiento de fuerza (Gonyea, 1986) (Alway, 1989).

El mecanismo por el que se produce la hiperplasia de las fibras musculares en animales es desconocido. Sin embargo, se considera que podría estar causado por la activación de las "células musculares satélite" como consecuencia del entrenamiento de fuerza. Estas "células satélite", descritas por Mauro (1961), son células de reserva no funcionales que se encuentran en el exterior de la membrana plasmática de la fibra muscular pero en el interior de la lámina basal. Cuando un ejercicio o una sesión de entrenamiento produce un daño celular en el músculo, se observa una proliferación de "células satélite" (Schultz, 1989) que puede *reemplazar* a las células dañadas (en el caso de que el daño haya sido tan grande que las células lesionadas mueran) *o bien fusionarse* con dichas células (en el caso de que el daño celular haya sido grande pero no hayan muerto). En este último caso, existiría un aumento del número de fibras. En esta hipótesis, la hiperplasia se estimularía sólamente tras aquellos entrenamientos que dañasen ligeramente a las células musculares sin provocar su muerte. Este leve daño estimularía a las "células satélite" que, además de reparar el daño, crearían nuevas células musculares. Sin embargo, estas teorías, aunque encajan muy bien con la teoría de los procesos de adaptación debidos al entrenamiento, son meras especulaciones.

– En lo referente a la existencia de hiperplasia en el hombre, no existen en la actualidad argumentos experimentales que permitan afirmar la existencia de hiperplasia de las fibras musculares como consecuencia del entrenamiento de fuerza (MacDougall, 1984).

1.2. Las fibras musculares

La figura 2.5 (Cometti, 1988) muestra el esquema de los distintos aspectos que vamos a tratar en este apartado sobre las fibras musculares. Las fibras musculares son las células de los músculos esqueléticos y tienen como función la de generar fuerza. La figura 2.3 (Billeter, 1992) mostraba de modo esquemático la estructura del músculo esquelético. En ella se observa que las fibras musculares, células anchas (50 mm.) y largas (hasta 10 cm) con cientos de núcleos, están compuestas en el 80% de su volumen por miofibrillas. Las miofibrillas tienen un diámetro de 1-2 mm. y una longitud generalmente similar a la de la fibra muscular. A su vez, cada miofibrilla está compuesta por una serie de unidades contráctiles llamadas sarcómeros constituidas por filamentos finos y pesados colocados en el plano longitudinal y situadas entre los llamados discos Z, que tienen una longitud aproximada de 2.5 cm. Se cree que la contracción muscular se produce cuando los sarcómeros se contraen al deslizarse los filamentos pesados entre los filamentos finos. Esto provoca el acercamiento de los discos Z entre sí y el consiguiente acortamiento de los sarcómeros que conlleva a la contracción del músculo (Billeter, 1992).

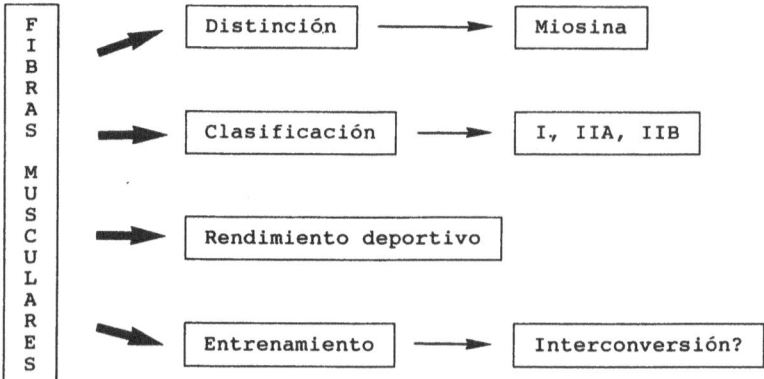

Fig. 2.5. Esquema de los mecanismos de adaptación de las fibras musculares (distintos de la hipertrofia).

1.2.1. Distinción: isoformas de la miosina

Los filamentos pesados de los sarcómeros están formados principalmente por un proteína, la miosina, mientras que los filamentos finos están formados principalmente por otra proteína llamada actina (Fig. 2.3) (Billeter, 1992). El extremo libre de la molécula de miosina es el lugar clave del músculo que genera la fuerza necesaria para la contracción muscular. En efecto, en dicho extremo o cabeza de la miosina, se encuentra la molécula de ATP que, en presencia de Calcio, se hidroliza en ADP y Pi (fosfato inorgánico) y proporciona la energía necesaria para que la cabeza de la miosina interaccione con el filamento de actina, se produzca el acortamiento de los sarcómeros y, por consiguiente, la contracción muscular.

La miosina de cada fibra muscular no tiene exactamente la misma composición química y estructura (Billeter, 1992) sino que existe en diferentes formas moleculares que varían sólo ligeramente entre ellas. A cada una de estas formas moleculares de la miosina se les llama isoformas.

La clasificación de las fibras musculares se realiza en función de las isoformas de la miosina.

1.2.2. Clasificación de las fibras musculares

La clasificación de las fibras musculares depende del tipo de miosina (isoforma) que tengan sus sarcómeras. Por ejemplo, la miosina que es capaz de hidrolizar rápidamente el ATP (unas 600 veces por segundo) se denomina miosina rápida. La miosina que sólo puede hidrolizar ATP unas 300 veces por segundo se denomina miosina lenta (Howald, 1984). Por último, se distingue una isoforma de la miosina que puede hidrolizar el ATP a una velocidad intermedia entre la miosina "rápida" y la "lenta" (Howald, 1984).

La diferencia en la velocidad de producción de energía entre la miosina lenta y la rápida se traduce en que las fibras musculares que contienen miosina rápida se contraen más rápidamente (tiempo: 40-90 ms) que las fibras musculares que contienen miosina lenta (tiempo de contracción de 90-140 ms). Esta diferencia en la velocidad de contracción y de producción de energía de las fibras musculares que contienen uno u otro tipo de miosina, es la que ha dado origen a la clasificación de las fibras musculares en rápidas (IIB), intermedias (IIA) y lentas (I) (Billeter, 1992). El método que se emplea para clasificar las fibras musculares consiste en estudiar la tinción histoquímica de una porción de músculo extraído por medio de una punción-biopsia. Para más detalles se puede consultar a Billeter (1992).

La figura 2.6 (tomada a partir de Cometti, 1988) muestra de modo esquemático algunas características de las fibras musculares.En dicha figura se puede observar que las fibras I (lentas) se diferencian de las fibras IIB (rápidas) en que tienen una velocidad de contracción más lenta (más de 100 ms. en vez de 40-80 ms), producen menos fuerza, tienen una mayor vascularización y capacidad oxidativa, se fatigan menos, utilizan como sustratos energéticos predominantes los glúcidos y lípidos por la vía aeróbica, en vez de

Características	Tipo I	Tipo IIA	Tipo IIB
Denominación	Lentas	Rápidas	Rápidas
Tensión muscular			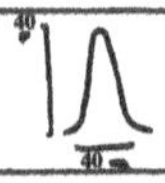
Vascularización			
Fatigabilidad (índice)	0.8-1.2	0-0.8	
Glúcidos Lípidos	+++ +++	+++ +	+ -
ATPasa Mioglobina	+ +++	++ ++	+++ +
Talla de una fibra	+	++	+++
Número de miofibrillas por fibra	+	++	+++
Tiempos de contracción	99-140 ms	40-88 ms	

Fig. 2.6. Características de las fibras musculares.

la vía anaeróbica, su tamaño es más pequeño y tienen un menor número de miofibrillas en cada fibra muscular.

Las fibras musculares IIA, presentan características de velocidad de contracción, de capacidad oxidativa y de fatigabilidad intermedias entre las fibras I y las fibras IIB.

Por último conviene señalar que las fibras musculares que pertenecen a una misma unidad motora (que están inervadas por el mismo nervio motor) tienen esencialmente las mismas propiedades y el mismo tipo de isoforma de miosina. A su vez, las unidades motoras que inervan las fibras rápidas tienen una mayor velocidad de conducción del nervio motor y una mayor frecuencia de descarga del impulso eléctrico que las unidades motoras que inervan las fibras lentas. Por consiguiente, la diferencia entre las fibras musculares no sólo ocurre a nivel de cada fibra muscular sino que también es específica de la motoneurona que las inerva (Cometti, 1988) (Billeter, 1992).

1.2.3. Fibras musculares y rendimiento deportivo

La proporción de los diferentes tipos de fibras musculares de un músculo determinado varía de un sujeto a otro. Hemos visto que las fibras musculares rápidas (IIB) se caracterizan, con respecto a las lentas (I), en que producen más fuerza, se contraen más rápidamente y se fatigan antes. A partir de estos datos es lógico pensar que aquellos deportistas que practiquen disciplinas intensas, rápidas, de corta duración y que necesiten emplear mucha fuerza (Ej.: sprinters, saltadores, halterófilos) deberían presentar un mayor porcentaje de fibras rápidas en los músculos que intervienen en el ejercicio que los deportistas que practican disciplinas poco intensas, de larga duración y que necesitan emplear poca fuerza. La figura 2.7 (Fox, 1981) que muestra la distribución de fibras rápidas y lentas en diferentes grupos de atletas de alto nivel masculinos, confirma que los atletas que practican disciplinas cortas e intensas, como la halterofilia, el sprint o los lanzamientos, tienen un mayor porcentaje de fibras rápidas en sus músculos que los atletas que practican disciplinas de fondo.

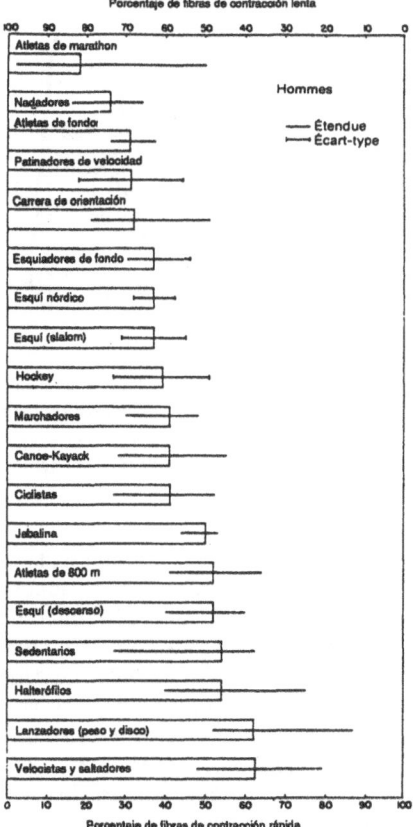

Fig. 2.7. Distribución (en % del n.º total de fibras musculares) de fibras de contracción lenta y rápida del músculo vasto externo del cuádriceps de atletas de alto nivel (a partir de Fox, 1981).

Los deportistas que presentan una mayor porcentaje de fibras rápidas se suelen caracterizar por producir más fuerza a cualquier velocidad de movimiento (lento o rápido) que los que presentan un menor porcentaje de fibras rápidas (Thortensson, 1977). Por último, Bosco (1979b) ha estudiado la evolución de la producción de fuerza durante el test de salto vertical en estudiantes de Educación Física que presentan distintos porcentajes de fibras rápidas en el músculo vasto externo del cuádriceps (Figura 2.8). Se observa que los sujetos con más de 60% de fibras II en el vasto externo producen más fuerza y en menos tiempo que los sujetos que tienen menos del 40% de fibras II. Esto significa que los sujetos que presentan más fibras rápidas tienen un salto vertical mayor (36.7 cm) que los sujetos que tienen menos fibras rápidas (33.8 cm) (Bosco 1979b).

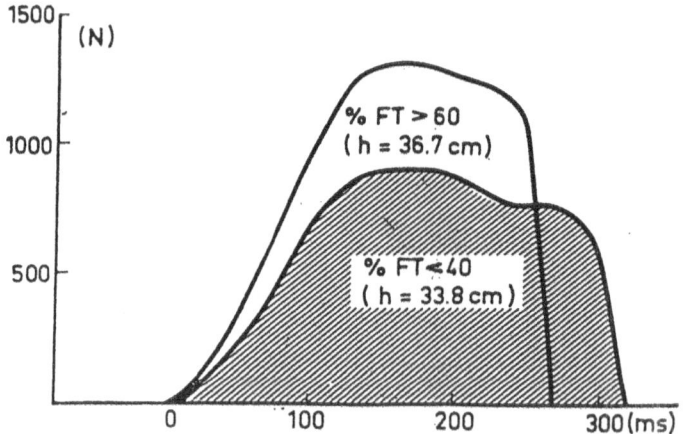

Fig. 2.8. Relación fuerza-tiempo registrada en una plataforma de fuerza durante el salto vertical sin contramovimiento previo (SJ) en dos grupos de sujetos: uno (n=10) con más del 60% y el otro (n=9) con menos del 60% de fibras rápidas en el músculo vasto externo. Las curvas son significativamente diferentes (a partir de Bosco, 1979b).

Otra diferencia existente entre sujetos que presentan distintos porcentajes de fibras rápidas está relacionado con el número máximo de repeticiones que se pueden realizar al 40% de una repetición máxima (1RM). Hickson (1994) encontró, en sujetos sanos sedentarios, una relación inversa significativa entre el número de repeticiones que se podían realizar hasta el agotamiento en media sentadilla al 40% de 1RM (con una cadencia de ejecución de 13 repeticiones por minuto) y el porcentaje de fibras rápidas del músculo vasto lateral del cuádriceps. Por ejemplo, observó que los sujetos que tienen más de un 60% de fibras II en el vasto externo, pueden realizar de 35 a 40 repeticiones al 40% de 1RM, mientras que los sujetos que tienen menos del 40% de fibras II pueden realizar más de 60-70 repeticiones a esa misma intensidad.

Estos datos nos llevan a dos reflexiones de tipo práctico: 1) el conocimiento de la composición de las fibras musculares de un sujeto puede ser interesante a la hora de elegir la disciplina deportiva más adecuada y 2) el test de salto vertical, o el del número de repeticiones al 40% de 1 RM, pueden dar una idea indirecta del porcentaje de fibras musculares rápidas y lentas que tiene el vasto externo de un grupo de sujetos.

1.2.4. Efecto del entrenamiento en la transformación de las fibras musculares

Una cuestión fundamental referente a las fibras musculares es si el entrenamiento puede transformar un tipo de fibra muscular en otro tipo (Cometti, 1988). Existen algunos hallazgos experimentales que permiten pensar que las fibras musculares lentas tienen capacidad potencial para transformarse en fibras rápidas y viceversa. Estos hallazgos son los siguientes (Cometti, 1988):

– La diferenciación de las fibras musculares que se observa en los primeros años de vida humana. La figura 2.9 (Saltin, 1983) muestra la evolución de la proporción de las fibras musculares en el feto y en el 1er año de vida del niño. Se observa que desde la 10.ª semana de gestación hasta la semana 21, todas las fibras musculares son indiferenciadas (IIC). Las primeras fibras de tipo I aparecen hacia la semana 21 de gestación y las primeras de tipo II hacia la semana 32. La diferenciación finaliza en el 1er año de vida del niño. Parece lógico pensar que este origen común de las fibras musculares y su diferenciación en la edad infantil deberían permitir una transformación de unas fibras musculares en otras en función del estímulo específico al que se les someta.

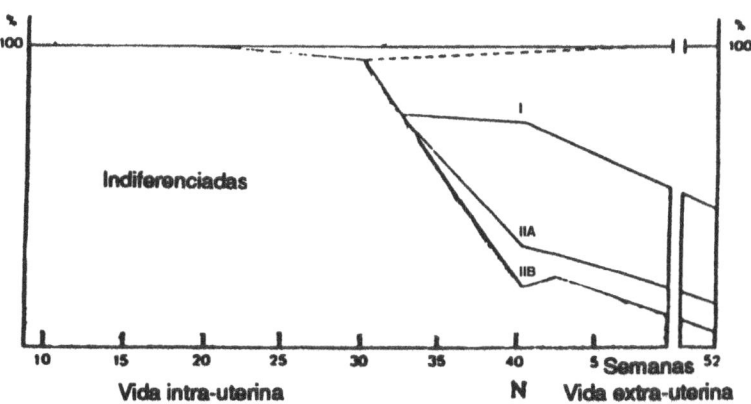

Fig. 2.9. Diferenciación de fibras musculares en el hombre durante el período pre y post-natal (a partir de Saltin, 1983).

– El hallazgo experimental más concluyente son los trabajos realizados en el animal, que muestran que trasplantando a unas fibras musculares rápidas un nervio de una unidad motriz que inerva a fibras musculares lentas, el músculo rápido se transforma en un músculo lento. Y a la inversa, trasplantando un nervio motor que inerva una fibra rápida a un músculo lento, dicho músculo se transforma al cabo del tiempo en un músculo rápido. Esto demuestra que las fibras musculares tienen la capacidad potencial para transformase entre sí, y que, por otra parte, parece ser que no son las características del músculo las que determinan las propiedades del mismo, sino las del nervio motor que lo inerva, las que determinan dichas propiedades (Mommaert, 1977).

A pesar de que los hallazgos anteriormente citados en el niño recién nacido y en el músculo aislado permiten pensar que pudiera haber transformación de fibras musculares entre sí, los resultados de los trabajos realizados en el hombre sobre los efectos de diferentes tipos de entrenamiento en la transformación de las fibras musculares no son tan concluyentes. En efecto, parece ser que el entrenamiento de resistencia aeróbica sí se acompaña de un aumento en la proporción de fibras I y, por consiguiente, de una disminución en la proporción de fibras musculares de tipo II (Green, 1984). Sin embargo, el entrenamiento de fuerza no parece acompañarse de la transformación inversa (fibras I en fibras II). Lo único que se ha observado ha sido un aumento del tamaño de las fibras II, pero no un aumento en el número de fibras II o una disminución del número de fibras I (MacDougall, 1986) (Gollnick, 1972) (Tesch, 1985) (Hickson, 1994). Estudios recientes han encontrado que el entrenamiento de fuerza puede provocar transformaciones de fibras musculares (IIA) en fibras musculares (IIB) y viceversa (Adams, 1993) (Andersen, 1994) (Wang, 1993). Aunque los estudios al respecto son escasos, parece que la transformación de fibras (IIA) en (IIB) se produce con el entrenamiento de fuerza máxima (Andersen, 1994), mientras que la transformación inversa (de IIB a IIA) se produce con el entrenamiento de fuerza máxima por hipertrofia (Adams, 1993).

La razón por la cual en el hombre se ha observado transformación de fibras I en II, pero no de fibras II en I es desconocida. Algunos autores piensan que podría deberse a que cuando se realiza un entrenamiento de fuerza máxima, las fibras rápidas sólo están solicitadas durante 7 a 10 minutos al día, mientras que el resto del día los estímulos que recibe ese músculo son de tipo lento. Esta desproporción de estímulos en favor de los de tipo lento podría explicar la ausencia de transformación de fibras I en II (Howald, 1984).

1.3. Aplicaciones prácticas

1) El entrenamiento de fuerza que se acompaña de hipertrofia puede disminuir la resistencia aeróbica por disminución de la densidad capilar.

2) El conocimiento del porcentaje de fibras musculares lentas y rápidas puede ser un buen criterio de selección. En ausencia de otros medios, el test de salto vertical nos puede dar una idea indirecta de dicho porcentaje.

SÍNTESIS DE IDEAS FUNDAMENTALES

- Los factores estructurales del desarrollo de la fuerza son dos: la hipertrofia muscular y las características de las fibras musculares.

- La hipertrofia muscular se debe especialmente a un aumento en el número y en el tamaño de las miofibrillas. Esto se acompaña de un aumento en el tamaño, pero no en el número de las fibras musculares.

- El entrenamiento de fuerza, especialmente el de los culturistas y el de fuerza máxima, se acompaña de una disminución de la densidad capilar.

- Las fibras musculares se clasifican en lentas (I), rápidas (IIB) e intermedias (IIA), atendiendo a las características de la isoforma de la miosina, dependiente a su vez de las características del nervio motor que inerva a cada fibra.

5) Las fibras musculares lentas (I) se diferencian con respecto a las rápidas (IIB), en que aquellas producen menor fuerza, más lentamente y son más resistentes.

- El entrenamiento de resistencia aeróbica se acompaña de una transformación de fibras II en fibras I. Sin embargo, el entrenamiento de fuerza no parece que transforme las fibras musculares I en II.

2. FACTORES NERVIOSOS DEL DESARROLLO DE LA FUERZA

Hemos visto en el apartado anterior que el efecto más notable y conocido del entrenamiento de fuerza, además del aumento de la fuerza en sí, es el aumento de la talla del músculo (hipertrofia).

Sin embargo, la capacidad para producir fuerza no sólo depende de la talla de los músculos, sino también de la capacidad del sistema nervioso para activar esos músculos (Sale, 1992). Hasta hace unos años se conocía muy poco sobre la capacidad de activación neural de los músculos así como sobre sus posibles adaptaciones con el entrenamiento de fuerza. En este apartado intentaremos abordar este tema. Para ello, en una primera parte, analizaremos esquemáticamente el control nervioso del movimiento. En la segunda parte analizaremos los mecanismos de adaptación neural debidos al entrenamiento de fuerza.

La figura 2.10 muestra un esquema de los factores nerviosos que intervienen en el desarrollo de la fuerza.

2.1. Generalidades sobre control nervioso del movimiento: central, periférico y unidades motoras

2.1.1. Estructura jerárquica del sistema motor. El sistema nervioso central

En este apartado sólo se pretende aportar una visión de conjunto del sistema nervioso. Si se quiere tener más información de puede leer el trabajo de Noth (1992).

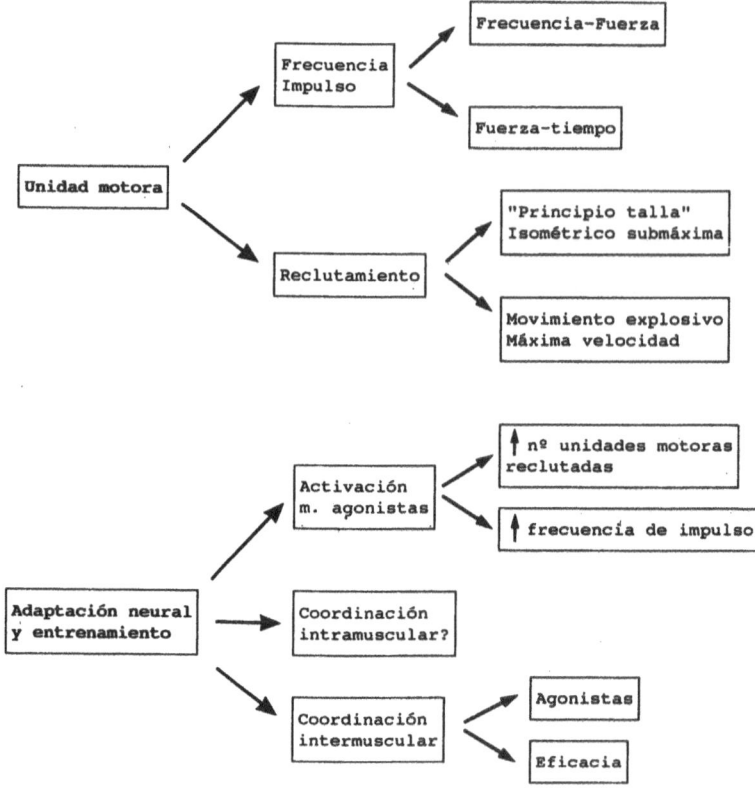

Fig. 2.10. Factores nerviosos del desarrollo de la fuerza.

La parte central del sistema nervioso se denomina sistema nervioso central (SNC) y está formado por el cerebro y la médula espinal. Esta última se prolonga desde la cabeza hasta la 2.ª vertebra lumbar.

Las funciones del SNC son (Fox, 1981):

- Integrar los estímulos.
- Memorizar la información.
- Modificar dichos estímulos.
- Generar ideas o pensamientos.
- Inducir la realización del movimiento.

Por razones didácticas y de espacio sólo vamos a tratar esquemáticamente la parte motriz del SNC que permite la ejecución de movimientos voluntarios y que, por consiguiente, es un componente importante de la manifestación de la fuerza.

Nuestro sistema motor tiene una gran variedad de funciones entre las cuales las más importantes son (Noth, 1992):

- Regular la postura erecta y la locomoción.
- Dirigir los movimientos de las manos y de las piernas, con especial precisión en lo referente a los movimientos de los dedos.
- Dirigir el sistema óculo-motor (visión).
- Dirigir el repertorio de gestos.

El sistema central motor, responsable de los movimientos voluntarios, está organizado de una manera jerárquica a lo largo del sistema nervioso. La figura 2.11 (Noth, 1992), muestra un esquema de los centros motores que constituyen el sistema motor central. A continuación señalaremos dichos centros y explicaremos algunas de sus funciones más importantes.

a) El área premotora.

Está situada en el cerebro, por delante del área motora. En el hombre, el área premotora tiene un volumen 6 veces mayor que el área motora y está constituida por:

- El córtex premotor cuya función principal es la preparación de los movimientos, el control de la postura, el control visual del movimiento y la corrección rápida de los movimientos a nuevos estímulos sensoriales.

- El área motora suplementaria (SMA), cuya función no se conoce.

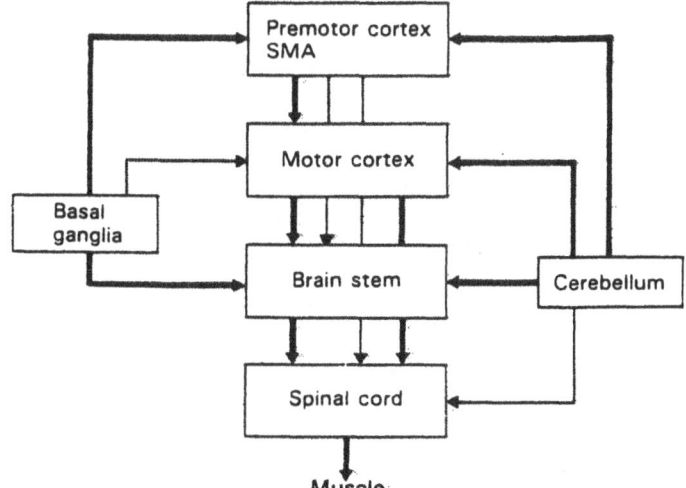

Fig. 2.11. Diagrama de la organización jerárquica del sistema motor central. Las líneas más densas indican que la importancia de las conexiones es mayor. (A partir de North, 1992).

b) El área motora o córtex motor primario. Se encuentra situado en la corteza cerebral, detrás del área premotora. Su función es la de optimizar el movimiento, seleccionando los distintos músculos que intervienen en dicho movimiento (Noth, 1992).

c) El cerebelo es una estructura subcortical con una matriz neuronal uniforme, cuya principal función está relacionada con el aprendizaje y ejecución de todos los programas motores del cuerpo, tanto voluntarios como reflejos (Noth, 1992). Además, compara y corrige el acto motor previsto con el que está realizando realmente.

d) El ganglio basal. Está formado por cinco núcleos. No se conoce bien su función. Parece que consistiría en coordinar la contracción y relajación de los músculos agonistas y antagonistas implicados en la realización de movimientos, evitando el temblor o el movimiento irregular (Fox, 1981).

e) La médula espinal. Es el nivel más bajo en la jerarquía del sistema nervioso central. Junto con el tronco cerebral, es el lugar donde están situadas todas las motoneuronas (Noth, 1992). Sus funciones son:

– Integrar las órdenes provenientes de los centros superiores del SNC con los provenientes de los músculos.

– Transmitir información proveniente del músculo a los centros superiores.

– Modular la actividad de las motoneuronas.

2.1.2. La unidad motora

Estructura

Sherrington fue el primer investigador que descubrió que las contracciones musculares eran producidas por la excitación de las motoneuronas de la médula espinal (Noth, 1992). Dicho autor introdujo el término "unidad motora", que está constituida por un nervio motor (o motoneurona) y las fibras musculares inervadas por dicho nervio. El número de fibras musculares inervadas por una motoneurona puede variar entre 5 (en los músculos que intervienen en movimientos de gran precisión) y más de 1000 (en los músculos que intervienen en movimientos de poca precisión) (Billeter, 1992).

La figura 2.12 (Noth, 1992) muestra, esquemáticamente, los componentes de una unidad motora. En ella se distingue el nervio motor o motoneurona, constituida por:

1) el núcleo o cuerpo celular, situado en el tronco cerebral o en la médula espinal, y

2) el axón o prolongación del núcleo celular que, saliendo del tronco cerebral o de la médula espinal, viaja en el interior de los nervios periféricos y termina en las fibras musculares que inerva. La unión del nervio motor con la fibra muscular que inerva se denomina sinapsis. Dicha sinapsis suele estar situada en el medio de la fibra muscular.

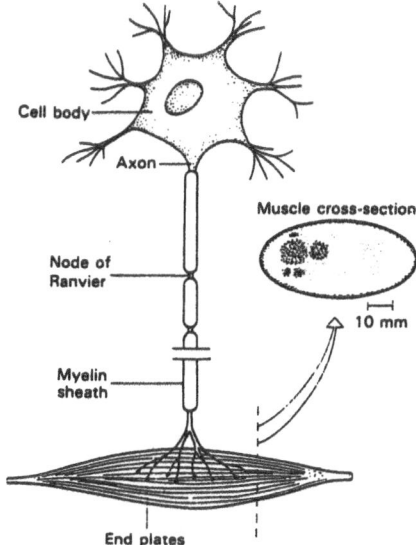

Fig. 2.12. Componentes de la unidad motora (a partir de North, 1992).

Funcionamiento de la unidad motora

Hemos visto que la principal función de la unidad motora es la contracción muscular. Esto ocurre en distintas etapas (Noth, 1992):

1) Generación del potencial de acción eléctrico en el núcleo o cuerpo celular del nervio motor.

2) Prolongación del potencial de acción eléctrico a través del axón hacia el músculo. Esta propagación se realiza bajo el principio del "todo o nada".

3) En la terminación del axón (sinapsis nervio-músculo), que está situado en el centro de la fibra muscular, el potencial eléctrico proveniente del nervio motor induce la liberación de Acetilcolina desde el interior del axón al espacio de la sinapsis situada entre el axón y la fibra muscular (Brooks, 1985). De ahí, le acetilcolina se une a unos receptores específicos de la fibra muscular. Esta unión despolariza la membrana de la fibra muscular en el lugar en el que se encuentra situada la sinapsis, creando un potencial de acción en dicha membrana.

4) Propagación del potencial de acción desde el centro de la fibra muscular (lugar donde se encuentra la sinapsis) hacia los dos extremos de la fibra muscular, a una velocidad aproximada de 2-5 m.seg-1.

5) La última etapa es la denominada excitación-contracción. Esta última etapa tiene los siguientes estadíos:

– Propagación del potencial de acción hacia el interior de la fibra muscular a través del sistema de los tubulos transversos.

– Liberación del calcio en el citoplasma de la fibra muscular.

– Esta liberación de calcio provoca la hidrólisis del ATP de la cabeza de la miosina que, a su vez, proporciona la energía necesaria para el deslizamiento de los filamentos de actina y miosina y provoca, por tanto, la contracción muscular (Billeter, 1992).

Tipos de unidades motoras

En el apartado 1.2.2. hemos visto que las fibras musculares que están inervadas por un mismo nervio motor presentan similares propiedades físicas, bioquímicas y estructurales. También veíamos que las motoneuronas son las que determinan las propiedades del músculo y no a la inversa (Mommaert, 1977). Por dichos motivos, no es extraño que las unidades motoras se clasifiquen en rápidas-resistentes a la fatiga, FF, (inervan fibras IIA), rápidas- no resistentes a la fatiga, FR, (inervan fibras musculares IIB) y lentas, S, (inervan fibras musculares de tipo I) (Burke, 1981).

Las características de los distintos tipos de unidades motoras son las siguientes:

Tipo	Pico Fuer	Tamaño	Umb. estimu.	Frec. de descarga	Fatigab
FR(IIB)	Elevado	Grande	Alto	Alta	Alta
FF(IIA)	Medio	Medio	Medio	Media	Media
S(I)	Bajo	Pequeño	Bajo	Baja	Baja

Pico Fuer: Pico de fuerza.
Umb. Estimu: Umbral de estimulación.
Frec. de descarga: Frecuencia de descarga o impulso del nervio motor.
Fatigab: Fatigabilidad.

Activación de las unidades motoras de un músculo durante la contracción muscular

La producción de fuerza máxima de un músculo requiere que todas sus unidades motoras sean reclutadas (activadas). Existen tres características que hay que tener en cuenta para entender cómo se activan las diferentes unidades motoras de un músculo durante la contracción muscular:

a) Cada motoneurona produce una fuerza de contracción de sus fibras musculares que varía según la frecuencia con la que se estimule su nervio motor (Sale, 1992).

b) Cuando se realiza una contracción isométrica submáxima de un músculo, no se activan (reclutan) todas las unidades motoras, sino que siguen el "principio de la talla", activándose en primer lugar las de más baja talla (unidades motoras S, que inervan fibras lentas) y, más adelante, cuando se necesita hacer más fuerza, se van activando las unidades motoras de mayor talla (fibras rápidas).

c) En los movimientos explosivos, realizados a máxima velocidad pero produciendo una fuerza muy inferior a la fuerza isométrica máxima, la frecuencia de estimulación del nervio es muy superior a la frecuencia necesaria para obtener la máxima tensión (fuerza) de las fibras musculares inervadas por su nervio motor. Además, es muy posible que, en este caso, el reclutamiento de las unidades motoras no siga el "principio de la talla".

En los siguientes apartados explicaremos con detalle estas características de las unidades motoras que nos ayudarán a entender con mayor claridad los mecanismos neurales que intervienen en la manifestación de la fuerza.

a) Frecuencia de impulso nervioso de la unidad motora.

Cuando el sistema nervioso central activa una unidad motora, la intensidad del impulso nervioso responde a la "ley del todo o nada", es decir, que la unidad motora o se activa o no se activa, y cuando se activa, la intensidad del impulso eléctrico es siempre la misma (Sale, 1992), así como la fuerza o tensión producida en las fibras musculares por un impulso nervioso aislado de una motoneurona es siempre la misma (figura 2.13.a) (Sale, 1992). Pero además, el sistema nervioso central puede enviar impulsos nerviosos a una unidad motora a diferentes frecuencias (frecuencia de impulso es el número de impulsos nerviosos (excitaciones) por segundo que las fibras musculares reciben de su motoneurona (Sale, 1992)). El aumento de la frecuencia de impulso se acompaña de un aumento de la fuerza o tensión muscular producida por las fibras musculares inervadas por el nervio motor estimulado (figura 2.13, abajo). Este aumento de la tensión está directamente relacionado con el aumento de la frecuencia de estimulación del nervio motor, hasta llegar a un punto a partir del cual la tensión no aumenta, aunque se siga aumentado frecuencia de estímulo.

Esto queda explicado gráficamente en la figura 2.13 (Sale, 1992). Dicha figura muestra que cuando la motoneurona descarga un solo impulso nervioso, se observa un aumento leve de la fuerza de contracción; si se aumenta la frecuencia a varios impulsos por segundo, hay un aumento de tensión proporcional a la frecuencia de impulso, hasta llegar progresivamente a una frecuencia a partir de la cual no aumenta la tensión máxima. La figura 2.14 (Sale, 1992) expresa esta relación entre frecuencia de impulso nervioso y tensión desarrollada por las fibras musculares inervadas por ese nervio motor en forma de gráfica. En el caso de la figura 2.14, se observa que para frecuencias de impulso nervioso comprendidas entre 0 y 50 Hz (50 impulsos por segundo), pequeños aumentos de frecuencia de impulso nervioso se acompañan de grandes aumentos de fuerza. También se observa que, por encima de frecuencias de impulso nervioso de 50 Hz, no hay más aumento en la producción de fuerza (Sale, 1992). El rango normal de frecuencia de las unidades motoras es de 10 a 60 Hz. Por consiguiente, según la figura 2.14, una unidad motora puede producir una gran variación de fuerza según varíe su frecuencia de impulso nervioso.

Hemos visto que por encima de 50 Hz de frecuencia, la fuerza producida por las fibras musculares inervadas por un sólo nervio motor no aumenta. ¿Existe entonces algún inte-

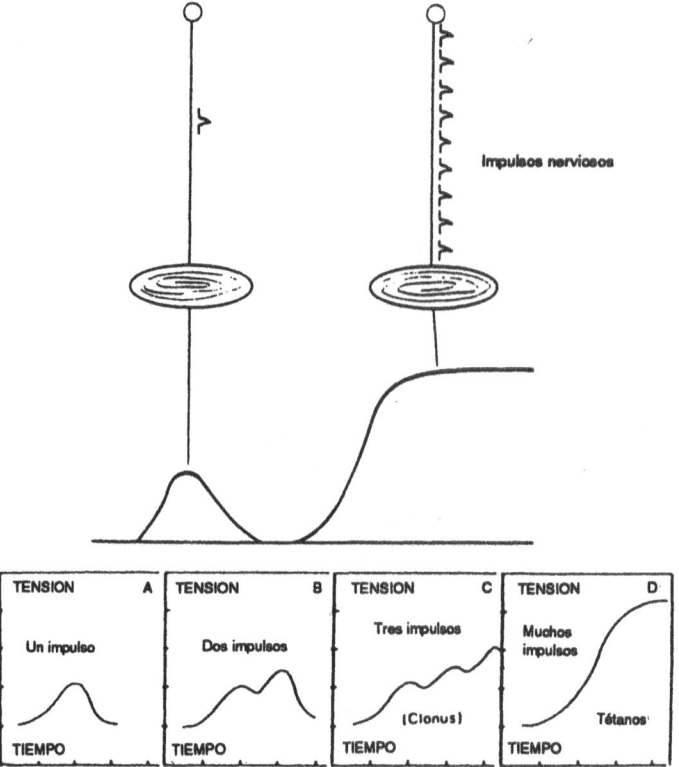

Fig. 2.13. Efecto de 1) (arriba a la izquierda y abajo a la izquierda) un impulso nervioso aislado en la tensión o fuerza desarrollada por las fibras musculares inervadas por ese nervio motor, 2) (abajo en las 2 figuras centrales) cuando se envían varios impulsos sucesivos, la tensión o fuerza desarrollada es proporcional a la frecuencia de impulso hasta llegar a 3) (arriba y abajo a la derecha) una frecuencia a partir de la cual la tensión no aumenta más. (A partir de Sale, 1992).

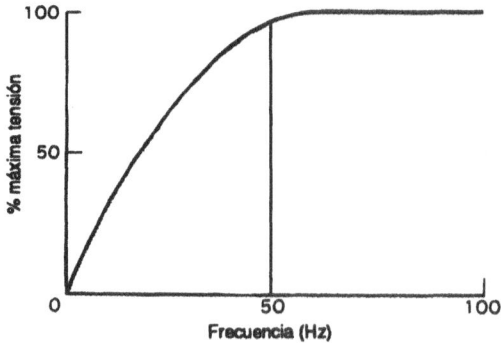

Fig. 2.14. Relación entre frecuencia de impulso nervioso (en Hz) y tensión (en % de fuerza máxima) desarrollada por las fibras musculares inervadas por un nervio motor. (A partir de Sale, 1992).

rés en que el nervio motor se estimule a una frecuencia superior a 50 Hz?... Esta claro que en lo referente a producción de fuerza máxima, la respuesta es no. Sin embargo, el interés de utilizar frecuencias de impulso muy elevadas (Ej.= 100 Hz) estriba en que, aunque con esta frecuencia no se consigue producir una fuerza superior a la producida con 50 Hz, sin embargo, el tiempo que se tarda en alcanzar esa fuerza máxima es menor. La figura 2.15 (Grimby, 1981), muestra la relación fuerza-tiempo en una unidad motora estimulada a dos frecuencias distintas (50 y 100 Hz). Se observa que aunque la fuerza máxima alcanzada es la misma, el tiempo necesario para alcanzar dicha fuerza es menor a 100 Hz que a 50 Hz. Por consiguiente, la capacidad de un nervio motor para enviar impulsos nerviosos de alta frecuencia se acompaña de una producción de fuerza en un tiempo menor. Como veremos más adelante, esto tiene una gran importancia en la mayoría de los gestos deportivos en los que hay que producir una fuerza determinada en el menor tiempo posible (Cometti, 1988).

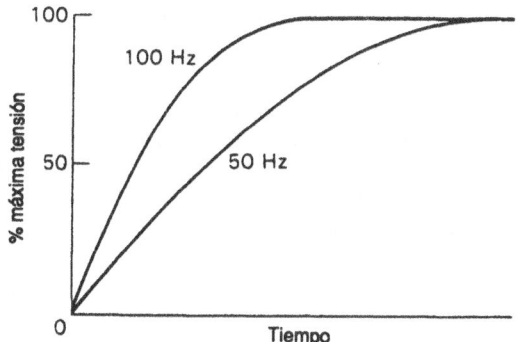

Fig. 2.15. Efecto de la estimulación del nervio motor a gran frecuencia (100 Hz) en la velocidad de producción de fuerza de las fibras musculares inervadas por dicho nervio. Se observa que a elevadas frecuencias (100 Hz) de impulso nervioso, se produce un nivel determinado de fuerza más rápidamente que a bajas frecuencias (50 Hz). Sin embargo, la fuerza máxima alcanzada es la misma. (A partir de Sale, 1992).

b) El orden en que se reclutan las unidades motoras.

La segunda característica que conviene tener en cuenta es el orden en que se reclutan las unidades motoras de un mismo músculo. Hemos indicado anteriormente que para que un músculo produzca la mayor fuerza isométrica máxima, es necesario que todas sus unidades motoras estén activadas y, además, que sus respectivas frecuencias de impulso nervioso sean lo suficientemente elevadas como para que produzcan la máxima tensión. Pero las preguntas que se nos plantean son :¿qué ocurre cuando se realizan contracciones isométricas submáximas?...¿se activan todas la unidades motoras?...¿o bien existe una progresividad en su reclutamiento?...¿y qué pasa con la frecuencia de impulso nervioso de cada unidad motora?.. ¿ se activa desde el comienzo a la máxima frecuencia de estimulación o aumenta la frecuencia progresivamente, en función de la carga?. La solución a estas preguntas no tiene una respuesta exacta. Sin embargo, parece ser que el mecanismo de reclutamiento y de frecuencia de impulso de las unidades motoras es distinto según se trate de contracciones isométricas submáximas realizadas a una velocidad de contracción submáxima de intensidad progresivamente creciente hasta llegar a la contracción isométrica máxima, o según se trate de contracciones musculares muy rápidas (explosivas).

En el primer caso (contracciones isométricas submáximas de intensidad progresivamente creciente y de velocidad de contracción submáxima), la mayoría de los autores parecen estar de acuerdo en señalar que el reclutamiento de las unidades motoras de un músculo se realiza por el "principio del tamaño" (Burke, 1981) (Henneman, 1981). Es decir, que para producir una fuerza submáxima de baja intensidad se reclutan en primer lugar las unidades motoras de baja talla, mientras que cuando se va aumentando la fuerza, se van activando además las unidades motoras rápidas-resistentes a la fatiga que inervan las fibras IIA y, por último, a intensidades próximas de la fuerza isométrica máxima, se activan las unidades motoras de mayor talla (rápidas-no resistentes a la fatiga, que inervan fibras musculares IIB).

A su vez, cada unidad motora se activa con una frecuencia de impulso nervioso que va aumentando con el aumento de la fuerza que tiene que producir el músculo. Esto hace que cuando en el músculo se está produciendo la fuerza isométrica máxima, todas las unidades motoras están activadas (reclutadas) y cada una de ellas descarga a la mínima frecuencia de impulso nervioso que le permite producir la máxima fuerza. La figura 2.16 (Hannertz, 1974) muestra la representación gráfica de la relación entre el reclutamiento de 3 tipos de unidades motoras (que inervan a fibras musculares I,(SO) ,IIA (FOG) y IIB (FG), y la frecuencia de estímulo nervioso de cada una de ellas, para contracciones isométricas expresadas en % de la fuerza isométrica máxima. Se observa que, por ejemplo, al 15 % de la fuerza isométrica máxima, las únicas unidades motoras activas son las lentas (SO) que inervan a las fibras I. Además, su frecuencia de impulso nervioso es muy baja (10 Hz, 10 impulsos por segundo). Al 30% de la fuerza isométrica máxima, las unidades motoras reclutadas son todavía solamente las pequeñas, lentas (SO), pero que producen más fuerza que al 15%, porque han aumentado la frecuencia de impulso (de 10 a 15 Hz).

Cuando la fuerza producida es de 50 al 60% de la fuerza isométrica máxima, se comienzan a activar las unidades motoras que inervan las fibras IIA (FOG en la figura), a frecuencias de impulso nervioso de 15 Hz. Dicha frecuencia irá aumentando a medida que aumente la intensidad de la fuerza producida. Por último, las unidades motoras de gran tamaño que inervan a las fibras musculares IIB (FG, en la figura) se activan a partir de intensidades correspondientes al 70-90% de la fuerza isométrica máxima. Estas unidades motoras son la que tienen mayor frecuencia de impulso (20 a 50 Hz).

Por último, al 100% de la fuerza isométrica máxima todas las unidades motoras están activadas a frecuencias de impulso elevadas. Estas son de unos 25 Hz para las unidades motoras que inervan a las fibras I(SO, en la figura), unos 30 Hz para las unidades motoras que inervan a las fibras IIA (FOG en la figura) y de unos 40-60 Hz para las unidades motoras que inervan las fibras IIB (FG, en la figura). Resulta interesante indicar que estas frecuencias de impulso de las unidades motoras, aunque les permiten producir la mayor

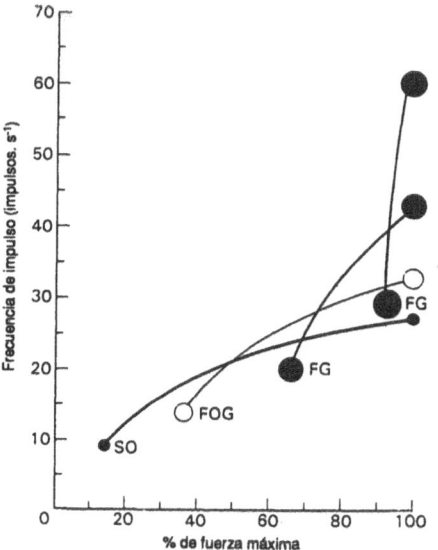

Fig. 2.16 Reclutamiento de distintas unidades motoras en función de la fuerza isométrica máxima, siguiendo el "principio de la talla". Para más información, leer el texto. (De Sale, 1992 a partir de Hannertz, 1974).

fuerza isométrica posible, son inferiores a las máximas frecuencias de impulso nervioso que pueden producir dichas unidades motoras (Figura 2.14) (100-120 Hz en el caso de las fibras rápidas).

Si tenemos en cuenta que las fibras IIB y IIA producen al contraerse una fuerza muy superior a las fibras I (figura 2.6), es evidente que el reclutamiento de las unidades motoras que inervan las fibras IIA y IIB, se tiene que acompañar de una producción de fuerza por unidad motora muy superior a la producida por las unidades motoras que inervan las fibras I. La figura 2.17 (Edgerton, 1983, a partir de Walmsley, 1978) muestra la relación entre el número de unidades motoras (en porcentaje con respecto al número total de unidades motoras de un músculo) y la fuerza producida por ese músculo (en porcentaje de su fuerza isométrica máxima) durante contracciones isométricas submáximas progresivas. Se observa que cuando se recluta el 50 % de las unidades motoras (en su mayoría unidades que inervan a fibras musculares de tipo I), sólo se produce el 20% de la fuerza isométrica máxima. Sin embargo, el reclutamiento progresivo del otro 50% de unidades motoras se acompaña de un aumento brusco en la producción de fuerza, debido a que en este 2.ª parte se reclutan unidades motoras que inervan fibras musculares IIA y IIB.

Por último, la figura 2.17 muestra, en el eje de ordenadas de la derecha, el efecto del reclutamiento de las unidades motoras sobre la velocidad de la contracción muscular cuando la fuerza que tiene que producir el músculo se mantiene constante. Como en el caso de la fuerza, se observa que, debido a que las unidades motoras que inervan a las fibras musculares IIA y IIB tienen una velocidad de contracción muy rápida, la velocidad de contracción del músculo para una fuerza dada sólo aumenta drásticamente cuando se

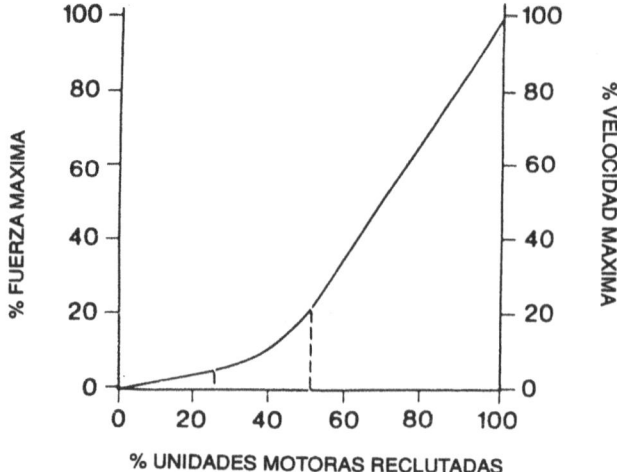

Fig. 2.17. Relación entre el número de unidades motoras reclutadas de un músculo (en % del número total de unidades reclutadas), la fuerza producida (en % de la fuerza isométrica máxima) y la velocidad de contracción muscular, para una fuerza submáxima determinada. (De Edgerton, 1983 a partir de Walmsley, 1978).

empiezan a reclutar unidades motoras que inervan a fibras rápidas. Por consiguiente, las unidades motoras "rápidas" tienen una gran participación en la producción de fuerza máxima y también en la velocidad máxima de contracción de una fuerza de intensidad submáxima.

c) El orden de reclutamiento en movimientos explosivos.

Hemos visto que los mecanismos de reclutamiento de las unidades motoras siguen el "principio del tamaño", cuando se realizan contracciones isométricas submáximas progresivamente crecientes. Sin embargo, existen algunos argumentos que permiten pensar que este "principio del tamaño" no se cumple en los movimientos explosivos que tienen que realizarse a máxima velocidad durante un corto espacio de tiempo. (Sale, 1992) (Hannertz, 1974) (Grimby, 1977). En dichos movimientos lo importante es producir la máxima fuerza posible en el mínimo tiempo. Dicha fuerza es inferior a la fuerza isométrica máxima. Para intentar entender este concepto complejo, Edgerton (Edgerton, 1983) pone el ejemplo de la carrera a pie. Dicho autor explica que si a un sujeto que está corriendo a una velocidad determinada, le aumentamos bruscamente la velocidad, el sujeto se adapta aumentando la frecuencia de zancada. Esto implica que la duración de cada contacto en el suelo va a disminuir. Como el peso que tiene que mover el sujeto no varía (su propio peso corporal), la fuerza que tiene que vencer en cada paso cuando se aumenta la velocidad no varía con respecto a la realizada a velocidades inferiores. Lo único que varía es que el sujeto, en cada paso, tiene que superar esa misma fuerza (resistencia) en menos tiempo, es decir, más rápidamente. Por consiguiente, el pico de fuerza desarrollado en cada paso va a ser mayor cuando aumente la frecuencia de zancada. Hemos visto en la figura 2.15, que el modo de producir más rápidamente una fuerza submáxima determinada es aumentando

Fundamentos biológicos sobre el desarrollo y la manifestación de la fuerza 91

la frecuencia de impulso nervioso del nervio motor hasta 100-120 Hz, en las unidades motoras que sean capaces de alcanzar dichas frecuencias; es decir, en las unidades motoras que inerven a las fibras rápidas IIB.

Por consiguiente, se cree que, en el caso de este tipo de movimientos rápidos y cortos, las unidades motoras no siguen el principio de la talla para reclutarse (I-IIA-IIB), sino que solamente se activarían las unidades motoras que inervan las fibras IIB. Esto sugiere que el SNC tiene mecanismos que permiten activar de modo selectivo unidades motoras que inervan fibras IIB (rápidas) sin que sea necesario activar antes las fibras lentas. Esto se reflejaría por un aumento neto en la actividad electromiográfica total en los músculos que intervienen en la carrera cuando se aumenta la velocidad de desplazamiento, debido, probablemente, a un aumento en la frecuencia de impulso nervioso de las unidades motoras que inervan las fibras musculares rápidas.

2.2. Mecanismos de adaptación neural debidos al entrenamiento de fuerza

El método que se utiliza para medir la adaptación neural de un músculo al entrenamiento de fuerza es la electromiografía (Sale, 1992). Dicho método consiste en registrar y medir, mediante unos electrodos colocados en la superficie del músculo, la actividad eléctrica producida por las fibras musculares de la unidades motoras que se han activado durante la contracción muscular. Dicha actividad eléctrica (denominada IEMG) será mayor cuanto mayor sea el número de unidades motoras activadas y/o mayor sea la frecuencia de estimulación de cada unidad motora. Antes de estudiar los tipos de adaptación neural al entrenamiento de fuerza, estudiaremos cúal es la magnitud de la actividad eléctrica (IEMG) producida en un músculo cuando se realizan distintos tipos de contracción muscular a diferentes intensidades.

2.2.1. Actividad eléctrica integrada (IEMG) de los músculos durante distintos tipos de contracción muscular

Cuando se realizan contracciones isométricas submáximas progresivamente crecientes o contracciones concéntricas submáximas a velocidad submáxima se observa que la actividad eléctrica (IEMG) producida en el músculo que se contrae es directamente proporcional a la fuerza producida. Por consiguiente, la actividad eléctrica (IEMG) que se registra en el músculo cuando se contrae al 60% de su fuerza isométrica máxima será inferior a la que se produce al 80% de su fuerza isométrica máxima y ésta a su vez inferior a la producida al 100% de la fuerza isométrica máxima (Häkkinen, 1987a).

Sin embargo, este paralelismo que se observa durante la contracción isométrica entre fuerza e IEMG, no se observa durante las contracciones musculares de intensidad submáxima (inferior a la fuerza isométrica máxima) realizadas a velocidad máxima o durante la realización de contracciones excéntricas de máxima intensidad.

La figura 2.18 (Bosco, 1992 tomada de Viitasolo, 1982) muestra la actividad electromiográfica integrada (IEMG) de los músculos del cuádriceps (vasto lateral, recto femoral y vasto medial) durante la realización de diferentes tipos de contracciones del cuádriceps:

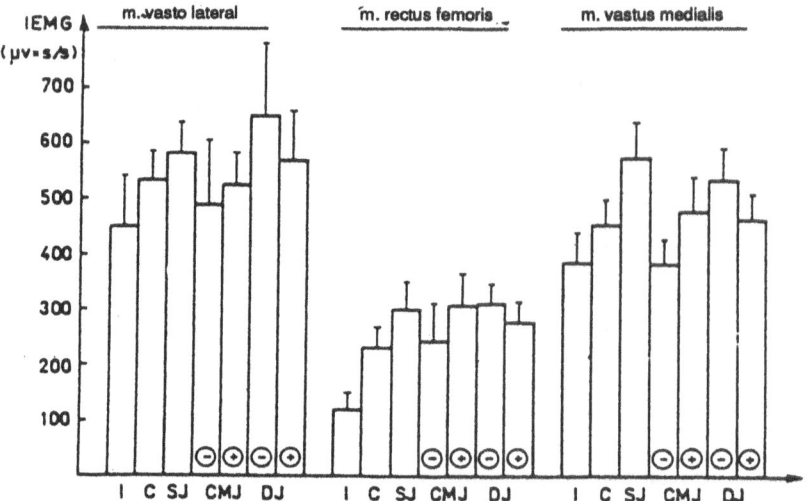

Fig. 2.18. Electromiografía integrada de los músculos vasto lateral, recto femoral y vasto medial registrada durante la realización de varios tests de fuerza. I= Fuerza isométrica máxima; SJ: Salto vertical sin contramovimiento; CMJ= Salto vertical con contramovimiento previo (-: fase excéntrica y +: fase concéntrica); DJ: Salto pliométrico desde una altura de 40 cm. (En Bosco, 1992 a partir de Viitasolo, 1982).

fuerza isométrica máxima (I), salto vertical sin contramovimiento (SJ), salto vertical con contramovimiento (CMJ) y salto pliométrico (DJ) realizado desde una altura de 40 cm. Se observa que, a pesar de que la contracción que produce la mayor fuerza es la isométrica máxima, sin embargo, la actividad electromiográfica es mayor en los músculos del cuádriceps cuando se realizan los tests SJ, CMJ, o DJ, que producen una menor fuerza pero se realizan a gran velocidad. En el caso de los saltos, es muy probable que el aumento de la actividad IEMG sea debida a un aumento de la frecuencia de impulso nervioso de las unidades motoras que inervan las fibras rápidas.

Por último, cuando se realiza una contracción excéntrica de máxima intensidad, la fuerza producida por el músculo suele ser un 20% superior a la fuerza isométrica máxima. Sin embargo la actividad IEMG registrada suele ser un 20% inferior a la obtenida en el test de fuerza isométrica máxima (Häkkinen, 1987a). Estos ejemplos nos indican que no existe siempre un paralelismo entre fuerza producida y activación de las motoneuronas (reflejado por IEMG). Además nos permiten sospechar que los efectos del entrenamiento de fuerza sobre IEMG max serán distintos cuando se emplee uno u otro tipo de contracción muscular.

2.2.2. Posibles mecanismos de adaptación neural con el entrenamiento de fuerza

Los posibles mecanismos de adaptación neural al entrenamiento de fuerza podrían ser de 3 tipos: 1) aumento de las activación de los músculos agonistas, 2) mejora de la coordinación intramuscular y 3) mejora de la coordinación intermuscular.

Activación de los músculos agonistas

Distintos investigadores han realizado registros de la actividad eléctrica integrada (IEMG) de distintos grupos musculares durante contracciones voluntarias máximas, en sujetos a los que se les sometió a un programa de entrenamiento de fuerza. En varios de dichos estudios los investigadores han encontrado que algunos tipos de entrenamiento de fuerza se acompañan de un aumento de la fuerza isométrica máxima y de un aumento de la IEMG máxima (Häkkinen, 1983c) (Häkkinen, 1986a) (Moritani, 1979) (Häkkinen, 1985c). El aumento de la IEMG máxima después del entrenamiento puede ser debida a un aumento en el número de unidades motoras activadas (reclutadas) y/o a un aumento en la frecuencia de impulso nervioso de las unidades motoras (Salmons, 1969). El aumento en el número de unidades motoras activadas con el entrenamiento de fuerza suele ocurrir especialmente en sujetos previamente sedentarios o no acostumbrados a realizar entrenamientos de fuerza que no son capaces de reclutar todas las unidades motoras, especialmente las que inervan a las fibras rápidas, durante una contracción voluntaria máxima.

La figura 2.19 (Sale, 1992 a partir de Häkkinen, 1985a) (Häkkinen, 1985b), muestra que el tipo de entrenamiento de fuerza realizado tiene una influencia diferente sobre las mejoras de fuerza o de IEMG máxima. En efecto, dicha figura muestra el efecto de dos tipos de entrenamiento en la curva fuerza-tiempo y IEMG-tiempo: 1) Entrenamiento en el que se realizan ejercicios explosivo-balísticos (saltos a máxima velocidad, sin carga adicional) (a) y 2) Entrenamiento en el que se realizan ejercicios con cargas elevadas (80-100 de 1RM) (b).

Se observa (arriba e izquierda de la figura) que el entrenamiento de fuerza explosiva se acompaña de una mejora del 11% de la fuerza isométrica máxima y de una mayor capacidad para producir rápidamente una fuerza submáxima (mejora del 24%). Además (abajo izquierda), se observa que el aumento de la fuerza isométrica máxima se ha acompañado de una mejora similar de la IEMGmax (8%), y de una mayor habilidad para activar rápidamente los nervios motores (38%). Esto refleja una adaptación neural debida probablemente a un aumento de la frecuencia de impulso nervioso de las motoneuronas que inervan las fibras rápidas. Como veíamos en la figura 2.15 esto les permite producir una fuerza determinada en menos tiempo.

En la parte derecha de la figura 2.19 se observan los efectos del entrenamiento de fuerza máxima (con cargas elevadas superiores a 80% de 1RM), en la curva fuerza-tiempo (arriba) y la curva IEMG-tiempo (abajo), durante la realización de una contracción isométrica máxima del cuádriceps. Se observa que dicho entrenamiento se acompaña de un aumento muy elevado (27%) de la fuerza isométrica máxima. Dicho aumento es muy superior al obtenido tras un entrenamiento de fuerza explosiva (11%), (figura de la izquierda). Sin embargo, el entrenamiento de fuerza máxima no se acompaña de una mejora en la capacidad para producir rápidamente una fuerza submáxima (aumento no significativo del 0.4%). Los efectos de dicho entrenamiento sobre la actividad IEMG quedan reflejados en la curva de abajo a la derecha. Se observa que el gran aumento en la fuerza isométrica máxima con el entrenamiento, (27%), se acompaña de sólamente un ligero aumento (3%) en la IEMG máxima. Esto indicaría que otros factores diferentes a los neurales (ej: hipertrofia) contribuyen a la mejora de la fuerza isométrica máxima con este tipo

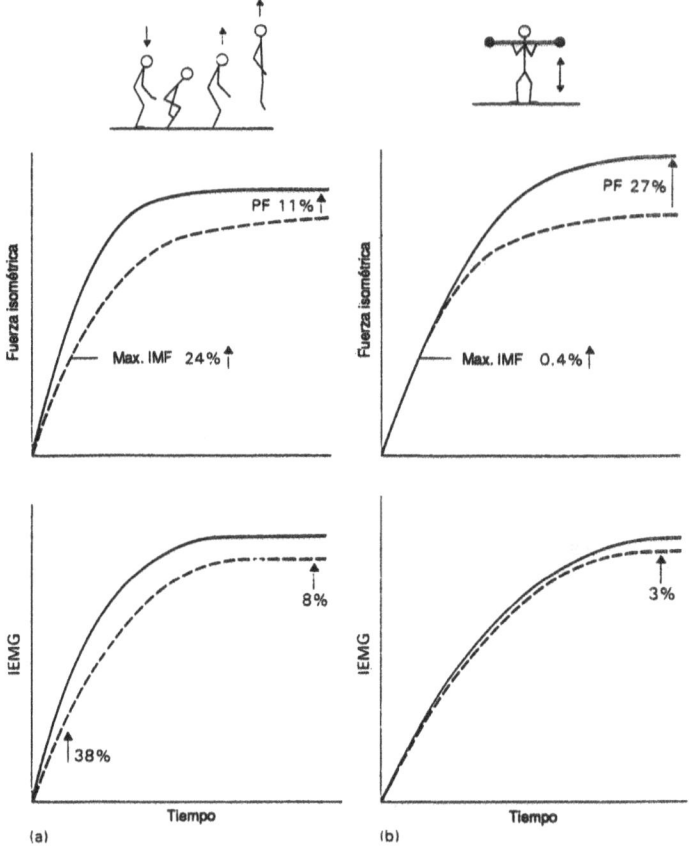

Fig. 2.19. Efecto de dos tipos de entrenamiento: (a) entrenamiento de fuerza explosiva y b) entrenamiento de fuerza máxima en la curva fuerza-tiempo e IEMG-tiempo. Para más detalles, leer el texto (De Sale 1992, a partir de Häkkinen, 1985b).

entrenamiento. Por otra parte se observa que la velocidad de activación IEMG para una fuerza submáxima no se modifica con este tipo de entrenamiento, y a veces puede llegar a empeorar.

De todos modos, explicaremos esto con más detalle en apartados posteriores, cuando hablemos de estudios científicos en los que se han analizado los efectos de distintos tipos de entrenamiento en el desarrollo y la manifestación de la fuerza.

La coordinación intramuscular: sincronización de las unidades motoras

En los años 60 y 70, algunos autores consideraban que una de las principales adaptaciones neurales al entrenamiento de fuerza era que las unidades motoras de un músculo se sincronizaban mejor después del entrenamiento (Milner-Brown, 1973). Es decir, que con el entrenamiento, las unidades motoras se reclutarían de modo más coordinado, necesitando una menor frecuencia de estimulación para producir la misma fuerza. El único hallazgo experimental que permite actualmente pensar en esta hipótesis es que algunos autores han encontrado que después de varias semanas de entrenamiento de fuerza se necesita una menor activación electromiográfica (IEMG) para producir una fuerza submáxima determinada (ej: 2000 N) (Häkkinen, 1985a) (Moritani, 1979).

La coordinación intermuscular

Durante el entrenamiento de fuerza se produce un proceso de aprendizaje. Esto permite realizar un movimiento de modo más económico, y más sincronizado. Ello se debe a que los músculos agonistas se activan de un modo más coordinado, los músculos antagonistas se contraen menos y se necesita menor energía para producir una fuerza determinada. La mejor manera de estudiar la mejora de la coordinación intermuscular consiste en realizar registros simultáneos de IEMG de los diferentes músculos agonistas y antagonistas que intervienen en cada movimiento durante la sesión de entrenamiento.

El aprendizaje de un movimiento se acompañará, durante la realización de un ejercicio a una carga absoluta dada, de una menor activación IEMG de todos los músculos, especialmente de los antagonistas (Smith, 1981).

2.3. Aplicaciones prácticas

1) La medida de la fuerza isométrica máxima y la relación fuerza-tiempo permiten observar los valores de fuerza de un sujeto así como los efectos de distintos tipos de entrenamiento de fuerza.

2) La mejor manera de evaluar la evolución de los factores nerviosos del desarrollo de la fuerza es mediante el registro de la actividad eléctrica integrada (IEMG) de los grupos musculares que intervienen en el ejercicio.

3) La mayor activación neural (IEMG) se produce durante los ejercicios explosivos realizados con cargas ligeras a gran velocidad. La contracción excéntrica máxima aislada tiene menos activación neural que la contracción isométrica máxima.

4) Es muy probable que los ejercicios explosivos provoquen una mayor y/o más rápida fatiga de origen neural y, por consiguiente, un mayor riesgo de sobreentrenamiento de origen neural.

SÍNTESIS DE IDEAS FUNDAMENTALES

• Los factores nerviosos que intervienen en el desarrollo de la fuerza son: la unidad motora, la coordinación intramuscular y la coordinación intermuscular.

- Una unidad motora está constituida por un nervio motor y las fibras musculares inervadas por dicho nervio motor.

- Existen 3 tipos de unidades motoras: las que inervan a las fibras musculares IIB, las que inervan a las fibras musculares IIA y las que inervan a las fibras musculares I.

- Durante las contracciones isométricas submáximas progresivamente crecientes, las unidades motoras se reclutan siguiendo el principio de la talla (I - IIA - IIB). A su vez, cada unidad motora reclutada va aumentando progresivamente su frecuencia de impulso nervioso.

- Durante los movimientos explosivos, es muy probable que sólamente se recluten selectivamente, a una gran frecuencia de impulso nervioso, las unidades motoras que inervan las fibras musculares IIB.

- La actividad eléctrica integrada (IEMG) del músculo cuádriceps es mayor durante el salto vertical que durante la realización de tests de fuerza isométrica máxima o submáxima.

- La adaptación neural al entrenamiento varía en función del tipo de entrenamiento realizado.

3. FACTORES DEL DESARROLLO DE LA FUERZA RELACIONADOS CON EL CICLO ESTIRAMIENTO-ACORTAMIENTO

En general, los tipos de contracciones musculares se clasifican en dinámicos (concéntricos, excéntricos) y estáticos (isométricos). Esta clasificación es sin embargo demasiado simplista puesto que no refleja la función natural de los músculos humanos durante los movimientos normales. En efecto, durante movimientos naturales como correr, andar o saltar, los músculos realizan contracciones musculares en las que a una contracción muscular excéntrica (ejemplo: estiramiento del cuádriceps durante la fase de apoyo de la carrera) le sigue inmediatamente otra contracción concéntrica (ejemplo: contracción concéntrica del cuádriceps durante la fase de impulso de la carrera). La combinación de la fase excéntrica (en la que el músculo se activa mientras se estira) y la fase concéntrica que le sigue forma un tipo de función muscular natural que se denomina el ciclo de estiramiento-acortamiento (CEA) (stretch-shortening cycle) (Norman, 1979)(Komi, 1984). En el ámbito del entrenamiento deportivo se suele denominar al CEA como "contracción pliométrica". Sin embargo, Knuttgen (1987) cree que el término "pliométrico" se refiere sólamente a la fase de estiramiento del músculo. Por ello, dicho autor recomienda que no se utilice el término "pliométrico" sino el de CEA, tal como lo definió Komi (1984). Sin embargo, debido al empleo casi generalizado del término "pliométrico" en la literatura deportiva, utilizaremos indistintamente cualquiera de los dos términos en este libro.

Lo que caracteriza al ciclo estiramiento-acortamiento, al que hemos denominado a partir de ahora (CEA), es que la última fase del ciclo (la contracción concéntrica) es más potente cuando está inmediatamente precedida de una contracción excéntrica que cuando se realiza de modo aislado.

Diferentes hechos experimentales han demostrado esta característica del CEA. Entre ellos señalaremos los siguientes:

a) Estudios de eficiencia mecánica (relación entre el trabajo externo realizado y la energía consumida, en equivalentes de oxígeno), han demostrado que el rendimiento mecánico de la contracción concéntrica es mayor (60%) cuando se realiza en un CEA que cuando se realiza de modo aislado (40%). En otras palabras, para producir un determinado trabajo se consume menos oxígeno durante la contracción concéntrica del CEA que en una contracción concéntrica pura (Cavagna, 1965) (Cavagna, 1968).

b) Cuando hablábamos de la activación de las unidades motoras de un músculo durante la contracción muscular (apartado 2.1.2.), veíamos que la fuerza producida por las fibras musculares inervadas por un nervio motor era proporcional a la frecuencia de impulso nervioso. Así, veíamos que un impulso eléctrico aislado en un nervio motor se acompaña de un pequeño aumento de la producción de fuerza de las fibras musculares inervadas por dicho nervio motor, y que cuando la frecuencia de impulso aumentaba, (ej.: 20 impulsos/segundo= 20 Hz), la fuerza producida por sus fibras musculares era mucho mayor. Pues bien, si inmediatamente antes de enviar un sólo impulso eléctrico a través del nervio motor, se estira rápidamente el músculo, se observa que la fuerza producida por las fibras musculares inervadas por dicho nervio motor es muy superior a la producida por el impulso eléctrico aislado sin estiramiento muscular posterior. Esto parece confirmar que el estiramiento del músculo favorece la producción de mayor energía por parte del mismo.

c) Un hecho empírico que demuestra de modo sencillo la mayor potencia del CEA es, en el hombre, que el salto vertical precedido de un contramovimiento previo, (contracción excéntrica del cuádriceps), es generalmente superior al salto vertical no precedido de contramovimiento (Asmussen, 1974).

d) Por último, en la figura 2.18 veíamos la actividad eléctrica integrada del músculo cuádriceps durante la realización del salto vertical (SJ) y el salto con contramovimiento (CMJ), éste último subdividido en fase excéntrica (-) y fase concéntrica (+). Se observa que durante la fase concéntrica del salto con contramovimiento previo, la actividad eléctrica integrada de los músculos del cuádriceps es 35% inferior a la observada en (SJ). Si además tenemos en cuenta que la altura del salto vertical alcanzado en (CMJ) es 10-20% superior a la de (SJ), podemos concluir que hace falta una menor activación electromiográfica del cuádriceps durante la fase concéntrica del salto (CMJ) para poder producir una potencia determinada. Esto sería compatible con una mayor eficacia en el salto (CMJ) con respecto al (SJ).

La figura 2.20 muestra un esquema de los factores que intervienen en el CEA.

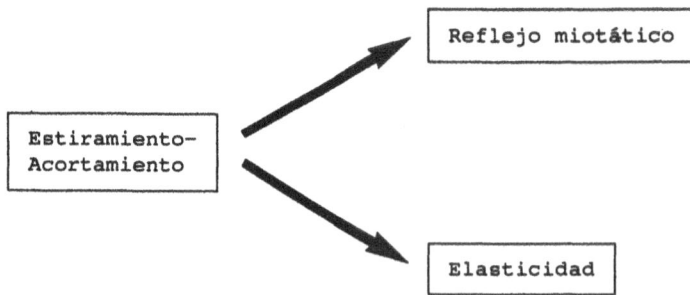

Fig. 2.20. Factores que intervienen probablemente en el ciclo estiramiento-acortamiento.

3.1. Razones por las cuales la contracción concéntrica del CEA es más eficaz que la contracción concéntrica aislada

No se sabe con exactitud la razón por la cual la contracción concéntrica del CEA es más eficaz que la contracción concéntrica aislada. Algunos autores consideran que podría ser debida a dos motivos: a) La intervención del reflejo miotático o reflejo de estiramiento de la médula espinal. Dicho reflejo consiste, de modo esquemático, en lo siguiente (Figura 2.21) (Cometti, 1988): cuando el músculo se estira, unos receptores nerviosos que se encuentran en el músculo y que son sensibles al estiramiento se estimulan. Esta estimulación viaja a lo largo del nervio (motoneurona gamma) desde el músculo hasta la médula espinal. En la médula espinal dicho nervio hace sinapsis (se une) con un nervio motor (motoneurona a) que se estimula, se dirige al músculo y potencia la contracción concéntrica de dicho músculo. Todo este proceso suele durar unas 30 milésimas de segundo, y podría ser el responsable de la potenciación de la respuesta de un músculo tras un estiramiento previo.

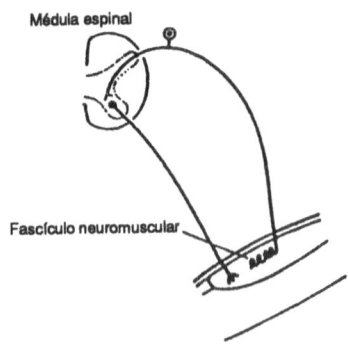

Fig. 2.21. Esquema del reflejo miotático.

b) Debido a la elasticidad muscular, o la capacidad del músculo para almacenar energía elástica durante el estiramiento y utilizarla parcialmente en la contracción realizada inmediatamente después. Sin embargo se conoce muy poco sobre el modo en que se produce el almacenamiento de energía elástica en el músculo y los tendones durante el estiramiento (Asmussen, 1974).

3.2. Efectos del entrenamiento del CEA sobre la capacidad de mejora del mismo

Como en cualquier proceso de adaptación debido al entrenamiento, la repetición periódica del CEA se acompaña de una mejora en las prestaciones de las contracciones musculares concéntricas precedidas de otras contracciones excéntricas (Häkkinen, 1985c). Por ejemplo, el entrenamiento consistente en realizar contracciones del cuádriceps con cargas ligeras, pocas repeticiones, a máxima velocidad y con mucho tiempo de recuperación entre ejercicios se suele acompañar, como veremos más adelante, de un aumento muy significativo en el salto vertical precedido de estiramiento previo (CMJ) y en saltos realizados con el CEA (Häkkinen, 1985c). Nos podemos preguntar: ¿Cuales son los mecanismos por los que se mejoran las prestaciones durante el CEA tras un entrenamiento de este tipo?. La respuesta no se conoce muy bien. Teóricamente se podría esperar una adaptación del reflejo miotático y/o de la elasticidad muscular. Algunos resultados experimentales permiten pensar que la adaptación de los dos mecanismos contribuye a la mejora de las prestaciones durante el CEA después del entrenamiento. Estos resultados son los siguientes:

— Se han observado adaptaciones en la actividad eléctrica del músculo durante el CEA debidas al entrenamiento. La figura 2.22 (Schmidtbleicher, 1982), muestra el registro electromiográfico del músculo gastrocnemio durante el salto vertical precedido de una contracción excéntrica, en un sujeto entrenado para realizar saltos y en un sujeto no entrenado. Se observa que la actividad electromiográfica es muy distinta en los dos sujetos, especialmente durante la fase excéntrica del movimiento que comienza desde que el sujeto entra en contacto con el suelo y que está señalado en la figura con una línea vertical. En efecto, durante esa fase el sujeto no entrenado presenta un período de inhibición de la actividad eléctrica, mientras que el sujeto entrenado presenta una activación o facilitación. Se cree que este proceso de facilitación neural debido al entrenamiento puede estar relacionado con una adaptación del reflejo miotático (Schmietbleicher, 1982).

— Los cambios observados a nivel neural no pueden explicar por sí solos los incrementos observados durante le salto vertical en un CEA. Por consiguiente, se considera que una parte de las ganancias obtenidas tras el entrenamiento debe estar relacionada con la mejora de la elasticidad del sistema contráctil y/o de los tendones.

Sin embargo, a pesar de estos prometedores resultados, la mayoría de los investigadores consideran que los resultados experimentales obtenidos hasta la fecha sobre el CEA son insuficientes para comprender correctamente los mecanismos de adaptación al entrenamiento del CEA (Komi, 1992).

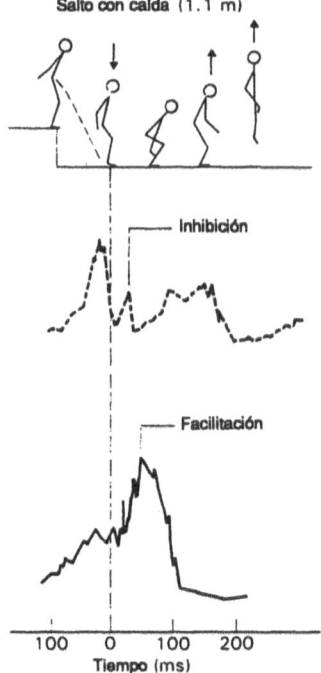

Fig. 2.22. Registro electromiográfico del músculo gastrocnemio durante la realización de un salto en un sujeto no entrenado (línea intermitente) y en un saltador entrenado (línea continua). Para más detalles, leer el texto. (En Sale, 1992 de Schmidtbleicher, 1982).

3.3. Aplicaciones prácticas

1) En aquellas disciplinas deportivas en las que juega un papel relevante el CEA, es necesario realizar un entrenamiento específico de CEA.

2) La magnitud de la activación neural durante un movimiento CEA es casi doble que la que se observa durante una contracción concéntrica aislada. Por tanto el CEA supone un mayor estímulo neural pero también un mayor riesgo de fatiga precoz.

3) El estudio descriptivo electromiográfico permite cuantificar la mejora de la facilitación neural con el entrenamiento.

4) Conviene tener siempre en cuenta que los trabajos experimentales realizados hasta la fecha con el CEA son escasos. Si además tenemos en cuenta que el riesgo de lesión parece ser grande en el entrenamiento de CEA, parece conveniente ser conservador con este tipo de ejercicios, especialmente en jóvenes.

SÍNTESIS DE IDEAS FUNDAMENTALES

- Durante la mayoría de los movimientos naturales y deportivos los músculos realizan el ciclo acortamiento-estiramiento (CEA).

- El CEA se caracteriza por ser más potente que la contracción concéntrica aislada. Ello podría ser debido a la intervención del reflejo miotático y/o a la capacidad de aprovechamiento de la energía que se ha almacenado en los músculos durante la contracción excéntrica.

- La realización periódica de ejercicios de CEA se acompaña de una mejora de las prestaciones durante el CEA. La mejora podría ser debida a un proceso de facilitación neural y/o a una mejora de la elasticidad del músculo y tendón. Sin embargo, las bases experimentales son escasas.

4. MECANISMOS HORMONALES RELACIONADOS CON EL DESARROLLO DE LA FUERZA

4.1. Balance anabólico

Hemos visto que el entrenamiento de fuerza se suele acompañar de un aumento del tamaño del músculo, de la fuerza isométrica máxima, de la potencia de los músculos entrenados, así como de adaptaciones del sistema nervioso. El origen de todas estas adaptaciones que se producen en el metabolismo del músculo y del nervio motor es muy complejo y desconocido. Sin embargo, se cree que los mecanismos hormonales forman una parte muy importante de ese complejo sistema que produce esas adaptaciones al entrenamiento de fuerza (Kraemer, 1992b). Las razones por las que se cree esto son las siguientes:

– Las hormonas anabolizantes (hormona del crecimiento, somatomedinas, insulina, testosterona y hormonas tiroideas) tienen efectos a nivel metabólico y celular muscular que son similares a los observados en el músculo después del entrenamiento de fuerza (Kraemer, 1992b).

– Durante diferentes tipos de sesiones de entrenamiento de fuerza existe un aumento en la concentración sanguínea de las diferentes hormonas anteriormente citadas. Este aumento suele ser interpretado como el reflejo de una mayor liberación y utilización de hormonas por los tejidos, debido al ejercicio muscular (Kraemer, 1992b) (Kraemer, 1992) (Kraemer, 1991) (Kraemer, 1988) (Kraemer, 1990).

– Por último, distintos estudios parecen indicar que las concentraciones basales de hormonas anabolizantes, como la testosterona, permiten evaluar el balance hormonal anabólico-catabólico en el que se encuentra un sujeto después de un período de entrenamiento. En efecto, los resultados de estos estudios parecen indicar que la mejora de las

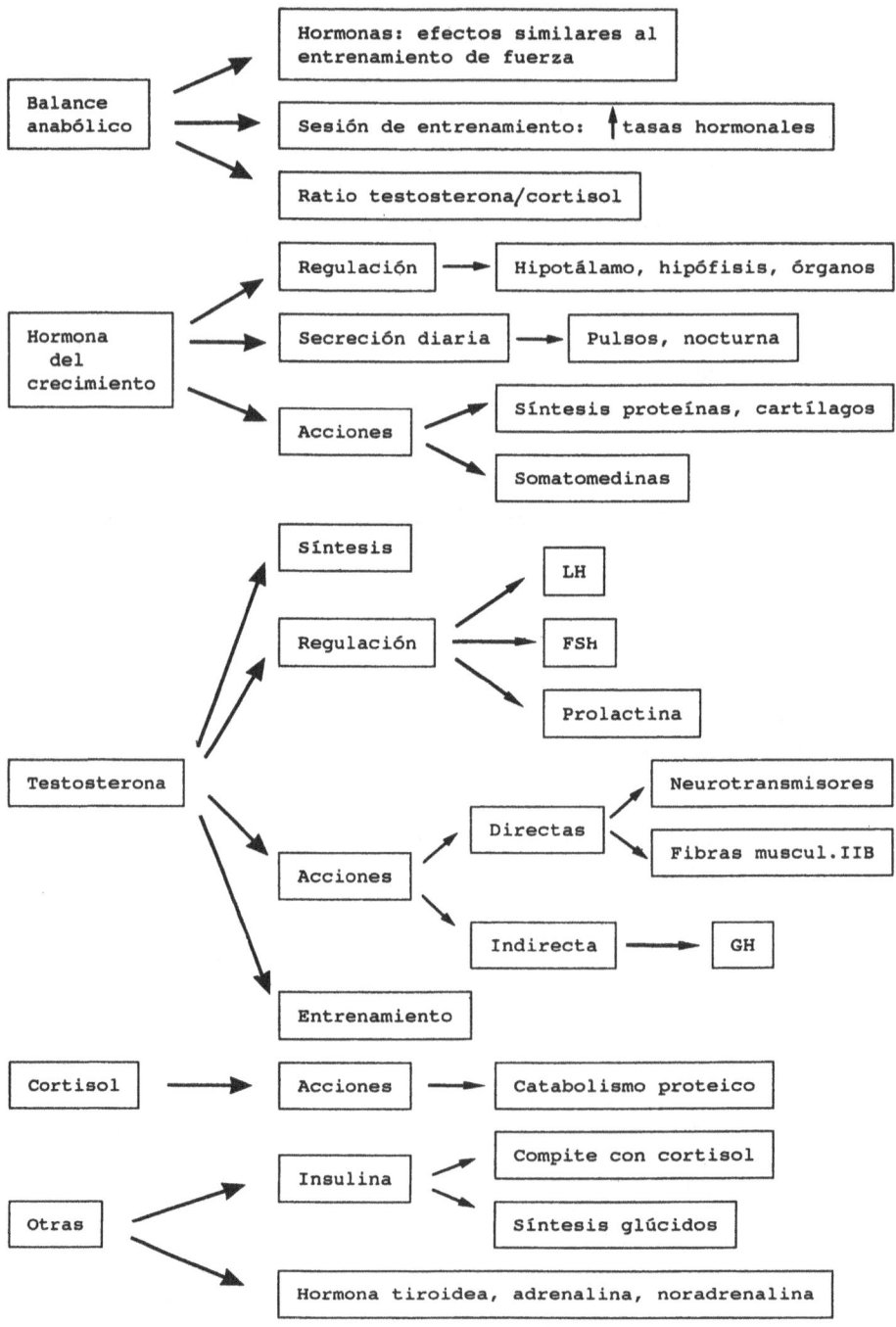

Fig. 2.23. Mecanismos hormonales del desarrollo de la fuerza.

Fundamentos biológicos sobre el desarrollo y la manifestación de la fuerza 103

distintas manifestaciones del desarrollo de la fuerza con el entrenamiento se suele acompañar de un balance hormonal anabólico (reflejado por un aumento de las tasas basales de hormonas anabolizantes, como la testosterona, y/o un descenso de las tasas de hormonas catabólicas, como el cortisol) (Häkkinen, 1985d) (Häkkinen, 1987c) (Häkkinen, 1988a) (Häkkinen, 1988b) (Häkkinen, 1988c) (Häkkinen, 1991a); y a la inversa, un balance hormonal catabólico, se suele acompañar de un deterioro de las distintas manifestaciones de la fuerza.

En este capítulo vamos a indicar esquemáticamente las acciones de las distintas hormonas que pueden intervenir en los mecanismos de adaptación que acompañan al entrenamiento de fuerza. En apartados posteriores estudiaremos la evolución de las tasas sanguíneas de dichas hormonas durante diferentes sesiones de entrenamiento, así como los efectos de varios días o semanas de entrenamiento de fuerza en los indicadores del balance hormonal.

La figura 2.23 muestra un esquema de los mecanismos hormonales del desarrollo de la fuerza.

4.2. Hormona del crecimiento (GH)

La hormona del crecimiento (GH) es una hormona polipeptídica secretada por la hipófisis anterior.

4.2.1. Mecanismos de regulación de la secreción de GH

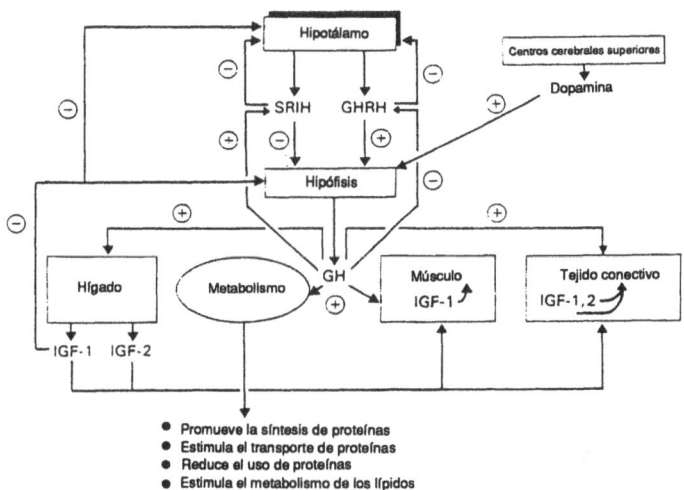

Fig. 2.24. Esquema básico sobre la compleja regulación de la secreción de la GH. (A partir de Kraemer, 1992b).

La figura 2.24 (Kraemer, 1992b) muestra un esquema de los mecanismos de regulación de la secreción de la GH. Este esquema de regulación nos puede servir básicamente para entender la regulación de diferentes hormonas. En la hipófisis, la estimulación de la secreción de GH depende de los diferentes estímulos o inhibiciones de los órganos que tienen una influencia sobre dicha hipófisis. Estos son: los centros superiores (cerebro, hipotálamo), y los órganos periféricos (órganos en los que la GH ejerce su acción), como el hígado, músculo, tejido conectivo y metabolismo energético. Cada uno de estos órganos puede ser estimulador o inhibidor. Así, por ejemplo, el ejercicio muscular intenso estimula la secreción de GH. A su vez, los centros están sometidos a mecanismos de regulación de realimentación ("feedback"), que permiten modular las respuestas hormonales: cuando tras un estímulo determinado hay un aumento de la secreción de GH, el aumento correspondiente de las tasas sanguíneas de GH actúa como inhibidor a nivel de la hipófisis de la liberación de más GH. Y a la inversa, una disminución de las tasas sanguíneas de GH se acompaña de una estimulación de la secreción de GH desde la hipófisis.

Por último, al estar la hipófisis influenciada por órganos superiores (hipotálamo, cerebro), distintos tipos de fatiga física o psíquica pueden inhibir la secreción de GH.

4.2.2. Secreción diaria de GH

La figura 2.25 (Kraemer, 1992b), muestra la evolución de la concentración sanguínea de GH a lo largo de un día en una persona sana, sedentaria. Se observa que tiene una forma pulsátil, con diferentes picos y una secreción aumentada durante la noche. Se cree que dicho aumento nocturno contribuye a acelerar los procesos de reparación de los distintos tejidos, incluido el muscular.

La secreción de GH está influida por distintos factores externos como la duración y calidad del sueño, la dieta, el consumo de alcohol y el tipo de ejercicio físico realizado.

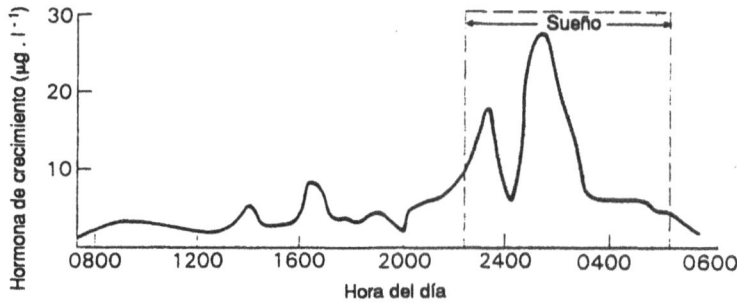

Fig. 2.25. Evolución de la concentración sanguínea de GH a lo largo de un día en un adulto sano, que no ha realizado actividad física. Sleep= sueño. (A partir de Kraemer, 1992b).

4.2.3. Acciones de la GH

La mayoría de los estudios parecen indicar que la GH actúa principalmente como potenciadora de otras hormonas llamadas somatomedinas o IGF (insulin-like growth factors) (Florini, 1987), cuyas acciones principales son:

- Aumentar la síntesis de proteínas.
- Aumentar la captación de proteínas (aminoácidos) por parte del músculo.
- Reducir la utilización de proteínas.
- Estimular el crecimiento de los cartílagos.

Como se puede observar, todos estos efectos son compatibles con la hipertrofia que acompaña al entrenamiento de fuerza.

4.3. Testosterona

4.3.1. Síntesis, transporte y eliminación

La testosterona es la principal hormona androgénica. En el hombre, el 95% de la producción total de testosterona tiene lugar en las células de Leydig de los testículos (Braunstein, 1991), que producen aproximadamente 5 a 10 mg/día (Coffey, 1988) (Kuoppasalmi, 1985). El resto de la testosterona (5%) se produce en la corteza suprarrenal y en el cerebro (Hu, 1987). La mujer produce de 10 a 20 veces menos testosterona que el hombre, siendo su origen la corteza suprarrenal, el cerebro y los ovarios (Caquet, 1987).

La testosterona se sintetiza a partir del colesterol. Una vez sintetizada pasa rápidamente a la circulación sanguínea (Negro-Vilar, 1988). En la circulación, la testosterona se encuentra en el plasma, la mayor parte (97%) ligada a proteínas (albúmina y SHBG). El 3% restante se encuentra en el plasma en forma libre, que es la forma biológicamente activa (Rommerts, 1990). La concentración media de testosterona total en suero en un hombre sano adulto puede oscilar entre 10.4 y 38.2 nmoles.l-1, mientras que la concentración de testosterona libre en suero es de 50 a 130 pmol.l-1 (Braunstein, 1991) (Veldhuis, 1987) (Winters, 1991).

La concentración sanguínea de testosterona no permanece constante en el hombre durante el día, sino que varía durante la jornada, y tiene forma pulsátil (figura 2.26) (Veldhuis, 1987)(Arce, 1993). En condiciones normales, el valor más elevado se suele observar durante la madrugada (6 de la mañana) y el valor más bajo suele ocurrir al anochecer (Veldhuis 1987).

La vida media de la testosterona en el hombre es muy pequeña: 12 minutos (Rommerts, 1990). Es por tanto evidente que para mantener un nivel determinado de testosterona en sangre, es necesario que se vaya sintetizando continuamente en los testículos, ovarios, corteza suprarrenal y cerebro (Rommerts, 1990).

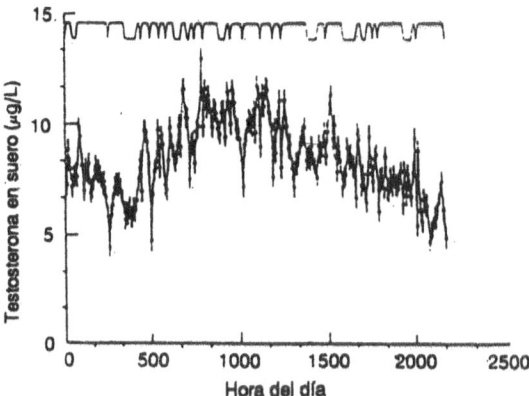

Fig. 2.26. Evolución de la concentración sérica de testosterona total en un hombre adulto normal, durante 24 horas en las que no ha realizado actividad física. (De Arce, 1993, a partir de Veldhuis, 1987).

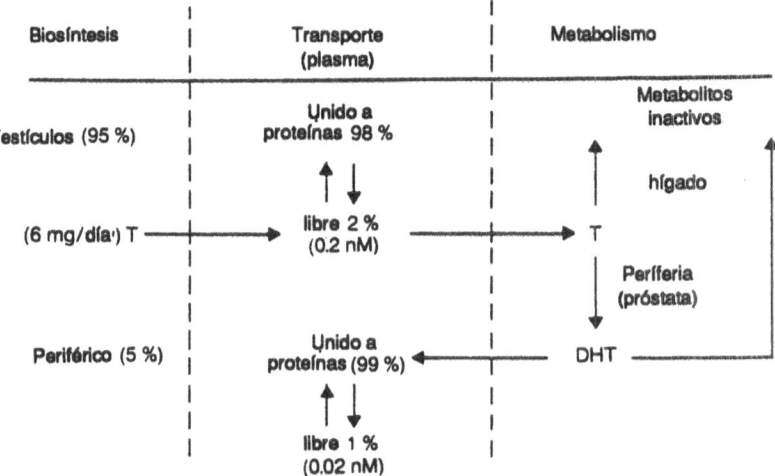

Fig. 2.27. Producción, transporte y metabolismo de la testosterona en el hombre (a partir de Rommerts, 1990).

Por último, la testosterona se degrada sobre todo en el hígado. La figura 2.27 (Rommerts, 1990), muestra un esquema de la producción, transporte y degradación (o metabolismo) de la testosterona en el hombre.

4.3.2. Regulación de la síntesis de la testosterona

La producción de testosterona por los tejidos está estimulada fundamentalmente por 3 hormonas que se encuentran en la hipófisis: la hormona luteinizante (LH), la hormona estimulante del folículo (FSH) y la prolactina (Braunstein, 1991). De entre ellas, la más importante es la LH. La figura 2.28 (Crowley, 1985) muestra la evolución de la concentración sanguínea de LH y FSH en el hombre adulto joven durante 1 día. Se observa el carácter pulsátil y cíclico de las tasas sanguíneas de dichas hormonas que puede ser responsable de la evolución pulsátil de la concentración sanguínea de testosterona.

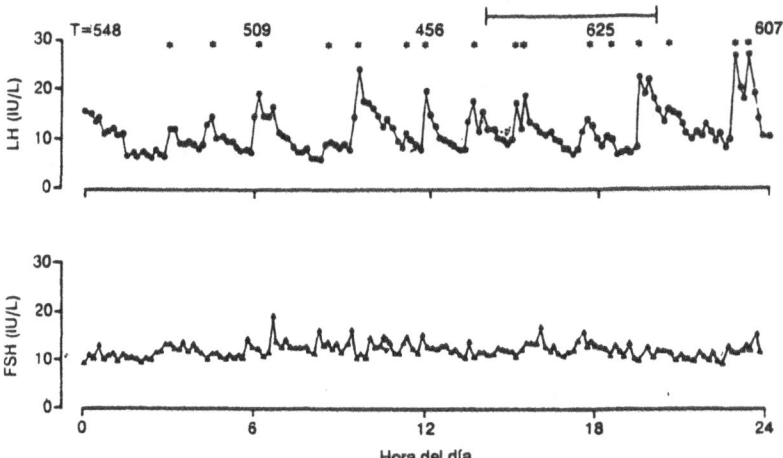

Fig. 2.28. Evolución de las concentraciones sanguíneas de LH (arriba) y FSH (abajo) en un hombre adulto durante 24 horas. No se ha realizado actividad física. (De Kraemer, 1992b, a partir de Crowley, 1985).

Tal como explicábamos cuando hablábamos de la regulación de la GH, la regulación de la síntesis de testosterona es compleja y dependiente de diferentes factores y de mecanismos de regulación de feed-back (Arce, 1993). La figura 2.29 (Arce, 1993), muestra un esquema de los diferentes factores que regulan la producción de testosterona. Se puede observar que los factores estimuladores de la producción de testosterona son principalmente las hormonas (LH, FSH, Prolactina, Noradrenalina y Acetilcolina), mientras que los principales factores inhibidores de la producción de testosterona son el cortisol, la dopamina y los péptidos opioides.

4.3.3. Acciones de la testosterona

Modo de acción sobre el músculo

La figura 2.30 (Kraemer, 1992b) muestra un esquema teórico sobre el modo de entrada y de acción de la testosterona en la célula muscular.

La testosterona que se encuentra en la sangre entra en las células del músculo en su forma libre, biológicamente activa, mediante un mecanismo de difusión a través de la

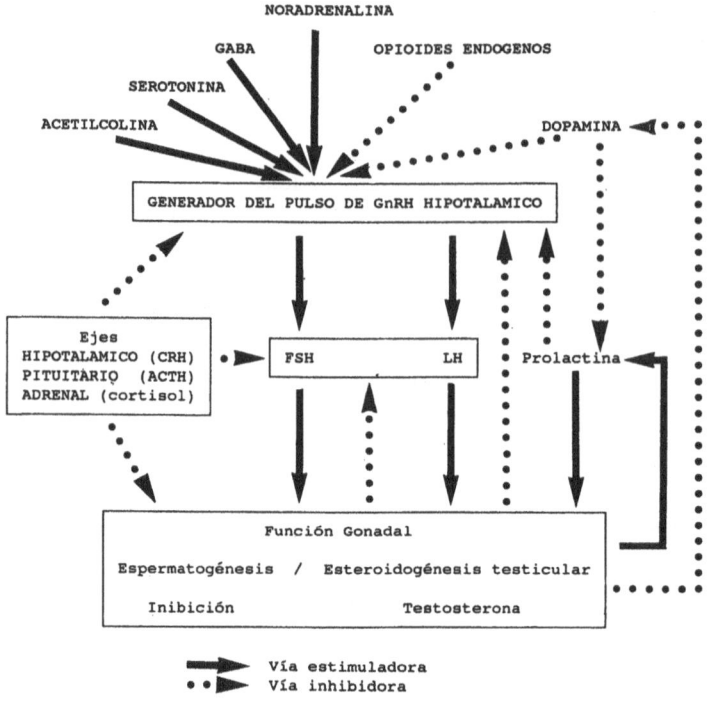

Fig. 2.29. Factores que regulan la producción de testosterona. Flechas continuas= estimuladores. Flechas discontinuas= inhibidores. (A partir de Arce, 1993).

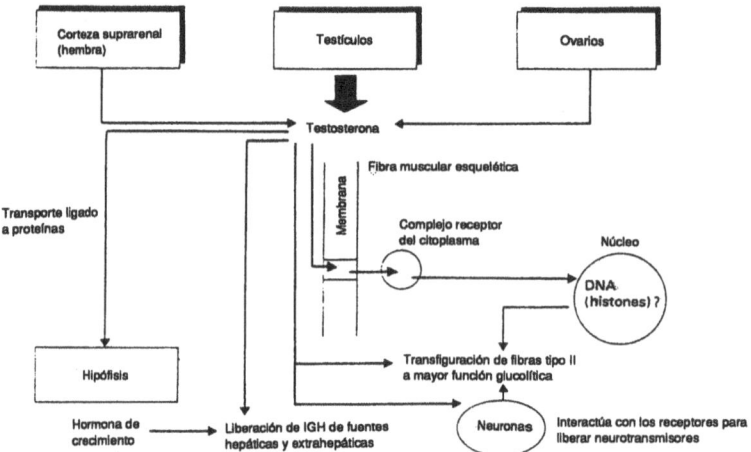

Fig. 2.30. Mecanismos de acción de la testosterona en la célula muscular. (A partir de Kraemer, 1992b).

membrana de dichas células musculares. Una vez en el interior de la célula muscular (citoplasma), la testosterona se une a unas proteínas receptoras de andrógenos y forma un complejo (testosterona-receptor). Este complejo tiene capacidad para dirigirse hacia el núcleo de la célula muscular, donde interacciona con el DNA, produce mRNA específico y tiene una acción sobre la maquinaria genética que provoca el aumento de la síntesis de proteínas (Michel, 1980) (Scherman, 1984). Algunos autores piensan que estas interacciones con el código genético de la célula pueden ser las principales responsables del aumento del tamaño de la célula muscular (Kraemer, 1992), que se observa tras el entrenamiento de fuerza.

Acciones

La principal acción de la testosterona es estimular la espermatogénesis, es decir, crear espermatozoides en los testículos (Rommerts, 1990).

La figura 2.30 nos mostraba que las acciones de la testosterona en el músculo parecen ser de dos tipos:

a) Acción directa. La testosterona estimula, por una parte, los factores nerviosos, (estimulando el aumento de la acción de los receptores de los neurotransmisores) y, por otra parte, las fibras musculares tipo II, (transformándolas hacia fibras de tipo IIB, más fuertes, menos resistentes y con mayor capacidad glucolítica) (Bleish, 1984) (Kelly, 1985).

b) Acción indirecta. La testosterona estimula la liberación de GH y de sometomedina que, como hemos visto anteriormente, estimulaban la síntesis de proteínas y los procesos de reparación. Por consiguiente, el gran efecto sobre el aumento de la síntesis proteica por parte de la testosterona no sólo es debido a su acción directa sino que, sobre todo, se debe a que potencia las acciones de la GH y la somatomedina.

4.3.4. Efectos del ejercicio físico y del entrenamiento sobre la producción de testosterona

Aunque hay algunos estudios con resultados discordantes, se puede decir que, en general, un ejercicio físico agudo de intensidad media o alta se suele acompañar de un aumento de la concentración sanguínea de testosterona total (Cumming, 1989) (Hackney, 1989). Sin embargo, en algunas ocasiones este aumento que ocurre en los primeros minutos después de haber finalizado el ejercicio, se puede acompañar de una disminución importante de dicha concentración a las 2 horas de haber finalizado el mismo. Cuando el ejercicio físico es de mediana intensidad y/o de larga duración, la concentración de testosterona no varía (Cumming, 1987) o incluso puede disminuir (Tanaka, 1986). En el caso de que la concentración sanguínea de testosterona disminuya (bien sea nada más finalizar el esfuerzo o a las 2 horas de recuperación), el organismo puede llegar a necesitar de 1 a 8 días para recuperar los niveles sanguíneos iniciales de testosterona (Dufaux, 1979) (Häkkinen, 1988b). Esto se acompaña, probablemente, de una incompleta recuperación de las reservas de glucógeno muscular, de la síntesis de proteínas y de los procesos de reparación y construcción muscular que ocurren después del ejercicio (Kuoppasalmi, 1985). Estos resultados parecen indicar que la activación o inhibición de la producción de testosterona durante el ejercicio físico dependen de la intensidad y/o duración del mismo y que una inhibición de la producción de testosterona puede afectar negativamente la recuperación.

No se conoce por qué hay un descenso en las tasas de testosterona sanguínea basal cuando el entrenamiento es excesivo, ni cuál de los diferentes factores que regulan la producción de testosterona se afecta en primer lugar en este caso (Arce, 1993). Algunos autores creen que puede ser debido a alteraciones funcionales o anatómicas de áreas del cerebro, del hipotálamo o de otras zonas del sistema nervioso central (Arce, 1993) debidas posiblemente a déficits en algunos aminoácidos. Otros autores creen que pueden ser debidas a alteraciones y/o déficits de algunos transmisores del impulso nervioso dopaminérgicos, noradrenérgicos o serotoninérgicos (Brown, 1973)(Brown, 1979). Por último, otros piensan que el descenso de la producción de testosterona puede deberse al aumento de la producción de otras hormonas, como el cortisol, que inhiben la producción de testosterona (Kuoppasalmi, 1985).

Hemos indicado anteriormente que los valores de testosterona sanguínea se han venido utilizando como un indicador fisiológico para evaluar el "estado anabólico" de un sujeto que está siendo sometido a un entrenamiento determinado. En general, se considera que un entrenamiento que produzca efectos globales positivo en el organismo debe acompañarse de un aumento en la concentración de testosterona sanguínea en condiciones basales y/o de un aumento de la proporción testosterona/cortisol (Häkkinen, 1985d) (Häkkinen, 1987c). A la inversa, un entrenamiento excesivo que no haya sido asimilado por el organismo, se suele acompañar de una disminución de las tasas sanguíneas de testosterona y/o de la proporción testosterona/cortisol (Häkkinen, 1985d) (Häkkinen, 1987c).

En capítulos posteriores veremos con detalle los efectos agudos y crónicos del entrenamiento de fuerza en el "estado anabólico" del organismo.

4.4. Cortisol

El cortisol, la principal hormona glucocorticoide, se sintetiza en la corteza suprarrenal en una cantidad cercana a 10-20 mg diarios (Kuoppasalmi, 1985). Una vez sintetizado, el cortisol pasa a la circulación sanguínea. En la sangre, el cortisol se encuentra en el plasma, donde la mayor parte (más del 60%) está unido a proteínas (SHBG y albúmina). El resto del cortisol se encuentra en el plasma en forma libre, que es la biológicamente activa (Kuoppasalmi, 1985).

Como sucede con la testosterona, la concentración sanguínea de cortisol no permanece constante durante el día, sino que varía durante la jornada y tiene forma pulsátil. El valor más elevado suele observarse por la mañana y es bastante reproducible si se toma la muestra sanguínea a la misma hora del día. La concentración media de cortisol en sangre en un hombre o mujer adulto sano es de 275-550 nanomoles/litro a las 8 de la mañana y de unos 275 nanomoles/litro a las 8 de la tarde. La vida media del cortisol suele ser de 80 a 100 minutos por lo que, como veíamos en el caso de la testosterona, se tiene que ir sintetizando continuamente para mantener sus niveles en la sangre (Kuoppasalmi, 1985).

Se ha considerado clásicamente que los glucorcorticoides, hormonas producidas en la corteza suprarrenal a partir de estímulos provenientes del eje hipotálamo-hipofisario, son hormonas que favorecen el catabolismo (degradación) de las proteínas del músculo (Kuoppasalmi, 1985) (Florini, 1987).

Si tenemos en cuenta que un aumento de la degradación de proteínas del músculo puede deteriorar sus proteínas contráctiles, esto indica que una elevada producción de cortisol se acompañaría de un aumento de la atrofia muscular y una disminución de la fuerza, con el consiguiente efecto negativo en el rendimiento deportivo.

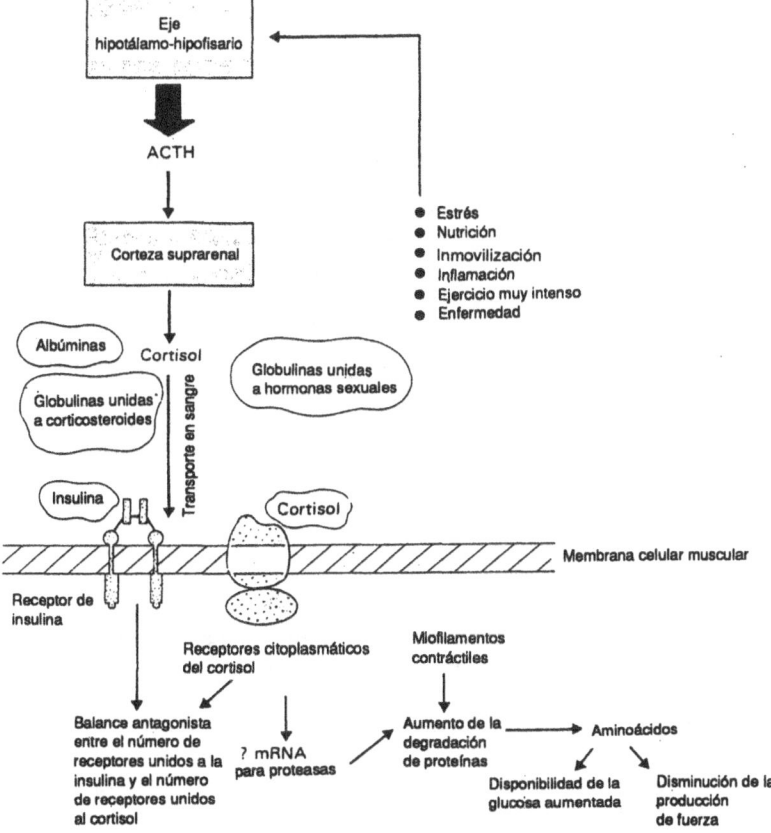

Fig. 2.31. Esquema teórico de los mecanismos de acción del cortisol en el músculo. Se observan sus mecanismos competitivos con la insulina. (A partir de Kraemer, 1992b).

La figura 2.31 (Kraemer, 1992b) muestra un esquema teórico del modo de acción del cortisol sobre el músculo. Se puede observar que el mecanismo de entrada y de acción sigue los mismos pasos que la testosterona. Parece ser que los receptores del citoplasma de la célula que se unen con el cortisol son los mismos que los que se unen con la insulina y la somatomedina. Teniendo en cuenta que el número de estos receptores es muy pequeño, existiría una competición entre estas hormonas para ligarse con los receptores. Es por ello por lo que la estimulación de la producción de insulina o somatomedinas provoca indirectamente la atenuación de los efectos del cortisol, al saturar los receptores del citoplasma formando complejos insulina-receptor e impidiendo la formación de complejos cortisol-receptor.

Durante el ejercicio físico agudo la concentración de cortisol aumenta con la intensidad del ejercicio (Kraemer, 1992). Además, cuando la concentración de cortisol en la sangre es elevada, se inhibe la producción de testosterona y, por consiguiente, disminuye la concentración sanguínea de esta hormona (Kuoppasalmi, 1985).Por consiguiente, es lógico pensar que el riesgo de aumento de la degradación de proteínas será mayor cuanto mayor sea la intensidad del ejercicio.

Algunos estudios parecen indicar que el componente psicológico tiene una influencia significativa en la producción de cortisol durante el ejercicio (Kuppasalmi, 1985). Según estos estudios, la producción de cortisol durante el ejercicio físico sería mucho mayor en sujetos estresados o demasiado ansiosos. Si, como hemos visto anteriormente, el aumento de la producción de cortisol inhibe la producción de testosterona, es muy probable que los sujetos ansiosos o estresados tengan más problemas para recuperar entre esfuerzos debido a que la producción de testosterona está disminuída. Sin embargo, esta teoría no está lo suficientemente demostrada.

Debido a las características señaladas anteriormente, distintos investigadores han utilizado la medida de las concentraciones sanguíneas basales de cortisol para evaluar el "estado catabólico" o el índice sanguíneo testosterona/cortisol para evaluar el balance anabólico/catabólico producido por distintos tipos de entrenamiento de fuerza (Häkkinen, 1985d) (Häkkinen, 1987c).

4.5. Otras hormonas

La insulina es una hormona secretada por el páncreas. Aunque dicha hormona es más conocida por la importancia que tiene en el metabolismo de los glúcidos y en algunas enfermedades como la diabetes, la insulina también juega un importante papel en el metabolismo de las proteínas. En efecto, la insulina parece que inhibe la utilización (catabolismo) de las proteínas. Parece que su acción más importante consiste en ocupar los receptores del cortisol de la membrana de la célula muscular e impedir la acción catabólica proteica del cortisol, sobre esos receptores.

Existen otras hormonas como la hormona tiroidea o las catecolaminas (adrenalina, noradrenalina y dopamina) que juegan probablemente un importante papel a la hora de modular e impulsar las adaptaciones del organismo al entrenamiento de fuerza. Sin embargo, han sido poco estudiadas porque parece que su papel es mucho menos importante que el de la GH, Insulina, Testosterona o Cortisol.

4.6. Aplicaciones prácticas

1) La concentración basal de testosterona en sangre o el ratio testosterona/cortisol permiten evaluar el balance anabólico/catabólico en que se encuentra un sujeto que esté sometido a un entrenamiento intenso. 2) La secreción de hormonas anabolizantes suele variar a lo largo del día y está afectada, entre otras, por variaciones en el sueño, dieta, toma de alcohol o fármacos, fatiga psíquica o física. Toda disminución en la secreción de estas hormonas se acompañará de una peor recuperación.

3) La razón por la que la producción de hormonas anabolizantes disminuye con el sobreentrenamiento es desconocida. Algunos creen que se podría deber a un cansancio de tipo neural, del sistema nervioso central, de deficiencias en aminoácidos, etc. No se puede responder a preguntas como: ¿Cómo detectar a tiempo o prevenir esta disminución? ¿Existen tests de terreno, psicológicos, etc. que pueden detectarlas a tiempo?. Todas estas cuestiones apasionantes se están investigando actualmente y pueden llevar a revolucionar los actuales sistemas de entrenamiento, especialmente en lo referente al entrenamiento de fuerza.

SÍNTESIS DE IDEAS FUNDAMENTALES

- Se considera que las hormonas anabolizantes tienen una participación importante en los mecanismos de adaptación al entrenamiento de fuerza porque sus efectos son similares a los que se producen tras el entrenamiento de fuerza, porque su secreción se estimula durante las sesiones intensas de entrenamiento y, por último, porque una disminución de las tasas sanguíneas basales de testosterona se suele acompañar de un empeoramiento de la marca deportiva.

- Las principales hormonas que favorecen directa o indirectamente la síntesis de proteínas son la hormona del crecimiento (GH), la insulina, las somatomedinas y la testosterona.

Capítulo III

El costo energético en el entrenamiento de fuerza

1. COSTO ENERGÉTICO DE DISTINTAS SESIONES DE ENTRENAMIENTO DE FUERZA

En este capítulo vamos a describir de modo esquemático las manifestaciones metabólicas, de fuerza, neurales y hormonales que ocurren cuando se realizan diferentes sesiones de entrenamiento de fuerza.

Es evidente que los tipos de sesiones de entrenamiento de fuerza que se pueden estudiar son infinitos, dependiendo del tipo de individuo que lo realiza y, sobre todo, de las múltiples combinaciones que se pueden hacer cuando se define la intensidad, duración, frecuencia y descanso de un ejercicio.

En este apartado presentaremos el estudio descriptivo de algunas sesiones o ejercicios-tipo de entrenamiento de fuerza. La elección de las sesiones ha estado basada en la existencia de trabajos científicos sobre el tema y en la alta frecuencia de su utilización por los deportistas.

La figura 3.1 muestra un esquema del desarrollo que vamos a seguir en este apartado.

OBJETIVOS DE ESTE APARTADO:

1. Diferenciar los efectos del entrenamiento en relación con los procesos metabólicos, neuronales y hormonales que tienen lugar durante la realización del mismo.

2. Interpretar los mecanismos biológicos que subyacen a estos procesos.

3. Aplicar pruebas sencillas que permitan detectar el grado de fatiga-recuperación después de una o varias sesiones de entrenamiento.

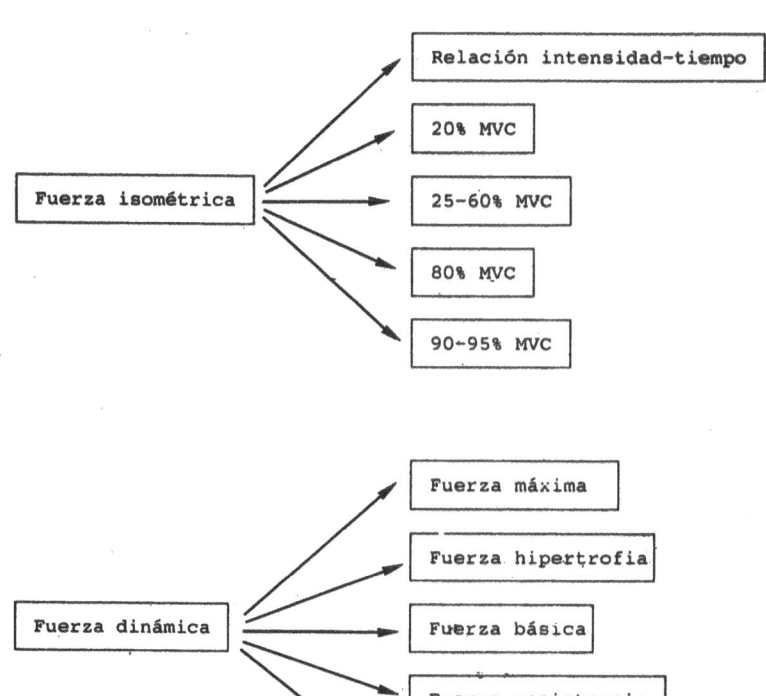

Fig. 3.1. Esquema del estudio energético de distintas sesiones de entrenamiento de fuerza.

1.1. Costo energético de los ejercicios isométricos

La literatura científica ha estudiado con bastante profundidad las manifestaciones metabólicas, de fuerza y neurales de las contracciones isométricas aisladas, de intensidad submáxima, realizadas hasta el agotamiento. Aunque este tipo de ejercicio no se suele realizar en el entrenamiento del deportista, creemos que resulta interesante estudiarlo someramente por los siguientes motivos: 1) Porque debido a que el sujeto no necesita moverse durante la contracción isométrica, se ha podido estudiar mediante resonancia magnética nuclear. Esto permite conocer en directo la evolución de distintos sustratos energéticos y, a la vez, la actividad neural durante la contracción muscular y la recuperación. 2) Porque los deportistas, cuando están lesionados, tienen que realizar ejercicios isométricos durante el período de rehabilitación.

La figura 3.2 muestra un esquema del contenido de este apartado.

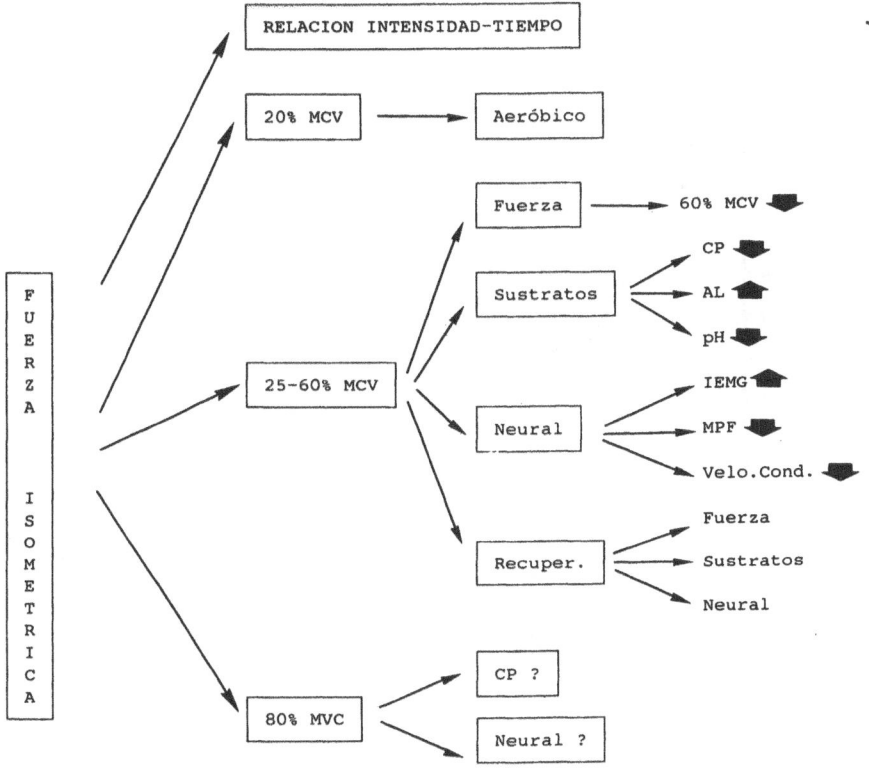

Fig. 3.2. Esquema del estudio energético de los ejercicios isométricos.

1.1.1. Relación intensidad-tiempo

La intensidad de un ejercicio isométrico de un músculo se suele definir en porcentaje con respecto a la fuerza isométrica máxima de ese músculo.

La figura 3.3 nos muestra la relación existente, en sujetos sanos, entre la intensidad a la que se realiza una contracción muscular isométrica (en porcentaje de la fuerza isométrica máxima) y el tiempo de agotamiento. En general, se puede decir que a intensidades inferiores al 10% de la fuerza isométrica máxima, se puede mantener esa contracción de modo casi indefinido (más de 2 horas) (Fallentin, 1993). A intensidades comprendidas entre el 10 y el 20%, el tiempo de agotamiento oscila entre 110 minutos y 7 minutos, respectivamente (Fallentin, 1993) (Knudtson, 1993) (Person, 1972). A intensidades comprendidas entre el 30 y el 60% de la fuerza máxima el tiempo de agotamiento oscila entre 40" y 155". Por último, al 90% de la intensidad, el tiempo de agotamiento es de unos 15"

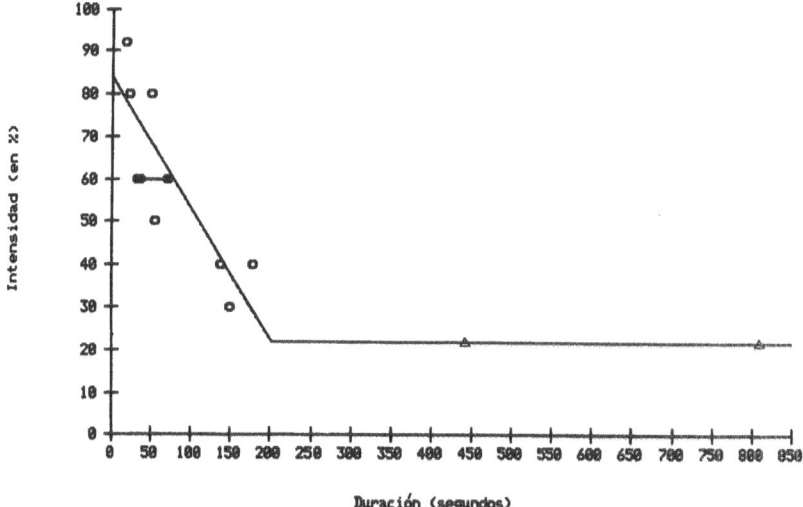

Fig. 3.3. Relación intensidad de la contracción isométrica (en % de la fuerza isométrica máxima) y el tiempo de agotamiento de un músculo o grupo muscular en sujetos sanos no deportistas (puntos blancos). Los puntos negros indican valores medios en fondistas (derecha) y sprinters (izquierda). (A partir de Kroghlund, 1993; Maughan, 1986; Häkkinen, 1986b; Häkkinen, 1990; Sahlin, 1978; Fallentin, 1993; Person, 1972; Knudtson, 1993).

(Kroglund, 1993) (Maughan, 1986) (Häkkinen, 1986b) (Häkkinen, 1990) (Sahlin, 1978). Conviene señalar que esta relación intensidad-tiempo de agotamiento no se puede generalizar a toda la población, sino que puede variar en función del tipo de sujeto (ej: los fondistas tienen mayor tiempo de agotamiento que los velocistas a una misma intensidad relativa de contracción), del músculo estudiado y del ángulo de la articulación.

En función del tiempo de agotamiento, distintos autores han considerado 3 tipos distintos de intensidad: 1) ejercicios de intensidad igual o inferior al 20%, 2) comprendidos entre el 25 y el 60%, y 3) superiores al 80%.

1.1.2. Contracciones isométricas de intensidad inferior al 20% de la fuerza isométrica máxima

A dichas intensidades no existe un aumento suficiente de la presión intramuscular como para ocluir la circulación de los vasos sanguíneos del músculo (Sjogaard, 1988) y el sujeto puede mantener dicha contracción durante mucho tiempo. Por dicha razón se considera que, a dichas intensidades, la producción de energía proviene sobre todo de los procesos aeróbicos (Maughan, 1986).

Durante este tipo de contracción, la frecuencia cardíaca y la tensión arterial son similares a los valores de reposo (Fontana, 1993). La actividad elétrica integrada (IEMG) de los músculos que intervienen en la contracción aumenta progresivamente a lo largo del tiempo. Fallentin (1993), en un estudio realizado en humanos con electrodos colocados directamente en el músculo (más precisos que los electrodos que se colocan sobre la piel), encontró que el aumento de la IEMG es debido a que se reclutan nuevas unidades motoras, siguiendo el "principio de la talla", como veíamos en el capítulo anterior.

1.1.3. Contracciones isométricas de intensidad comprendida entre el 25 y el 60% de la fuerza isométrica máxima

Existen diversos trabajos que han estudiado el costo energético de este tipo de contracciones.

Durante la realización de este tipo de ejercicio existe una oclusión parcial o total de los vasos sanguíneos del músculo, la frecuencia cardíaca y la tensión arterial se elevan significativamente (Fontana, 1993) y se observa una disminución progresiva de la fuerza isométrica máxima así como de la curva fuerza-tiempo (Béliveau, 1991). Al final del ejercicio, la fuerza isométrica máxima es solamente el 60% de la que tenía al comenzar el ejercicio (Béliveau, 1991).

La figura 3.4 muestra (abajo) la evolución de la concentración muscular de fosfocreatina (PCr) y el pH muscular (pH) a lo largo del tiempo durante este tipo de ejercicio (Vestergaard-Poulsen, 1992). Se observa que la concentración de PCr disminuye progresivamente a lo largo del tiempo, mientras que el pH disminuye de modo casi paralelo. Este estudio ha sido realizado con resonancia magnética nuclear y confirma los resultados de los estudios que empleaban punción-biopsia muscular que encontraron, al final de este ejercicio, depleciones de PCr del orden del 60 al 80% de los valores de reposo, y valores de pH muscular de 6.4-6.5 (Sahlin, 1978), con concentraciones muy elevadas de ácido láctico (Ahlborg, 1972). La parte superior de la figura 3.4 (Vestergaard-Poulsen, 1992) muestra la evolución de dos parámetros del estudio electromiográfico durante la contracción isométrica: la frecuencia de impulso media ("median frequency") y la actividad electromiográfica integrada ("RMS" en la figura, que también hemos llamado en el capítulo 2: "IEMG"). Se observa que, a lo largo del tiempo, existe una disminución progresiva de la frecuencia media (Häkkinen, 1986b) (Beliveau, 1991), mientras que la RMS aumenta bruscamente en la parte final del ejercicio. El comienzo de este aumento, que a veces es más gradual y moderado (Häkkinen, 1986b) (Kroghlund, 1993) (Fontana, 1993) (Fallentin, 1993) (Stulen, 1978) y nunca suele alcanzar los valores de RMS ó IEMG máxima del test isométrico máximo, coincide con un pH muscular aproximado de 6.8 y una depleción de fosfocreatina (PCr) de alrededor del 70% de los valores iniciales (ver parte inferior de la figura 3.4).

En estudios realizados colocando los electrodos directamente en el músculo, Fallentin (1993) ha encontrado que el aumento de la IEMG no se debe, como en el caso de las contracciones isométricas de intensidad inferior al 20%, al reclutamiento de nuevas unidades motoras, sino que se debe a alteraciones en la propagación del potencial de acción de las fibras musculares (potenciales de acción más lentos). Estas alteraciones están probablemente relacionadas con el descenso del pH muscular que ocurre cuando hay una gran producción de ácido láctico (Stulen, 1978) (Fallentin, 1993).

Por último, Kroghlund (1993) encontró que en este tipo de ejercicio existe una disminución progresiva de la velocidad de conducción del nervio motor. Al final del ejercicio dicha velocidad disminuía alrededor de un 30% respecto a los valores de reposo.

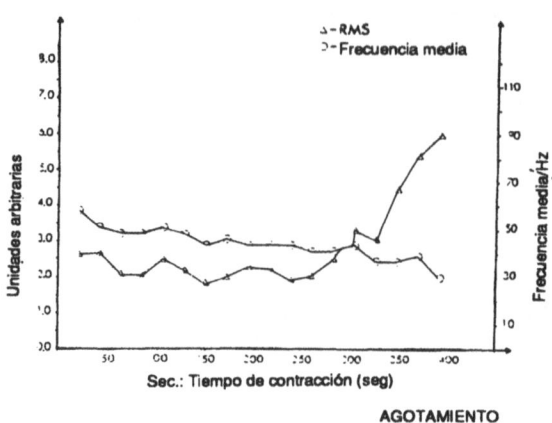

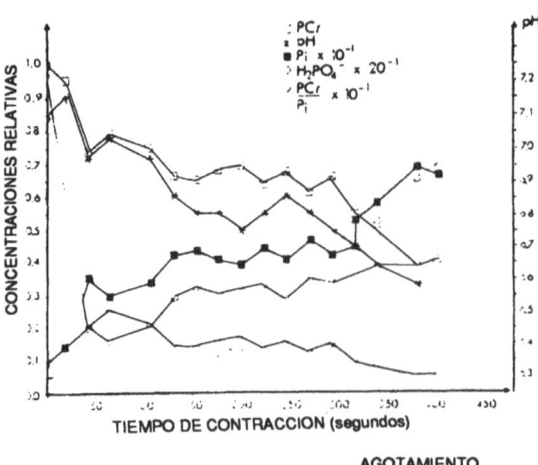

Fig. 3.4. Evolución, a lo largo del tiempo, de parámetros electromiográficos (parte de arriba) y musculares (parte de abajo), durante la realización de contracciones isométricas del músculo tibial anterior, a intensidades comprendidas entre 25 y 50% de la fuerza isométrica máxima. Para más detalles, leer el texto. (A partir de Vestergaard-Poulsen, 1992).

Algunos autores han estudiado la evolución de distintos parámetros durante los primeros minutos de recuperación de este tipo de ejercicio (Häkkinen, 1986b) (Kroghlund, 1993) (Beliveau, 1991) (Häkkinen, 1990). Los resultados indican que a los 4 minutos de haberse terminado el ejercicio, los valores de la fuerza isométrica máxima son el 85% de los de reposo, mientras que la frecuencia media de impulso y la velocidad de conducción del nervio motor se han recuperado casi por completo, ya que alcanzan cifras del 90-95% de los valores iniciales (Beliveau, 1991).

Por su parte, el pH muscular también se recupera parcialmente ya que pasa de 6.4 al final del ejercicio a 6.6 a los 4 minutos de recuperación (Kroghlund, 1993) (Béliveau, 1991).

En función de lo observado anteriormente, los autores se han preguntado cuál es el factor limitante de este tipo de ejercicio o, en otras palabras, por qué se agotan los sujetos. Los autores hablan de dos posibles orígenes de la fatiga:

- Fatiga de origen neural. Durante el ejercicio (fig.3.4) veíamos que la actividad neural (RMS ó IEMG) aumentaba mientras que la frecuencia de impulso medio disminuía progresivamente. El aumento de IEMG puede ser debido a la incapacidad para producir fuerza (fatiga) de las unidades motoras implicadas, que es compensada por el reclutamiento de nuevas unidades y/o por el aumento en la frecuencia de impulso nervioso de los nervios motores (Häkkinen, 1986b). Se considera que el factor neural NO es limitante porque los valores de IEMG (o RMS) que se alcanzan al final del ejercicio son muy inferiores a los máximos observados durante una contracción isométrica máxima (no han usado por tanto todo su "potencial" IEMG).

- Fatiga de origen periférico o muscular. La elevada acumulación de ácido láctico y la consecuente disminución del pH muscular a valores de 6.4-6.5 (fig.3.4) que se observa al final de este ejercicio, permiten pensar que el principal factor limitante de este tipo de ejercicio es de origen periférico muscular. (Sahlin, 1978) (Hashimoto, 1978) (Béliveau, 1991) (Vestergaard-Poulsen, 1992). Se cree que la gran disminución de pH en el músculo interfiere negativamente con los procesos de excitación-contracción del músculo. Esto provocaría una disminución de la velocidad de regeneración de ATP, y por consiguiente, la incapacidad para mantener una intensidad determinada de ejercicio.

1.1.4. Contracciones isométricas de intensidad superior al 80% de la fuerza isométrica máxima

En este caso, el tiempo de agotamiento suele oscilar entre 5 y 25 segundos (Maughan, 1986).

En este tipo de contracción, una gran parte de la energía necesaria para la contracción muscular proviene de la hidrólisis de fosfocreatina (PC) y ATP (Maughan, 1986). Distintos autores han encontrado que cuando se realiza una contracción isométrica a intensidad del 90-95% hasta el agotamiento, la concentración muscular de PC disminuye un 60-70% (Sahlin, 1978) (Bangsbo, 1993) y la concentración de ATP disminuye un 30% (Bangsbo, 1993). La contribución de la glucogenólisis anaeróbica a la producción de energía es pequeña, porque los valores de lactato observados al final del ejercicio son de 35-60 mmol/kg de músculo seco (Sahlin, 1978). Estos valores son muy inferiores a los observados al final del ejercicio realizado al 25-60% de la fuerza isométrica máxima (120 mmol/kg de músculo seco) (Sahlin, 1978) (Ahlborg, 1972) y, por consiguiente, no deberían ser causantes de la fatiga durante la realización de contracciones isométricas de una intensidad superior al 80% de la fuerza isométrica máxima.

Estos resultados permiten pensar que el factor limitante de este tipo de ejercicio no está relacionado con el acúmulo de ácido láctico, sino que podría estarlo con la depleción de reservas de PC y, muy probablemente, con una fatiga de origen neural. El lector se preguntará cómo es posible pensar en la depleción de las reservas musculares de PC como factor limitante de la fatiga si, como veíamos anteriormente, dichas reservas no se agotan completamente en este tipo de ejercicio. La respuesta es que en la porción de músculo que se extrae por punción-biopsia muscular, se analiza la concentración media de una mezcla de muchas fibras musculares (fibras I y II mezcladas). Estudios recientes que han realizado análisis de fibras musculares aisladas (una por una) han encontrado que durante la realización de ejercicios de gran intensidad y corta duración (30"), se pueden agotar selectivamente las reservas de PC de las fibras musculares rápidas (tipo II) (Greenhaff, 1994).

1.1.5. Aspectos prácticos sobre el costo energético de los ejercicios isométricos

Cuando realizamos una sesión de entrenamiento con contracciones isométricas prolongadas podemos clasificar las fuentes energéticas predominantes en función de la intensidad del ejercicio en: 1) predominantemente aeróbicas (intensidad menor al 20%) 2) predominantemente anaeróbicas lácticas (intensidad comprendida entre 25 y 60% y 3) predominantemente alácticas (intensidad superior al 80%).

SÍNTESIS DE IDEAS FUNDAMENTALES

- En los ejercicios isométricos de intensidades inferiores al 20% de la fuerza isométrica máxima, el metabolismo predominante es el aeróbico.

- Los ejercicios isométricos de intensidad comprendida entre 25 y 60% de la fuerza isométrica máxima se caracterizan porque se producen grandes cantidades de lactato en el músculo que se contrae. Este acúmulo de lactato puede ser el principal causante de la fatiga. En este tipo de ejercicio, la activación neural aumenta progresivamente pero sin alcanzar sus valores máximos.

- Los ejercicios isométricos de intensidad superior al 80% se acompañan de una depleción muy importante de las reservas de PC y, probablemente, de una gran activación neural. No se conoce el factor limitante de este tipo de ejercicio.

1.2. Costo energético de las sesiones de entrenamiento de fuerza dinámica

En la figura 3.5 mostramos el esquema que desarrollaremos en este apartado. Para ello, en primer lugar, estudiaremos la evolución de distintos indicadores sanguíneos, cardiocirculatorios, musculares, (de fuerza) y neurales que se observan durante la realización de cada sesión tipo de entrenamiento. Estos resultados los hemos seleccionado de distintos trabajos publicados en la literatura científica.

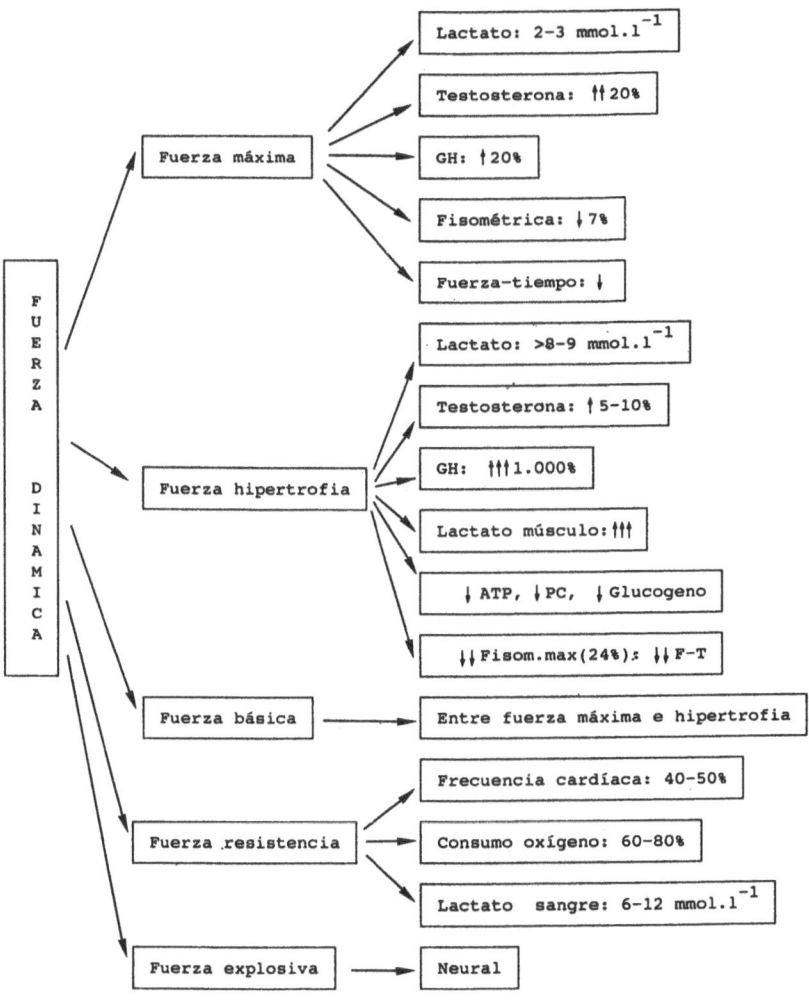

Fig. 3.5. Esquema del estudio descriptivo de diferentes sesiones de entrenamiento de fuerza dinámica.

1.2.1. Estudio descriptivo de las sesiones de entrenamiento de fuerza máxima (con 1 a 6 repeticiones por serie)

El trabajo en que nos basaremos para estudiar el perfil energético de la sesión de entrenamiento de fuerza máxima y de fuerza hipertrofia será el realizado por Kraemer (1990), en hombres.

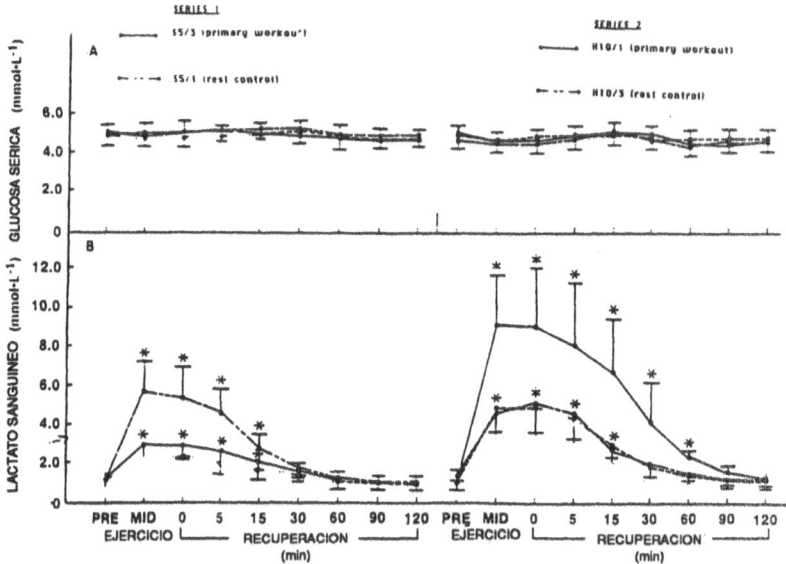

Fig. 3.6. Evolución, en hombres, de la concentración sanguínea de glucosa (arriba) y lactato (abajo) durante diferentes sesiones de entrenamiento de fuerza y en las 4 horas siguientes de recuperación. Izquierda: a) línea continua (S5/3): entrenamiento clásico de fuerza máxima (mirar texto) b) línea discontinua: (S5/1) idem que el a) pero dejando 1 minuto de reposo entre series en vez de 3 minutos. Figuras de la derecha: c) línea continua: entrenamiento clásico de fuerza hipertrofia (H10/1) (mirar texto) d) línea discontinua (H10/3): idem que el c), pero dejando 3 minutos de reposo en vez de 1 minuto. (A partir de Kraemer, 1990).

La figura 3.6 (en la parte izquierda y en línea continua) (Kraemer, 1990), muestra la evolución media de las concentraciones sanguíneas de glucosa (arriba) y lactato (abajo) en hombres que practicaban regularmente ejercicios de pesas aunque no competían, mientras realizaban una sesión de entrenamiento que consistió en hacer 8 ejercicios de 3 a 5 series de 5 RM (intensidad aproximada de 85-90% de 1RM) con 3 minutos de reposo entre series. Se observa que los valores de glucosa sanguínea no varían ni durante la sesión ni durante su recuperación posterior, mientras que los valores de lactato sanguíneo durante la sesión eran de 2-3 mmol/l, es decir, ligeramente superiores a los valores de reposo. Estos valores de lactato han sido también encontrados por otros autores (Keul, 1978).

Durante esta misma sesión, la concentración de testosterona sanguínea aumentó alrededor de un 20 a un 30% respecto a los valores de reposo (Figura 3.7, izquierda y en línea continua) (Kraemer, 1990). Estos valores elevados de testosterona han sido también encontrados en halterófilos de élite cuando realizan este tipo de sesión de entrenamiento (Häkkinen, 1988a) y suelen permanecer elevados durante los 10 a 15 primeros minutos de recuperación (Figura 3.7, izquierda, línea continua) (Kraemer, 1990).

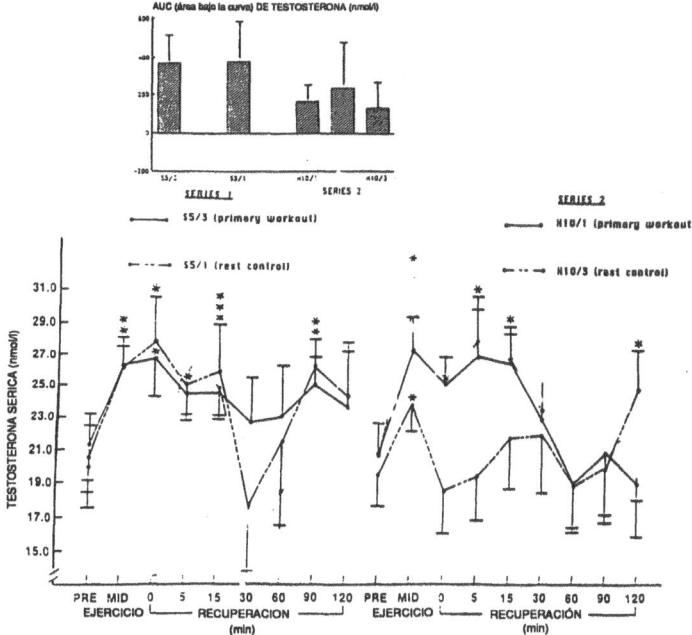

Fig. 3.7. Abajo: Evolución de la concentración sanguínea de testosterona. Para interpretación de figuras, mirar la figura 3.6. Arriba: área integrada (AUC) de la concentración de testosterona durante el ejercicio en los 4 tipos de entrenamiento estudiado (S5/3, S5/1, H10/1, H10/3). A partir de Kraemer, 1990.

La figura 3.8 (izquierda, línea continua) (Kraemer, 1990), muestra la evolución de la concentración sanguínea de la hormona de crecimiento (GH) durante la sesión de entrenamiento de fuerza máxima señalada anteriormente. Se observa que durante la sesión, la concentración sanguínea de GH aumenta un 20% con respecto a los valores de reposo, mientras que disminuye rápidamente durante la recuperación. Similares aumentos de GH han sido encontrados en halterófilos de élite cuando realizaban este tipo de sesión de entrenamiento (Häkkinen, 1988a). Por último, algunos autores también han encontrado un ligero aumento de la concentración sanguínea de cortisol (Häkkinen, 1988a) y de somatomedina (Kraemer, 1990), durante este tipo de ejercicio mientras que no se han observado variaciones en las concentraciones sanguíneas de ácidos grasos libres circulantes, triglicéridos y glicerol (Keul, 1978).

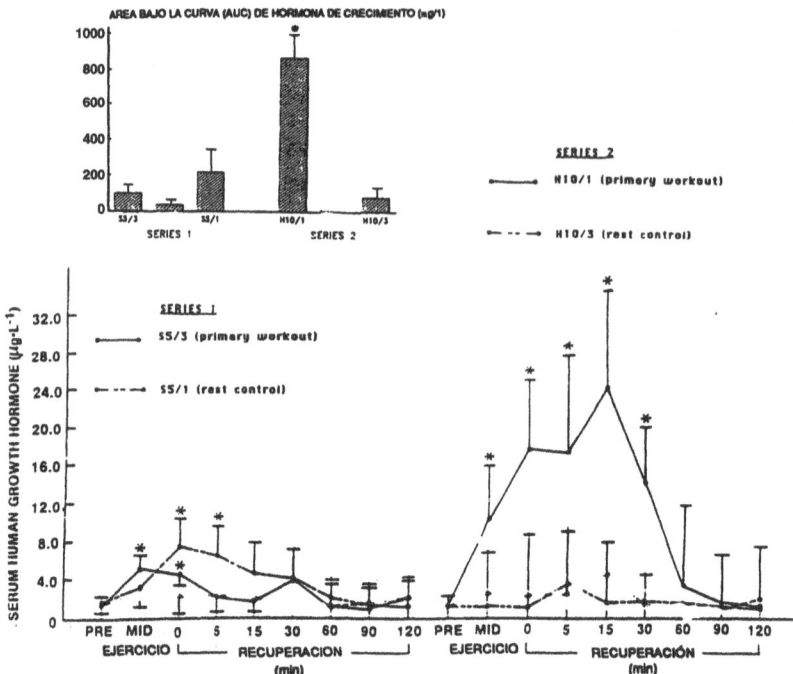

Fig. 3.8. Abajo: evolución de la concentración sanguínea de hormona de crecimiento. Para interpretar las figuras, mirar textos de figuras 3.6. y 3.7. (A partir de Kraemer, 1990).

Estos resultados indican que la realización de una sesión tipo de fuerza máxima se acompaña de un aumento temporal de las concentraciones sanguíneas de hormonas anabolizantes y de factores de crecimiento. Esto permite pensar en un aumento de su utilización por parte de los tejidos y, especialmente, del músculo.

No conocemos trabajos científicos que hayan analizado la evolución de distintos sustratos energéticos en el músculo durante este tipo de sesión. Keul (1978) cree que durante este tipo de sesión, la energía necesaria para la realización de la misma debe provenir casi exclusivamente de los fosfatos ricos en energía del músculo (fosofocreatina y ATP).

Häkkinen (1988a) ha estudiado, en halterófilos de élite que se entrenan intensamente, los efectos de una sesión de entrenamiento de fuerza máxima sobre la fuerza isométrica máxima, la curva fuerza-tiempo y la activación neural. Dicho autor observó que, al terminar dicha sesión, la fuerza isométrica máxima disminuía un 7% con respecto a los valores iniciales, la IEMG máxima no variaba y la curva fuerza-tiempo e IEMG-tiempo presentaban un enlentecimiento significativo. Todos estos resultados demuestran que este tipo de sesión supone una carga intensa sobre el sistema neuromuscular y neuroendocrino.

Por último, Häkkinen (1987c) (1988c) (1989a) ha estudiado en halterófilos de élite la evolución de distintos parámetros neuromusculares (fuerza isométrica máxima, IEMG máxima, curva fuerza-tiempo, curva IEMG-tiempo) y neuroendocrinos (concentraciones sanguíneas de testosterona total y libre), en condiciones basales (por las mañanas, antes de entrenarse), durante 1 semana de entrenamiento muy intenso. El objetivo de este estudio era ver si estos parámetros evaluados todas las mañanas antes de empezar el primer entrenamiento del día: 1) variaban o no a lo largo de la semana, 2) si todos evolucionaban o no en la misma dirección y 3) si se recuperaban o sobrecompensaban después de dejar 1 día de descanso. Los resultados de este estudio, a nuestro entender muy importante, son los siguientes:

— La fuerza isométrica máxima y la IEMG máxima no variaban a lo largo de la semana. Esto indica que a la mañana siguiente después de haber realizado durante 5 días dicho entrenamiento (12 horas de recuperación), los sujetos ya habían recuperado sus valores de fuerza isométrica máxima. Recordemos que, en un párrafo anterior, habíamos visto que nada más terminar la sesión de entrenamiento la fuerza isométrica máxima había disminuido un 7% (Häkkinen, 1988a), mientras que la IEMG máxima no había variado.

— Las curvas fuerza-tiempo e IEMG-tiempo, que habíamos visto que se enlentecían durante la sesión de entrenamiento, no se recuperaban a la mañana siguiente. Esta respuesta es, por consiguiente, diferente a la observada en la fuerza isométrica máxima. La figura 3.9 (Häkkinen, 1989a), muestra que el enlentecimiento de la curva fuerza-tiempo que se observa al día siguiente de realizar este tipo de sesión, se manifiesta tanto en valores absolutos (izquierda), como en valores relativos (derecha).

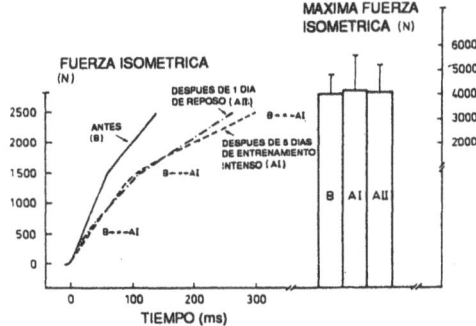 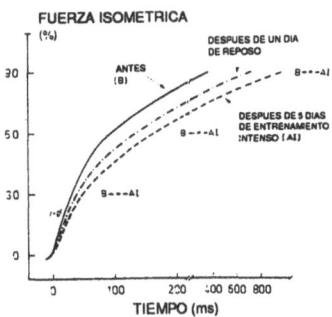

Fig. 3.9. Evolución de la curva fuerza tiempo en valor absoluto (izquierda) y relativo (derecha), en el mismo estudio de la figura 3.10, antes de empezar la semana intensa de entrenamiento (B), después de 5 días de entrenamiento intenso (AI) y después de 1 día de recuperación (AII). Se observa que el entrenamiento intenso de 5 días se acompaña de un enlentecimiento de la curva fuerza-tiempo y que no se recupera después de un día de reposo. Los tests se efectuaron por las mañanas antes de empezar el entrenamiento de cada día. (A partir de Häkkinen, 1989a).

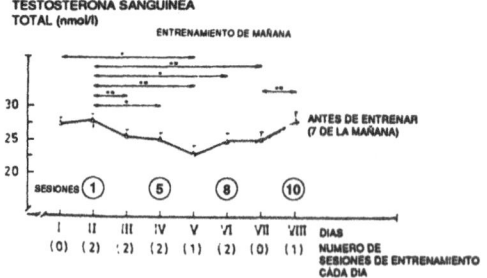

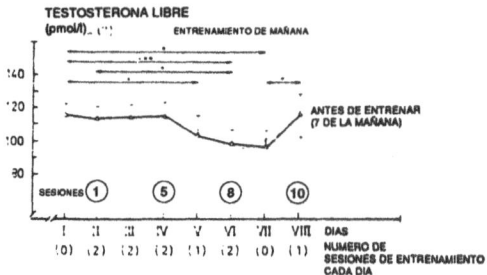

Fig. 3.10. Evolución de la concentración sanguínea de testosterona total (arriba) y libre (abajo), durante una semana de entrenamiento intenso de fuerza máxima en halterófilos de élite. Los números romanos corresponden a los días de entrenamiento (I, II...). Los números entre paréntesis, corresponden al número de sesiones realizadas en cada día de entrenamiento. Se observa una disminución progresiva a lo largo de los días, con una recuperación completa después de 1 día de reposo (días VII y VIII). (A partir de Häkkinen, 1988b).

– La concentración de testosterona libre y total tomada todas las mañanas en condiciones basales presentaba también una disminución significativa y progresiva los días posteriores a las sesiones de fuerza máxima (Figura 3.10).

– Häkkinen (1989a), estudió qué ocurría en los diferentes parámetros neuro- musculares y endocrinológicos cuando, después de varios días seguidos de entrenamiento de fuerza máxima, se dejaba un día de reposo. Los resultados indicaron que, después de 36 horas de reposo, la fuerza isométrica máxima seguía invariable (recordemos que a las 12 horas de reposo ya se habían recuperado completamente dichos valores), las concentraciones sanguíneas de testosterona libre y total se recuperaban (recordemos que a las 12 horas de reposo no se habían recuperado completamente), (Figura 3.10), y, sin embargo, las curvas fuerza-tiempo e IEMG-tiempo no se recuperaban y permanecían enlentecidas (Figura 3.9). En una experiencia posterior en la que halterófilos de élite realizaban una sola sesión de entrenamiento de fuerza máxima extremadamente intensa (20 series de 1 repetición al 100% de 1RM, separadas por 3 minutos de reposo), Häkkinen (1993) encontró que se necesitaba todavía más tiempo para recuperar las diferentes manifestaciones de fuerza y el balance hormonal. Por ejemplo, tras 48 horas de descanso, todavía no se habían recuperado los valores iniciales de testosterona sanguínea total y libre.

Estos resultados sugieren que la recuperación de las diferentes manifestaciones de la fuerza (fuerza máxima y fuerza explosiva) y del balance hormonal, después de unos días de entrenamiento intenso de fuerza máxima, no ocurre simultáneamente sino que existe una disociación en el tiempo. Además, la recuperación depende de la intensidad y volumen de la sesión de entrenamiento, de la masa muscular que interviene durante el ejercicio, del tipo de individuo y de los años de experiencia que tenga con el entrenamiento de fuerza. Según los estudios de Häkkinen (1989a) y de Fry (1993), el componente de la fuerza que más tarda en recuperarse después de realizar una o varias sesiones de entrenamiento de fuerza máxima es el componente de fuerza explosiva (reflejada, por ejemplo, por un enlentecimiento de la curva fuerza-tiempo o por una disminución del salto vertical).

1.2.2. Estudio descriptivo de las sesiones de entrenamiento de fuerza máxima por hipertrofia (con 10 repeticiones por serie)

Este tipo de sesión de entrenamiento lo practican especialmente los fisioculturistas, y ha sido muy estudiado en la literatura científica. Recordemos que su principal característica es que cada serie se hace hasta el agotamiento.

En las figuras 3.6, 3.7 y 3.8 veíamos, en su parte izquierda y en línea continua, la evolución, en hombres, de las concentraciones sanguíneas de glucosa, lactato, testosterona total y GH, durante e inmediatamente después de la realización de una sesión de entrenamiento de fuerza máxima. En la parte derecha de estas figuras, en línea continua, se observa la evolución de estos parámetros sanguíneos en los mismos sujetos cuando realizaron una sesión de entrenamiento de fuerza por hipertrofia (8 ejercicios de brazos y piernas con 3 series de 10RM, intensidad aproximada del 70-75% de 1RM, con 1 minuto de reposo entre series, realizando cada serie hasta el agotamiento). Se observa que la concentración de glucosa no varió a lo largo del estudio, mientras que la concentración de lactato sanguíneo aumentó de modo muy notable (8-9 mmol.l-1) (Figura 3.6). Por su parte, la concentración de testosterona aumentó ligera pero significativamente durante la sesión, se mantuvo elevada durante los 10 primeros minutos de recuperación y volvió posteriormente a sus valores de reposo (Figura 3.7). Por último las tasas sanguíneas de la hormona de crecimiento se elevaron de modo notable (8 veces más que los valores de reposo) durante la realización de esta sesión, y siguieron aumentando todavía más durante la recuperación, alcanzando un pico máximo a los 15 minutos de recuperación (Figura 3.8). Estos elevados valores sanguíneos de dichos substratos y hormonas han sido también encontrados en otros estudios (Kraemer, 1987) (Häkkinen, 1993) (Gettman, 1981) (Weiss, 1983). Además, también se ha encontrado que durante este tipo de sesión de entrenamiento de fuerza máxima por hipertrofia, existe un aumento muy importante (>300%) de las concentraciones sanguíneas de norepinefrina, epinefrina y dopamina (Kraemer, 1987) y un ligero aumento en las concentraciones sanguíneas de LH y FSH (Cumming, 1987).

El estudio descriptivo de las sesiones de fuerza máxima (1 a 6 repeticiones por serie) y fuerza máxima por hipertrofia (10 repeticiones por serie) que se ha mostrado en las figuras 3.6, 3.7 y 3.8 nos permite conocer las diferencias existentes en las respuestas del organismo a estos dos tipos de estímulos. Así, se puede observar que el entrenamiento de fuerza máxima por hipertrofia se acompaña de tasas sanguíneas muy superiores de lactato y de GH y de valores ligeramente inferiores de testosterona. Las mayores tasas de GH observadas durante y después de la sesión de entrenamiento de fuerza máxima por hipertrofia podrían explicar el gran efecto que produce este tipo de ejercicio sobre el aumento de la talla del músculo.

Algunos autores (Seals, 1984) (Hurley, 1984) han estudiado la evolución de la frecuencia cardíaca y el consumo de oxígeno durante este tipo de sesión de entrenamiento de fuerza máxima por hipertrofia. Los resultados de estos estudios indican que la intensidad media de este tipo de sesión se sitúa alrededor del 50% del consumo máximo de oxígeno, obtenido durante la carrera a pié (Seals, 1984). La frecuencia cardíaca suele ser bastante más elevada que la que se obtiene corriendo a esa intensidad del 50% de VO2max (Hurley, 1984). Por último, el registro de la frecuencia cardíaca durante este tipo de sesión es de gran interés para controlar el entrenamiento porque es un parámetro muy reproducible que puede usarse para determinar la intensidad relativa del entrenamiento y para intentar detectar rápidamente el sobreentrenamiento (Butts, 1992).

Existen varios trabajos que han estudiado la evolución de distintos sustratos musculares durante este tipo de sesión de entrenamiento (MacDougall, 1988) (Pascoe, 1993) (Robergs, 1991) (Tesch, 1986). Por ejemplo, MacDougall (1988) encontró, en 8 fisioculturistas, que la realización de flexiones de brazos (una sola serie de 10RM hasta el agotamiento), se acompañó de una disminución de las concentraciones de PC(57%), Glucógeno (13%) y ATP (29%), y un aumento de la concentración de lactato (hasta 16 mmol.kg-1 músculo húmedo), en el músculo bíceps braquial. La depleción de glucógeno fue predominante en las fibras FT (Pascoe, 1993) (Robergs, 1991). Tesch (1986) estudió, en fisioculturistas, una sesión completa de entrenamiento que consistió en realizar 5 ejercicios de piernas (5 series de 6-12 repeticiones al 70-75% de 1RM hasta el agotamiento, con 1 minuto de reposo entre las series). Al final de la sesión encontró una disminución de las concentraciones del músculo vasto externo en ATP (20%), PC (50%), Glucógeno (40%) y Triglicéridos, con elevadas concentraciones de lactato muscular y sanguíneo (8-9 mmol-l-1).

Según estos autores, estos resultados indican que la glucogenolisis anaeróbica es la mayor fuente de energía en este tipo de sesión de entrenamiento. Además, los elevados valores de lactato encontrados en el músculo sugieren que la acidosis podría ser la mayor causa de fatiga durante este tipo de ejercicio (MacDougall, 1988).

Los únicos estudios que hemos encontrado sobre la evolución de los parámetros de fuerza, en hombres, durante este tipo de sesión de entrenamiento y la recuperación posterior, son los de Häkkinen (1993) (1994). Dicho autor encontró que al final de este tipo de sesión de entrenamiento de fuerza máxima por hipertrofia, existe una gran disminución tanto de la fuerza isométrica máxima (25-50%), disminución muy superior a la observada tras una sesión de fuerza máxima (7-10%), como de la curva fuerza-tiempo (enlentecimiento del 50%). Después de 24 horas de reposo, la fuerza isométrica máxima no se había recuperado completamente (90% de los valores iniciales) (Häkkinen, 1994). Sin embargo, a las 48 horas de haber finalizado dicha sesión de entrenamiento, los valores de fuerza isométrica máxima se habían recuperado completamente. Esta respuesta es diferente a la observada anteriormente tras la realización de entrenamientos intensos de fuerza máxima (intensidad > 80% de 1RM), en los que la fuerza isométrica máxima se recuperaba completamente en las primeras 12-24 horas de reposo (Häkkinen, 1989a). Por último, Häkkinen (1993) ha encontrado que las concentraciones sanguíneas basales de testosterona libre y testosterona total estaban disminuidas significativamente durante los dos días posteriores a la realización de este tipo de sesión de entrenamiento. No se ha estudiado, en lo que nosotros conocemos, si esta disminución persiste durante más días. Los resultados indican que este tipo de sesión de entrenamiento provoca una sobrecarga muy importante en el organismo. Esto se acompaña de una mayor solicitación del sistema neuroendocrino para estimular los procesos de reparación (síntesis de proteínas, etc) (Chesley, 1992) que necesita probablemente varios días de recuperación.

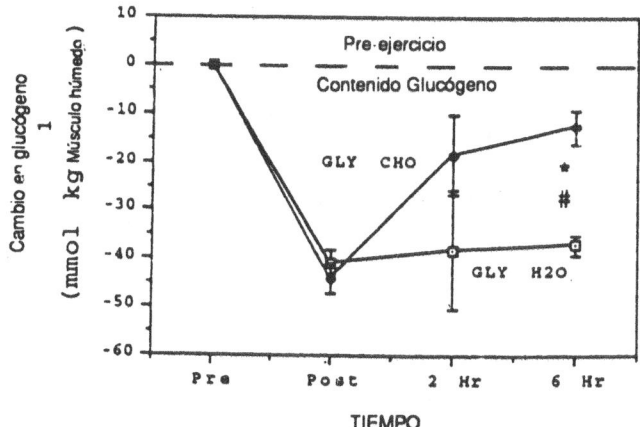

Fig. 3.11. Evolución de la concentración muscular de glucógeno durante y después de una sesión de fuerza hipertrofia, en 2 condiciones: 1) tomando agua durante la recuperación (GLY, H2O) y 2) tomando oralmente 1.5g. x Kg-1 de peso corporal de hidratos de carbono al terminar la sesión y una hora después (GLY, CHO). (De Pascoe, 1993).

Algunos autores han estudiado la evolución de los sustratos musculares durante los días que siguen a la realización de este tipo de sesión de entrenamiento (Pascoe, 1993) (Robergs, 1991). Dichos autores se han interesado en la recuperación de las reservas musculares de glucógeno, que se utilizan de modo importante durante dichas sesiones, que reflejarían la magnitud de la carga realizada por el organismo. La figura 3.11 (Pascoe, 1993) muestra la evolución de la concentración muscular de glucógeno durante las 6 primeras horas de recuperación de este tipo de sesión de entrenamiento en 2 tipos de condiciones: sin ingestión de hidratos de carbono (GLY, H20), o con ingestión oral de 1.5

g.kg-1 peso corporal nada más terminar la sesión y una hora después (GLY, CHO). Se observa que, en el caso de la ingesta de hidratos de carbono, las reservas de glucógeno se recuperan casi completamente al cabo de 6 horas. Sin embargo, cuando sólo se toma agua, la concentración de glucógeno no se recupera en absoluto. En algunas ocasiones se ha observado una importante recuperación de las reservas musculares de glucógeno durante las 2 primeras horas, sin que los sujetos hayan tomado alimento alguno. Parece ser que este fenómeno sólo se manifiesta cuando la concentración sanguínea de lactato al final de la sesión de entrenamiento es superior a 10-11 mmol.l-1 (Pascoe, 1993). En ese caso, el principal origen del glucógeno formado durante la recuperación sería el propio lactato producido durante el ejercicio.

En conclusión, la sesión de entrenamiento tipo de fuerza máxima por hipertrofia se acompaña de una gran utilización de los diferentes sustratos energéticos musculares y de un gran estímulo del sistema neuroendocrino. Sin embargo, parece ser que este tipo de sesión necesita varios días para que el organismo se recupere totalmente.

1.2.3. Estudio descriptivo de las sesiones de entrenamiento de fuerza básica o de iniciación a la fuerza máxima

Las características de este tipo de sesión se encuentran situadas a medio camino entre la sesión de fuerza máxima y la de fuerza máxima por hipertrofia. En efecto, las intensidades de ejercicio (70-80% del 1RM) son ligeramente superiores a las de fuerza máxima por hipertrofia e inferiores a las de fuerza máxima (Silvester, 1991). El número de repeticiones (5-8) es ligeramente inferior al de las sesiones de fuerza máxima por hipertrofia y se recomienda que nunca se llegue al agotamiento (Robergs, 1991) (Guezennec, 1986). Por último, el tiempo de reposo entre repeticiones (1-2 minutos) (Robergs, 1991) es superior al de las sesiones de fuerza máxima por hipertrofia, pero inferior al de las sesiones de fuerza máxima.

Teniendo en cuenta lo anterior, no resulta extraño que la evolución de los distintos parámetros neuromusculares y neuroendocrinos se encuentre a medio camino entre estos dos tipos de sesiones. Por ello, durante la realización de sesiones de fuerza básica, la concentración sanguínea de lactato es de unos 3 a 6 mmol.l-1, (Guezennec, 1986) (Robergs, 1991), y las concentraciones sanguíneas de GH, norepinefrina y epinefrina son superiores a las observadas en las sesiones de fuerza máxima, pero no alcanzan los elevados valores observados durante las sesiones de fuerza máxima por hipertrofia. Por último, las concentraciones sanguíneas de cortisol y de testosterona no varían o, si lo hacen, varían muy ligeramente (Guezennec, 1986).

En este tipo de sesión, Vanhelder (1984) ha encontrado una relación lineal directa entre el aumento de la concentración sanguínea de lactato y el de la GH. En este caso, la realización de análisis sanguíneos de lactato y el control de la frecuencia cardíaca durante este tipo de sesiones, debería permitir conocer instantáneamente la magnitud de la estimulación del sistema endocrinológico.

1.2.4. Estudio descriptivo de algunos tipos de sesiones de entrenamiento de resistencia a la fuerza

El trabajo de referencia que mejor describe este tipo de sesión es, en nuestra opinión, el de Collins (1989) (1991).

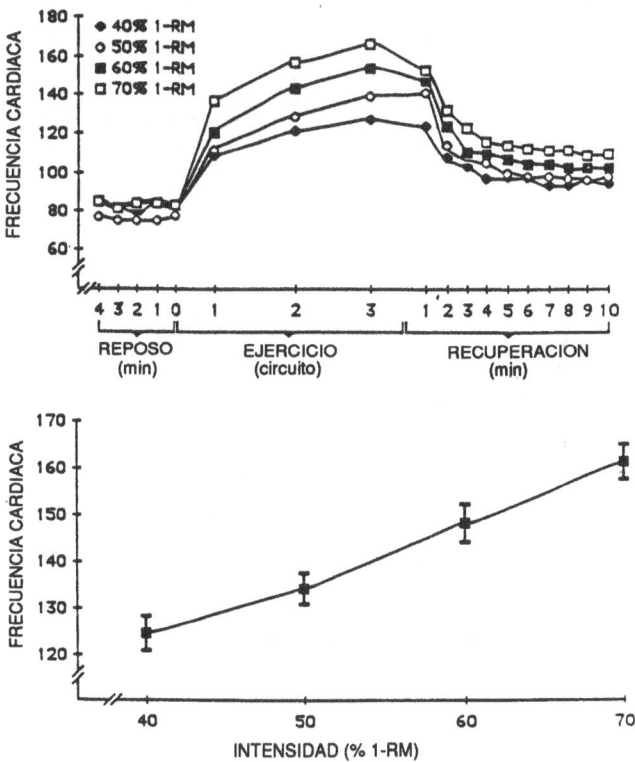

Fig. 3.12. Arriba: Evolución de la frecuencia cardíaca durante la realización y recuperación de 4 sesiones de resistencia a la fuerza de diferentes intensidades. Abajo: relación entre la intensidad del ejercicio y la frecuencia cardíaca media de la sesión. (Collins, 1991).

Dicho autor realizó una experiencia con 15 hombres que habían realizado episódicamente sesiones de pesas. La experiencia consistió en hacer, en días separados, 4 sesiones de pesas a 4 intensidades diferentes (una intensidad diferente cada día): 40, 50, 60 y 70% de 1RM. Cada sesión de entrenamiento consistió en realizar 4 ejercicios (2 de brazos y 2 de piernas) del modo siguiente: 3 series de 10 repeticiones, con un descanso entre series de 30 segundos, a la intensidad que le correspondiese ese día (entre el 40 y el 70% de 1RM). Cada serie de 10 repeticiones duraba 30 segundos. Las figuras (3.12,

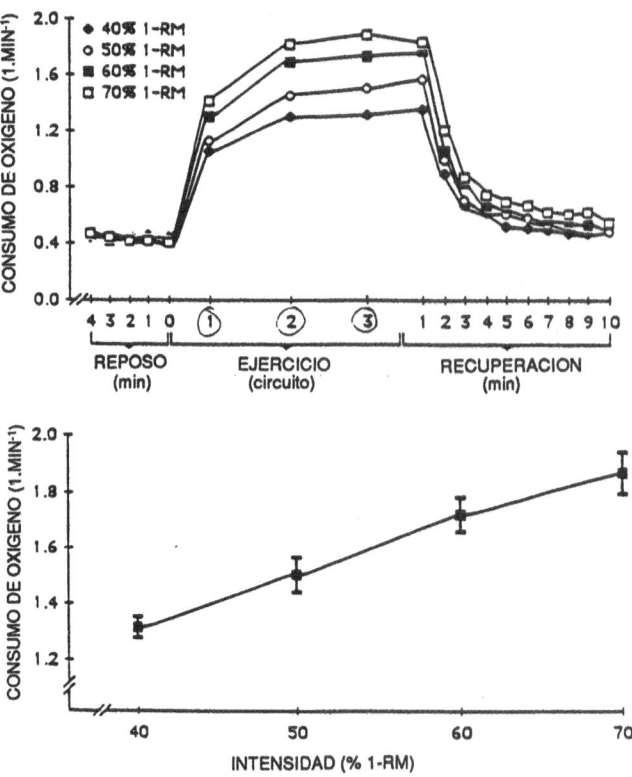

Fig. 3.13. Arriba: evolución del consumo de oxígeno durante la realización y recuperación de 4 sesiones de fuerza resistencia de diferentes intensidades. Abajo: relación entre la intensidad del ejercicio y el consumo de oxígeno medio de la sesión (Collins, 1991).

3.13 y 3.14) muestran la evolución de la frecuencia cardíaca, consumo de oxígeno y ácido láctico durante las 4 sesiones de entrenamiento y la recuperación. Se observa que dichos parámetros aumentan de modo proporcional con la intensidad del ejercicio.

Por ejemplo, durante las sesiones de entrenamiento, el consumo medio de oxígeno osciló entre el 42% del consumo máximo de oxígeno (obtenido corriendo en tapiz rodante) a una intensidad del 40% de 1RM y el 46% del consumo máximo de oxígeno a una intensidad del 70% de 1RM (Figura 3.13). Si definimos la intensidad del ejercicio como porcentaje del consumo máximo de oxígeno obtenido cuando se hace un ejercicio de pesas, la intensidad relativa oscilaría en ese caso entre el 45% y el 70% del consumo máximo de oxígeno (Dohmeir, 1984). Por su parte, la frecuencia cardíaca media varía entre 124 latidos/minuto en la sesión de intensidad correspondiente al 40% de 1RM y 161 en la sesión realizada al 70% de 1RM (Figura 3.12). Esto supone, respectivamente, una intensidad comprendida entre el 62% y 83% de la frecuencia cardíaca máxima obtenida corriendo en

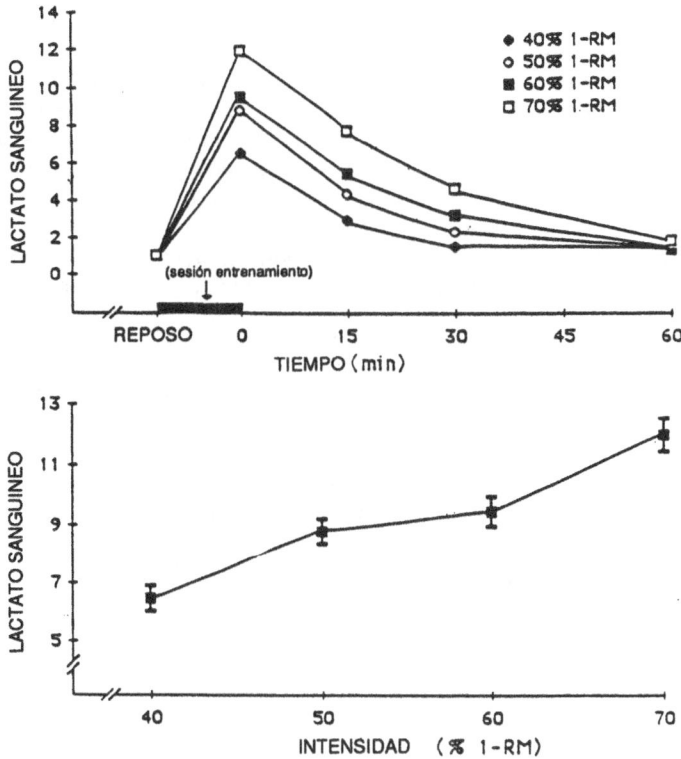

Fig. 3.14. Arriba: evolución de la concentración sanguínea de lactato durante la realización y recuperación de 4 sesiones de fuerza resistencia de diferentes intensidades. Abajo: relación entre la intensidad del ejercicio y la concentración de lactato sanguíneo del final de la sesión (Collins, 1991).

tapiz rodante. Por último, la concentración sanguínea de lactato aumenta también de modo lineal con la intensidad del ejercicio (6.5 mmol.l-1 al 40% de 1RM hasta 12 mmol.l-1 al 70% de 1RM) (Figura 3.14). Hempel (1985) ha encontrado resultados similares a los de Collins y, además, no encontró diferencias entre hombres y mujeres en las respuestas del organismo a este tipo de entrenamiento.

Algunos autores han encontrado que la realización periódica de este tipo de entrenamiento se acompaña de una disminución de la frecuencia cardíaca y de la concentración de lactato para una carga determinada (Stone, 1987).

Existen muy pocos trabajos, en lo que nosotros conocemos, que hayan estudiado la evolución de parámetros neuromusculares y neuroendocrinos durante este tipo de sesión y su posterior recuperación. Por ejemplo, Schwab (1993) en un estudio realizado con 6 halterófilos experimentados a los que hizo ejecutar 4 series de sentadilla completa, con

9-10 repeticiones al 45-50% de 1RM, encontró que la concentración sanguínea de testosterona total no variaba durante las 3 primeras series, pero aumentaba significativamente (13%) al final de la 4.ª serie, volviendo a sus valores iniciales a los 10 minutos de recuperación. Parece probable que la carga que debe soportar el organismo debería ser proporcional a la intensidad del ejercicio, aproximándose, a medida que aumenta dicha intensidad, a los perfiles energéticos que se observan en la sesión de entrenamiento de fuerza máxima por hipertrofia. De hecho, en el trabajo de Collins (Collins, 1989) (Figuras 3.12, 3.13 y 3.14), la evolución observada en la frecuencia cardíaca, consumo de oxígeno y, especialmente, el lactato sanguíneo durante la sesión con la intensidad correspondiente al 70% de 1RM, es muy similar a la que veíamos al estudiar la sesión de fuerza máxima por hipertrofia.

1.2.5. Estudio descriptivo de las sesiones de entrenamiento de fuerza explosiva

No existe, en lo que nosotros conocemos, un trabajo científico publicado que haya estudiado las características musculares, metabólicas y endocrinológicas de este tipo de entrenamiento de fuerza. Tan sólo conocemos la actividad neural de algunos ejercicios de fuerza explosiva como el salto vertical y el salto con contramovimiento (Figura 2.18) y el ejercicio pliométrico (drop jump) (Figura 2.18 y Figura 2.22). La importante magnitud de la activación neural que tiene lugar durante este tipo de ejercicios, tanto en la fase excéntrica como concéntrica, nos permite sospechar que el componente neural tiene una gran participación. Esta circunstancia nos sugiere que estos ejercicios deberían realizarse en ausencia de fatiga del sistema nervioso y que, probablemente, el mayor componente de fatiga que aparece durante su realización es de origen neural (motoneuronas o vías superiores).

La razón por la cual no se han estudiado otros parámetros musculares o circulatorios durante la realización de este tipo de ejercicio podría ser porque, debido a la pequeña duración de cada ejercicio (3-8") y al gran tiempo de recuperación existente entre serie y serie (3-5'), es muy probable que las variaciones de los diferentes parámetros a lo largo de la sesión sean mínimas.

1.2.6. Aspectos prácticos sobre el estudio descriptivo de las sesiones de entrenamiento de fuerza dinámica

1) La evaluación de la curva fuerza-tiempo, IEMG-tiempo y la concentración sanguínea de testosterona, realizada por las mañanas antes de comenzar el entrenamiento, permiten detectar de modo muy fiable la magnitud de la sobrecarga que una sesión de entrenamiento de fuerza ha supuesto para el organismo, así como el grado de recuperación del mismo.

2) La disminución de la concentración sanguínea de testosterona basal la mañana siguiente a la realización de una sesión de entrenamiento de fuerza (tomada por las mañanas, a la misma hora, antes de entrenar y en ayunas), podría ser el reflejo de un aumento de su utilización por parte del músculo para que intervenga en los procesos de regeneración-recuperación.

3) El enlentecimiento de la curva fuerza-tiempo e IEMG-tiempo parecen ser los parámetros que más tardan en recuperarse tras la realización de una sesión intensa de fuerza máxima o de fuerza máxima por hipertrofia. En este caso, la realización de estos tests por la mañana antes del entrenamiento, o la de otros similares y más sencillos (ej: test de salto vertical), deberían permitir evaluar de modo práctico, rápido e incruento, el grado de recuperación del organismo con respecto al entrenamiento realizado en días precedentes. Parece claro que la realización frecuente de estos controles debería permitir al entrenador detectar y corregir rápidamente situaciones transitorias de fatiga, prevenir el sobreentrenamiento y poder realizar un entrenamiento racional que respete las adaptaciones biológicas del individuo.

4) El control de la frecuencia cardíaca durante la realización de las sesiones de entrenamiento de fuerza máxima por hipertrofia y de fuerza básica, permite conocer el efecto que dicho estímulo provoca en el organismo y detectar las adaptaciones positivas (descenso de la frecuencia cardíaca para una misma carga) o negativas (aumento de la frecuencia cardíaca) del organismo a ese tipo de trabajo.

5) Tras realizar un entrenamiento de fuerza máxima o de fuerza máxima por hipertrofia se necesitan varios días para que se recuperen totalmente los sustratos musculares, la activación neural y el estado basal del sistema neuroendocrino. Por consiguiente, durante los días posteriores a la realización de dicho entrenamiento no se deberían realizar sesiones de entrenamiento de fuerza explosiva que exigen para su correcta realización, la recuperación completa del sistema neuromuscular.

SÍNTESIS DE IDEAS FUNDAMENTALES

• La sesión de entrenamiento de fuerza máxima se acompaña de una disminución ligera de la fuerza isométrica máxima y de un enlentecimiento de la curva fuerza-tiempo. Es muy probable que durante este tipo de entrenamiento se estimule de modo notable la producción de testosterona y de GH. La fuente predominante de producción de energía muscular es la vía anaeróbica aláctica (ATP y PC).

• La sesión de entrenamiento de fuerza máxima por hipertrofia se acompaña de una gran disminución de la fuerza isométrica máxima, de una gran utilización de los sustratos energéticos musculares, especialmente el glucógeno por la vía anaeróbica, y de una gran estimulación de la producción de diferentes hormonas, especialmente la hormona del crecimiento, la epinefrina y la norepinefrina. Sin embargo, este tipo de sesión parece que provoca una fatiga residual que puede durar varios días.

• La sesión de entrenamiento de fuerza básica se acompaña de modificaciones de los diferentes parámetros estudiados que se encuentran a medio camino entre la sesión de fuerza máxima y la de fuerza máxima por hipertrofia.

• Las sesiones de entrenamiento de resistencia a la fuerza realizadas a intensidades comprendidas entre el 40 y el 70% de 1RM se caracterizan porque las respuestas de la frecuencia cardíaca (60 al 80% de la frecuencia cardíaca máxima), el consumo de oxígeno

(40 al 50% del consumo máximo de oxígeno) y la concentración sanguínea de lactato (6-12 mmol.l-1) son directamente proporcionales a la intensidad relativa (en porcentaje de 1RM) de las cargas utilizadas.

• En lo referente al entrenamiento de fuerza explosiva, tan sólo conocemos la gran activación neural de los músculos que intervienen en este tipo de ejercicio. No hemos encontrado trabajos que estudien la evolución de otros parámetros circulatorios, musculares o endocrinológicos durante este tipo de entrenamiento.

2 MUJER Y FUERZA

Los trabajos que han estudiado las adaptaciones específicas de la mujer al entrenamiento de fuerza son muy recientes (Barret, 1990). Lo único que se sabía hace 10 años sobre la fuerza en la mujer se refería a las diferencias medias que existen con el hombre en lo referente a la magnitud de la fuerza máxima y la masa muscular (Häkkinen, 1989c) (Häkkinen, 1990c) (Barret, 1990). Sin embargo, se tenía mucha menos información acerca de: 1) las adaptaciones específicas neuromusculares al entrenamiento de fuerza en la mujer, 2) cuál de esas adaptaciones es más responsable de la ganancia de fuerza y 3) si los efectos de distintos tipos de entrenamiento de fuerza durante varios meses son o no parecidos a los del hombre.

En este apartado intentaremos hacer una pequeña síntesis sobre los conocimientos más recientes que existen sobre el tema.

2.1. Diferencias en la magnitud de fuerza máxima entre hombres y mujeres

Se sabe desde hace tiempo que existen unas diferencias significativas entre hombres y mujeres en lo referente a la magnitud de su fuerza máxima. Sin embargo, antes de enumerarlas conviene tener en cuenta los siguientes aspectos:

1) Se trata de comparaciones de valores medios de distintas poblaciones realizadas en un momento determinado (Barret, 1990).

2) Una probable explicación parcial o total de los valores de fuerza inferiores encontrados en mujeres podría estar en que las mujeres practican menos deporte en volumen, frecuencia e intensidad que los hombres (Barret, 1990).

Teniendo en cuenta lo anterior, los estudios transversales realizados parecen indicar que, en general, las mujeres presentan valores de fuerza máxima absoluta que son inferiores a los del hombre (Barret, 1990) (Komi, 1978b) (Ryushi, 1988). La diferencia en fuerza máxima absoluta entre hombres y mujeres es mayor en los miembros superiores (ratio de fuerza mujeres/fuerza hombres= 0.56) (Barret, 1990), que en los miembros inferiores (ratio=0.72) (Barret, 1990).

En lo que respecta a la fuerza relativa, ya se refiera la fuerza con respecto al peso corporal (Barret, 1990) o con respecto a la unidad de sección transversal del músculo (Barret, 1990), las diferencias entre hombres y mujeres disminuyen o hasta se anulan en los miembros inferiores, mientras que en los miembros superiores siguen siendo importantes. Por último, las mujeres tienen valores de potencia y de IMF muy inferiores a los de los hombres (ratio=0.65) (Komi, 1978b) (Barret, 1990).

No se conocen las razones por las cuales los hombres presentan valores superiores de fuerza máxima. Es posible que la mayor talla (10%), peso (11kg), porcentaje de masa muscular, tamaño de la fibra muscular (Barret, 1990) y concentración sanguínea basal de testosterona (Weiss, 1983) que presentan los hombres, puediera explicar parcial o totalmente estas diferencias.

2.2. Costo energético de las sesiones de fuerza máxima y de fuerza máxima por hipertrofia

Cuando se estudia en la mujer la evolución de las concentraciones sanguíneas hormonales durante las sesiones de entrenamiento de fuerza, hay que tener muy en cuenta que la mujer, a diferencia del hombre, desarrolla un ciclo hormonal que se repite regularmente cada mes. Este ciclo se caracteriza por presentar valores basales sanguíneos de algunas hormonas que son muy diferentes según el momento del ciclo en el que se encuentre la mujer. Por ejemplo, en los días de la menstruación (regla) la concentración sanguínea de estrógenos y de progesterona son muy inferiores y la de la hormona del crecimiento (GH) muy superior, a las que se observan durante la segunda fase del ciclo (fase lútea) (Kraemer, 1991). Por dicho motivo, cuando se comparan entre sí los resultados de diferentes trabajos que han estudiado este tema, parecen contradictorios (Kraemer, 1991). Un ejemplo de esta aparente contradicción está en los resultados de los trabajos que han estudiado en mujeres, la evolución de la concentración sanguínea de testosterona durante sesiones de entrenamiento de fuerza máxima por hipertrofia (Weiss, 1983) (Cumming, 1987) (Kraemer, 1991) (Fahey, 1976) (Westerlind, 1987).

Por ejemplo, la figura 3.15 (Weiss, 1983) muestra 1) (izquierda) la evolución de la concentración sanguínea de testosterona total (en ng/ml; para pasarlo a nmoles/l, multiplicarlo por 3.47) y 2) (derecha), la concentración de androstenediona, antes, durante y después de que hombres y mujeres hayan realizado una sesión de entrenamiento de fuerza máxima por hipertrofia (Weiss, 1983). Se observa que las mujeres presentan valores basales muy inferiores de dichas hormonas. Sin embargo, su evolución durante la sesión de entrenamiento y su posterior recuperación es muy semejante en hombres y mujeres. Además, la magnitud de la respuesta hormonal, referida al porcentaje de los valores basales, es similar en los dos sexos. Parecidos resultados han sido encontrados por Cumming (1987).

Sin embargo, otros estudios realizados con mujeres han encontrado que, durante la sesión de entrenamiento de fuerza máxima por hipertrofia, la concentración sanguínea de testosterona no varía con respecto a los valores basales (Kraemer, 1991) (Fahey, 1976) (Westerlind, 1987). Los autores concluyen que en vista de estos resultados contradictorios, será necesario realizar más estudios con diferentes poblaciones de mujeres que se encuentren en distintas fases de su ciclo menstrual, para poder conocer con detalle la evolución de la concentración de la testosterona y de otras hormonas durante las sesiones de entrenamiento de fuerza (Kraemer, 1991).

Por último, Kraemer (1991) ha estudiado la evolución de la concentración sanguínea de GH en mujeres durante la realización de sesiones de entrenamiento de fuerza máxima y de fuerza máxima por hipertrofia, similares a las que estudiábamos en hombres en las figuras 3.6 a 3.8. Dicho autor encontró que la evolución era similar a la encontrada en los hombres (las mujeres fueron estudiadas durante la primera parte de la fase folicular, el 2.º día después del comienzo de la regla). No sabemos si la evolución es similar en otros momentos del ciclo menstrual.

Häkkinen (1990d) (1992b) (1993b) (1994) ha estudiado en hombres y mujeres los efectos que producen en la fuerza isométrica máxima, la curva fuerza-tiempo, y la curva IEMG-tiempo diferentes tipos de cargas: 1) una sesión de entrenamiento de fuerza máxima extenuante (20 series de 1 repetición al 100% de 1RM, con 3 minutos de reposo) (Häkkinen, 1993b) 2) una sesión de entrenamiento de fuerza máxima (intensidad del 70 al 100% de 1RM, 1-3 repeticiones con un total de 20 repeticiones y 3 a 5 minutos de recuperación) (Häkkinen, 1992b); y 3) una sesión de entrenamiento de fuerza máxima por hipertrofia (10 series de sentadilla completa, de 10 repeticiones al 70% de 1RM, hasta el agotamiento, con 3 minutos de reposo entre series).

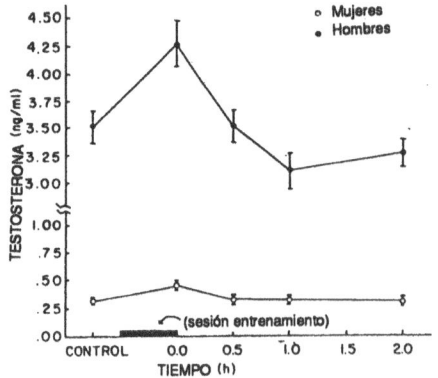 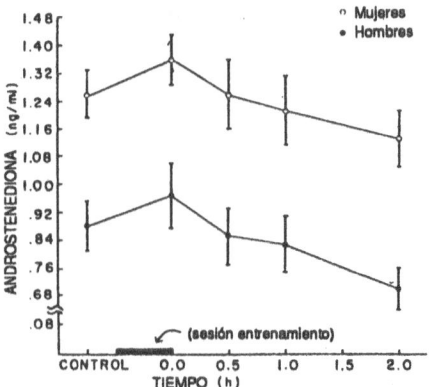

Fig. 3.15. Evolución de la concentración sanguínea de testosterona total (izquierda) y de la androstenediona (derecha), en hombres y mujeres, antes, durante y después de la realización de una sesión de entrenamiento de fuerza máxima por hipertrofia (Weiss, 1983).

Los resultados de estos 3 estudios parecen indicar que:

a) Los hombres presentan una mayor disminución de la fuerza máxima (Häkkinen, 1992b) (Häkkinen 1994) y un mayor enlentecimiento de la curva fuerza-tiempo (Häkkinen, 1992b) (Häkkinen, 1993b) (Häkkinen, 1994) que las mujeres, al acabar las sesiones de entrenamiento.

b) La recuperación completa de la fuerza isométrica máxima después de la sesión intensa de fuerza máxima por hipertrofia es más rápida en mujeres (1 día) que en hombres (veíamos en el apartado 1.2.2. que necesitaban 2 días para recuperar la fuerza isométrica máxima).

c) La recuperación de los valores de fuerza máxima después de realizar una sesión de fuerza máxima extenuante (20 series de 1 repetición al 100% de 1RM) necesita, como mínimo, 48 horas, tanto en hombres como en mujeres (Häkkinen, 1993b). Dicho autor también observó que durante la primera hora que seguía a la finalización de dicha sesión de entrenamiento, la recuperación de los valores de fuerza máxima era mayor en mujeres que en hombres.

d) No existen, que nosotros sepamos, trabajos que hayan comparado la recuperación del componente de fuerza explosiva o del componente hormonal de hombres y mujeres que han realizado distintas sesiones de entrenamiento de fuerza.

Estos resultados parecen indicar que durante la realización de las sesiones de entrenamiento de fuerza de igual intensidad relativa, las mujeres presentan una menor deterioración de las distintas manifestaciones de la fuerza. La explicación de este hallazgo no se conoce. Häkkinen (1990d) cree que podría estar en relación con la mayor "agresividad" con la que los hombres realizan el entrenamiento, debido, en parte, a que tienen valores más elevados de testosterona en sangre. Sin embargo, hay que señalar que los resultados anteriormente señalados de los 3 trabajos de Häkkinen (1990d) (1992b) (1993b), se realizaron en la misma población (9 hombres y 10 mujeres fisioculturistas) que tenían distinta experiencia en años de entrenamiento (hombres= 3-8 años; mujeres: 2-3 años). Por dichos motivos, será necesario que se realicen otros trabajos que empleen otras poblaciones de similar experiencia y nivel deportivo para poder confirmar estos resultados.

2.3. Efectos del entrenamiento de fuerza en la mujer

En los capítulos 2 y 4 se estudian los factores del desarrollo de la fuerza (estructurales, nerviosos, CEA, hormonales), así como los distintos tipos de adaptación de estos factores al entrenamiento de fuerza.

En el caso de la mujer, las dos preguntas que los investigadores se han realizado con respecto a estos temas son las siguientes: 1) ¿las adaptaciones al entrenamiento de fuerza de los distintos factores del desarrollo de la fuerza, ¿son iguales en magnitud en hombres y en mujeres? y 2) ¿las fases de estancamiento en la ganancia de la fuerza que se observaban al cabo de 12-20 semanas en los hombres que realizaban un mismo tipo de entrenamiento de fuerza, se producen también en las mujeres? En los párrafos siguientes intentaremos responder a estas dos preguntas basándonos en los trabajos científicos que se han realizado en los últimos cinco años.

1) ¿Las adaptaciones de los distintos factores del desarrollo de fuerza al entrenamiento son similares en magnitud en los hombres y las mujeres?

En lo referente a la primera pregunta, se ha considerado clásicamente que en la mujer que realizaba un entrenamiento de fuerza, todos los factores del desarrollo de la fuerza intervenían en la mejora de fuerza excepto la hipertrofia (Barret, 1990). En efecto, se consideraba clásicamente que la mujer no podía presentar una hipertrofia muscular después de realizar varias semanas de entrenamiento de fuerza o que la hipertrofia inducida en mujeres por el entrenamiento de fuerza era "mucho más limitada" que en hombres (Barret, 1990).

Sin embargo, en los últimos 5 años, diferentes estudios que han utilizado técnicas sofisticadas de medida del tamaño del músculo (biopsia muscular, ultrasonidos, scanner) muestran que siempre que el entrenamiento realizado sea similar en intensidad relativa, volumen y frecuencia, las mujeres presentan adaptaciones similares (en porcentaje a los valores iniciales) al entrenamiento de fuerza que los hombres, incluyendo una ganancia similar en hipertrofia. Por ejemplo, Cureton (1988) encontró, en hombres y mujeres no deportistas que se entrenaron durante 16 semanas, 3 veces por semana a intensidades comprendidas entre el 70 y 90%, que el aumento del área transversal de la fibra muscular era de la misma proporción en ambos sexos (15-20%). Parecidos resultados han sido encontrados por Garfinkel (1992) y Colliander (1990).

Además, Häkkinen (1989c), en un estudio realizado con estudiantes de Educación Física de ambos sexos que realizaron un entrenamiento de fuerza durante 10 semanas (3.5 veces/semana, intensidad entre el 70 y el 100% de 1RM), encontró que las ganancias en fuerza isométrica máxima (15-20%), hipertrofia muscular (11-14%) e IEMGmax (ligero aumento significativo), fueron idénticas en hombres y mujeres, en porcentaje con respecto a los valores iniciales. Sin embargo, teniendo en cuenta que los valores iniciales de fuerza isométrica máxima, IEMGmax y tamaño del músculo eran superiores en los hombres, la ganancia en valor absoluto de fuerza, IEMGmax e hipertrofia fue mayor en hombres que en mujeres. Por consiguiente, se puede concluir que las mujeres presentan similares adaptaciones que los hombres al entrenamiento de fuerza, en porcentaje con respecto a sus valores iniciales. Sin embargo, debido a que los hombres presentan mayores valores iniciales de fuerza máxima, tamaño muscular y actividad electromiográfica, la ganancia con el entrenamiento de los distintos factores del desarrollo de la fuerza es mayor, en valor absoluto, en el hombre que en la mujer. La razón por la cual los hombres presentan un mayor aumento absoluto de fuerza que las mujeres no se conoce pero podría estar relacionado con los valores sanguíneos más elevados (10 veces más) de testosterona (Weiss, 1983).

2) ¿Existe en mujeres un estancamiento en el desarrollo de la fuerza con el entrenamiento, similar al observado en los hombres?

En el capítulo 4 veremos que distintos trabajos realizados por Häkkinen (1981a) (1983b), (1985a) (1985b) (1985d) muestran que, en hombres, la ganancia de la fuerza consecuente a la realización de un tipo determinado de entrenamiento de fuerza, alcanza una meseta al cabo de 16-20 semanas de entrenamiento.

Los resultados de los estudios realizados en mujeres parecen indicar que el estancamiento en la ganancia de fuerza ocurre antes (a las 4-8 semanas) que en los hombres (Kyrolainen, 1989) (Häkkinen, 1985b) (Häkkinen, 1985c). La figura 3.16 muestra la evolución de los índices de la fuerza explosiva (izquierda: tiempo necesario para producir una fuerza submáxima de 500N, en mujeres (Häkkinen, 1990c)) ; en la parte alta de la figura de la derecha: fuerza producida durante la curva fuerza-tiempo en los primeros 100-200 milisegundos, en hombres (Häkkinen, 1985b)). Ambos grupos (mujeres y hombres) realizaron un entrenamiento de fuerza explosiva durante 4 a 6 meses. Se observa que, en mujeres (izquierda), el estancamiento en la ganancia de fuerza explosiva se produce a las 8 semanas de entrenamiento, mientras que en los hombres (derecha) dicho estancamiento se produce más tarde, después de 16 a 20 semanas de entrenamiento.

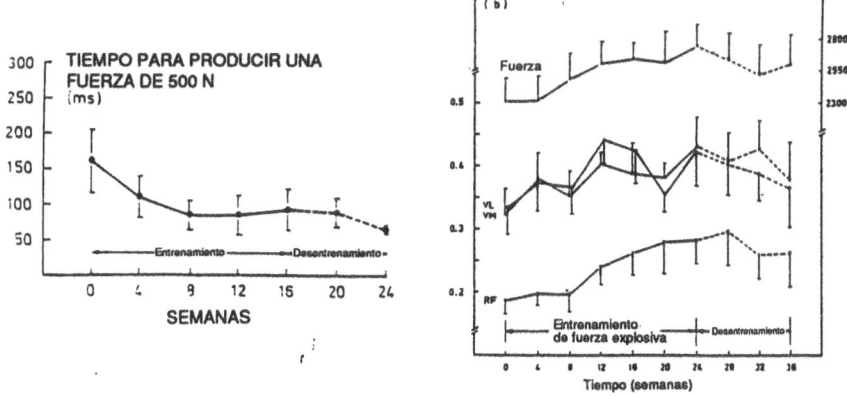

Fig. 3.16. Izquierda: evolución del tiempo necesario para producir una fuerza submáxima (500N) en mujeres que realizaron 16 semanas de entrenamiento de fuerza explosiva y 8 semanas de desentrenamiento (Häkkinen, 1990c). Un descenso en el tiempo necesario para producir 500N se interpreta como un aumento de la fuerza explosiva.

Derecha: en la parte de arriba de dicha gráfica se observa la evolución de la fuerza producida entre los primeros 100-200 milisegundos de haber comenzado el test de fuerza isométrica máxima, en hombres que realizaron 24 semanas de entrenamiento de fuerza explosiva y 12 semanas de desentrenamiento (Häkkinen, 1985b). En este caso, un aumento de la fuerza producida en los primeros 100-200 milisegundos se interpreta como un aumento de la fuerza explosiva. Se observa que el estancamiento en la ganancia de fuerza explosiva ocurre antes en las mujeres (8 semanas) que en los hombres (16-24 semanas).

En la figura 3.16 también se puede observar la evolución de los indicadores de la fuerza explosiva después de varias semanas de desentrenamiento (en línea intermitente). Resulta curioso observar que la fuerza explosiva en hombres disminuye rápidamente con el desentrenamiento, mientras que en mujeres (arriba), tras 8 semanas de desentrenamiento los indicadores de fuerza explosiva no sólo no empeoran sino que tienen tendencia a mejorar.

Por último, las mujeres parece que presentan una gran variación interindividual en sus adaptaciones al entrenamiento de fuerza (Kyrolainen, 1989) (Colliander, 1990). En otras palabras, esto quiere decir que si, por ejemplo, un entrenamiento de fuerza realizado por hombres y mujeres se acompaña de una ganancia media de fuerza máxima de un 20% en ambos sexos, sin embargo el rango de mejora individual variará poco en hombres (ej: 16%-24%) pero mucho en mujeres (ej: 5-35%). La razón más probable de esta mayor variabilidad que existe en la ganancia de fuerza en mujeres pudiera estar relacionada con el hecho de que las mujeres presentan unas diferencias interindividuales mayores que los hombres en sus concentraciones basales sanguíneas de testosterona total (rango en mujeres: 1 a 6 nmol/l, o sea el 600%; rango en hombres: 10 a 30 nmol/l, o sea el 300%). Este nivel de testosterona basal en mujeres puede ser de gran importancia para la capacidad de mejora de la fuerza y/o entrenabilidad, puesto que Häkkinen (1989c) (1990c), en 2 estudios realizados con poblaciones femeninas distintas, ha encontrado una relación lineal directa y significativa ($r=0.76-0.83$, $p<0.05$) entre la concentración sanguínea basal media de testosterona total y la ganancia de fuerza con el entrenamiento. Es decir, que las mujeres que presentan unos valores basales sanguíneos elevados de testosterona van a aumentar más sus valores de fuerza y van a asimilar mejor el entrenamiento de fuerza. Esto confirma, como aplicación práctica, el interés que tiene la realización de un análisis sanguíneo anual de testosterona en mujeres, en condiciones basales para tener una idea de su grado de entrenabilidad.

2.4. Ciclo menstrual y entrenamiento de fuerza

En la literatura existen muchos trabajos que han estudiado los efectos del entrenamiento de resistencia sobre el ciclo menstrual de mujeres, especialmente de atletas de fondo y de nadadoras (Barret, 1990).

Sin embargo, existen muy pocos trabajos en la literatura referentes a los efectos del entrenamiento intenso de fuerza en el ciclo menstrual. Los pocos trabajos existentes (Liu, 1987a y Dibrezzo, 1988, citados por Barret, 1990), parecen indicar que: 1) las atletas que practican disciplinas de fuerza presentan menos problemas de ciclos irregulares que las deportistas que practican disciplinas de larga duración (Liu, 1987a, citados por Barret, 1990) y 2) los valores de fuerza máxima de piernas no varían a lo largo del ciclo menstrual en mujeres sedentarias (Dibrezzo, 1988, citado por Barret, 1990).

Sin embargo, teniendo en cuenta los pocos estudios realizados y las poblaciones elegidas en dichos estudios (levantadoras de 16 años y sedentarias), las afirmaciones anteriores deben ser consideradas por el momento como meramente anecdóticas.

Capítulo IV

Componentes del entrenamiento de fuerza

Para obtener una mejora en el rendimiento de cualquier cualidad física es necesario proporcionar una serie de estímulos físicos y técnicos al organismo, que en su conjunto van a constituir la carga externa de entrenamiento. El tipo y grado de la carga está en relación con las características y estructura de sus componentes; y de la organización de los mismos va a depender el resultado. En el entrenamiento de la fuerza, nosotros vamos a considerar los siguientes componentes: volumen, intensidad, velocidad de ejecución y tipo de ejercicio que se realiza.

OBJETIVOS DE ESTE APARTADO:

1. Definir los componentes de la carga de entrenamiento de fuerza.

2. Reconocer las aplicaciones, ventajas e inconvenientes de las distintas formas de expresar la intensidad del entrenamiento.

3. Comparar los efectos producidos por cada intensidad.

4. Justificar los efectos producidos por cada intensidad.

5. Explicar el significado de la velocidad de ejecución en el efecto del entrenamiento de fuerza.

6. Seleccionar y clasificar los ejercicios aplicables en el entrenamiento de fuerza de una especialidad deportiva.

1. VOLUMEN

El volumen es una de las variables sobre las que gira toda posibilidad de cambio en el entrenamiento, y, por tanto, será un dato a tener en cuenta al definir las características del programa que realicemos.

Todavía nos encontramos, en alguna ocasión, que el volumen viene identificado por el tonelaje o kilogramos levantados. Esto no tiene sentido: porque no es útil, supone una gran pérdida de información y sólo conduce al confusionismo.

La mejor forma de expresarlo, aunque no sea suficiente, *es por el número de repeticiones que se realizan.* El tiempo bajo tensión o duración del estímulo, es decir, el tiempo real, sin contabilizar las pausas de descanso, que dura la aplicación de la carga, está en íntima relación con el número de repeticiones, por lo que también sería una forma acertada de medir el volumen de trabajo, aunque, por ser mucho más difícil su cuantificación, no sea la manera más práctica.

El tiempo real de trabajo no debe confundirse con el tiempo total de la sesión de entrenamiento. En una sesión de una hora, el tiempo bajo tensión será muy inferior a ese periodo, y, además, también es diferente según el objetivo de entrenamiento. Poliquin y King (1992) establecen la siguiente relación entre los valores medios de las repeticiones, el número de series y el tiempo bajo tensión para distintos tipos de entrenamiento durante una hora total de trabajo:

Objetivo de entrenamiento	Rept.	n.º de series	Tiempo bajo tensión
Fza. relativa	60	20	240 seg.
Hipertrofia	192	24	1152 "
Fza. Resist.	450	30	1350 "

Pero el volumen por sí solo, aunque se exprese por repeticiones o por tiempo real de aplicación de cargas, es un dato insuficiente para programar y valorar el entrenamiento. Siempre deberá venir asociado a los demás componentes de la carga: intensidad, tipo de ejercicio y velocidad de ejecución. Esto nos va a permitir diferenciar con mayor precisión las características del esfuerzo realizado.

Por ejemplo, si hallamos la relación entre el total de kilogramos levantados en un ejercicio con cargas y el número de repeticiones realizadas para ello, obtendremos el *peso medio* del entrenamiento en dicho ejercicio. Este es un valor todavía poco importante, sobre todo si queremos establecer comparaciones entre sujetos, pero permite obtener la *intensidad media relativa,* que será el porcentaje que representa dicho peso medio de la mejor marca (1RM) del sujeto en el ejercicio. Un peso medio de 100 kg. para un sujeto con una mejor marca de 125 kg. equivale a una intensidad media de 80 (100 es el 80% de 125). Con este dato tendríamos mejor definido el volumen: dos deportistas pueden haber hecho las mismas repeticiones y el mismo peso medio (valores absolutos), pero muy distinta intensidad media relativa. Es decir, aunque algunos aspectos del volumen sean idénticos, los entrenamientos/estímulos son muy diferentes. Pero esto tampoco es suficiente. Sería necesario conocer también la *distribución de las repeticiones entre cada uno de los pesos* que se han utilizado en el ejercicio o entrenamiento; porque los valores de dos intensidades medias relativas idénticas, aunque sean realizadas con el mismo número de repeticiones, pueden obedecer a distintas distribuciones de las repeticiones totales. Por tanto, estaríamos ante dos entrenamientos diferentes.

Otra consideración importante a tener en cuenta para definir adecuadamente el volumen es determinar la *intensidad mínima a partir de la cual se van a contabilizar las repeticiones*. Este aspecto es de vital importancia para poder valorar el significado de la magnitud de un volumen: aparentemente dos volúmenes son distintos si uno se contabiliza desde el 50% y otro desde el 80% de 1RM, cuando realmente nos estamos refiriendo al mismo entrenamiento. Este problema es de fácil solución, simplemente hay que indicar en cada caso las intensidades que estamos considerando. En este caso, lo más importante es saber precisamente qué intensidades merece la pena controlar. No entramos en el análisis de esta cuestión en este momento, esto habría que hacerlo al hablar del control del entrenamiento, pero sí queremos dejar claro que es un aspecto importante de la planificación, pues se trata nada más y nada menos que de decidir qué intensidades son útiles/eficaces en el entrenamiento y cuáles no.

Pero el significado del volumen no queda delimitado totalmente con estos datos, es necesario considerar, además, y fundamentalmente, *el tipo de ejercicio con el que se trabaja*. Cuando los ejercicios son muy diferentes: recorrido del punto de aplicación de la fuerza, valor absoluto de la resistencia que se puede desplazar, grupos musculares que intervienen, dificultad técnica, velocidad de ejecución etc., el grado y carácter de la carga es diferente, aunque todos los demás factores que definen el volumen sean iguales.

Como regla general, a mayor volumen de trabajo debe corresponder un mayor rendimiento, pero este principio no se cumple en muchas situaciones. El aumento progresivo del volumen va a proporcionar una mejora permanente del rendimiento en los primeros años de práctica, pero con el incremento de los resultados y la especialización del entrenamiento esta fuente de progresión y variabilidad ya no funciona. *El objetivo, entonces, es buscar el volumen óptimo de trabajo.*

Se ha podido establecer que la magnitud del volumen de la carga de entrenamiento tiene un determinado umbral o nivel individual para cada deportista, por debajo y por encima del cual la reacción del organismo varía cualitativa y cuantitativamente (Verkhosansky, 1990). Si el volumen es considerablemente inferior a este nivel individual, los resultados decrecen después de una ligera mejoría. Pero si se supera con mucho el valor óptimo, tendremos una disminución constante del rendimiento. Un volumen excesivo de trabajo de fuerza mantenido durante largo tiempo reduce la velocidad motriz y la fuerza explosiva (Verkhosansky, 1983). Después de duplicar el volumen de trabajo no se obtuvieron mejores resultados ni se modificó el tiempo de adquisición de la forma deportiva (Bondarchuc, 1991). Cuando un deportista intenta alcanzar el máximo volumen de trabajo que es capaz de realizar, no logra los mejores resultados, sino que lo consigue con un nivel aproximado del 85% de dicho máximo (J.J. Glez. Badillo, 1986). En este mismo estudio se pudo demostrar que los valores extremos de volumen dan lugar a los mismos resultados, y siempre inferiores al volumen óptimo intermedio entre ellos. Como dato experimental, podemos aportar el resultado en un test de fuerza dinámica máxima, efectuado a través de una sentadilla. Dos grupos que efectuaron el mismo entrenamiento en cuanto a la intensidad máxima y media de cada sesión, y con la misma distribución por zonas de intensidad (ver punto 4.2 para este concepto), pero con volúmenes tan extremos como 1094 y 703 repeticiones (nótese que 703 es el 64% de 1094), obtuvieron el mismo resultado.

Como norma general, el volumen y la intensidad evolucionan con una dinámica diferente a través del ciclo de entrenamiento. La intensidad alcanza sus máximos valores cuando disminuye el volumen, aunque no necesariamente hay que esperar una reducción del volumen para alcanzar el máximo rendimiento en fuerza máxima. Probablemente sería distinto si el objetivo fuera la transferencia de esta manifestación de fuerza a la mejora de otras cualidades.

Las oscilaciones del volumen entre las grandes unidades de entrenamiento tienden a reducirse actualmente. Carnevalli (1985) propone que nunca debe ir primero el volumen y después la intensidad, como se ha venido haciendo hasta ahora, sino siempre un trabajo mixto volumen-intensidad dentro de cada unidad de entrenamiento. P. Tschiene (1985) hace una propuesta sobre un esquema estructural para el entrenamiento de alto nivel en el que el volumen de la carga entre lo que se ha venido entendiendo como periodo preparatorio y de competición se diferencia sólo en un 20%.

La mayor o menor duración real del esfuerzo (volumen) depende de las condiciones fisiológicas en las que se encuentra el sujeto durante el entrenamiento y de los parámetros bimecánicos que determinan la calidad del movimiento y la cualidad que estamos desarrollando.

Por ejemplo, la evolución del nivel de testosterona en una sesión intensa, con gran carga, de trabajo de fuerza sirve como criterio para decidir que la sesión no debe prolongarse más allá de unos 45 minutos, ya que a partir de este tiempo los niveles de esta hormona bajan y el rendimiento en fuerza máxima se reduce. El trabajo podría continuar después de 30-60 minutos.

Por otra parte, la realización de un ejercicio debería interrumpirse cuando la velocidad y/o potencia desarrolladas no alcancen los valores necesarios para garantizar la suficiente calidad técnica o la mejora de una determinada cualidad. Es decir, el volumen puede estar predeterminado de forma aproximada, pero se reduce o se incrementa en función de que el sujeto esté en condiciones de mantener determinados niveles de fuerza y velocidad en la realización de los ejercicios.

La distribución del volumen en dosis adecuadas juega un papel importante en el aprovechamiento del efecto que pueda proporcionar una carga determinada. Por nuestra propia experiencia y la de otros compañeros, estamos convencidos de que el reparto del volumen total de entrenamiento de fuerza en dos o más sesiones al día ofrece mejores resultados que si se realiza en una sola, aparte de que también nos va a permitir desarrollar un volumen ligeramente superior, si éste es nuestro objetivo y nuestra necesidad.

Pero esto también ha sido comprobado experimentalmente por Hakkinen y otros (1991d, 1992, 1994b). Su estudio parte de la inquietud por encontrar una vía racional para la mejora del rendimiento en fuerza de aquellos deportistas que ya tienen una base amplia de entrenamiento de esta cualidad, y que, por tanto, las posibilidades de adaptación de su sistema neuromuscular y el consiguiente desarrollo de la fuerza están muy limitadas. Por otra parte, sabemos que para la mejora de esta cualidad en estos sujetos hace falta una carga considerable e intensa; pero también somos conscientes de que una elevación desmedida del volumen no oportaría probablemente los mejores resultados, y, además, correríamos el riesgo de llegar al sobreentrenamiento. Ante esta problemática, se trató de encontrar una solución dividiendo el volumen general en dos sesiones diarias. Nueve hombres con experiencia en entrenamiento de fuerza (3-8 años) realizaron tres semanas con un programa de fuerza entre el 70 y el 100% de sus marcas personales. Posteriormente, en otras tres semanas separadas de las anteriores, realizaron el mismo volumen, pero separado en dos sesiones diarias. La mejora en fuerza fue superior en el segundo periodo que en el primero ($p < 0.05$); la fuerza por sección muscular bajó algo en el primer caso y subió ligeramente en el segundo; el máximo IEMG del recto femoral aumentó en el segundo periodo ($p < 0.05$), así como los del vasto lateral y medio, aunque no de forma significativa, pero sí más que en el primer periodo. *Por tanto, la distribución del volumen en pequeñas unidades produce mejores beneficios en cuanto a la fuerza y a la actividad del sistema nervioso, siempre que la recuperación entre las sesiones sea suficiente.*

SÍNTESIS DE IDEAS FUNDAMENTALES

- La mejor forma de expresar el volumen es por el número de repeticiones que se realizan.

- El tiempo bajo tensión está en relación con el número de repeticiones.

- El volumen sólo queda definido si se relaciona con:

- La intensidad: peso medio, intensidad media relativa, distribución de las repeticiones entre grupos de intensidad e intensidad mínima desde la que contabilizamos las repeticiones.
- El ejercicio que realizamos

- El volumen óptimo será aquél que respete la respuesta del sujeto que se entrena tanto desde el punto de vista fisiológico como biomecánico.

- La distribución del volumen en pequeñas dosis mejora el rendimiento en fuerza.

2. INTENSIDAD

La intensidad es, probablemente, la variable más importante del entrenamiento de fuerza. La progresión en los resultados depende del incremento de la intensidad, tanto en términos absolutos como relativos, aunque, al igual que ocurre con el volumen, hay que buscar los valores óptimos para cada objetivo de entrenamiento. El volumen merece nuestra atención cuando se realiza con intensidades óptimas. La intensidad limita los valores del volumen: el número de repeticiones totales, y, sobre todo, de repeticiones por serie, está en relación inversa a la intensidad que empleamos.

La intensidad de un estímulo es el grado de esfuerzo que exige un ejercicio. En el entrenamiento de fuerza con cargas, la intensidad *viene representada por el peso que se utiliza en términos absolutos o relativos.* Pero en la práctica, tanto para la programación como para el análisis y valoración del entrenamiento, es necesario considerar otras formas de intensidad. Nosotros tendremos en cuenta las siguientes:

2.1. Intensidad máxima: absoluta y relativa
2.2. Repeticiones por serie
2.3. Potencia y/o velocidad de ejecución
2.4. Intensidad media: absoluta y relativa
2.5. Densidad
2.6. Repeticiones con el 90% y más

2.1. Intensidad máxima: absoluta y relativa

La intensidad *máxima absoluta se expresa por el peso utilizado. La intensidad relativa por el porcentaje que representa dicho peso del máximo en el ejercicio.* Si un deportista tiene una mejor marca en un ejercicio de 150 kg. y trabaja con 120, está utilizando una intensidad máxima absoluta de 120 kg. y una relativa del 80%. Con la traducción del peso en intensidad relativa, pretendemos dar un valor a la carga de entrenamiento. Pero, lamentablemente, ese *porcentaje teórico no siempre coincide con las posibilidades reales del sujeto.* Tendríamos que saber cuál es la mejor marca que podría realizar cada día el deportista antes de iniciar el entrenamiento, para deducir posteriormente el peso exacto que representa la carga de trabajo (porcentaje) más ajustada al objetivo del día. En muchos ejercicios –cuando hay que acercarse a la manifestación de la máxima fuerza ante grandes resistencias– no se puede hacer un test diariamente, y, por tanto, si queremos racionalizar el entrenamiento, tendremos que tomar como referencia otras formas de medir la intensidad, que son algunas de las que vamos a tratar más adelante.

Por lo que acabamos de decir, podría pensarse que esta forma de expresar la intensidad, por otra parte una de las más frecuentes, no sirve para nada, pero no es cierto. *La intensidad* entendida *como un tanto por ciento del máximo* hay que interpretarla como la *expresión de un esfuerzo,* que es el que pretendemos que realice el sujeto en cada unidad de entrenamiento. Los porcentajes, entendidos de esta manera, *son muy útiles para representar la dinámica del esfuerzo programado* a través de un ciclo de trabajo. Lo que se establece es una secuencia de esfuerzos que se expresan en porcentajes. Así, tendremos esfuerzos del 80, del 85, de 90% etc., que no pretenden ser puramente porcentajes teóricos, sino tipos de esfuerzo que se les van a pedir al deportista. *En el momento de la puesta en práctica del entrenamiento, habrá que ajustar el esfuerzo previsto a las posibilidades reales del sujeto,* con lo que el peso teórico, que correspondería a un porcentaje determinado, sería modificado en algunas ocasiones. No podemos ignorar que saber qué es un esfuerzo del 80 ó el 85% resulta complicado, pero esa es la realidad del entrenamiento. Con la práctica y con la ayuda de algunos instrumentos simples de medida podemos acercarnos a la solución de esta problemática. Más adelante trataremos algo sobre esto.

Por tanto, *el porcentaje nos permite analizar con exactitud las características de lo que hemos hecho o pretendemos hacer,* y, por tanto, nos facilita los datos necesarios para comparar sistemas o métodos de trabajo. También es la mejor forma de indicar la misma o distinta magnitud de esfuerzo para un grupo heterogéneo de deportistas en cuanto al valor absoluto de sus marcas.

2.2. Repeticiones por serie

La intensidad determinada por repeticiones por serie tiene dos interpretaciones:

a) Consideramos que *si podemos realizar tal número de repeticiones por serie, pero no más, estamos desarrollando tal manifestación de fuerza o estamos consiguiendo tal efecto de tipo nervioso, estructural, etc.,* sin tener en cuenta el porcentaje con el que trabajamos o la mejor marca personal. También se puede utilizar sin llegar al máximo número posible de repeticiones por serie, dejando un margen más o menos amplio de repeticiones por serie sin realizar, según necesidades del sujeto, objetivos, etc.,

b) Consideramos que *si podemos hacer tal número de repeticiones por serie, pero no más, estamos trabajando con tal porcentaje de nuestro record personal.* En este caso, del record personal del día. Este enfoque parte del supuesto de que con cada porcentaje del máximo se puede hacer un número determinado de repeticiones, y, por tanto, aquel peso que me permita realizar tal número de repeticiones por serie en una sesión representará el porcentaje previsto para ese día.

El primer enfoque tiene una base científica válida, ya que se han realizado muchos estudios, citados a lo largo de este libro, que determinan los efectos fundamentales de los distintos tipos de intensidades. Este sistema es útil y práctico, y muy apropiado tanto para los jóvenes y principiantes como para los deportistas avanzados, aunque siempre es necesario hacer matizaciones sobre el margen de repeticiones por serie sin realizar según las características del deportista. Esto se hará más adelante.

El segundo enfoque parte de un supuesto menos fiable, ya que no hay una relación fija entre fuerza máxima y número de repeticiones por serie con cada porcentaje. Depende de la especialidad deportiva. Según Zatsiorsky (1992), un especialista en deportes de fuerza-rápida puede realizar hasta 10 repeticiones con el 75% de la mejor marca personal en un ejercicio, pero esto no es válido para todos los deportistas. También depende del tipo de ejercicio que se realiza. Con los más complejos: mayor gasto energético, mayor recorrido, más implicación técnica, etc. el número de repeticiones será menor.

Uno de los pocos intentos de sistematizar esta última forma de aplicar la intensidad de entrenamiento se debe a Feser (1971, en H. y M. Letzelter, 1990). Este autor trata de establecer la relación entre el estímulo y el número de repeticiones según el enfoque descrito anteriormente. Él se pregunta cuál es la carga que el deportista es capaz de desplazar una, tres, cinco o diez veces. Y llega a la conclusión de que estas repeticiones se consiguen con el 100%, el 94%, el 86% y el 70%, respectivamente. El objetivo de entrenamiento será superar el peso con el que se puedan realizar las repeticiones indicadas anteriormente. Para cada número de repeticiones establece una zona eficaz de trabajo, que relaciona tanto con el record personal para una repetición como con el de tres, cinco y diez:

– Para 10 repeticiones por serie, la intensidad más eficaz se sitúa entre el 70 y el 80% de la carga máxima (peso) con el que se pueden realizar las 10 repeticiones, que equivale aproximadamente al 50-60% del record personal para una repetición. Por ejemplo, si el record personal es de 150 kg., se podrán realizar 10 rep/serie con 105, la zona eficaz de trabajo estará entre 75 y 85 kg. aproximadamente, que representa el 70-80% de 105 y el 50-60% del record personal (150).

– Para entrenar con 5 rep/serie, la zona de trabajo más eficaz se sitúa ente el 80 y el 90% del peso máximo con el que se puedan hacer 5 repeticiones, que representa de forma aproximada el 70-80% del record personal.

– Para 3 rep/serie, corresponderían el 85-95% y el 80-90%, respectivamente.

– Para 1 rep/serie, el 95% para ambas referencias.

Es importante señalar que al utilizar las rep/serie como forma de expresar la intensidad, *se pueden dar dos situaciones muy diferentes:* que se realice el *máximo número de repeticiones posible en cada serie,* hasta el fallo, o que se realicen *una o más repeticiones menos de las posibles.* Esto es un factor decisivo a la hora de determinar el nivel de la carga que utilicemos en el entrenamiento y el objetivo de la misma.

El número de rep/serie como expresión de la intensidad de trabajo, sobre todo como se ha descrito en el primer enfoque, es una de las formas más eficaces y precisas de acercarse a la intensidad óptima de entrenamiento, sobre todo cuando el objetivo es el desarrollo de la fuerza máxima en deportistas avanzados y se llega casi al límite de las posibilidades del sujeto en cada serie. Para entrenamientos de fuerza-velocidad sería necesario utilizar otros medios de control.

2.3. Potencia y/o velocidad de ejecución

Cuando hacemos entrenamiento de fuerza con cargas, *la cualidad desarrollada dependerá del peso utilizado, de la velocidad de ejecución y del número de repeticiones totales y, sobre todo, por serie que realicemos.* Cada repetición se hace con una potencia determinada, que está en relación con la cualidad que queremos entrenar. Una desviación excesiva de dicha potencia óptima orientará el ejercicio hacia otros objetivos diferentes. Si nosotros podemos controlar la potencia y/o la velocidad de ejecución, podremos movernos siempre cerca de la intensidad óptima de trabajo, siempre que hayamos elegido correctamente dicha potencia. Cuando el sujeto no sea capaz de mantenerse dentro de unos márgenes determinados de potencia, deberíamos tomar la decisión de suspender el entrenamiento o ajustar la carga (peso). Si tomamos como referencia únicamente la velocidad, un descenso de la carga, lógicamente, nos permitirá mantener o superar dicha velocidad, pero no nos asegura que también haya aumentado la potencia. Si consideramos la potencia como criterio de referencia prioritario, lo que sería más lógico en un entrenamiento de fuerza, ya que en él se considera no sólo la velocidad, sino también la carga utilizada, entonces lo más apropiado sería interrumpir la serie cuando la potencia descienda hasta determinados niveles, y recuperar lo suficiente hasta que estuviéramos en condiciones de volver a desarrollar el mismo ritmo de trabajo.

Es interesante saber que la potencia mecánica desarrollada durante la ejecución de determinados ejercicios con cargas altas, 90-100%, por ejemplo, desciende rápidamente desde la primera repetición. Una media sentadilla con el 100% de la carga máxima (se supone que el 100% se refiere a la sentadilla completa) puede provocar un descenso de la potencia desarrollada de hasta el 20% en la 5.ª repetición (fig.4.1), y algo menos si la carga es del 90%. Como se puede comprobar, el estímulo en la primera repetición será completamente diferente del de la última. Si conocemos estos datos, podremos controlar permanentemente el estímulo de entrenamiento y tomar decisiones sobre la oportunidad de continuar o interrumpir el trabajo.

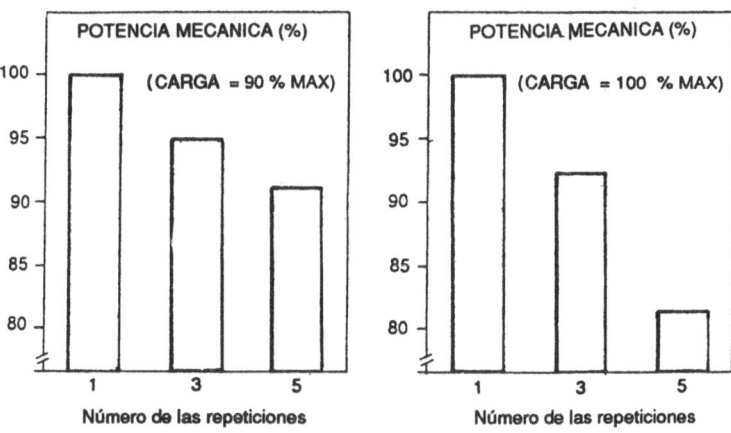

Fig. 4.1. Variación de la potencia mecánica desarrollada por los músculos extensores de las rodillas durante la ejecución de una serie de cinco repeticiones de 1/2 sentadilla con cargas equivalentes al 90 y al 100% realizadas a la máxima intensidad (Bosco, 1991a).

El profesor C. Bosco (1991a) propone cuál debería ser la potencia media desarrollada por repetición para alcanzar distintos objetivos en el entrenamiento de fuerza. Se toman como referencia dos valores: a) la potencia máxima o absoluta que puede desarrollar el sujeto en el ejercicio de que se trate; b) la potencia máxima que puede desarrollar con el peso que utiliza durante la sesión.

La potencia de entrenamiento es aquella que debe mantener el deportista durante la realización del ejercicio, y de la que no debe bajar si quiere que el efecto de su trabajo permanezca dentro de los objetivos previstos.

Según esto, utilizaríamos las siguientes cargas:

Fuerza-resistencia:

– Potencia máxima elegida para el entrenamiento: entre el 50% y el 100% de la potencia máxima absoluta conseguida en el ejercicio.

– Potencia de entrenamiento o intensidad que debe mantenerse durante la ejecución del ejercicio: entre el 70% y el 90% de la potencia máxima con el peso que se está entrenando.

Hipertrofia:

– Potencia máxima elegida: entre el 30% y el 60%

– Potencia de entrenamiento: realizar todas las repeticiones posibles en cada serie hasta que sólo se alcance en cada una de ellas el 80-85% de la potencia máxima que se es capaz de conseguir con la carga utilizada.

Fuerza máxima:

– Potencia máxima elegida: entre el 5% y el 50%

– Potencia de entrenamiento: hasta que sólo se alcance el 90% de la potencia máxima de la carga utilizada.

Fuerza rápida:

– Potencia máxima elegida: entre el 50 y el 100%

– Potencia de entrenamiento: hasta que sólo se alcance el 90%

2.4. Intensidad media

Como su propio nombre indica, es la *media de las intensidades utilizadas* en un ejercicio, en una sesión, en una semana o en cualquier otra unidad de entrenamiento. Se puede emplear en términos absolutos y relativos. En el primer caso tenemos *el peso medio (PM)*, que viene expresado en kg. Cuando este PM se convierte en un porcentaje de la mejor marca personal en el ejercicio nos da *la intensidad media relativa (IM)*, que, lógicamente, viene expresada en porcentajes.

El PM sirve para hacer el *seguimiento de la evolución de la intensidad de cada sujeto individualmente,* y puede referirse a uno o a todos los ejercicios que se realizan. Pero hay que tener en cuenta que dos PMs idénticos realizados con ejercicios diferentes no son directamente comparables, porque expresan cargas distintas.

La IM debe referirse siempre a un solo ejercicio. No es posible calcular esta media de un entrenamiento completo en el que se hacen ejercicios diferentes, pues los máximos (1RM) son distintos para cada uno de ellos. Es útil para hacer comparaciones entre sujetos y entre grupos, dado su carácter de valor relativo con respecto a las posibilidades individuales.

La aplicación fundamental de las intensidades medias está en la *valoración y comparación de los entrenamientos ya planificados y/o realizados* y en el análisis de ciertas desviaciones o cambios en la progresión de las cargas. Al hacer todo este tipo de estudios, hay que tener en cuenta que la distribución del volumen sea similar entre todos los ejercicios. En caso contrario, el análisis debe hacerse sobre cada uno de ellos. La valoración global, en este caso, se haría a través del PM, aunque teniendo en cuenta siempre los ejercicios realizados.

Las intensidades medias *no son válidas para planificar el entrenamiento,* pues pueden modificarse fácilmente sin que ello signifique un cambio real de la carga. Por ejemplo, una IM del 70% se puede transformar en otra del 75% simplemente reduciendo las repeticiones con los pesos inferiores a ese 75%, lo que aumentaría la media, pero reduciría la carga global, sin haber añadido ningún elemento que intensifique realmente el entrenamiento.

Sin embargo, una pequeña variación en la intensidad media después de haber realizado muchas sesiones de trabajo es un dato muy valioso para diferenciar unos entrenamientos de otros, y da lugar a cambios significativos en los resultados finales, como podremos comprobar más adelante.

2.5. Densidad

La densidad hace referencia a la frecuencia de entrenamiento y al tiempo de recuperación, tanto entre las series de una sesión como entre sesiones y unidades más amplias de entrenamiento. Cuanto mayor sea la pausa, menor será la intensidad, y a menor pausa, mayor intensidad.

A pesar de que la frecuencia y la pausa inciden en la densidad global del entrenamiento, su influencia sobre el mismo resulta, a veces, contrapuesta. Según el objetivo que se pretenda, cuando una sirve como factor de intensificación de la carga, la otra actúa en sentido opuesto.

Por ejemplo, una mayor frecuencia de sesiones cortas, y, por tanto, con menor pausa entre ellas, fovorece, como hemos visto, el efecto de las cargas altas (70-100%), orientadas hacia la fuerza máxima y la fuerza rápida ante resistencias elevadas. Esta mayor frecuencia podría indentificarse como una mayor intensidad de trabajo; pero, por otra parte, las pausas entre series deben ser relativamente largas, lo suficiente como para que pueda desarrollarse una potencia mínima en la siguiente serie, lo que significaría una menor intensidad.

Por el contrario, cuando se realiza un entrenamiento de fuerza- resistencia, las pausas entre series pueden y deben ser menores, lo que supone una mayor intensidad, pero la frecuencia de sesiones se reduce.

Tanto la frecuencia como la recuperación deben estar subordinadas a otras formas de intensidad más específicas como la intensidad máxima absoluta y relativa y el número de repeticiones por serie, y, por supuesto, a la potencia y a la velocidad de ejecución del ejercicio.

En definitiva, la densidad no es una forma muy apropiada ni habitual de determinar la intensidad de un entrenamiento de fuerza, aunque la recuperación, como sabemos que ocurre en toda actividad física que pretenda una superación del rendimiento, juega un papel decisivo en la optimización del resultado.

L.W. Weiss y col. (1988, en Weiss, 1991) estudiaron el efecto de 48, 72, 96 y 120 horas de recuperación después de entrenar los flexores plantares de hombres jóvenes durante ocho semanas. La fuerza se incrementó significativamente a las 96 horas en comparación con las 48 y las 120 horas de descanso antes de realizar un test de fuerza máxima. Estos datos deben servir como prueba de la importancia que puede tener estudiar en cada sujeto y en cada tipo de entrenamiento el momento óptimo de aplicar la última sesión de fuerza o el último esfuerzo intenso antes de necesitar una manifestación alta del rendimiento.

2.6. Repeticiones con el 90% y más

En el entrenamiento de fuerza es frecuente distribuir el número de repeticiones (volumen) entre las intensidades (pesos o tantos por cientos) con las que se han realizado, pues así se pueden estudiar con más precisón las características de la carga. Esto da lugar a una división de las intensidades en zonas, las cuales se expresan siempre en porcentajes, ya que es mucho más útil para la comunicación entre especialistas y para comparar cargas y métodos de trabajo. Al llegar a este punto, tenemos que recordar lo dicho al hablar del volumen con respecto a la intensidad mínima desde la que lo íbamos a controlar. Cuanto más baja sea esta intensidad, más información tendremos, pero corremos el riesgo de que mucha de ella sea irrelevante; por otra parte, si sólo consideramos las más altas, podemos perder datos sobre intensidades intermedias que son importantes en determinados aspectos del rendimiento. La decisión debe tomarse en función del objetivo de trabajo y, por consiguiente, de las intensidades más eficaces en relación con el tipo de entrenamiento a realizar. Así, por ejemplo, si tratamos de desarrollar la fuerza máxima en deportistas avanzados, sería conveniente tener en cuenta intensidades del 70-80% en adelante, pues otras inferiores no tienen incidencia en el rendimiento de esta cualidad para sujetos con varios años de experiencia en el entrenamiento de fuerza.

La distribución puede hacerse de distintas maneras, tantas como sean necesarias para un mejor análisis del trabajo. Pero teniendo en cuenta que el porcentaje que representa cada peso utilizado en el entrenamiento no coincide casi nunca con valores exactos del 80%, 85%, 90%, etc., lo más habitual es que las zonas se organicen en tramos de cinco puntos. Un ejemplo de distribución sería:

Zona 1: repeticiones realizadas con intensidades comprendidas entre el 80 y el 85% de la carga/peso máximo para un ejercicio determinado.

Zona 2: repeticiones realizadas con intensidades comprendidas entre más del 85% (>85%) y el 90%

Zona 3: >90% hasta el 95%

Zona 4: >95% hasta el 100%

También podrían utilizarse otras zonas superiores al 100%, si el ejercicio con el que se entrena permite utilizar un peso superior al que se realiza con el que se toma como referencia. Por ejemplo, un trabajo excéntrico de sentadillas se programa con el 110 ó el 120% de la mejor marca en sentadilla en régimen concéntrico.

Esta distribución básica puede organizarse posteriormente de distintas formas según los objetivos de nuestro análisis. Nos puede interesar conocer las repeticiones realizadas con >90%, o desde el 90% y más, etc.

La utilidad de esta forma de intensidad está *tanto en el momento del control del trabajo realizado como en el de la planificación.* En el primer caso es el complemento imprescindible de otros datos del entrenamiento como el volumen y la intensidad máxima y media. En cuanto a la planificación, es una de las formas de definir el carácter del entrenamiento en lo que se refiere a la mayor o menor intensidad del mismo, factor determinante en el desarrollo de la fuerza. Por ejemplo, estos dos entrenamientos serían muy diferentes:

A) Zona   80-85%: 55% de todas las repeticiones
   Zona 90-100%: 25% de todas las repeticiones
   Total...:   80% de todas las repeticiones

B) Zona   80-85%: 40% de todas las repeticiones
   Zona 90-100%: 40% de todas las repeticiones
   Total...:   80% de todas las repeticiones

Aunque entre el 80 y el 100% se realiza el mismo porcentaje global de repeticiones, el segundo es mucho más intenso que el primero, puesto que se hace un mayor número de repeticiones desde el 90% en adelante. Los resultados se reflejarían en la C.f-t y en la

C.f-v, acentuándose casi con toda seguridad la fuerza máxima, pero en menor proporción la fuerza explosiva ante cargas ligeras.

2.7. Efectos de la intensidad en el rendimiento

Como hemos indicado anteriormente, la intensidad es la variable fundamental en el desarrollo de la fuerza. Por ello, la mayoría de los estudios sobre esta cualidad se han centrado en el análisis del efecto específico de los distintos niveles de dicha variable. Nosotros vamos a comentar algunos de los que consideramos más interesantes y de más aplicación al entrenamiento de una mayoría de deportistas.

Parece que hay unanimidad entre todos los especialistas en que el desarrollo de la máxima fuerza se consigue usando intensidades comprendidas entre el 70 y el 100% de una repetición máxima cuando realizamos contracciones concéntricas. Pero esto resulta insuficiente, porque los efectos de estas cargas son múltiples según las condiciones del entrenamiento y de los propios deportistas, como veremos a continuación.

2.7.1. Efectos en el rendiminento con entrenamiento de intensidades pequeñas, medias y grandes

A.S. Medvedev y L.S. Dvorkin (1987) realizaron un trabajo con tres grupos de 10 levantadores distribuidos según edades: A) 13-14, B) 15-16 y C) 17-20 años. Aplicaron tres entrenamientos: pequeño, mediano y grande a cada uno de los grupos.

El pequeño se hacía con el 50% de una repetición máxima para A, el 60% para B y el 65% para C, y 6 series de 6 repeticiones.

El medio con el 70, 80 y 80% respectivamente, y 3-4 rep/ser. con un total de 18 repeticiones por ejercicio.

El grande con el 80, 90 y 90% respectivamente, y 1-2 rep/ser. y 12 repeticiones por ejercicio.

Las ejercicios objeto de estudio fueron la arrancada y la sentadilla con la barra por detrás de la cabeza.

Los resultados en arrancada aparecen en la fig. 4.2. De ellos se deduce:

— Cuanto más joven es un deportista, menos intensidad es necesaria para obtener iguales o mejores resultados que en edades posteriores, al menos en este tipo de ejercicio, en el que no sólo está influyendo la fuerza, sino también la velocidad y la coordinación intermuscular en alto grado.

— A medida que se avanza en edad, la intensidad necesaria para progresar es mayor, pero si se emplean sólo 1-2 repeticiones por serie con intensidades altas (80-90%), la progresión siempre es menor en ciclos largos de entrenamiento (seis meses). El 90% ofrece resultados ligeramente mejores en el grupo C a los cuatro meses, pero posterior-

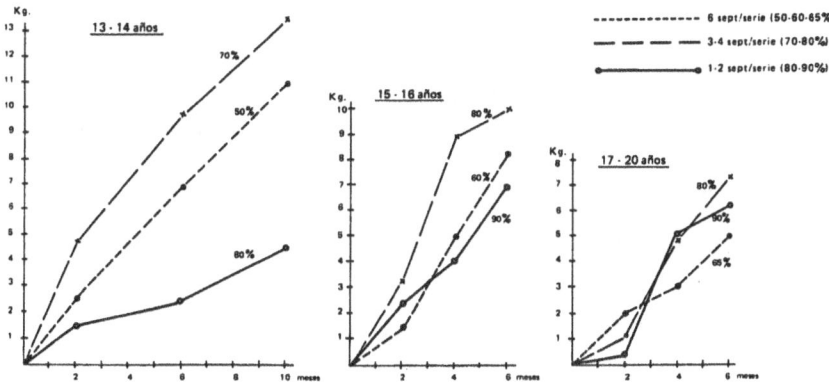

Fig. 4.2. Incremento de los resultados de arrancada para los levantadores de 13- 14, 15-16 y 17 años, durante el entrenamiento con diferentes cargas. (L.S. Dvorkin en Medvedev-87).

mente se produce un estancamiento. La mayor progresión del 65% a los dos meses en este mismo grupo nos hace pensar en el efecto de la variabilidad del entrenamiento.

– Las 3-4 rep/ser. –que no representan, en este caso, un esfuerzo hasta el agotamiento, hasta el fallo– parece que ofrecen los mejores resultados a largo plazo, y en los más jóvenes en el transcurso de todo el experimento.

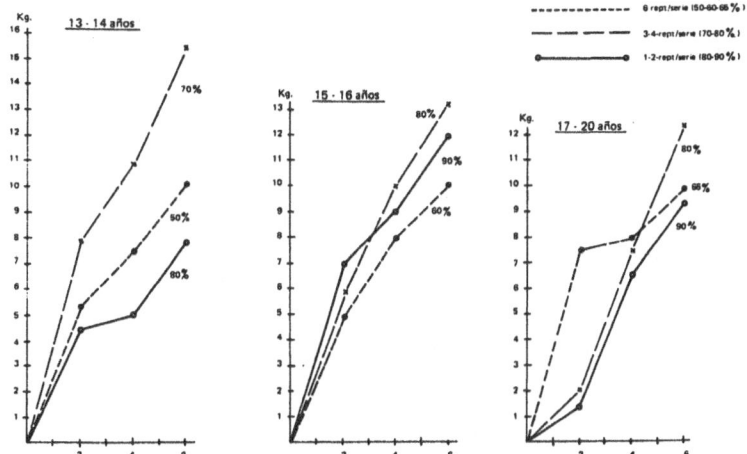

Fig. 4.3. Resultados en sentadilla (por detrás) en levantadores de diferentes edades y nivel deportivo. (L.S. Dvorkin en Medvedev-87).

Los resultados en sentadillas aparecen en la fig. 4.3. De ellos podemos resaltar lo siguiente:

– En el grupo A los resultados siguen la misma línea que en arrancada. En el B, el 90% (1-2 rep/ser.) se muestra superior al 60 y al 80% durante los dos primeros meses, pero porteriormente es superado por el 80%. En el grupo C se produce el mismo fenómeno comentado anteriormente con respecto al 65%, pero mucho más acentuado, pues hasta los cuatro meses es superior a los demás.

– Los mejores resultados a los seis meses se producen siempre con el entrenamiento de 3-4 rep/ser.

Como conclusiones finales podemos destacar las siguientes:

– *La intensidad óptima*, expresada como porcentaje de una repetición máxima, *no es la misma en todas las edades*, aunque parece que la expresada por el número de repeticiones por serie sí mantiene su efecto a cualquier edad, si va acompañada por una elevación de la intensidad en tantos por cientos. Es decir, una intensidad del 70% realizada con 3-4 rep/ser en deportistas jovenes tendrá un efecto parecido que el 80% realizado con las mismas rep/ser en deportistas más avanzados. Conviene recordar que estas rep/ser no se hacían hasta el agotamiento.

– *El método de 3-4 rep/ser. se ha mostrado como el superior en todos los casos, sobre todo en los jóvenes.*

– *El trabajo con 1-2 rep/ser.* (con el 80%, en este caso) *da siempre los peores resultados en los jóvenes* en relación con todos los demás grupos e intensidades.

– Parece oportuno sacar el máximo rendimiento de cada intensidad máxima (%), empezando el entrenamiento con los más jóvenes con intensidades desde el 50-60% hasta llegar progresivamente a la óptima combinación de las intensidades más altas: 80-100%, en los deportistas más avanzados.

Los investigadores soviéticos han establecido hace tiempo que las cargas superiores al 70% son particularmente eficaces para el entrenamiento de la fuerza máxima (Letzelter, 1990). No es, sin embargo, aconsejable entrenar exclusivamente la fuerza máxima con las intensidades más elevadas: la fuerza máxima progresa menos que si se eligen intensidades situadas entre el 70 y el 90% (Scholich, 1974; en Letzelter, 1990).

2.7.2. Estudio sobre la mejor combinación posible de series y repeticiones por serie

En un estudio de Berger (1962, en Cometti, 1989) se intenta determinar la mejor combinación posible de series y de repeticiones por serie. Se comparan programas de 1, 2 y 3 series con 2, 4, 6, 8 y 10 rep/ser. Se supone que las series se hacen con el máximo peso posible para el número de repeticiones previsto en cada una; es decir, que el sujeto no estaría en condiciones de realizar más repeticiones de las programadas en cada serie, o al menos se llegaría a una situación aproximada a ésta. Los resultados aparecen en la fig.4.4. Se observa que si sólo realizáramos una serie, lo mejor sería hacerla de 10 repeticiones. Pero si hacemos dos o tres, *los mejores resultados serían con 6 rep/ser*. También se constata que es prácticamente lo mismo hacer 3 series de 2, 2 de 6 ó 1 de 10.

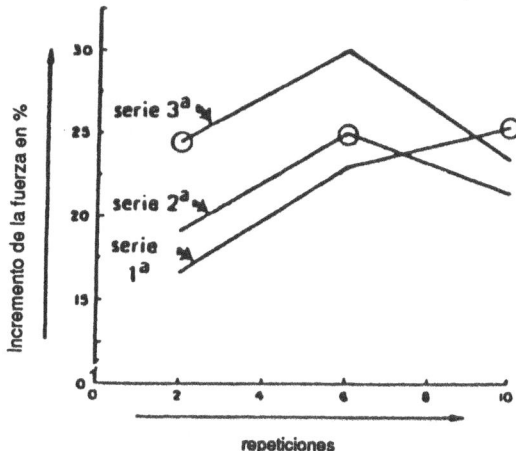

Fig. 4.4. Efecto del entrenamiento según el número de series y repeticiones por serie (ver texto) (Berger, 1962; en Cometti, 1989, tomo 1).

En la misma línea de este estudio se manifiesta Poliquin (1989) que cita a P. Tschiene (1975) y a Viitasalo (1985) como defensores de que *el incremento de la fuerza máxima ocurre con series no superiores a las 8 repeticiones*. Con esta intensidad/repeticiones por serie se consigue una tensión muscular alta y, además, durante un tiempo suficiente. Por esta razón varios autores establecen que *el número de repeticiones óptimo está entre 4 y 8 rep/ser.*, y los expertos han establecido las *6 repeticiones como el número óptimo* de repeticiones para realizar en una serie (Carl, 1972; Berger, 1982; Kulesza, 1985).

2.7.3. Efectos de intensidades altas y bajas sobre la velocidad del movimiento

Helga Letzelter (1990) se cita a sí mismo (1985) y a Schmidtbleicher (1980) para analizar el efecto de las cargas altas (fuerza máxima) y bajas (entrenamiento fuerza-velocidad) sobre la velocidad de movimiento y, por consiguiente, sobre la fuerza rápida. Schmidtbleicher utiliza intensidades del 90-100% con series de 1-4 repeticiones por serie para la fuerza máxima, y el 30% con series de 7 repeticiones como entrenamiento de fuerza-velocidad. Y llega a la conclusión de que *el método de fuerza máxima permite obtener una mejora de la velocidad de movimiento más importante que el de fuerza-velocidad*, fig.4.5.

Los estudios de los soviéticos y de Letzelter matizan algo más estas conclusiones. Los resultados de posteriores trabajos parecen indicar que el efecto principal de los dos tipos

162   Fundamentos del entrenamiento de la fuerza. Aplicación al alto rendimiento deportivo

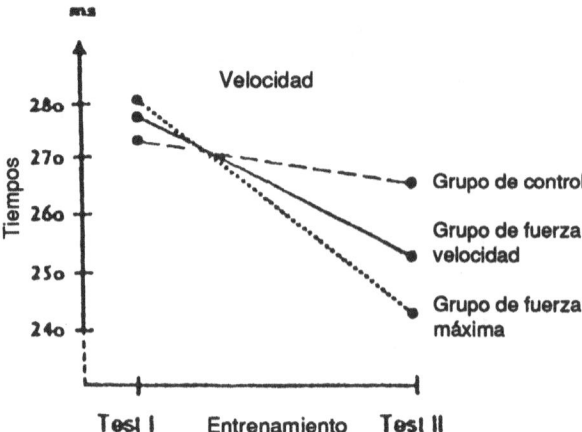

Fig. 4.5. Mejora de la velocidad de movimiento en los grupos sometidos a diferentes métodos de entrenamiento: fuerza máxima, fuerza velocidad y de control (Schmidtbleicher, 1980; en Letzelter, 1990).

de entrenamiento está en relación con las características específicas de cada método: más progreso en fuerza máxima en un caso y más rendimiento en fuerza rápida en el otro, pero cada uno de ellos aporta también beneficios en el desarrollo de la cualidad no específica. En la experiencia de Letzelter los dos grupos progresaron en fuerza máxima y en fuerza rápida, pero en mayor medida en la cualidad en la que se entrenaban. Por tanto, si no es necesario el desarrollo de una gran fuerza máxima, un entrenamiento de fuerza-velocidad podría aportar la mejora suficiente en fuerza máxima; y de la misma manera, un trabajo de fuerza máxima puede aportar fuerza rápida. Hay que señalar, no obstante, que las intensidades utilizadas en este trabajo: 75-90% con series de 2-5 repeticiones para fuerza máxima, y 40-70% con series de 5-8 repeticiones para el grupo de fuerza-velocidad, difieren mucho de las que se usaron en el de Schmidtbleicher, y por ello los resultados no son totalmente comparables.

Todos estos estudios y otros más que podríamos seguir citando vienen a demostrar que la fuerza puede mejorarse con un amplio abanico de intensidades, aunque esto se produce sólo cuando los sujetos tienen poca experiencia o ninguna en el trabajo de fuerza. De hecho, esta situación es la que se da en la mayoría de los deportistas de cualquier nivel que no son especialistas en deportes en los que sea necesario la manifestación de una gran fuerza máxima. En los demás casos, no resulta tan fácil, y, como iremos viendo, hay que afinar más en la dosificación de las cargas.

Pero el efecto del entrenamiento de la fuerza no se traduce simplemente en una mejora de la fuerza isométrica máxima, sino que afecta en mayor o menor medida a otras manifestaciones de la misma como la fuerza explosiva, elástica y reactiva, así como a la actividad neuromuscular correspondiente y otros efectos estructurales que vamos a tratar a continuación a través de algunos estudios.

2.7.4. Efectos de intensidades altas, medias y ligeras sobre la manifestación de fuerza, la actividad eléctrica del músculo y la sección muscular

Schmidtbleicher (1987, y 1988 en castellano) realizó un estudio con 59 sujetos entre 22 y 25 años de edad, que se distribuyeron en cuatro grupos, tres experimentales y uno de control. Los tres primeros realizaron cuatro sesiones de entrenamiento semanales durante un periodo de 12 semanas, con los siguientes métodos de trabajo:

Grupo A: trabajó con cargas altas y pocas repeticiones:

3 series de 3 repeticiones con el 90%
2 de 2 con el 95%
1 de 1 con el 100%
1 de 1 con el 100% más 1 kg.
5 minutos de recuperación entre series

Grupo B: hizo un entrenamiento con cargas ligeras:

5 de 8 con el 45% a velocidad máxima
5 minutos de recuperación entre series

Grupo C: realizó una intensidad media con numerosas repeticiones:

5 de 12 con el 70%
2 minutos de recuperación entre series

Grupo D: grupo de control

El objetivo del estudio era comprobar las modificaciones en: C.f-t, fuerza isométrica máxima, índice de manifestación de fuerza máximo (IMF máx.) la actividad eléctrica del músculo y la sección muscular.

La fuerza máxima mejoró de forma similar en los tres grupos experimentales: 18%, 17% y 21% para los grupos A, B y C respectivamente, mientras que en el grupo de control disminuyó un 7% Esta mejora casi paralela sólo se puede producir, en nuestra opinión, debido a las características de la muestra, que estaba compuesta por estudiantes que no habían realizado entrenamiento de fuerza anteriormente. Por tanto, estos resultados tienen dos lecturas: por una parte, comprobamos una vez más que con estos sujetos no es necesario utilizar grandes cargas para mejorar en fuerza, y, por consiguiente, lo más racional será aplicar el mínimo estímulo que produzca buenos resultados al principio, para posteriormente poder aplicar otros más exigentes y efectivos cuando la progresiva adaptación del organismo los haga necesarios; por el contrario, intensidades del 45% e incluso del 70% serían insuficientes para mejorar la fuerza de sujetos con experiencia y que necesitaran un alto nivel de fuerza máxima; por tanto, estos resultados no serían aplicables a dichos deportistas.

La adaptación nerviosa más importante se produjo en el grupo A, seguido del B, y con un efecto negativo en el C. Los grupos A y B –por la intensidad (%) de la carga en el primer caso y por la velocidad de ejecución en ambos– activaron las UM con frecuencias altas, pero el A, por utilizar una carga más elevada, consiguió además un mayor reclutamiento de UM, lo que explica su superioridad en el índice de aumento de la actividad eléctrica (+12% frente a +4% de B) desde el comienzo de la contracción, así como el menor tiempo necesario para alcanzar la fuerza máxima. Los grupos C y D mostraron un empeoramiento en estos índices, con una reducción del 4% en ambos casos.

La fuerza explosiva (IMF máx.) evolucionó, como era de esperar, en la misma línea que la actividad eléctrica del musculo. El grupo A mejoró un 34%, por el 11% de B y el 4% de C; el grupo de control empeoró un 6% Nótese que este IMF es el máximo, lo que indica que se manifestó ante resistencias elevadas, concretamente en una contracción isométrica máxima. El valor de este índice podría cambiar ante resistencias ligeras, y hubiera sido interesante incluir este estudio en el diseño de la experiencia, aunque los resultados que nos aportan ya son bastante interesantes.

La medida de la sección transversal del músculo viene a confirmar que las 8-12 repeticiones por serie con cargas que no permitan hacer más repeticiones es una forma de trabajo eficaz para conseguir la hipertrofia muscular. El grupo C consiguió un 18% de aumento por el 10% del A y el B.

En este cuadro tenemos recogidos los resultados

	Fza. máx.	Adap. nerviosa	IMF. máx.	Hipertrofia
Grupo A	18%	12%	34%	10%
Grupo B	17%	4%	11%	10%
Grupo C	21%	–4%	4%	18%
Control	–7%	–4%	–6%	

Del conjunto de estos resultados se deduce que una misma ganancia de fuerza puede obedecer a distintas causas. Si utilizamos cargas altas (grupo A), las mejoras se deben fundamentalmente a una adaptación neuromuscular, con efectos paralelos en una más rápida manifestación de la fuerza conseguida (IMF); por el contrario, si trabajamos con cargas intermedias y numerosas repeticiones, el resultado se debe sobre todo a un aumento de la masa muscular, pero con una pequeña incidencia en el IMF.

Al contrario de lo que decíamos con respecto a la mejora de la fuerza, los resultados de tipo neuromuscular entendemos que son propios de las intensidades (%) empleadas y de la velocidad de ejecución; por tanto, los efectos de estas cargas en este sentido serían válidos para cualquier practicante, aunque, como cualquier otra adaptación tenga sus límites con el paso del tiempo.

La aparente contradicción entre este estudio y otros que hemos visto y que veremos a continuación en cuanto al efecto de cargas altas y ligeras puede tener su explicación en la muestra utilizada en cada caso y en el tipo de ejercicios y de entrenamiento global realizados. Estudios dirigidos por expertos tan acreditados como los que citamos aquí no pueden tener errores graves de diseño, de análisis, medición o interpretación como para admitir que alguno de ellos esté totalmente equivocado.

2.7.5. Efectos del entrenamiento con cargas pesadas y la combinación de métodos concéntricos y excéntricos

Al hablar de la curva fuerza-velocidad (C.f-v), punto 1.3.2 de este libro, hicimos mención al efecto sobre dicha curva de un trabajo con cargas pesadas. Ahora vamos a retomar el mismo estudio para analizar otros efectos producidos por este tipo de entrenamiento.

Hakkinen (1981a, 1983b) realizó un estudio con 14 hombres acostumbrados a realizar entrenamiento de fuerza, aunque no de forma competitiva. Se entrenaron durante 16 semanas a razón de 3 sesiones por semana. El entrenamiento fue como indicamos a continuación:

– Ejercicio: sentadillas con la barra por detrás de la cabeza

– Intensidad:
  Trabajo concéntrico: 80-100%, para 1-6 repeticiones por serie.
  Trabajo excéntrico: 100-120% de la mejor marca en sentadilla, para 1-2 rep/ser.

– Repeticiones totales por sesión: 16 a 22

– Distribución de las repeticiones: el 75% concéntricas y el 25% excéntricas.

– La carga aumentó progresivamente desde el principio al final de la experiencia.

Resultados:

– *Hipertrofia:* el área media de las fibras FT y ST aumentó de forma significativa un 20% aproximadamente. Pero la mayor parte de este incremento tuvo lugar en las ocho semanas finales.

– *Fza. iso. máx. bilateral:* aumentó de forma significativa un 21%

– *Fza. dinámica máx.:* mejoró un 25% (test de sentadilla)

– *C.f-t:* mejoró para alcanzar la fza. máx. iso., pero no cambió para valores de fuerza dinámica máxima relativa.

– *Capacidad de salto:* SJ mejoró un 10%, y el CMJ un 7% El DJ prácticamente no mejoró (test pliométrico cayendo desde diferentes alturas)

Durante la experiencia se fue analizando la evolución de todos estos parámetros. En la fig. 4.6 podemos apreciar la evolución de la actividad eléctrica del músculo, de la fuerza isométrica y del área media de las fibras.

Como podemos observar, la mayor parte de la ganancia de fuerza isométrica máxima se produjo en las ocho primeras semanas, mejorando muy poco en las ocho restantes.

Esta mayor progresión inicial se acompañó de una mejora paralela de la actividad eléctrica del músculo; mientras que el aumento del tamaño de las fibras fue muy ligero y no significativo. Hakkinen (1983c) considera que se puede afirmar que el aumento de la fuerza máxima observado durante las ocho primeras semanas se debe a la mejora de la actividad neural.

La ligera progresión en la fuerza durante las últimas semanas puede estar en relación con la hipertrofia de las fibras musculares, ya que la actividad neural no mejoró e incluso empeoró en algunos casos.

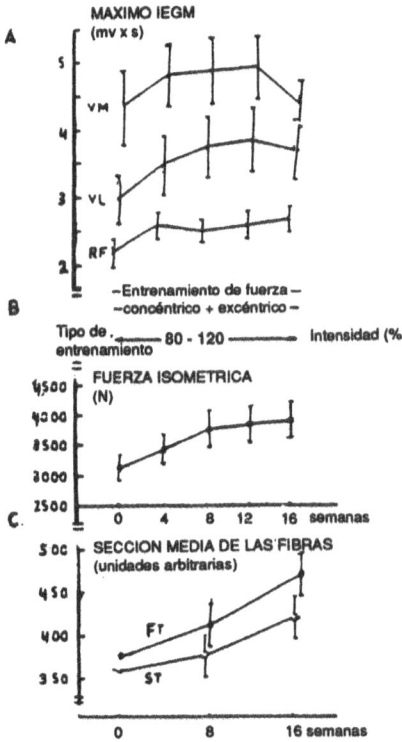

Fig. 4.6. Evolución a lo largo de 16 semanas de entrenamiento de fuerza máxima de: A): actividad eléctrica máxima integrada de los músculos del cuádriceps, B) Fuerza isométrica máxima, C) Area de las fibras musculares. (Hakkinen, 1983c).

Este estudio ha sido considerado como clásico para explicar cómo se adaptan los mecanismos neurales e hipertróficos a lo largo de un periodo de entrenamiento de fuerza con cargas altas. Este proceso queda reflejado de forma esquemática en la fig. 4.7 (Sale, 1988). En las primeras semanas de entrenamiento se progresa, sobre todo, por adaptaciones del sistema nervioso, pero, posteriomente éstas se estabilizan y continúa la hipertrofia como principal responsable del incremento de la fuerza, hasta que se produce una nueva meseta si no se modifican las condiciones del entrenamiento.

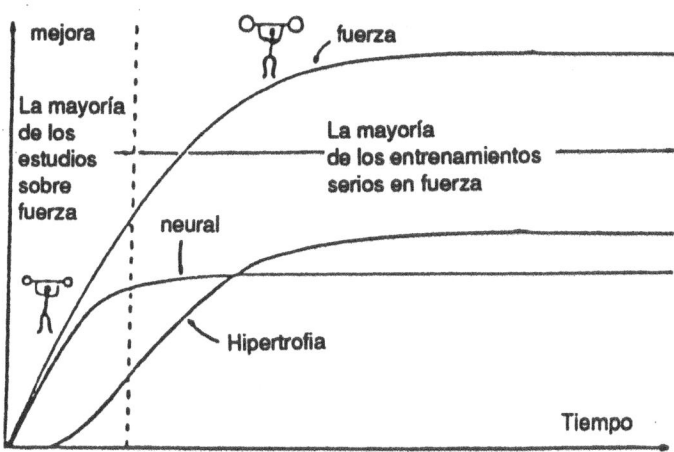

Fig. 4.7. Esquema clásico de las adaptaciones del entrenamiento de fuerza a lo largo del tiempo (primero: neural; segundo: hipertrofia) (Sale, 1988).

2.7.6. Efectos de entrenamientos de tipo explosivo basados en ejercicios de salto

Como complemento del estudio anterior, Hakkinen (1985b) realizó otra experiencia con un programa de entrenamiento de tipo explosivo a base de saltos. Participaron 10 hombres jóvenes acostumbrados a realizar trabajo de fuerza de forma secundaria, y no con carácter competitivo. Se entrenaron durante 24 semanas, a razón de 3 sesiones semanales. El entrenamiento consistió en la realización de los siguientes ejercicios:

- 1. Saltos con contramovimiento con carga adicional (10-60% de la sentadilla)
- 2. Saltos de longitud a pies juntos (5)
- 3. Multisaltos con vallas (5)
- 4. Saltos en profundidad desde una altura de 30-60 cm.
- 5. Saltos en profundidad seguidos de varios rebotes desde 30-40 cm., con el peso aligerado por unas gomas atadas al techo.
- También se realizaron ejercicios con cargas ligeras (60-80%) para las piernas, el tronco y los brazos.

Los ejercicios de salto se fueron introduciendo progresivamente. Así, en las primeras ocho semanas se hicieron los indicados con los números 1, 3 y 4; en las ocho siguientes se añadió el número 2 a los anteriores; y desde la 16 a la 24 se realizaron todos.

Los ejercicios debían ser realizados a la mayor velocidad posible.

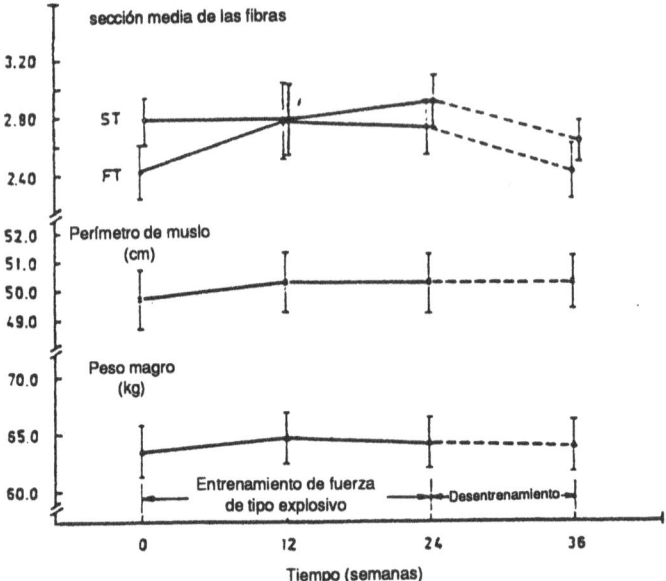

Fig. 4.8. Evolución del área de las fibras musculares FT y ST (arriba), el diámetro de la pierna (en medio) y el peso magro (abajo) después de 24 semanas de entrenamiento de tipo explosivo a base de saltos y 12 semanas de desentrenamiento (Hakkinen, 1985b).

Resultados:

– *Hipertrofia:* no hubo aumento del diámetro de la pierna, pero sí hipertrofia selectiva de las fibras FT (13%), aunque menor que en el trabajo anterior (cargas también intensas pero de mayor duración). El área de las fibras ST no aumentó. Esta hipertrofia selectiva vendría a apoyar la teoría de que con movimientos de tipo explosivo se reclutan fundamentalmente fibras FT. La fig. 4.8 muestra la evolución del área de las fibras y otros datos antropométricos durante el entrenamiento y la fase posterior de inactividad. Según se desprende de esta figura, la mayor hipertrofia se produce en las primeras semanas, lo contrario que en el trabajo con cargas pesadas. Por tanto, parece que se cambian los procesos, y que los primeros aumentos de fuerza por este tipo de entrenamiento dependen más de la hipertrofia que de la actividad neural, para invertirse posteriormente los términos.

– *Fza. iso. máx.:* mejoró un 11%

– *Fuerza dinámica y C.f-v:* los efectos sobre esta manifestación de fuerza pueden consultarse en el punto 1.3.2 de este libro, en el que describimos los efectos sobre la C.f-v.

– *C.f-t:* como se observa en la fig. 4.9, el tiempo necesario para alcanzar cualquier valor de fuerza disminuye en todos los periodos de tiempo. El IMF, por tanto, mejoró (24%).

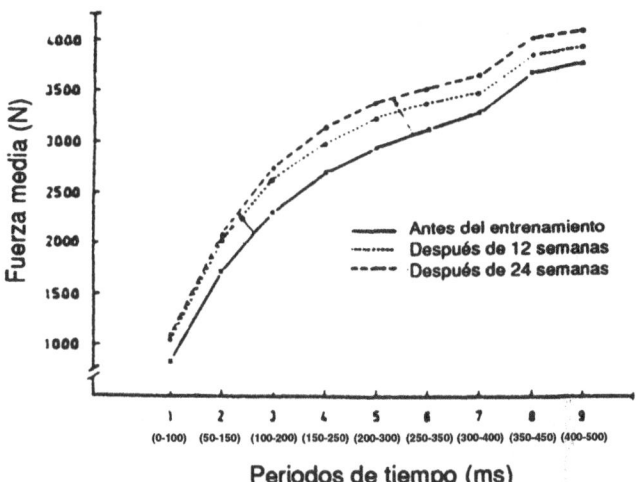

Fig. 4.9. *Evolución de la curva fuerza-tiempo (en valores absolutos de fuerza) antes del entrenamiento (línea continua), a las 12 semanas de entrenamiento y a las 24 semanas de entrenamiento (líneas intermitentes) de fuerza explosiva (Hakkinen, 1985b).*

La relación entre el salto vertical desde distintas alturas y la actividad eléctrica del músculo se muestra en la fig. 4.10. Los resultados indican que el salto vertical mejoró desde todas las alturas, y que este aumento está muy relacionado con el incremento de la actividad neural, tanto en la fase concéntrica como excéntrica del salto.

2.7.7. Efectos de distintos niveles de intensidad con el mismo volumen de entrenamiento

Comprobar que las intensidades máximas (desde el 80-85% en adelante) son las más eficaces para obtener los mayores beneficios en la mejora de la fuerza y otros parámetros relacionados con el rendimiento deportivo, no significa que cuanto mayor sea la intensidad y más veces la hagamos, más progreso vamos a conseguir.

170 Fundamentos del entrenamiento de la fuerza. Aplicación al alto rendimiento deportivo

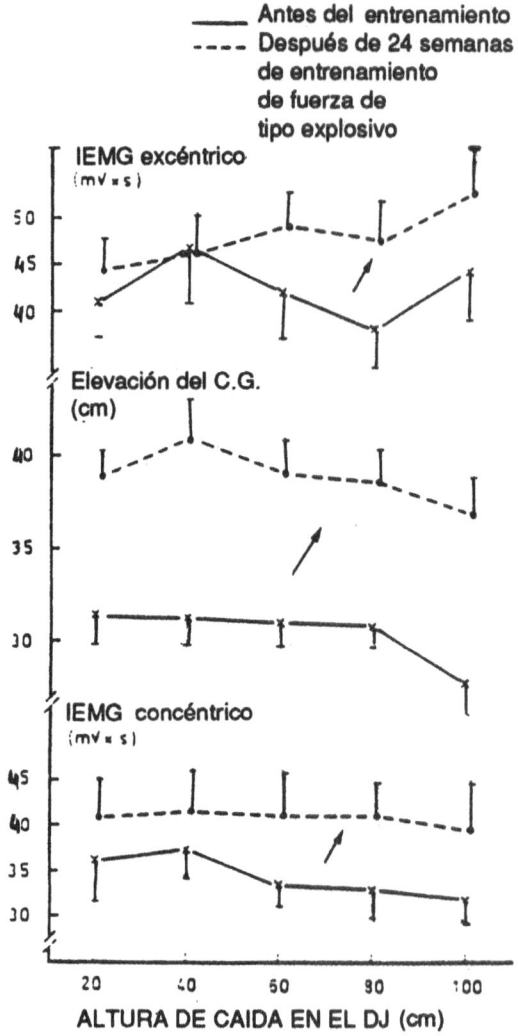

Fig. 4.10. Evolución media del salto vertical (en medio) realizado cayendo desde alturas de 20, 40, 60, 80 y 100 cm. y actividad IEMG de los músculos vasto lateral y recto femoral durante las fases excéntrica (arriba) y concéntrica (abajo) del test pliométrico (drop jump) antes (línea continua) y después (línea discontinua) de 24 semanas de entrenamiento de fuerza explosiva (Hakkinen, 1985c).

Nosotros realizamos un estudio (J.J. Glez. Badillo, 1987) en el que tratamos de ver el efecto de distintos valores de intensidades máximas (>90-100%) en ejercicios que tienen un alto componente de fuerza. Para ello seleccionamos tres grupos de deportistas especialistas en el entrenamiento con cargas, y les aplicamos tres métodos de entrenamiento idénticos en cuanto al volumen, y que se diferenciaban únicamente en el porcentaje de repeticiones que se hacían con intensidades superiores al 90% Para el análisis de la experiencia también incluimos los datos correspondientes al grupo que utilizó este mismo volumen en un trabajo anterior.

Después de las diez semanas que duró la experiencia, pudimos comprobar que la relación entre las repeticiones con intensidades máximas y los resultados es de tipo curvilínea. Es decir, un aumento progresivo del número de estas repeticiones favorece los resultados, pero alcanzados ciertos valores, los efectos empiezan a ser negativos. Así, resultó que tratados los resultados a través del coeficiente de correlación curvilínea "eta", hubo diferencias significativas en los tres ejercicios estudiados: arrancada ($p < 0.01$), dos tiempos (p F 0.02) y sentadilla ($p < 0.05$). Por tanto, aquellos deportista que tienden a hacer el máximo número posible de repeticiones con intensidades superiores al 90% no obtienen los mejores resultados. Por ejemplo, un grupo que intentó realizar 20 repeticiones en arrancada (4.84% del total) con intensidades del 95-100% consiguió una mejora significativa ($p < 0.05$), otro que hizo 31 (7.49%) también ($p < 0.005$), pero otros dos que intentaron hacer 42 (18.24%) y 83 (28.81%) no consiguieron diferencias significativas. Efectos similares se obtuvieron en dos tiempos y sentadillas. Por tanto, no es suficiente con utilizar las intensidades óptimas, sino que éstas deben dosificarse adecuadamente, si queremos sacar el maximo rendimiento de ellas.

También comprobamos el efecto que puede tener la IM relativa en un ciclo de entrenamiento de al menos 10 semanas de duración. A partir de determinados valores de intensidades medias los resultados empiezan a ser menores y si siguen aumentando llegan incluso a impedir la mejora. Dada la escasa diferencia entre las IMs que se alcanzan cuando los incrementos de los resultados son significativos y cuando no lo son, y dada la gran semejanza entre los tres ejercicios, sería razonable admitir que este índice de carga es de los más sensibles, válidos y fiables –si se calculan siempre manteniendo las mismas normas– para estudiar el entrenamiento planificado y para predecir el nivel de carga y el rendimiento. En el ejercicio de arrancada, una variación de 1,6 puntos en la IM durante un ciclo de 10 semanas nos lleva desde el entrenamiento más efectivo (77,2 de IM) hasta la falta de progresión significativa (79,8 de IM). En dos tiempos estas diferencias son de 1,4 (78,4 frente a 79,8). En sentadillas las diferencias máximas entre las IMs fueron menores (1,1) y todos los grupos consiguieron mejoras significativas, lo que viene a confirmar el valor de este índice: si hay poca diferencia entre sus valores, los entrenamientos son semejantes, aunque también en sentadillas se manifestaron diferencias en cuanto al nivel de significatividad a medida que aumentaba la IM. Las menores diferencias en las IMs de sentadillas se deben a un error inicial de diseño, al no haber diferenciado suficientemente los niveles de la variable independiente.

Los valores concretos que damos a continuación no deben tomarse como algo con validez universal, hay que tener en cuenta la muestra, el tipo de entrenamiento y la intensidad desde la que se contabilizan los datos (en este caso desde el 60%), pero son bastante orientativos y aplicables a la mayoría de los ejercicios de fuerza en los que intervengan grandes grupos musculares.

Efectos de la IM relativa en tres ejercicios de entrenamiento y competicion (J.J. Glez. Badillo, 1987)

Arrancada IM (%)	Dos Tiempos IM (%)	Sentadillas IM (%)
77,2***	78,4**	78,7***
77,7*	78,4**	79,0***
78,8	77,8*	79,3**
81,2	79,8	79,8*

* p<0,05
** p<0,01
*** p<0,005

2.7.8. Síntesis de los efectos fundamentales de las distintas intensidades

Como síntesis de los efectos fundamentales aportados por las distintas intensidades, y sin pretender ser exhaustivos, tendríamos lo siguiente:

- *Intensidades comprendidas entre el 80 y el 100%*

— *Repeticiones por serie:*

    90-100% = 1-3
    85-90% = 2-5
    80-85% = 3-6

— *Carácter del esfuerzo:* máximo número posible de repeticiones por serie o una menos. Debe tenerse en cuenta también el tipo de ejercicio que se realiza: los más simples permiten un mayor número de repeticiones que los más complejos.

— *Velocidad de ejecución:* máxima posible

- *Efectos fundamentales:*

- Fuerza máxima

- Fuerza-resistencia para cargas altas cuando se utilizan 3 repeticiones o más.

- Reducción del déficit de fuerza, sobre todo con el 90% y más.

- Mejora del IMF. Sobre todo ante cargas elevadas: la fuerza máxima isométrica se alcanzaría antes. Por tanto, incremento de la fuerza explosiva y mejora de la velocidad de ejecución.

- Poca hipertrofia, con tendencia a ser selectiva de fibras FT.

- Solicitación y agotamiento de fibras FT a y b, por el nivel de tensión.

- Solicitación pero no agotamiento de fibras ST, por la poca duración de la tensión.

- Máxima actividad neuromuscular: sincronización, reclutamiento y frecuencia de estímulo de UM.

- Mejora general de la C.f-v, aunque con tendencia a incidir sobre la zona de máxima fuerza. Dependerá de la frecuencia de las intensidades y de los ejercicios realizados. Los más complejos y explosivos tendrán un efecto mayor sobre la totalidad de la curva.

- Mejora de la coordinación intermuscular en ejercicios técnicos y rápidos.

Estas mismas intensidades, cuando se realizan con este número de repeticiones por serie: 90-100% = 1, 85-90% = 1-2, 80-85% = 1-3, tienen como objetivo y efecto fundamental mantener la fuerza y velocidad conseguidas con un trabajo precedente de cargas máximas.

Se comprende que todos estos efectos se producen de forma algo diferente entre las intensidades que hemos incluido en este grupo, pues realmente hay diferencias entre hacer siempre el 80% ó el 95-100%. Por ejemplo, si sólo utilizamos intensidades del 95-100%, la incidencia sobre la C.f-v será muy distinta que si sólo empleáramos el 80%, pero se entiende que el entrenamiento fundamental estará proporcionalmente repartido entre estas intensidades sin desviaciones extremas, y que, por tanto, el resultado final es una síntesis de los efectos parciales de todas ellas. Estas mismas consideraciones deben tomarse como válidas para los demás bloques de intensidades que vamos a tratar a continuación.

- *Intensidades comprendidas entre el 65 y el 80%*

– *Repeticiones por serie:* 6-12

– *Carácter del esfuerzo:* mayor número posible de repeticiones por serie.

– *Velocidad de ejecución:* máxima posible.

- *Efectos fundamentales:*

- Fuerza máxima

- Fuerza-resistencia para cargas medias.

- Aumento del déficit de fuerza.

- Poca incidencia en el IMF.

- Máxima hipertrofia muscular. Con mayor incidencia en las fibras ST.

- Fibras FT y ST reclutadas y agotadas por la duración de la tensión.

- Poca incidencia sobre la actividad neuromuscular, aunque una ejecución rápida de la parte concéntrica del movimiento podría mejorar este aspecto. Menor frecuencia de estímulo y sincronización. Trabajando con intensidades inferiores al 80% y a velocidades medias puede incluso reducirse la actividad eléctrica del músculo, tanto si los deportistas están habituados al entrenamiento con cargas (Hakkinen y Komi, 1985g), como si son principiantes (Schmidtbleicher, 1987).

- Teóricamente, estas intensidades podrían influir sobre toda la C.f-v, pero esto va a depender de la velocidad de ejecución y del nivel de experiencia del sujeto. Cuanto menor sea ésta, más efecto tendrá sobre sobre dicha curva.

- Máxima incidencia sobre los procesos metabólicos: máxima producción de lactato, máxima depleción de glucógeno, etc.

- *Intensidades comprendidas entre el 30 y el 70%*

– *Repeticiones por serie:* 5-8

– *Carácter del esfuerzo:* se deja un amplio margen de repeticiones por serie sin realizar.

– *Velocidad de ejecución:* máxima posible

- *Efectos fundamentales:*

- Poca mejora de fuerza máxima. Si no se realizan otras intensidades superiores durante más de un mes (Zatsiorsky, 1992) se produce pérdida de fuerza máxima para deportistas con amplia experiencia y con alto desarrollo de fuerza.

- Mejora de fuerza rápida con cargas ligeras

- Mejora del IMF, pero en menor grado que con intensidades del 80-100%

- Reclutamiento de fibras FT sin hipertrofia. Si la tensión es baja (intensidad (%) y/o velocidad de ejecución bajas), se corre el riesgo de no reclutar fibras rápidas tipo IIb (Cometti, 1989, tomo 1), con la consiguiente pérdida de posibilidades de mejorar la velocidad de movimiento.

- Actividad neuromuscular media por frecuencia de estímulo, pero no por reclutamiento.

- Mejora de la C.f-v en la zona de mayor velocidad y menor carga.

- *Intensidades comprendidas entre el 30 y el 70%*

– *Repeticiones por serie:* 10-20

– *Carácter del esfuerzo:* cercano al máximo número de repeticiones por serie.

– *Velocidad de ejecución:* máxima posible

- *Efectos fundamentales:*

- Fuerza-resistencia. Resistencia a la fuerza rápida

- Poco efecto sobre fuerza máxima

- Menor efecto sobre procesos neuromusculares que en el caso anterior por la reducción de la velocidad media de ejecución debido al cansancio. Predominio de fibras FT al principio de la serie e intervención progresiva de ST. Mayor agotamiento muscular y ligera hipertrofia.

- *Intensidades comprendidas entre el 20 y el 60%*

– *Repeticiones por serie:* 15-30

– *Carácter del esfuerzo:* cercano al máximo número de repeticiones por serie.

– *Velocidad de ejecución:* máxima velocidad media posible durante la realización de cada serie.

- *Efectos fundamentales:*

- Fuerza-resistencia general

- Mínimo efecto sobre fuerza máxima y procesos neuromusculares.

- Predominio de fibras ST

Los ejercicios utilizados en este tipo de entrenamiento deberían ser fundamentalmente los de competición o similares con la oposición de cierta resistencia.

- *Intensidades comprendidas entre el 60 y el 80%*

– *Repeticiones por serie:* 6-12

– *Carácter del esfuerzo:* se deja un margen relativamente amplio de repeticiones por serie sin realizar. Este margen varía de más a menos en sesiones sucesivas como un factor de intensificación del entrenamiento, pero nunca se llega al máximo número posible de repeticiones por serie.

– *Velocidad de ejecución:* media

- *Efectos fundamentales:*

- Fuerza máxima para jóvenes y/o no iniciados y deportistas que no necesitan un desarrollo muy elevado de la fuerza.

- Mejora de todos los parámetros de la condición física relacionados con la fuerza.

- La velocidad media en estos sujetos, que son jóvenes y/o que no son especialistas en fuerza, puede ser más apropiada por la falta de adaptación muscular y articular a este tipo de trabajo y también porque puede proporcionar unos beneficios más amplios en la mejora de la fuerza. Aunque la fuerza se desarrolla sobre todo a la velocidad de entrenamiento, como veremos más adelante, Kanehisa y Miyashita (1983a; en Behm y Sale, 1993) encontraron que un entrenamiento a una velocidd intermedia (3.14 rad/seg) durante 8 semanas mejoró la fuerza de forma casi similar a todas las velocidades. Sin duda, esto es más fácil, y quizá sólo se da, en los jóvenes y no entrenados.

Hasta aquí hemos descrito los aspectos fundamentales relacionados con la intensidad del entrenamiento de fuerza cuando se realiza a través de contraciones concéntricas contra resistencias (pesos). Esta es la forma principal de llevar a cabo este tipo de trabajo. Pero también hay otras con características especiales y complementarias a la descrita que serán tratadas al hablar de los métodos de entrenamiento. Nos estamos refiriendo, fundamentalmente, a los saltos y a los regímenes de contracción excéntrico e isométrico.

SÍNTESIS DE IDEAS FUNDAMENTALES

- La intensidad es el grado de esfuerzo que exige un ejercicio

- La intensidad máxima: absoluta y relativa, es muy útil para programar y analizar el entrenamiento.

- La intensidad expresada por rep/serie es útil para individualizar las cargas y para acercarnos con más precisión al objetivo de desarrollo de fuerza máxima en deportistas avanzados.

- La expresión de la intensidad por la potencia desarrollada permite definir el carácter del ejercicio y su dosificación.

- Las intensidades medias no son válidas para programar, pero sí para valorar la carga ya planificada y el entrenamiento una vez realizado.

- Cada intensidad tiene un efecto, que está en función del número de repeticiones por serie, del carácter del esfuerzo (hasta el fallo o no) y de la velocidad de ejecución.

- Los efectos fundamentales de cada intensidad están resumidos en las páginas anteriores.

3. VELOCIDAD DE EJECUCIÓN

La especificidad de la velocidad de ejecución de un ejercicio es crítica en el diseño de la programación de un entrenamiento con resistencia. Es esencial asegurar la igualdad entre la velocidad del ejercicio de entrenamiento y el de competición. Entrenar a baja velocidad incrementa la fuerza a baja velocidad, sin ningún efecto sobre la fuerza a alta velocidad (Caiozzo, 1980; Petersen, 1984; Coyle, 1981; en T. Odgers y otros, 1992).

La velocidad de ejecución constituye una forma de intensificación del entrenamiento. A una carga determinada sólo se le saca el máximo provecho cuando la velocidad de ejecución es máxima o próxima a ella. Poliquin (1990) y Fleck y Kraemer (1987) coinciden en que mover una carga dada a más rápida velocidad incrementa la intensidad del ejercicio, lo que produce una mayor potencia y un mayor índice de realización de trabajo. Cuanto más próximo a la velocidad máxima es la ejecución del ejercicio, mayor es la intensidad y el efecto neuromuscular del entrenamiento.

La velocidad es importante tanto cuando el objetivo es incrementar la potencia como cuando se busca desarrollar la capacidad para levantar cargas máximas. La velocidad que estamos considerando aquí es la máxima posible contra cualquier resistencia. Por tanto, la velocidad de ejecución estará en función de la resistencia a vencer, pero siempre será próxima a la máxima posible con cada carga. Tanto la fuerza dinámica máxima como la dinámica máxima relativa dependen de la velocidad de ejecución. *Cuanto mayor sea la velocidad, más fuerza se aplica ante una misma resistencia.*

La velocidad de ejecución afecta a las características de la contracción muscular. Influye en la actividad neural: frecuencia de estímulo, cambios en el modelo de reclutamiento y mejora de la sincronización, y si la carga es alta, también mayor reclutamiento; *pero además tiene una clara incidencia en la estructura del músculo,* ya que estimula e hipertrofia selectivamente las fibras FT, fundamentales en la mejora de la manifestación rápida de fuerza.

Hacer cargas óptimas más lentamente de lo que se puede activará e hipertrofiará las fibras lentas; esto dificulta la contracción rápida concéntrica, lo que *dará lugar a un disminución de la fuerza rápida* del músculo (Tihany, 1989).

Jansson y otros (1990; en Behm y Sale, 1993) encontraron un descenso del 9% en la proporción de fibras de tipo I y un incremento en las de tipo IIa después de 4 a 6 semanas de entrenamiento de sprint en un cicloergómetro. Ellos suponen que el efecto puede estar relacionado con un cambio en el modelo de activación de las fibras, el cual puede inducir un incrememto en la síntesis de miosina en las fibras de tipo II. *Por tanto, los cambios de velocidad en la activación neural pueden afectar directamente las características del músculo.*

El principio de la especificidad del entrenamiento se cumple muy especialmente en lo que se refiere a la velocidad. La fuerza ganada de una forma determinada no se transfiere fácilmente a otras formas de manifestación de fuerza. El entrenamiento realizado a una velocidad dará óptimas ganancias a una velocidad similar, con descenso de los resultados cuando hay notables desviaciones de la misma. No obstante, la mayor transferencia parece que se produce cuando la velocidad de ejecución es alta.

Estas afirmaciones han sido corroboradas por suficientes investigaciones, algunas de las cuales recogemos de la revisión realizada por Behm y Sale (1993). Moffroid y Whipple (1970) fueron los primeros en informar de que sujetos que entrenaron a baja velocidad (36°/seg) sólo alcanzaron incrementos en fuerza a la velocidad de entrenamiento, mientras que los sujetos que entrenaron a más alta velocidad (108°/seg) experimentaron un incremento a todas las velocidades que se midieron (0 a 108°/seg). Lesmes y otros (1978) entrenaron a sujetos en régimen isocinético durante 7 semanas a 180°/seg y encontraron que los beneficios se producían sólo por debajo y a la velocidad de entrenamiento. Kanehisa y Miyashita (1983b) encontraron que después de haber realizado 14 semanas de entrenamiento isométrico, 6 semanas de trabajo en régimen dinámico a 157°/seg producen un incremento significativo de la potencia mecánica frente a cargas ligeras; mientras que partiendo de las mismas condiciones, si se hacen seis semanas a 73°/seg sólo se mejora la potencia dinámica con cargas pesadas. También tenemos que recordar aquí los trabajos de Hakkinen y colaboradores en los que se relacionaban el tipo de entrenamiento: pesado (más lento, debido a la carga) y el explosivo (más rápido) y los efectos estructurales, nerviosos y sobre las curvas f-t y f-v.

Por tanto, como vemos, la velocidad de ejecución de los ejercicios incide en la intensidad del entrenamiento y determina la dirección de sus efectos. No es suficiente con conocer y aplicar la intensidad (%) adecuada, sino que hay cuidar también la forma en que se utiliza.

SÍNTESIS DE IDEAS FUNDAMENTALES

- La velocidad es una forma de intensificar el entrenamiento

- Es importante para trabajar con cualquier tipo de carga

- Influye en la actividad neural y en la estructura del músculo

- Los movimientos realizados a menor velocidad de la que se es capaz de desarrollar dan lugar a una disminución de la fuerza rápida.

4. EJERCICIOS

Los ejercicios son el contenido, la materia del entrenamiento. Sirven como medio para desarrollar la fuerza y como medio para canalizarla posteriormente hacia una óptima manifestación de la misma en el ejercicio de competición.

La manifestación de fuerza se hace siempre a través de un ejercicio. Por tanto, no se trata de adquirir fuerza en términos generales y en cualquier dirección, sino en una acción concreta y con unas características determinadas. El que más peso levanta en una sentadilla no es el que más lanza, ni siquiera el que más salta o el que hace una mejor arrancada. Esto no significa que no haya una cierta correlación entre estas variables, sino que la fuerza desarrollada y el ejercicio que se utiliza para ello deben estar al servicio de la fuerza específica que permite una mejor realización técnica y un mayor rendimiento. Por tanto, no tiene sentido malgastar energías y correr riesgos de sobrecarga e interferencias técnicas realizando ejercicios no adecuados o en una proporción desmesurada.

La definición de un ejercicio depende de los siguientes factores:

— *régimen de trabajo:* dinámico: concéntrico, pliométrico o excéntrico; estático o combinado.

— *tipo de tensión* con la que se realiza: tónica, tónico-explosiva, etc.

— *estructura dinámica y cinemática* del mismo. Con especial atención a la velocidad de ejecución y al momento en el que se produce la máxima tensión o manifestación de fuerza: al principio, en la zona central o al final del recorrido del gesto.

Cada deporte debe elegir los ejercicios que más eficazmente contribuyan a la mejora de la fuerza específica, pero en todos los casos habría que hacer una distinción de tres o cuatro tipos de ejercicios, que normalmente se denominan: *generales, especiales o dirigidos y específicos y/o de competición.*

Los generales:

Son aquellos que, por sus características, están más alejados de los de competición en todos los factores que hemos mencionado como definidores del ejercicio.

Actúan sobre la generalidad de los grupos musculares y desde distintos ángulos.

El efecto de estos ejercicios *es mayor cuanto menor es la cualificación deportiva.*

La transferencia directa de estos ejercicios a los de competición es menor que con los demás.

Su eficacia debe valorarse por el aumento general de la fuerza y por su efecto en la mejora del ejercicio de competición. Cada especialidad debe establecer los correspondientes tests, bien con ejercicios de competición o con otros que sean buenos indicadores de la evolución de la forma deportiva en cada fase del ciclo de entrenamiento.

Su aplicación se sitúa, sobre todo, en la fase más alejada de la competición, ya que su objetivo es la creación de una base de fuerza máxima suficiente que acondicione la musculatura para poder desarrollar posteriormente las manifestaciones de fuerza, velocidad y resistencia específicas.

Los ejercicios de este tipo más habituales son los realizados contra resistencias. Se trabajan los grupos musculares de forma más analítica, aunque también pueden utilizarse otros de efecto más globalizado; en cualquier caso siempre deben tenerse presente las necesidades de cada deporte.

Los ejercicios especiales o dirigidos:

Poseen unas características muy próximas a los de competición, en lo que se refiere a:

– Grupos muculares fundamentales que intervienen.

– Estructura del ejercicio.

– Manifestación de fuerza específica: tipo de tensión.

– Régimen de trabajo.

– Velocidad de ejecución.

Ocupan un mayor espacio en los contenidos del entrenamiento a medida que se eleva la maestría deportiva.

Son más efectivos y transferibles que los generales.

Se pueden encontrar en cualquier fase del ciclo de entrenamiento.

Su efectividad se valora a través de su efecto directo sobre el resultado deportivo. Verkhoshansky (1986) relata una experiencia llevada a cabo por él mismo y por Tschornoussow en 1974 en la que se comprobó el efecto de dos tipos de salto y la combinación de ambos. Unos llamados saltos "cortos" (verticales y en series de un salto) y otros "largos" (saltos múltiples con una y otra pierna en carrera hasta 60-100 m). Resultó que los saltos cortos eran más efectivos cuando se hacía una carrera de 30 m partiendo desde parado (agachados), y los largos cuando se hacía esta distancia con salida lanzada, y si se corrían 60 m, tanto desde parado como con salida lanzada. La combinación de los dos ejercicios dio buenos resultados en todos los casos (fig.4.11)

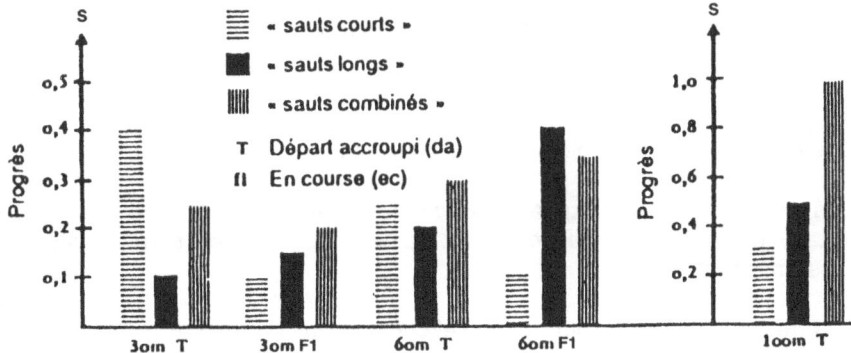

Fig. 4.11. Progresos realizados en diferentes tests de carrera con diferentes contenidos de entrenamiento: saltos "cortos", saltos "largos" y saltos "combinados" (ver texto) (Verkhoshansky y Tschornoussow, 1974; en Verkhoshansky, 1986. Fig. tomada de Letzelter, 1990).

Los ejercicios de competición:

Integran los efectos de los generales y los especiales. Ellos mismos pueden constituir una forma de entrenamiento y transformación de la fuerza si se realizan con gran intensidad. Pensemos en lanzamientos en balonmano desde distancias mayores a las habituales en un partido, en series de velocidad en natación, etc.

Si los ejercicios de competición se utilizan con cargas ligeramente superiores o inferiores, en algunas especialidades cabría distinguir unos *ejercicios* que podríamos llamar *de fuerza y velocidad específicas,* en los que las condiciones de la técnica se mantienen casi idénticas a las de competición. Si la carga adicional es demasiado grande o demasiado ligera con respecto a la de competición, el ejercicio dejaría de ser específico.

Con estos ejercicios se consigue al mismo tiempo el perfeccionamiento de la técnica y el de la fuerza específica. Como ejemplos podríamos citar el lanzamiento con peso adicional o reducido, la carrera en cuesta o con ligeros arrastres que la faciliten, natación con resistencia adicional, etc.

Las cargas adicionales podrán ser más elevadas cuanto más consolidada esté la técnica, ya que, en este caso, es más difícil que se deteriore la ejecución del ejercicio.

En la selección de los ejercicios para el desarrollo de la fuerza debe considerarse que incluso en las fases de preparación más general y en los jóvenes hay que tener presente las características del deporte que se practica, y que, por tanto, no deben utilizarse ejercicios demasiado generalistas y rebuscados que no aporten nada al deporte específico.

La elección de los medios debe estar en función del efecto específico que proporcionan y del nivel y necesidades del deportista. Se valora: el efecto específico, el nivel de crecimiento de los indicadores funcionales del organismo y la estabilidad de los efectos (Verkhoshansky, 1986). Para este autor, el problema de la elección de medios no está suficientemente resuelto, pero sí dice que se admiten algunas generalizaciones que pueden orientar el entrenamiento:

- El efecto del entrenamiento o del medio disminuye con la maestría.

- Los medios deberían asegurar un efecto de entrenamiento óptimo con relación al estado funcional actual del deportista. Es decir, no todo sirve para todos en cualquier momento.

- Los "restos" de otros medios alteran el efecto de los posteriores.

- El efecto de medios complejos está determinado no sólo y no tanto por su suma, sino por su combinación, orden de sucesión e intervalos de separación. Aquí está implícito el problema de la necesidad de lograr una secuenciación racional de medios que permita la prolongación y suma de los efectos durante el mayor tiempo posible.

- El contenido de un entrenamiento especial de fuerza como un todo -donde están comprendidos los ejercicios como parte fundamental- debería incluir un complejo de estímulos específicos que aseguren la formación de la estructura de la preparación requerida para alcanzar la maestría deportiva en un deporte dado.

No es necesario insistir en que la elección de los ejercicios adecuados para el desarrollo de la fuerza es otro de los aspectos importantes a la hora de diseñar un entrenamiento. *El ejercicio,* por sí solo, *marca la magnitud y el carácter de la carga, así como el efecto* que se deriva de la misma, aunque todos los demás parámetros permanezcan inalterables.

SÍNTESIS DE IDEAS FUNDAMENTALES

- Los ejercicios son el medio para desarrollar y manifestar la fuerza.

- El ejercicio por sí solo marca, en parte, la magnitud y el carácter de la carga, así como el efecto.

- La definición de un ejercicio depende de:

- El régimen de trabajo

- El tipo de tensión

- Su estructura dinámica y cinemática

- Podemos distinguir, al menos, los siguientes tipos de ejercicios:

- Generales: Crean la base general de la fuerza. Tienen poca transferencia directa a los ejercicios de competición.

- Especiales o dirigidos: Más parecidos a los de competición. Más efectivos y transferibles que los anteriores

- De fuerza y velocidad específicas: Con ellos se mejora al mismo tiempo la fuerza, la velocidad y la técnica.

- Ejercicios de competición.

Capítulo V
Metodología del entrenamiento de fuerza

El objetivo del entrenamiento de fuerza es poner al deportista en disposición de *conseguir la óptima manifestación de fuerza en las actividades específicas.* Por ello, cada especialista debe definir claramente sus prioridades: un entrenamiento de fuerza máxima excesivo puede perjudicar la velocidad de movimiento ante cargas ligeras. En el análisis de las necesidades hay que tener en cuenta: tipo de ejercicio que se realiza, ángulos de las articulaciones, modos de contracción, velocidad de ejecución, fuentes energéticas predominantes, etc.

OBJETIVOS DE ESTE APARTADO:

1. Describir la función y efecto de las distintas vías para el desarrollo y manifestación de la fuerza.

2. Distinguir los términos "entrenamiento de fuerza máxima" y "desarrollo de la fuerza máxima".

3. Reconocer y diferenciar las notas distintivas de los entrenamientos orientados hacia la fuerza máxima, el IMF, la fuerza reactiva y la resistencia a la fuerza.

4. Identificar las ventajas e inconvenientes de cada método.

5. Seleccionar los métodos de entrenamiento más adecuados para una especialidad deportiva y para un sujeto determinado en función de la edad, la experiencia, el estado de forma, el objetivo de entrenamiento, etc.

6. Explicar la relación entre las variables o componentes de la carga de cada método (Int., R/S, series, pausas, velocidad de ejecución) y sus efectos.

Tihany (1988) propone una serie de consejos a tener en cuenta a la hora de plantearse un entrenamiento. Para él es necesario lo siguiente:

- Conocer los principios funcionales del sistema neuromuscular.

- Utilizar ejercicios sobre la base de los principios fisiológicos y mecánicos.

- Conocer el efecto de los ejercicios.

- Conocer las características fisiológicas y mecánicas de los músculos de los deportistas.

- Seleccionar ejercicios y métodos sobre la base de la individualidad fisiológica y mecánica de cada deportista.

- Controlar completamente el entrenamiento de fuerza.

- Comprobar los cambios en las propiedades musculares desde el punto de vista de la fisiología y la biomecánica.

Parece que queda claro que, ambas, la fisiología y la biomecánica son el punto de partida en la concepción del entrenamiento y el criterio de referencia en el control del mismo.

1. VÍAS DE DESARROLLO

El desarrollo y manifestación de la fuerza se realiza por dos vías: la hipertrofia y la coordinación neuromuscular. Aunque esto ya ha sido tratado, vamos a retomar estos temas para completar su significado en la aplicación práctica, pues todos los métodos de entrenamiento tienen como objetivo la estimulación de alguno o varios de estos procesos.

1.1. La hipertrofia

La capacidad de un músculo para producir fuerza depende de su sección transversal, del número de fibras musculares y de los puentes cruzados disponibles. Por tanto, la masa muscular decide el potencial de fuerza en el sujeto. Por eso podemos decir que influye en la fuerza de una manera indirecta. El aprovechamiento de ese potencial depende de la actividad neuromuscular.

Se ha sugerido (Mac Dougall y otros, 1982; y Tesch y Larson, 1982; en Hakkinen, 1985e) que *podría haber un óptimo techo para el desarrollo muscular*. Esto parece confirmarse por algunas experiencias: después de 24 semanas de entrenamiento con cargas entre el 70 y el 120% (trabajo excéntrico para intensidades superiores al 100%), sólo se produjo hipertrofia en las 12 primeras semanas y ninguna significativa el las 12 siguientes.

Esto nos llevaría a la conclusión de que no sería conveniente prolongar un entrenamiento orientado a la hipertrofia más allá de las 12-14 semanas con intensidades superiores al 70%. Sería necesario modificar el tipo de trabajo y/o descansar hasta que el organismo renovara la capacidad de adaptación.

Pero también el grado de desarrollo de la masa muscular debe tener un límite óptimo desde otro punto de vista: *la hipertrofia provoca una activación precipitada de lo órganos de Golgi* y la consiguiente inhibición de la tensión muscular que va a llevar a una reducción del nivel de fuerza (Ehlenz y otros, 1990). Como en la mayoría de los casos no se puede, y, además, no se debe renunciar a un desarrollo muscular mínimo/óptimo para mejorar las posibilidades de fuerza, es necesario combinar este tipo de entrenamiento con ejercicios de estiramiento y utilización de cargas altas y a mayor velocidad que "enseñen" al sistema nervioso a evitar la inhibición temprana.

Debemos conocer también que se admite que hay una hipertrofia sarcoplásmica en la que crece el sarcoplasma, pero no la proteína contráctil (Yakolev, 1977; en Ehlenz y otros, 1990; Zatsiorsky, 1992) que es la efectiva. Esto no contribuye a la producción de fuerza muscular. La densidad del área de filamentos en las fibras musculares decrece, mientras que la sección transversal del músculo aumenta sin un acompañamiento de la fuerza muscular. En los músculos muy hipertrofiados existe una reducción del volumen miofibrilar (MacDougall y col.,1982; en Cometti, 1989, tomo 1). Esta reducción indica una dilución de las proteínas contráctiles en las fibras, lo que entraña una disminución de la tensión específica. No se describe cómo evitar este tipo de hipertrofia, en el caso de que fuera evitable, pero hemos de pensar también que aquí cobra un papel determinante la coordinación neuromuscular: para reducir el posible efecto negativo de la hipertrofia, cada avance del potencial de la fuerza debe venir acompañado de su correspondiente actualización a través de un mejor nivel de coordinación intramuscular.

Esta secuencia del trabajo hipertrófico seguido del neuromuscular da lugar a la reducción del déficit de fuerza. Si se aumenta la fuerza por incremento de la hipertrofia sin un entrenamiento de tipo neural paralelo o posterior, baja el nivel de la fuerza dinámica máxima relativa. Es decir, el porcentaje de fuerza desarrollada/aplicada en una contracción dinámica concéntrica con respecto a la fuerza isométrica máxima se reduce, lo que significa que no estamos aprovechando el potencial de fuerza creado anteriormente. Este es un aspecto fundamental del entrenamiento, pues de nada sirve mejorar la fuerza máxima si no la podemos manifestar en un alto grado.

Si el trabajo de hipertrofia se realiza con máxima amplitud de recorrido articular y, además, se practican los estiramientos, se pueden conseguir efectos suplementarios sobre los sarcómeros. Los estiramientos también producen un incremento significativo en el índice de la síntesis de proteínas del músculo, así como un incremento del número de sarcómeros en serie (Goldspink, 1992).

La hipertrofia conseguida está en relación con el total de proteínas degradadas durante el entrenamiento. La degradación de proteínas depende del peso (intensidad) levantado y del trabajo mecánico (número de repeticiones) realizado con dicho peso. Por tanto, la masa de proteína catabolizada durante un ejercicio con resistencia puede presentarse como el producto de la tasa de proteína degradada por repetición y el número de repeticiones. Con intensidades muy altas, que sólo permitan hacer una repetición, hay una tasa de degradación muy elevada, pero un trabajo mecánico muy bajo, por lo que la cantidad total de proteína degradada será pequeña. El mismo resultado se produce si utilizamos cargas que permitan hacer más de 25 repeticiones por serie: el trabajo mecánico es alto pero la tasa de degradación muy baja. El máximo efecto en este sentido se consigue con cargas intermedias y numerosas repeticiones: 5 a 10-12 repeticiones con el máximo peso posible (Zatsiorsky, 1992).

1.2. Coordinación neuromuscular

Dentro de los mecanismos neuromusculares distinguimos la *coordinación intra e intermuscular*.

1.2.1 Coordinación intramuscular

El objetivo del entrenamiento con respecto a este mecanismo consiste en mejorar los procesos que facilitan la producción de fuerza: reclutamiento, frecuencia de estímulos, sincronización y actividad refleja del músculo, así como en reducir los mecanismos inhibidores de la máxima tensión muscular.

El reclutamiento

Como sabemos, está en función de las cargas utilizadas. La variación del orden de reclutamiento es parcialmente responsable del tipo de efecto producido por el entrenamiento. Cuando se elige la vía de la coordinación intramuscular para el desarrollo de la fuerza, el objetivo del entrenamiento es enseñar al deportista a reclutar todas las UMs necesarias a una frecuencia óptima para conseguir la máxima contracción. Cuando se levanta un peso medio o bajo no son reclutadas las UMs rápidas, la frecuencia de descarga de las motoneuronas es submáxima y la actividad de las UM es asincrónica (Zatsiorsky, 1992). Por tanto, los ejercicios con cargas moderadas no son medios efectivos para el desarrollo de la fuerza a través de la coordinación intramuscular. En los deportistas de élite, habituados al trabajo de fuerza, la coordinación intramuscular óptima se produce cuando el peso utilizado es igual o superior al 85-90% de su mejor marca personal y se realiza con la máxima velocidad posible.

La frecuencia de estímulo

Es un mecanismo complementario del reclutamiento. La combinación de ambos permite la gradación de la fuerza: ante un mismo reclutamiento, a más frecuencia de estímulo, mayor es la producción de fuerza y potencia, y más rápidamente se consigue la fuerza máxima.

La contribución de estos dos mecanismos a la producción de fuerza es diferente según se trate de músculos grandes o pequeños. En los músculos pequeños de la mano, hasta menos del 50% de la fuerza máxima actúa principalmente el reclutamiento; posteriormente, la frecuencia de impulso juega el papel principal hasta llegar a la fuerza máxima (varios autores citados por Sale, 1986). No obstante, en los músculos más grandes, como el deltoides y el biceps, el reclutamiento parece ser que aumenta hasta llegar al 100% de la contración voluntaria máxima (en Sale, 1986), aunque para Zatsiorsky (1992), para alcanzar el rango comprendido entre el 90 y el 100% de la fuerza máxima se utiliza casi exclusivamente el aumento de la frecuencia de estímulo de las UMs.

Las *consecuencias prácticas* para el entrenamiento de estos mecanismos, completando a Cometti (1989), serían las siguientes: (basado en Cometti, pero completando algunas de sus propuestas)

– La fuerza máxima y/o rápida se sitúa en frecuencias y porcentajes de reclutamiento importantes.

– Hay que utilizar, por tanto, cargas pesadas para alcanzar estas frecuencias elevadas (50-60 Hz) y reclutar fibras FT tipo a y b.

– Pero es igualmente necesario desarrollar una fuerza importante en un tiempo muy corto. Por tanto, hay que elevar cargas pesadas muy rápidamente, lo que exigirá frecuencias aún más elevadas (hasta 100 Hz).

– Deben utilizarse movimientos explosivos, pues con ellos, con o sin cargas adicionales, se pueden conseguir en tiempos muy breves (100 ms) frecuencias que llegan hasta los 150 Hz. Con ello se consigue la más alta manifestación de fuerza, en función de la resistencia a vencer, y el máximo IMF.

– Por tanto, las cargas muy pesadas o del tipo explosivo parecen interesantes para mejorar en el deportista la frecuencia de estímulo y el reclutamiento de las UMs.

– El entrenamiento isométrico produce el máximo reclutamiento y la frecuencia de estímulo mínima para que cada UM alcance su máxima fuerza. Pero dadas las discrepancias entre este sistema y el de carácter concéntrico explosivo, en la práctica no debería utilizarse nunca el régimen isométrico solo, sino una combinación de ambos a través del ciclo de entrenamiento. Esto obligaría al músculo a experimentar estímulos diferentes, lo que llevaría a una adaptación superior.

La sincronización

Aunque la sincronización se ha considerado como un factor relacionado con el aumento de la fuerza máxima, parece que su principal función está en la mejora del IMF. Es decir, la sincronización de las UMs no incrementa la fuerza, pero sí contribuye a la más rápida manifestación de la misma (Sale, 1993).

La forma más eficaz de mejorar este tipo de adaptación es a través de la utilización de cargas máximas, ejercicios pliométricos y la combinación del trabajo pesado (en cualquier régimen de contracción) y el explosivo.

Una investigación reciente (Westcott, 1993) reveló que mujeres desentrenadas mejoraron su resultado en la extensión de piernas un 60% después de cuatro semanas de entrenamiento. No obstante, la valoración de la fuerza máxima del cuádriceps, antes y después del periodo de trabajo, a través de un sistema computerizado de medición de fuerza, mostró sólo un 10% de mejora. Estos hallazgos indican que gran parte de la mejora de los resultados se debió a otros factores diferentes al incremento de la fuerza muscular.

Uno de estos factores pudo haber sido una reducción de la inhibición neuromuscular, como resultado de la adaptación neurológica al proceso de entrenamiento. Lo más probable es que esta adaptación se haya producido en el órgano de Golgy, que, como sabemos, parece limitar la producción de fuerza bajo condiciones de máxima tensión. Aunque el proceso exacto no es totalmente conocido, parece que el entrenamiento regular de fuerza con cargas altas, los ejercicios pliométricos, que elevan el umbral de los receptores de Golgy (Bosco, 1985; en Cometti, 1989, tomo 1), los estiramientos y una técnica adecuada reducen los procesos inhibitorios, lo que va a permitir disponer de más fibras musculares para la producción de fuerza.

La facilitación de la contracción concéntrica por la intervención del reflejo miotático se estimula por los ejercicios en los que el CEA (ciclo estiramiento-acortamiento) se realice de forma intensa. Para ello se utilizan, fundamentalmente, los ejercicios pliométricos para brazos y piernas, que van a permitir mejorar la sensibilidad de los husos musculares al estiramiento (Pousson, 1988; en Cometti, 1989, tomo 1) y reducir la inhibición que se produce en la fase decisiva del cambio de sentido del CEA (Schmidtbleicher, 1988; en Cometti, 1989, tomo 1).

1.2.2. La coordinación intermuscular

La coordinación intermuscular es otra vía por la que podemos conseguir más fuerza y, sobre todo, una mayor aplicación de la misma. Lo característico de este tipo de adaptación es que la ganancia de fuerza es mayor si se mide ésta a través del propio ejercicio con el que se ha entrenado. Por ejemplo, la ganancia en la fuerza de sentadillas no se ve siempre acompañada por un aumento proporcional de la fuerza del cuádriceps medido por la extensión de rodillas en posición de sentado.

La coordinación intermuscular es un componente importante de la especificidad del entrenamiento. Sale (1986), citando a numerosos autores, dice que al menos se pueden distinguir cuatro factores que determinan la especificidad del entrenamiento, y, que, por tanto, deben ser considerados en la realización del mismo:

a) El incremento de la fuerza es mucho mayor en el mismo tipo de contracción que se ha utilizado al realizar el entrenamiento, disminuyendo su efecto ampliamente en las demás.

b) En la contracción isométrica, la mejora de la fuerza se produce en el ángulo de entrenamiento, y no hay incrementos significativos en las posiciones/ángulos no habituales.

c) El efecto del entrenamiento es específico a la velocidad de contracción usada en el mismo (ver punto 4.3).

d) El entrenamiento de fuerza también puede ser específico según que los ejercicios se hagan unilateral o bilateralmente. Por ejemplo, un ejercicio realizado con las dos piernas al mismo tiempo causa una mejora más importante en la fuerza bilateral que con una sola pierna. Conviene recordar aquí que la fuerza conjunta de los dos miembros es inferior que la suma de cada uno de ellos por separado, pero que los deportistas de alto nivel que necesitan realizar ejercicios bilaterales llegan a compensar estas diferencias.

Todos estos ejemplos de la especificidad del entrenaminto pueden ser atribuidos a la adaptación neural; no obstante, en los casos del tipo de contracción y la velocidad de ejecución, hay evidencias, como ya vimos, de que también se producen efectos en la propiedad contractil del músculo.

Como se desprende de lo que acabamos de decir, la mejora de la coordinación intermuscular se consigue ajustando el ejercicio de entrenamiento a las características propias del ejercicio de competición: tipo de contracción, posición/ángulo de trabajo, velocidad de ejecución, etc.

2. MÉTODOS DE ENTRENAMIENTO

Todas las variables y factores que intervienen en la mejora de las distintas expresiones de fuerza se organizan y estructuran en los métodos y en la planificación del entrenamiento.

La utilización de unas determinadas cargas o métodos debe tener presente su efecto sobre las curvas de f-v y f-t, buscando siempre el adecuado equilibrio en ambas que más favorezca el rendimiento específico.

Antes de tomar una decisión, el entrenador ha de formularse una serie de preguntas acerca de las cargas a emplear, como, por ejemplo: efectos fundamentales de las mismas, positivos y negativos; nivel de fuerza que necesito alcanzar; ángulo en el que se va a desarrollar y manifestar el efecto del entrenamiento realizado; velocidades a las que va a ser útil la fuerza desarrollada; efectos sobre el peso corporal; tiempo necesario para obtener una mejora del rendimiento; tiempo límite aconsejado para mantener un determinado tipo de entrenamiento; etc. Sólo pretendemos, con estas puntualizaciones, llamar la atención del entrenador sobre una de sus tareas más importantes como planificador del proceso de entrenamiento, y no agotar todas las posibles interrogantes. Precisamente, la capacidad y habilidad para preguntarse a sí mismo sobre las variantes del entrenamiento va a ser la principal fuente de mejora y aprendizaje del propio entrenador.

Cuando hablamos del entrenamiento de la fuerza, siempre pensamos en el desarrollo de la "fuerza máxima". Sobre este concepto, a veces, se crea mucha confusión. Hay que distinguir entre "desarrollo" de la fuerza máxima y "entrenamiento" de fuerza máxima. Para la mejora de la fuerza máxima se pueden utilizar multitud de ejercicios y toda la gama de cargas, desde las más pequeñas a las más altas. Todo está en función del nivel de partida del sujeto. Cuando la fuerza está muy poco desarrollada/entrenada, cualquier carga puede mejorarla en gran medida, y, por tanto, todas ellas podemos decir que son de "entrenamiento para el desarrollo de la fuerza máxima", además de otros efectos que pudieran derivarse de las mismas. Sin embargo, cuando esta cualidad está muy desarrollada en deportistas de élite, sólo las cargas altas y determinados ejercicios pueden mejorarla. El entrenamiento necesario para estos deportistas es el que vamos a denominar como "entrenamiento de fuerza máxima". Este tipo de entrenamiento no es necesario ni conveniente aplicarlo a los principiantes y a los jóvenes. Otras cargas más ligeras van a proporcionarles notables progresos, aunque no sean calificadas como de "entrenamiento de fuerza máxima".

Entramos a continuación en la descripción de los métodos. Como criterio de clasificación vamos a utilizar la cualidad o cualidades fundamentales sobre las que más influencia tienen cada uno de ellos. Según esto, tendremos:

A) *Entrenamiento para la mejora de la fuerza máxima.*
B) *Entrenamiento para mejorar el IMF: fuerza explosiva y elástico-explosiva.*
C) *Entrenamiento de fuerza reactiva.*
D) *Entrenamiento de la resistencia a la fuerza.*

Tenemos que admitir que cada uno de los métodos que vamos a describir influyen en mayor o en menor medida en otras cualidades, y que, muchas veces es difícil establecer el límite entre ellos. Por tanto, habrá determinadas cargas que tengan un efecto muy definido y otras que afecten de forma más general a varias cualidades o manifestaciones de fuerza.

A) Entrenamiento para la mejora de la fuerza máxima

Dentro de estos métodos, vamos a distinguir los siguientes:

A.1 Métodos en régimen de contracción concéntrica.
A.2 Métodos en régimen de contracción isométrica.
A.3 Métodos en régimen de contracción excéntrica.

A.1. Métodos en régimen de contracción concéntrica

A.1.1 Método de intensidades máximas I
A.1.2 Método de intensidades máximas II
A.1.3 Método de repeticiones I
A.1.4 Método de repeticiones II
A.1.5 Método de repeticiones III
A.1.6 Método mixto: pirámide
A.1.7 Método concéntrico puro

A.1.8 Método de contrastes
A.1.9 Método basado en la potencia de ejecución

A.1.1. Método de intensidades máximas I

- Intensidad aproximada (Int.) 90-100%
- Repeticiones por serie (R/S) 1-3
- Series (1) 4-8
- Descanso entre series (pausa) ....3-5 m
- Velocidad de ejecución (velocidad) ....máxima/explosiva

(1) En todos los métodos, las series son las que se harían con las intensidades propuestas. En este caso, se podrían hacer entre 4 y 8 series con las intensidades comprendidas entre el 90 y el 100%. No se tienen en cuenta, por tanto, las series de calentamiento.

- Carácter del esfuerzo: mayor número posible de repeticiones por serie, o una menos con el 90%, en algunos casos.

- Efectos principales (efectos):

  - Incremento de la fuerza máxima por su impacto sobre los factores nerviosos, sin una hipertrofia apreciable.
  - Aumenta la fuerza explosiva/IMF, sobre todo ante cargas altas
  - Mejora la coordinación intramuscular
  - Reduce la inhibición del SNC. Se aprende a mejorar y a memorizar a nivel inconsciente los cambios en la coordinación motora.
  - Reduce el déficit de fuerza
  - Se puede incrementar la fuerza sin mucho volumen de trabajo.

- Observaciones:

  - No se debe emplear con deportistas principiantes.
  - Presenta riesgo de lesiones si no hay una preparación previa adecuada.
  - Debe combinarse con métodos de cargas medias y ligeras.
  - Debido al alto nivel emocional que se necesita para levantar pesos máximos, el deportista puede llegar más rápidamente a sufrir síntomas de decaimiento: falta de vigor, elevada ansiedad, sensación de fatiga, etc.

A.1.2. Método de intensidades máximas II

- Int 85-90%
- R/S 3-5
- Series 4-5
- Pausa ....3-5 m
- Velocidad ....máxima posible

- Carácter del esfuerzo: máximo número posible de repeticiones por serie o una menos.

- Efectos:

- Son semejantes a los del método anterior. Algunos son menos específicos y acentuados: IMF, coordinación intramuscular, reducción de inhibiciones y del déficit de fuerza. Otros son más acusados por el mayor número de repeticiones por serie y totales: fuerza máxima e hipertrofia.

- Observaciones:

- Las mismas que para el método anterior, pero algo menos acusadas.

A.1.3. Método de repeticiones I

- Int 80-85%
- R/S 5-7
- Series 3-5
- Pausa ....3-5 m
- Velocidad ....Media o alta. Máxima posible.

- Carácter del esfuerzo: máximo número posible de repeticiones por serie. Este método puede tener una variante, si incluimos repeticiones con ayuda. Consiste en hacer de 1 a 3 repeticiones más por serie con la ayuda de un compañero, cuando el ejecutante ya no puede realizarlas por sí solo.

- Efectos:

- Desarrollo de fuerza máxima
- Hipertrofia media
- Menor influencia sobre los factores nerviosos y el IMF. La puesta en juego de los mecanismos nerviosos se hace en peores condiciones por la fatiga.

- Observaciones:

- Se puede utilizar con principiantes, si el número de repeticiones no es el máximo posible.
- La tensión muscular máxima se alcanza sólo en las últimas repeticiones.

A.1.4. Método de repeticiones II

- Int. 70-80%
- R/S 6-12
- Series 3-5
- Pausa 2-5
- Velocidad ....Media o alta. Máxima posible

- Carácter del esfuerzo: Máximo número posible de repeticiones por serie. En este método se puede aplicar la misma variante que en el anterior, aunque es menos frecuente.

- Efectos:

  - Fuerza máxima
  - Hipertrofia muscular alta
  - Efecto pobre o negativo sobre los procesos nerviosos.
  - Poco efecto sobre el IMF
  - Aumento del déficit de fuerza
  - Mayor amplitud de UMs reclutadas y agotadas

- Observaciones:

  - Adecuado para principiantes si el número de repeticiones no es el máximo posible.
  - No es adecuado, si no se desea el aumento de peso
  - Puede considerarse como entrenamiento básico de la fuerza, pero ha de complementarse con otros de mayor intensidad para lograr efectos aplicables al rendimiento deportivo.
  - Tiene poca aplicación en deportistas avanzados.

El efecto de estos dos últimos métodos se produce por el agotamiento de las UMs reclutadas. Por eso, el efecto principal tiene lugar sólo en las últimas repeticiones realizadas. Zatsiorsky (1992) explica el proceso de la siguiente forma:

Primera repetición: Se reclutan las primeras UMs, pero debido a la baja tensión y duración de la contracción muscular, generalmente no son agotadas, y, por tanto, no son entrenadas. Todas las UMs con un tiempo de resistencia superior a 10 seg. están en esta categoría. Esto afecta, fundamentalmente, a las fibras lentas. Por tanto, se puede concluir que es muy difícil incrementar la fuerza máxima de UMs lentas que sean muy resistentes a la fatiga.

Repeticiones intermedias: En esta fase, sólo las UMs reclutadas y exhaustas se entrenan durante la serie. Estas UMs poseen características intermedias. El número de UMs reclutadas y exhaustas puede ser más o menos amplio. Esto depende del peso levantado y del número de repeticiones por serie.

Últimas repeticiones: Si el ejercicio se realiza hasta el fallo (máximo número de repeticiones posible), se recluta el máximo número de UMs disponible. Todas quedarían divididas en dos grupos: exhaustas (fatigadas) y no exhaustas, con un sustancial efecto de entrenamiento sólo para las primeras. Si el número total de repeticiones es inferior a 12, todas las UMs con tiempo de resistencia por encima de 12 seg. caen dentro del segundo grupo. A pesar de su temprano reclutamiento, estas UMs no son fatigadas totalmente, debido a su más alta resistencia.

Si la intensidad (%) fuese muy elevada, se reclutarían fibras lentas y rápidas, pero sólo las últimas serían fatigadas lo suficiente, y, por tanto, entrenadas. Por eso, las intensidades máximas centran su efecto sobre las fibras FT y producen una cierta hipertrofia selectiva sobre las mismas.

A.1.5. Método de repeticiones III

- Int 60-75%
- R/S 6-12
- Series 3-5
- Pausa ....3-5 m
- Velocidad ....Media. No máxima

- Carácter del esfuerzo: No se agota el máximo número posible de repeticiones por serie. Se deja un margen de 2 a 6 sin realizar.

- Efectos:

- Efectos generalizados medios sobre todos los factores de la fuerza.
- Acondicionamiento general de músculos y tendones como preparación para soportar cargas más exigentes en el futuro.

- Observaciones:

- Sólo útil para jóvenes, principiantes y deportistas con muy poca necesidad de desarrollo de la fuerza.
- Su efectividad se agota rápidamente con el progreso de la fuerza.
- Sólo utilizable prácticamente durante el primer año de entrenamiento. En deportistas muy jóvenes podría prolongarse su utilidad más tiempo.

A.1.6. Método mixto: pirámide

- Int 60-100%
- R/S 1-8
- Series 7-14
- Pausa ....3-5 m
- Velocidad.: Media a máxima. Máxima posible

- Carácter del esfuerzo: Máximo número de repeticiones por serie o alguna menos con las intensidades más bajas.

- Efectos:

- Se pretende obtener un efecto múltiple, como combinación de todos los demás, y ahorrar tiempo; pero esto no se consigue siempre; depende de la forma de realización.

- Observaciones:

 - El método de pirámide consiste en realizar series de más a menos repeticiones a medida que se incrementa la intensidad. Haciéndolo así, tendríamos una pirámide normal sencilla. Puede ocurrir que a continuación se vuelva a bajar la intensidad y a incrementar progresivamente el número de repeticiones, lo que daría lugar a una pirámide doble.

   Si en la pirámide sencilla comenzamos por realizar cada serie con el máximo peso posible, llegaremos fatigados a los pesos máximos, y el efecto sobre los factores nerviosos será pequeño. Si, por el contrario, realizamos las primeras series con poco peso, como un simple calentamiento para realizar mejor las intensidades altas, sólo tendremos el beneficio nervioso. Para que este método tenga un efecto complejo, habría que hacer una pirámide doble, en la que la subida hasta los pesos máximos se realizara como un calentamiento, con poco grado de fatiga, para bajar posteriormente a las intensidades inferiores haciendo el máximo número posible de repeticiones por serie con cada peso. Así estaríamos más próximos al doble efecto de tipo nervioso y estructural (hipertrofia).

A.1.7. Método concéntrico puro

Este método consiste en realizar explosivas contracciones concéntricas sin estiramiento o contramovimiento previo. Se parte de una situación de reposo relativo, con velocidad cero y con cierta relajación. Se "suprime" la fase excéntrica del movimiento por la poca resistencia que se ofrece en la flexión y por el peso relativamente bajo. En algunos ejercicios, como por ejemplo sentadilla, la barra puede ser apoyada en algún soporte, de forma que el sujeto no tenga que sostenerla mientras se concentra para realizar la contracción concéntrica explosiva de sus músculos. La tensión es de carácter tónico-explosiva, como la de un SJ.

   - Int. 60-80%
   - R/S 4-6
   - Series 4-6
   - Pausa 3-5
   - Velocidad .... Máxima/explosiva

- Carácter del esfuerzo: No se agotan las posibilidades del sujeto en cuanto al número de repeticiones por serie. Se deja un margen de 2-5 repeticiones sin realizar.

- Efectos:

 - Provoca una fuerte activación nerviosa, como la producida durante un SJ.
 - Mejora de la fuerza explosiva/IMF

- Observaciones:

  - Su aplicación debe producirse en las tres últimas semanas antes de la competición (Cometti, 1990)
  - Puede ser considerado también como entrenamiento de fuerza explosiva.

A.1.8. Método de contrastes

Consiste en la utilización de pesos altos y bajos en la misma sesión de entrenamiento. Estas cargas también pueden realizarse con diferentes regímenes de contracción.

Según la descripción de Cometti (1990), el método de contrastes clásico consiste en realizar series con cargas pesadas (6RM) y series con cargas ligeras (series de 6 repeticiones con el 40-50% de 1RM). Los dos tipos de series se ejecutan a la máxima velocidad posible, pero dada la diferencia de intensidad (peso o resistencia empleados), también se da de manera inevitable un contraste en la velocidad de ejecución.

Estos cambios solicitan el músculo de manera diferente, lo que puede significar una variabilidad de estímulo físico y psicológico interesante en un sujeto habituado a sesiones monótonas con cargas estables.

La combinación de las cargas y métodos es casi ilimitada:

- Series alternativas de cargas altas y bajas hasta completar 6-8 series
- Con 2 series pesadas y 2 ligeras; 3 y 2; 4 y 2; 5 y 2; etc.

También pueden utilizarse cargas máximas, intermedias y mínimas para establecer estos contrastes, por ejemplo: (r = repeticiones)

1) 2r al 90% + 6r al 70% + 2r al 90% + 6r al 70%

2) 1r al 95% + 6r al 40% + 6r al 70% + 1r al 95% + 6r al 40% + 6r al 70%

El efecto de contraste también se puede acentuar combinando los ejercicios con cargas altas y medias (tensión intensa) con otros sin cargas (máxima velocidad), como por ejemplo las sentadillas o medias sentadillas y los saltos, o los ejercicios de press de banca y los lanzamientos de balones pesados. Los ejercicios sin carga deben ser simples, sin un componente técnico importante, pues el cansancio provocado por las cargas pesadas podría interferir en la técnica.

El contraste también se puede establecer con los ejerccios isométricos: por ejemplo, combinación de isométricos de diferentes intensidades con saltos.

De la misma manera se pueden alternar ejercicios excéntricos y concéntricos con cargas y sin cargas.

En algunos ejercicios, como la sentadilla, el press de banca, los tirones, etc, se pueden combinar los regímenes de contracción concéntrico, excéntrico e isométrico en la misma serie y repetición: por ejemplo, flexión lenta de piernas hasta un ángulo de 90°, mantener la posición durante 3-4 segundos, continuar la flexión y realizar la extensión de piernas; o bien, realizar la flexión completa, extender las piernas hasta un ángulo de 90°, mantener la posición durante 3-4 segundos y terminar la extensión de forma explosiva; etc.

El método de contraste, aunque en diferente grado, según la preponderancia de las cargas, tiene efecto sobre la fuerza máxima y la fuerza explosiva en sus diferentes manifestaciones.

Con respecto a la mejora de la fuerza explosiva ante cargas ligeras, es bastante útil y necesario cuando el contraste se hace entre cargas pesadas y medias y ejercicios sin cargas (peso corporal) o con cargas ligeras.

En cuanto a la mejora de la fuerza máxima, sólo sería necesario en deportistas avanzados y con varios años de entrenamiento dedicados al desarrollo de esta cualidad. En los deportistas intermedios se podría utilizar con carácter ocasional, pero no como el contenido fundamental del entrenamiento. Por supuesto, en los principiantes no tiene ningún sentido utilizarlo, ya que el margen de adaptación es muy amplio y no conviene agotar las posibilidades de cada método mientras no sea necesario; además, en esos momentos los deportistas sin experiencia no están preparados para soportar cargas tan agresivas como las de los métodos isométricos y excéntricos.

A.1.9. *Método basado en la potencia de ejecución*

Como hemos discutido en apartados anteriores, determinar la intensidad de trabajo por el tanto por ciento del máximo, por las repeticiones por serie que se pueden hacer con un peso o por el esfuerzo aparente realizado, son intentos de solucionar un problema de manera subjetiva. Pero, con mucha frecuencia, el estímulo que proponemos a nuestros deportistas no se ajusta a su estado fisiológico, y provocamos efectos diferentes a los pretendidos. Hace algún tiempo, hemos propuesto que si pudiéramos controlar la velocidad de ejecución de cada repetición, ésa sería la mejor información para dosificar la carga de entrenamiento (J.J.G.Badillo, 1991). La velocidad, como hemos visto, es un factor determinante de la especificidad del entrenamiento, y un punto de referencia válido para calificar los movimientos en cuanto a su efecto fisiológico sobre el músculo y el sistema nervioso.

Ante una carga dada, la velocidad de ejecución determina la potencia desarrollada. *Si la potencia desarrollada con una carga, con respecto a la máxima posible que se es capaz de conseguir con ella misma, es alta, estamos desarrollando cualidades de fuerza máxima y de fuerza explosiva/rápida. Si, por el contrario, la potencia es más baja, los efectos se orientan hacia la hipertrofia y la resistencia a la fuerza.*

Para tratar de solucionar esta problemática, C. Bosco (1991a) ideó un dispositivo electrónico con el que se pueden medir con facilidad distintos parámetros indicadores de las características del ejercicio realizado, como: velocidad media, potencia media, desplazamiento o recorrido de la barra, pico máximo de potencia y tiempo transcurrido hasta alcanzarlo, etc.

Si se pueden conocer estos datos, *la metodología de entrenamiento no necesitaría ser expresada en función de un peso máximo levantado, sino de la potencia máxima que se consiga desarrollar en un ejercicio.*

El número de repeticiones por serie, como ya hemos indicado en otro apartado, *vendría determinado por la potencia mínima que habría que mantener durante la ejecución del ejercicio.*

Este método aún no está muy desarrollado, pero Bosco ya nos hace una propuesta sobre cuáles deberían ser las cargas para entrenar cada una de la cualidades.

(Nota: incluimos aquí todas las cualidades, para no tener que repetir después al hablar de las demás, y para que se tenga una visión global)

- *Capacidad de resistencia a la fuerza*

  – Carga: 30-70% de la carga máxima
  – Potencia media: 50-100% de la potencia máx. absoluta
  – Repeticiones/Serie: calculadas de forma automática por el aparato. Se continúa realizando la serie mientras se mantenga la intensidad (potencia) marcada para el entrenamiento.
  – Intensidad/potencia: entre el 70 y el 90% de la potencia alcanzada con la carga que se utiliza.

- *Hipertrofia*

  – Carga: 70-90% de la carga máxima
  – Potencia: 30-60% de la potencia máxima
  – Repeticiones/Serie: mientras se mantenga la potencia mínima marcada como intensidad de entrenamiento.
  – Intensidad/potencia: hasta que sólo se alcance un valor del 80-85% de la potencia máxima lograda con la carga que se utiliza en el entrenamiento.

- *Fuerza máxima*

  – Carga: 70-100% de la carga máxima
  – Potencia: 5-50% de la potencia absoluta
  – Repeticiones/Serie: automatizadas
  – Intensidad: 90%, como mínimo, de la potencia lograda con la carga de entrenamiento.

- *Fuerza rápida/explosiva*

  – Carga: 20-70%
  – Potencia: 50-100%
  – Repeticiones/Serie: automatizadas
  – Intensidad/potencia: 90%, como mínimo de la potencia lograda con la carga de entrenamiento.

  Con este sistema, el entrenador siempre sabe lo que está haciendo, y, por tanto, está en las mejores condiciones para llegar a saber qué es lo que tiene que hacer.

A.2. Métodos en régimen de contracción isométrica

Con la contracción isométrica se puede conseguir una fuerza suplementaria del 10-15% con respecto a la concéntrica. Aunque esto es variable, según los sujetos y la fase de entrenamiento en que se encuentren. Ya sabemos que, para algunos autores, la diferencia entre la fuerza isométrica y concéntrica máximas representa el déficit de fuerza, y que éste es más o menos amplio según el tipo de entrenamiento que se realiza.

La comparación de la efectividad de las contracciones isométricas y concéntricas nos lleva de nuevo al reconocimiento de la especificidad del entrenamiento: los resultados son superiores con el isométrico cuando el test para medir la fuerza es isométrico, pero ocurre lo contrario cuando el test es dinámico.

La masa muscular desarrollada es inferior que con el concéntrico, (Cometti, 1989) y también se observa que esta ganancia de masa se produce sin un acompañamiento de capilarización.

La activación eléctrica necesaria para producir la misma fuerza es inferior a la contracción concéntrica, pero superior a la contracción excéntrica.

La ganancia de fuerza se produce en el ángulo de trabajo. Por tanto, sería recomendable para mejorar determinadas fases de los movimientos. Pero no tiene efecto sobre el recorrido total de la articulación.

El aumento de fuerza se produce sobre todo por la coordinación intramuscular. Perjudica la coordinación intermuscular.

No se puede utilizar durante mucho tiempo: alrededor de 2-3 semanas por cada ciclo de 10-20 semanas.

No deben utilizarse como única forma de entrenar la fuerza, siempre deben ir acompañados de ejercicios concéntricos dinámicos con cargas ligeras y de pliométricos.

Existen dos formas básicas de contracción isométrica: *máximas y hasta la fatiga*. También se utiliza una variante que ya hemos mencionado al hablar del método de contrastes que es la *estático-dinámica*.

La contracción isométrica máxima es la más conocida, y consiste en realizar tensiones musculares máximas que duren entre 3 y 6 segundos, de forma que la contracción pueda llegar a su máxima expresión y supere a una contracción concéntrica máxima, ya que de lo contrario no sería eficaz. Este tipo de contracción influiría directamente en la fuerza isométrica máxima, pero menos en la dinamica máxima. Si queremos que en alguna medida se favorezca la fuerza explosiva, el sujeto debería alcanzar la fuerza máxima a la mayor velocidad posible. Por tanto, la duración de la tensión en este caso debe ser más corta. Si el objetivo es estimular la fuerza explosiva o acentuar la expresión de fuerza en algún punto concreto del movimiento, la tensión muscular podría ser no máxima, pero sí muy rápida y breve. El efecto, en este caso, viene incrementado por el hecho de que la contracción se realiza en el ángulo específico en el que se necesita.

El entrenamiento isométrico hasta la fatiga consiste en mantener una tensión muscular entre el 60 y el 90% de la fuerza máxima hasta la fatiga (durante 20 seg. o más). Cuanto más alta es la fatiga muscular, más aumenta la actividad eléctrica, lo que significa que se produce mayor reclutamiento y frecuencia de estímulo. Los temblores musculares que aparecen con la fatiga serían el signo de intervención de la sincronización de las UMs (Paillard, 1976; en Cometti, 1989). Es de suponer que este tipo de contracción, que llega a la activación muscular máxima por la fatiga, sí produciría una mayor hipertrofia que la contracción isométrica máxima, aunque no conocemos datos al respecto.

La modalidad estático-dinámica es un método de contrastes, y consiste en comenzar con una fase estática de 2-3 segundos con una carga aproximada del 60% de la fuerza máxima concéntrica seguida de una contracción concéntrica explosiva. La contracción estática vendrá precedida de una contracción excéntrica o concéntrica o de ambas. Se realizan 4-6 series de 4-6 repeticiones cada una. El ángulo en el que se produce la fase estática puede variar según se pretenda mejorar en toda la amplitud articular o hacerlo en el ángulo específico necesario para la competición. Como hemos explicado en apartados anteriores, la justificación de este método está en la fuerte activación eléctrica que produce.

A.3. Métodos en régimen de contracción excéntrica

La contracción excéntrica produce mayor tensión muscular y, por tanto, una fuerza superior que las contracciones concéntrica e isométrica. A la capacidad contráctil del músculo se une la resistencia de los puentes cruzados a ser estirados. Esto hace que, ante una misma carga, el número de UMs implicadas sea menor. Este menor reclutamiento justifica que la actividad eléctrica en este tipo de contracción sea menor que en la concéntrica y en la isométrica, y que, por tanto, la tensión impuesta a cada UM sea mayor y suponga para ellas un gran estímulo que produce adaptaciones biológicas más importantes. La actividad eléctrica de los extensores de la rodilla con el 100% en una contracción concéntrica resultó ser superior en todos los ángulos, desde 800 a 1600, a la producida por una excéntrica con el 120% de la fuerza máxima concéntrica (Hakkinen y col., 1987a)

Los mejores efectos parece que se obtienen con una combinación excéntrica (120-140%) y concéntrica (80%), frente a un trabajo convencional concéntrico entre el 70 y el

100% (Tchiene, 1977; en Letzelter, 1990). (El trabajo excéntrico-concéntrico se realizó con una máquina especial que regulaba la carga al 80% en la fase concéntrica).

Según Komy y col. (1972; en Cometi, 1989) el trabajo excéntrico no provoca una hipertrofia superior que el concéntrico. Y según la propia experiencia de Cometi, en la misma publicación, las contracciones excéntricas no son favorables para el desarrollo de la masa muscular.

Las contraciones excéntricas lentas no favorecen la mejora del IMF ni la utilización de la energía elástica (Hakkinen y Komy, 1983b). Para que se peoduzcan cambios en este sentido, se deben utilizar conjuntamente ejercicios pliométricos.

A pesar de que los beneficios en el aumento de la fuerza máxima parecen evidentes, esta fuerza no es específica para ninguna actividad deportiva, por lo que las ganancias no son aplicables en la mayoría de los casos.

Quizá, el mayor efecto y aplicación de este método esté en la variabilidad que puede ofrecer al entrenamiento, que va a contribuir a evitar estancamientos en la fuerza de aquellos deportistas que se ven obligados a mantener por mucho tiempo este tipo de actividad. En cualquier caso, sólo los deportistas muy avanzados y con gran experiencia deberían utilizar este sistema, sobre todo, si se hace con grandes cargas.

Las posibilidades de lesión por las tensiones tan elevadas que hay que desarrollar, así como el largo periodo de recuperación y las perturbaciones musculares que ocasiona este tipo de trabajo, recomiendan que su utilización sea poco frecuente y alejada de las competiciones.

En un entrenamiento típico de ejercicios excéntricos se emplean intensidades que oscilan entre el 100 y el 140% de la fuerza máxima concéntrica, con 4-5 series de 1-6 repeticiones. El tiempo de ejecución es de 3 a 8 seg. aproximadamente. Como es lógico, si no se dispone de una maquinaria especial, siempre será necesario la ayuda de dos compañeros expertos para hacer las recuperaciones (fase concéntrica del ejercicio).

Como hemos venido comentando, este método, utilizado con cargas pequeñas, puede combinarse con los otros dos regímenes de contracción para organizar el método de contraste. Pero en este caso, la forma de aplicación no se ajustará a sus características propias, las cuales hemos indicado en el párrafo anterior.

Para terminar este punto sobre los métodos fundamentales de entrenamiento de la fuerza, vamos a hacer algunas consideraciones finales:

1) El entrenamiento con intensidades máximas, aunque en principio pueda resultar extraño, mejora el IMF, es decir, la fuerza explosiva, como ha sido demostrado por algunas investigaciones. La explicación está en que con cargas máximas, si la contracción voluntaria es máxima, explosiva y de corta duración, se dan las condiciones necesarias para estimular fibras FT, para alcanzar una mayor sincronización y una más alta frecuencia de estimulación de las UMs. El hecho de que los movimientos sean lentos, cosa lógica debido

a la mágnitud de las cargas, no significa que la contracción muscular también lo sea: las contracciones "balísticas", es decir, la máxima velocidad de acción muscular, se dan tanto en movimientos isométricos como en los más explosivos. Sale y MacDougall (1981) dicen que siempre que el esfuerzo voluntario sea el máximo, la activación de las UMs es similar, sin tener en cuenta la velocidad del movimiento. Por tanto, la velocidad externa del movimiento no es un factor determinante en este sentido.

Pero, como hemos indicado anteriormente, para que estas intensidades máximas contribuyan con eficacia a lograr este objetivo, es necesario que las contracciones sean muy intensas, a la máxima velocidad, y de muy corta duración, así como que el tiempo de utilización de las mismas no se prolongue en exceso (más de 4-8 semanas), pues de lo contrario, empezaría a reducirse la relación favorable FT/ST, por incremento de la hipertrofia de fibras ST, que retardarían las contraciones realizadas a más alta velocidad.

2) El número de repeticiones por serie debe ajustarse a las características de cada sujeto. Los deportistas con un porcentaje más alto de fibras FT soportan peor las series largas que los que lo tienen más bajo. Por eso, Bosco (1985, en Bosco, 1992) propone que los primeros deben hacer más series y menos repeticiones por serie, y los segundos pueden hacer más repeticiones por serie y menos series.

3) En una revisión bibliográfica efectuada por Chromiak y Mulvaney (1990, en Poliquin, 1991) se encuentran datos para admitir que el entrenamiento simultáneo de fuerza y resistencia aeróbica perjudica la ganancia de fuerza. Debido a los procesos catabólicos y a la interferencia de los mecanismos neurales asociados con el entrenamiento de la resistencia aeróbica, ésta debería mantenerse en unos niveles mínimos de entrenamiento si el objetivo fundamental de un ciclo o de una fase del mismo es conseguir la fuerza máxima. Una injustificada intensificación del trabajo aeróbico interfiere con el desarrollo de la fuerza en más del 20%, particularmente cuando la fuerza es medida a altas velocidades.

En este mismo sentido se manifiesta Bosco (1992) cuando dice que en alguna literatura especializada se propone que para llevar a cabo un entrenamiento de musculación con cargas elevadas es necesario poseer una buena si no óptima potencia aeróbica, con el fin de poder realizar todo el trabajo previsto sin llegar a la fatiga. De acuerdo con este razonamiento, en disciplinas que tienen que desarrollar una elevada capacidad de fuerza explosiva se pretende incluir una alta preparación de potencia aeróbica para poder transformar la fuerza máxima en fuerza explosiva y poder mantener ésta durante un tiempo prolongado cuando aparezca la fatiga.

Todo esto, según este autor, no tiene ningún sentido, ya que la fatiga que se produce por la ejecución de ejercicios de fuerza no puede en absoluto ser reconducida por la regeneración del sustrato metabólico a través de los procesos aeróbicos. La respuesta específica al entrenamiento de fuerza intenso está en el sistema hormonal: hormona del crecimiento, testosterona, cortisol, etc. (ver el apartado 2: "Fundamentos biológicos"). Por tanto, según este autor, el entrenamiento de la potencia aeróbica como base para la mejora de la fuerza no es aconsejable por la falta de relación entre la aparición de la fatiga durante el trabajo de pesas y la entidad de la potencia aeróbica.

B) Entrenamiento para mejorar el IMF: fuerza explosiva y elástico-explosiva

Dentro de este tipo de métodos distinguiremos los siguientes:

B.1 Método de intensidades máximas I
B.2 Método concéntrico puro
B.3 Método de contrastes con cargas altas y ligeras
B.4 Método de esfuerzos dinámicos
B.5 Método excéntrico-concéntrico explosivo
B.6 Método pliométrico
B.7 Método de ejercicios específicos con cargas
B.8 Método basado en la potencia de ejecución

Los métodos B.1, B.2, B.3 y B.8 ya han sido descritos en el apartado anterior. Pasamos, por tanto, a tratar los demás.

B.4. Método de esfuerzos dinámicos

- Int. 30-70%
- R/S 6-10
- Pausa ....3-5 m
- Velocidad ....Máxima/explosiva

- Carácter del esfuerzo: No se agotan las posibilidades máximas de repeticiones por serie. La velocidad de ejecución debe mantenerse casi al máximo nivel hasta la última repetición.

- Efectos:

– Menor efecto sobre la fuerza máxima
– Mejora de la frecuencia de impulso y de la sincronización, y, por tanto, del IMF
– Con las cargas más altas y con ejercicios simples permite desarrollar/manifestar la máxima potencia

- Observaciones:

– El número de repeticiones por serie no debe ser el máximo posible. De no cumplir este requisito, nos acercaríamos a un tipo de estímulo orientado a la resistencia, por disminución de la velocidad y con efectos desviados hacia las fibras ST.
– El número de repeticiones y la carga deben combinarse de tal forma que cada repetición se encuentre cerca de la potencia máxima en el ejercicio.

B.5. Método excéntrico-concéntrico explosivo

- Int. 70-90%
- R/S 6-8
- Series 3-5
- Pausa ....5 m

- Carácter del esfuerzo: No agotar las posibilidades máximas de repeticiones por serie.

- Efectos:

- Podría esperarse un efecto múltiple provocado por la influencia de la contracción concéntrica explosiva sobre el IMF, los efectos de tipo elástico, reactivo y desinhibidores del CEA y la mejora de la fuerza máxima por la alta tensión provocada en la fase de frenado y el número de repeticiones propuesto.

- Observaciones:

- Este método es descrito por Schmidtbleicher (1992). La fase excéntrica del ejercicio se realiza oponiendo la menor resistencia posible, casi dejando caer el peso libremente hasta el momento en que comienza la fase concéntrica, la cual se realiza de forma explosiva. La transición de la fase excéntrica a la concéntrica debe ser lo más breve posible.
- Si nos mantenemos dentro de las intensidades indicadas, el número de repeticiones por serie propuesto por este autor no son realizables en determinados ejercicios; por ejemplo, en press de banca o en sentadillas. Sí se podría hacer en otros como la media sentadilla, si se toma como referencia para calcular la intensidad el mejor resultado en sentadilla completa.
- En nuestra opinión, el criterio para determinar si las cargas son eficaces, más que el peso y las repeticiones, es que la deceleración en la fase excentrica sea brusca, efectuada en muy poco tiempo, y la aceleración concéntrica muy explosiva, con un tiempo de parada entre ambas muy breve. Si el movimiento se realiza así, la tensión provocada será equivalente a más del 200% del peso utilizado.
- Este método, por sus características, puede ser considerado como una variante de los pliométricos con cargas.

B.6. Método pliométrico

Las contracciones pliométricas son todas aquellas que se componen de una fase de estiramiento seguida de forma inmediata de otra de acortamiento. Por tanto, la mayoría de las acciones que realizamos en la vida ordinaria son de carácter pliométrico. En la práctica deportiva se asocian con este tipo de contracción de forma especial los saltos, los lanzamientos y los golpeos, tanto en situaciones de competición como de entrenamiento.

- Intensidad:

  - La resistencia que hay que vencer con más frecuencia en los pliométricos es el propio peso corporal, pero se dan variantes en función de las condiciones del entrenamiento. Una clasificación aproximada de las intensidades con respecto a los saltos podría ser la siguiente:
    - Intensidades bajas: saltos simples para superar pequeños obstáculos.
    - Intensidades medias: multisaltos con poco desplazamiento y saltos en profundidad desde pequeñas alturas: 20-40 cm

- Intensidades altas: multisaltos con desplazamientos amplios, saltos en profundidad desde mayores alturas: 50-80 cm y saltos con pequeñas cargas.
- Intensidades máximas: saltos en profundidad desde mayores alturas y saltos con grandes cargas.
- Existe la posibilidad de realizar saltos en profundidad con reducción del propio peso a través de gomas atadas en soportes o en el techo.
- La dificultad/intensidad puede aligerarse o endurecerse utilizando diferentes ángulos de caída: cuanto menor sea el ángulo en las rodillas, mayor dificultad tendrá el músculo para contraerse.

- Repeticiones por serie: 5-10
- Series: 3-5
- Pausa: .... amplia en términos generales, y puede estar entre 3 y 10 minutos, según la intensidad y las repeticiones realizadas.
- Velocidad: .... máxima/explosiva

- Carácter del esfuerzo..: debe descender muy poco la velocidad/potencia de ejecución.

- Efectos:

- Mejora de todos los procesos neuromusculares
- Especial efecto sobre los mecanismos inhibidores y facilitadores de la contracción muscular.
- No mejora la fuerza máxima (en sujetos muy entrenados), pero sí su mayor aplicación (potencia)
- Posible mejora de la capacidad de almacenamiento de energía elástica por el efecto positivo sobre los mecanismos nerviosos (Komy, 1992), aunque Bobbert (1990) defiende que la cantidad de energía almacenada no está en función de la energía absorbida por el músculo durante la fase excéntrica, sino que está relacionada directamente con la fuerza del músculo. Una mayor energía es absorbida sólo si la fuerza es mayor. Para Tihany (1988), la cantidad de energía reutilizada después del estiramiento depende de la cantidad de puentes cruzados (p.c.) que se hayan formado durante y tras el estiramiento muscular. La eficacia del trabajo es proporcional al número de p.c. alcanzado. El número de p.c. estará en relación con el ángulo en el que se produce el ciclo estiramiento-acortamiento (CEA) y el tiempo transcurrido en el cambio del sentido del movimiento. Para Sale (1993), los efectos de esta forma de entrenamiento sobre las propiedades elásticas del músculo esquelético son desconocidos; no obstante, las grandes fuerzas de contracción asociadas a esta técnica podrían intensificar los estímulos para la síntesis de proteínas en el músculo
- Mejora de la eficiencia mecánica (relación trabajo/energía) (Komy, 1992).
- Mejora el grado de tolerancia a la carga de estiramiento más elevada (Bosco, 1985; Komy, 1992)

El ritmo de ejecución de estos ejercicios debe ser el mismo que el descrito para el método excéntrico-concéntrico explosivo. Cuando se produce un CEA más largo, se supone que las fibras principalmente implicadas son las ST, lo contrario ocurre cuando es muy corto. Si el CEA es más largo que el tiempo de activación de los p.c. de las fibras FT, se pierde la energía acumulada por la ruptura de las uniones actomiosínicas del músculo (Cavagna, Citteric 1974; Bosco y otros 1982; en Tihany, 1989), en este caso, la respuesta muscular sería menor, y se supone que intervendría un mayor porcentaje de fibras ST. Si el tiempo de contacto en un salto en profundidad es lo más breve posible y la altura del salto aumenta, se estima que hay una intervención prioritaria de fibras FT. Si con el aumento de la altura de la caída se prolonga el tiempo de contacto, aunque se mantenga la elevación del centro de gravedad, irán interviniendo progresivamente más fibras ST.

Las fuerzas aplicadas en cada una de las fases de un salto son diferentes. A medida que aumenta la altura, es mayor la fuerza excéntrica desarrollada y menor la concéntrica. Hasta unos 40 cm, la fuerza concéntrica es mayor que la excéntrica, y los saltos se realizan a mayor velocidad. Entre 40 y 60 cm los valores están equilibrados. Con alturas de 80 cm o más, se produce una fuerza concéntrica muy débil y el resultado del salto disminuye (Letzelter, 1990).

Tanto el tiempo de contacto como la altura de caída deben ajustarse para que el salto sea lo más elevado posible, lo que nos permite tener cierta seguridad de que nos acercamos a nuestros objetivos.

En los saltos con cargas también hay que determinar la idónea en cada caso. Generalmente se ha tomado como referencia el peso corporal, pero este sistema no permite algo tan importante como la individualización del entrenamiento. Bosco (1985) propone una solución tomando como referencia el SJ y el CMJ. Se realizan estos dos tests sin cargas y con cargas progresivas, y se van anotando las diferencias entre ambas pruebas con cada peso. La carga que permita obtener la mayor diferencia es la adecuada para el entrenamiento. En nuestra opinión, la inclusión del SJ no es adecuada para la valoración de ninguna capacidad del sujeto, debido a la poca fiabilidad de este test, como ya explicamos en otro apartado.

Los ejercicios elegidos para hacer pliometría deben reproducir el movimiento de competición o aproximarse a ellos, aunque Bosco (1979a; en Bosco, 1985) defiende que alguno como el DJ tiene un efecto específico para desarrollar potencia, y que ésta es transferible a otros gestos diferentes al propio ejercicio de entrenamiento.

Los ejercicios pliométricos no se limitan a los clásicos saltos, sino que también existe una gran variedad de posibilidades para los brazos, tanto en ejercicios libres con el propio peso corporal como resistencia, como con aparatos especiales: plano inclinado, tanto para piernas como para brazos, y columpios. También los lanzamientos no específicos con balones más o menos pesados contribuyen a enriquecer el arsenal de posibilidades de este tipo de entrenamiento.

Las combinaciones que se pueden hacer con las variables de este entrenamiento son múltiples. Como ejemplos de algunas de ellas ofrecemos las siguientes experiencias.

Según la revisión efectuada por Bobbert (1990), de 37 estudios con diferentes cargas y frecuencias de entrenamiento, los mejores resultados se obtuvieron en las siguientes condiciones:

Autor	Polhemus	Steben-Steben	Bartholomew	Bosco	Pittera
Año	1981	1981	1985	1985	1982
Sujetos	39	40	11	6	14
Programa	WT+DJW	DJ	DJ	RJ	RJW+DJ+Prac
Tiempo	6 sem.	7 sem.	8 sem.	8 sem.	8 sem.
Ses/sem	3	5	2	2	3
Salto/ses:	30	12-15	23-62	23-62	100-170
Alt/caída:	46 cm	25 cm	50 cm	50-100 cm	
Mejora-cm:	8.1	10	10.2	11.7	9.4

WT....= Entrenamiento con cargas (pesos)
DJW..= Salto en profundidad con peso adicional
RJ....= Entrenamiento con ejercicios regulares de salto
RJW..= Ejercicios regulares de salto con peso adicional
Prac..= Sesiones prácticas con saltos incluidos

Aunque las características de los sujetos, quizá poco homogéneas, pueden haber influido en gran medida en los resultados, y no se puedan hallar muchas conclusiones, no parece que las cargas más exhaustivas proporcionen los mejores rendimientos. Las alturas de caída son muy parecidas, y, por tanto, no nos sirven de mucho para diferenciar unos métodos de otros. Sin embargo, las 80-90 repeticiones por semana de los cuatro primeros estudios parecen ser una dosis adecuada, aunque han sido distribuidas en diferente número de sesiones.

B.7. Ejercicios específicos con cargas

El entrenamiento de la fuerza explosiva/rápida tiene como objetivo *mejorar la capacidad de reducir el tiempo necesario para aplicar la máxima fuerza en el gesto específico de competición.*

En casi todos los deportes, lo que se pretende es realizar los movimientos de la forma más rápida posible, siempre que se mantengan los niveles de precisión en la realización del gesto específico. La diferencia estará en la mayor o menor resistencia que deba superarse, en el tipo de movimiento y en la duración del mismo. Por tanto, siempre que realicemos el gesto propio de competición de un deporte y/o ejercicios muy próximos a los mismos por su estructura y carga, estaremos entrenando fuerza explosiva transferible a dicho deporte.

Deberíamos hablar, por tanto, de *métodos para aplicar la fuerza rápidamente. La fuerza explosiva y la velocidad de ejecución que hay que entrenar está en relación con la velocidad óptima y/o máxima con la que se realiza el gesto deportivo*. Así, un levantador no mejoraría su velocidad para realizar un peso máximo en arrancada entrenando con el 30% de su record personal en este ejercicio, puesto que su fuerza explosiva ha de manifestarla ante grandes resistencias, y, por tanto, es más dependiente de la fuerza máxima que de la velocidad de movimientos. La resistencia óptima para conseguir este objetivo debería estar en el máximo peso que permita alcanzar una velocidad ligeramente superior a la que se necesite en un intento máximo. Con este tipo de carga conseguimos, además, aplicar la fuerza en el menor tiempo y de forma específica, pues la estructura del movimiento es casi idéntica a la del ejercicio con cargas máximas. Estos principios son aplicables a todos los deportes.

Por tanto, la manifestación y entrenamiento de la fuerza rápida es específica de cada deporte. *Una vez desarrollada en grado óptimo la fuerza máxima, se tratará de realizar gestos específicos a la velocidad de competición o ligeramente superior.* En algunos casos, si no se rompe la estructura del movimiento, también se usan resistencias ligeramente superiores a las de competición (por ejemplo en lanzamientos), con lo que desarrollamos una fuerza rápida específica, con una velocidad algo inferior pero con un componente de fuerza específica mayor que la de competición, que influye de forma directa en la velocidad del gesto deportivo. Es lo que Kuznetsov (1988) llamaba método de efecto variable: alternancia óptima de la cantidad de ejercicios con resistencias menores y superiores a la de competición tanto en una sesión como en el año.

Para mejorar la fuerza explosiva en otro tipo de gestos como correr y nadar, también se aplican los mismos principios. Unas veces se dificulta el desplazamiento oponiendo ciertas resistencias: arrastre de objetos, cuestas, paletas, etc., y otras se facilita con situaciones opuestas. En estos casos la intensidad viene representada, por ejemplo por la inclinación de las cuestas o la dimensión de las paletas en natación. Una dificultad o facilitación excesiva en estos ejercicios haría perder el carácter específico de los mismos, y la consiguiente orientación del desarrollo de la fuerza hacia una dirección no deseada.

Las cargas en este tipo de entrenamiento deben estar muy próximas a las de competición, de forma que no perturben la técnica y se conviertan en una interferencia más que en una ayuda. En un estudio presentado por Verkhosansky (1986), se observó que el desarrollo de la fuerza para el lanzamiento en waterpolo se mejoró más lanzando balones medicinales de 2 kg. que de 4 kg. El incremento en las distancias fue de 13.6 y 8.9%, respectivamente. El lanzamiento con 4 kg. también tuvo influencia negativa en la técnica. Entrenando con balones ligeros (2 onzas) y pesados (6.5 onzas) se observó una mejora en ambos casos; no obstante, lanzando el balón ligero se mejoró la precisión para lanzar el más pesado, pero no ocurrió lo contrario con respecto al pesado.

En definitiva, *el entrenamiento para la fuerza explosiva o de aplicación de la fuerza máxima es específico de cada deporte,* y debe moverse en parámetros de resistencias, series, repeticiones y pausas que permitan una manifestación de velocidad y potencia cercanas a las necesarias en la competición en cada una de las repeticiones que se realicen. De no cumplirse estos condicionantes, se podría caer fácilmente en el error de entrenar la resistencia, aunque en este caso también sería una resistencia específica, en lugar de la fuerza explosiva.

Todos los entrenamientos de fuerza explosiva deben considerarse como un complemento de los de fuerza máxima. Es decir, una vez que se consiga el nivel óptimo de fuerza máxima, es necesario que su aplicación o manifestación en el gesto deportivo se produzca en el menor tiempo posible.

C) Entrenamiento de fuerza reactiva

El entrenamiento de la fuerza reactiva es muy específico de cada especialidad deportiva. Básicamente consiste en realizar contraciones muy rápidas en régimen pliométrico, con CEA muy cortos. Como método general valen los pliométricos descritos en el punto anterior, pero siempre sin cargas y con el menor tiempo de contacto.

D) Entrenamiento de la resistencia a la fuerza

El entrenamiento de la resistencia a la fuerza es uno de los que presenta mayor dificultad en su definición y puesta en práctica, debido a la posible interferencia entre los efectos producidos por dos tipos de entrenamiento antagonistas cuando se realizan en sus formas más extremas.

D.1. Importancia de la fuerza en el entrenamiento de la resistencia

Para Verkhoshansky (1990) la fuerza es determinante en la mejora de la capacidad para mantener el rendimiento durante una prueba, y lo justifica de la siguiente forma:

− Dado que el músculo esquelético es el punto principal en el que se elimina el ácido láctico durante y al final del ejercicio, el desarrollo de la resistencia depende no sólo del perfeccionamiento de la capacidad respiratoria, sino también de la especialización funcional de los músculos esqueléticos, es decir, del aumento de la capacidad de fuerza y de su capacidad oxidativa.

− Además del aumento de estas dos capacidades, una condición importante para el desarrollo de la llamada *resistencia local muscular* está representada por la redistribución del flujo sanguíneo y por la mejoría de las reacciones vasculares locales.

− La resistencia local se manifiesta en la capacidad del deportista para expresar, a largo plazo, la componente de fuerza del ejercicio.

− En una prueba de 400 m lisos, el incremento y la permanencia de la longitud de la zancada viene fovorecida por la resistencia local de fuerza. Por tanto, si disminuye la zancada, principal causa de la pérdida de velocidad, es porque disminuye el factor fuerza.

Según este autor, la falta de atención a estos procesos ha originado un retraso en los deportes cíclicos de medio fondo.

El entrenamiento de fuerza puede mejorar, según algunos estudios, la capacidad para mantener el rendimiento sin aumento paralelo del VO2máx. Hickson y otros (1980a) observaron un aumento del tiempo de ejecución de un esfuerzo en bicicleta del 47% y en carrera del 12% después de un entrenamiento de fuerza, a pesar de que no hubo cambios en el VO2máx.. Ellos sugieren que las mejoras en el rendimiento de resistencia por el entrenamiento de fuerza puede estar relacionado con el incremento en la fuerza muscular o la potencia.

Marcinik y otros (1991) realizaron un estudio con 18 sujetos que no habían realizado ningún programa de entrenamiento durante los tres meses anteriores al comienzo del experimento. Despues de 12 semanas de entrenamiento con series de 8-20 RM con unos ejercicios y de 15-20 en otros, con 30 seg de descanso entre series, observaron que a pesar de no haber cambiado el VO2máx , el tiempo de trabajo al 75% del pico de VO2 se incrementó en un 33% (8.8 minutos) después del entrenamiento. Esta mejora en la resistencia vino asociada con un 12% de incremento del umbral de lactato ($p<0.001$). Hubo una significativa reducción de la concentración de lactato en plasma a intensidades relativas del ejercicio desde el 55 al 75% del pico de VO2 como resultado del entrenamiento. Por ejemplo, antes del entrenamiento se observó una concentración de lactato de 5 mM/l al 70%, y después de la experiencia este valor se redujo en un 32%, hasta 3.4 mM/l ($p<0.001$) a la misma intensidad.

Por tanto, además del incremento de la fuerza como causa de la mejora del rendimiento en resistencia, aquí se observa que esta mejora también está relacionada con una elevación del umbral de lactato.

Hickson y otros (1988) atribuyen la mejora del rendimiento en resistencia por el entrenamiento de fuerza a cambios en el reclutamiento del tipo de fibras. Ellos proponen que un mayor porcentaje de fibras ST y uno más reducido de FT durante el ejercicio con cargas constantes podría resultar por el incremento de la fuerza del cuádriceps. Es posible que esto pueda llevar a un aumento del tiempo de agotamiento por la reducción del porcentaje del pico de tensión requerido para cada pedalada. Esto también podría explicar la reducción de los niveles de lactato durante ejercicios submáximos de bicicleta observados en el estudio de Marcinik. Esta misma reducción de la tensión por pedalada puede facilitar el flujo sanguíneo y afectar los niveles de ácido láctico.

Aunque las explicaciones sobre los mecanismos responsables de la influencia del entrenamiento de fuerza en el rendimiento de la resistencia no estén suficientemente claras, no hay duda de que el desarrollo de la fuerza con los métodos y los medios adecuados es, probablemente, una ayuda importante en la mejora de la capacidad para mantener altos niveles de rendimiento en la práctica deportiva. Chromiak y Mulvaney (1990), en una revisión sobre los efectos combinados del entrenamiento de fuerza y resistencia llegan a las siguientes conclusiones y aplicaciones prácticas:

a) Los deportistas y los entrenadores deberían ser conscientes del concepto de la especificidad del entrenamiento: el entrenamiento debe poner el énfasis en los sistemas de energía usados en competición.

b) El entrenamiento con cargas pesadas incrementa el tiempo para llegar a la fatiga en el pedaleo y en la carrera (se basa en los mismos estudios comentados anteriormente)

c) Suplementando los entrenamientos de resistencia con entrenamientos de fuerza se puede mejorar el rendimiento en especialidades de resistencia en las que se requiere un sustancial reclutamiento de fibras rápidas, o en aquellos en los que es importante un rápido final.

d) Los deportistas de resistencia pueden beneficiarse del entrenamiento de fuerza para prevenir lesiones y mejorar el rendimiento.

e) Para incrementar la resistencia muscular se deberían utilizar entrenamientos de alto volumen con cargas (pesos) en lugar de distancias moderadas o largas de carrera o pedaleo

D.2. Algunos enfoques metodológicos

El entrenamiento de resistencia a la fuerza tiene como objetivo preparar al sujeto para que pueda mantener los mejores niveles de aplicación de fuerza y técnica durante el tiempo que dure la competición.

Según la resistencia a vencer, la frecuencia e intensidad del gesto y la duración de la prueba, pueden darse una gran diversidad de situaciones. Esto hace que no exista un entrenamiento de fuerza-resistencia tan definido como lo es, por ejemplo, el de fuerza máxima. Por tanto, el entrenamiento de fuerza-resistencia también es específico de cada deporte.

La acción principal de esta actividad específica en cada disciplina, según Reib (1992), debe ser dirigida sobre todo a:

- Desarrollar los presupuestos neuromusculares para una velocidad más elevada.
- Incrementar la resistencia muscular local del grupo muscular específico interesado en la competición, procurando, sobre todo, la ampliación de las reservas energéticas y un amplio espectro de reclutamiento de las UMs ST y FT oxidativas.
- Crear los presupuestos para la mejora de la técnica deportiva y de su control para una manifestación eficaz de la misma en condiciones de creciente fatiga.
- Construir la capacidad de movilizar las capacidades psicofísicas en condiciones de fatiga.

Como normas generales, aplicables a todos los entrenamientos de resistencia a la fuerza, podemos indicar las siguientes:

- La resistencia (peso o dificultad en la ejecución) es superior a la de competición. Esto se cumple en todas las especialidades menos en aquellas en que la resistencia a vencer en competición es muy elevada, como por ejemplo en la halterofilia y en algunos lanzamientos. En estos casos, además de que la resistencia juega un papel poco relevante en el rendimiento, no es posible utilizar cargas superiores a las de competición con la frecuencia propia del entrenamiento de resistencia. Por tanto, las cargas serán inferiores a las de competición en unos casos –halterofilia–, en la mayoría será ligeramente superior, y en todos la resistencia a la fuerza necesaria se va a conseguir por la repetición más o menos numerosa del propio gesto de competición. Si la resistencia a utilizar es inferior a la de competición, la velocidad de ejecución es superior a la de la propia competición, mientras que en los demás casos ocurre lo contrario.

– La duración del estímulo está en relación con la de competición.

– El número de repeticiones por serie supera al de cualquier otro método de entrenamiento, y la pausa entre series es la más corta.

– Se debe mantener la semejanza entre el estímulo de entrenamiento y el de competición. Esta semejanza se refiere a todos los parámetros que caracterizan una especialidad: técnica, fuentes energéticas, necesidades de fuerza, etc. Esto no excluye la utilización de ejercicios generales y/o locales dirigidos al entrenamiento de grupos musculares concretos.

– El estado de desarrollo de la capacidad de fuerza debe ser constantemente controlado, y la reproducibilidad del entrenamiento realizado debe ser asegurada por una adecuada documentación del propio entrenamiento.

– Se debe buscar un efecto fisiológico dirigido y controlado. Una superación excesiva de los niveles de lactato que se producen en competición no tendría sentido para los deportes que dependen de la fuerza explosiva, pues, además de perjudicar la técnica por la excesiva fatiga, se producirían efectos de tipo estructural (sobre las fibras musculares) y nervioso alejados de los específicos de competición. En especialidades más relacionadas con la resistencia, los entrenamientos de resistencia a la fuerza no pasan de un nivel aeróbico-anaeróbico. El entrenamiento extensivo por intervalos (80-90% de la velocidad de competición o del 30-50% de la capacidad máxima de fuerza) es eficaz con una frecuencia cardiaca reducida y con producción escasa de lactato (Reib, 1992). Por el contrario, uno intensivo por intervalos, de más breve duración, con carga superior a la de competición, y con una velocidad/intensidad superior al 90% del ritmo de competición, aumenta el lactato y la frecuencia cardiaca hasta un nivel aeróbico-anaeróbico.

Desde el punto de vista fisiológico, Reib distingue tres niveles en el entrenamiento de la fuerza resistencia: en condiciones de metabolismo aeróbico (< 3 mM/l de ácido láctico), de aeróbico-anaeróbico (3-6 mM/l) y el entrenamiento de resistencia a la fuerza rápida: carga de breve duración, con acento sobre la fuerza con velocidad/frecuencia más elevada y metabolismo, parcialmente, en condiciones de elevada producción de lactato (> 7 mM/l). El conocimiento de estos parámetros del entrenamiento es importante para compatibilizar todos los estímulos de entrenamiento dentro de la sesión y de los microciclos.

En la programación del trabajo de resistencia a la fuerza hay que tener en cuenta en qué medida influyen las distintas manifestaciones de fuerza y la capacidad de resistencia en el resultado de cada especialidad deportiva. Esta circunstancia es determinante a la hora de decidir la cuantía de las variables del entrenamiento. En función de esto se organizan los diferentes tipos de entrenamientos, y, consecuentemente, el tipo de trabajo que habría de realizarse:

— En los deportes en los que la fuerza máxima y la fuerza explosiva ante grandes resistencias juegan un papel preponderante, se hacen de 3 a 4 series con pesos que permitan realizar de 6 a 8 repeticiones. Así conseguimos desarrollar la fuerza con un alto nivel de resistencia. El número de repeticiones por serie debería reducirse si el ejercicio que se realiza es complejo y obliga a la utilización simultánea de grandes grupos musculares del tronco y las piernas.

— Para la resistencia a la fuerza rápida, Letzelter (1990) propone hacer 3-5 series de 8-20 repeticiones al 30-70% con una pausa entre series de 60-90 seg.; la velocidad del movimiento debe ser explosiva/sostenida. Este es el método que él llama "intensivo por intervalos (II)", que entrena una resistencia a la fuerza de carácter anaeróbico láctico. Por ejemplo, un velocista podría hacer 5 series de 12 repeticiones de saltos con el 30-70% de su mejor resultado en sentadilla completa, con 90" de pausa entre series. Este método ocupa un primer plano en el entrenamiento específico de la resistencia a la fuerza. Este efecto se obtiene en el entrenamiento de remo o piragüismo por una fuerza de frenada superior, en las carreras por la arena, en natación las palas, etc. Este tipo de entrenamiento permite aumentar la resistencia de competición sin alejarse del gesto específico.

— El entrenamiento "extensivo por intervalos" se hace con menor intensidad, es menos explosivo, ritmo más lento de ejecución y con pausas más breves de descanso entre series. Tiene una función de base para otros métodos posteriores. Su utilidad se limita a las especialidades que necesitan un nivel de fuerza muy débil. La intensidad es del 30-40%, para más de 20 repeticiones por serie y con pausas de 30-60 seg. El entrenamiento en circuito es una forma de organización de este tipo de entrenamiento.

Cometti (1991) propone un enfoque del trabajo de resistencia a la fuerza diferente. Para conciliar fuerza y resistencia será necesario pasar por el "trabajo intermitente". Su razonamiento es como sigue:

— En muchos casos, lo primero que se piensa es en la noción de "duración de la expresión de fuerza", al mismo tiempo que se cree que la fuerza máxima no tiene interés, lo que, a su juicio, es falso. Cuanto más fuerza máxima, más fácil será mantener un alto nivel de fuerza. La fuerza no es cuestión de cantidad, sino de cualidad.

— El peligro más importante consiste en basarse únicamente en la duración de la prueba. Por ejemplo: un minuto de prueba, un minuto de trabajo de fuerza. Esto no tiene sentido, según el autor. ¿Qué puede aportar este ejercicio? Ciertamente, nada de fuerza, porque no respeta los principios del desarrollo de la misma; y tampoco se beneficia la técnica, porque el ejercicio no es específico.

— Hay que respetar, efectivamente, la duración de la expresión de la fuerza en la competición. Pero si la competición dura un minuto, la solución consiste en hacer una serie de ejercicios de fuerza intensos encadenados con recorridos específicos.

— Por tanto, las reglas para construir una sesión de fuerza específica son las siguientes:

— Determinar la duración de la prueba de competición.
— Fraccionar esta prueba.
— Elegir los movimientos generales interesantes para la disciplina.
— Construir un encadenamiento conformando alternancias de trabajo de fuerza y del gesto deportivo

Por ejemplo, alternar series de press de banca con recorridos de 50m nadando durante 1'. Repetir cuatro veces. Elegir otro ejercicio y repetir las series. etc.

Bosco (1992) introduce un método diferente, basado en la respuesta fisiológica y mecánica del sujeto ante una prueba de resistencia a la fuerza veloz realizada con saltos continuos durante 5-60". Sus razonamientos son los siguientes:

— La mejora de la resistenca a la fuerza rápida representa uno de los problemas metodológicos más difíciles de resolver. Son muchas las disciplinas deportivas en las que esta cualidad es fundamental para el rendimiento: remo, piragüismo, voleibol, hockey, atletismo (100-800 m), balonmano, esquí alpino, etc.

— Los deportistas que poseen un porcentaje superior de fibras FT tienen más posibilidades de desarrollar y mantener en el tiempo la fuerza rápida, que puede ser notablemente mejorada con el entrenamiento específico.

— Los factores determinantes tanto del desarrollo de la fuerza rápida como de la resistencia a la fuerza rápida son de naturaleza neuromuscular y bioquímica según la duración de la prueba.

— Utilizando como medida objetiva de comparación la prueba de corta duración (5-15") y la de larga duración (30-60") del salto (Nota: estas pruebas se verán en el apartado sobre "Evaluación"), se pueden analizar los procesos metabólicos implicados, y tomar decisiones sobre el estado fisiológico del sujeto en el tiempo.

— La secuencia de entrenamiento de la metodología tradicional, abordando sucesivamente el desarrollo de distintas cualidades, es artificioso. *Lo más racional es tomar como referencia y estimular la respuesta fisiológica del sujeto para mejorar la capacidad funcional.*

— *La nueva metodología parte del principio de que la cualidad debe ser estimulada al máximo y de manera individualizada en función de la respuesta del sujeto, la cual está permanentemente controlada por la aplicación sistemática de los tests.*

— Por tanto, el número de repeticiones no debe ser establecido de antemano, sino que viene determinado por la capacidad de desarrollar potencia mecánica y trabajo muscular durante una prueba de 30-60". Cuando el rendimiento del sujeto baja del 90% de su rendimiento máximo, ha de interrumpirse el entrenamiento o la serie. De esta manera, dos deportistas que busquen el mismo objetivo harán series de 15 ó 30 seg, según las posibilidades de cada uno.

Estos mismos principios se pueden aplicar uitilizando el método propuesto en el entrenamiento de la fuerza máxima con el dispositivo electrónico ("ergo-power" o "biorrobot"), y que hemos denominado "Método basado en la potencia de ejecución".

D.3. Efectos del entrenamiento simultáneo de la fuerza y la resistencia

Es generalmente admitido, y a continuación veremos algunas pruebas de ello, que la combinación del entrenamiento de fuerza y resistencia interfiere las ganancias de fuerza y las posibilidades de realizar movimientos explosivos. Como posibles causas de estas interferencias se citan las siguientes (siguiendo a Chromiak y Mulvaney, 1990): la posibilidad de que la combinación de estas cargas produzcan sobreentrenamiento, aunque esto dependerá, como es lógico, de la cantidad de entrenamiento realizado; diferencias en los modelos de reclutamiento de fibras musculares; alteraciones en la concentración de varias hormonas y diferencias en la activación o represión de varios procesos anabólicos/ catabólicos a nivel muscular; cambios enzimáticos, etc. Veamos a continuación algunos estudios que tratan sobre el efecto de la combinación de ambos entrenamientos.

Las mejoras de fuerza conseguidas durante 10 semanas de entrenamiento se pueden mantener durante seis semanas de entrenamiento orientado a la mejora de la resistencia sin perjuicio para ésta. En un trabajo llevado a cabo por Bell y otros (1993), se observó que la fuerza ganada por un grupo de remeras principiantes y experimentadas con un entrenamiento de 10 semanas, a 3 sesiones por semana de unas 3-4 series de 7-8 repeticiones por serie, con una intensidad media de 75% de 1RM, y con un rango de intensidad de entrenamiento entre el 70 y el 80-85% en los ejercicios fundamentales, al mismo tiempo que se hacía entrenamiento de resistencia aeróbica 2 veces por semana, se mantuvo, tanto en el grupo 1 (G-1) como en el 2 (G-2), durante las 6 semanas siguientes en las que el entrenamiento de resistencia pasó a realizarse 4 veces por semana, mientras que el de fuerza se redujo a 1 vez (G-1) o a 2 veces (G-2) por semana. En las últimas 6 semanas se redujo el volumen en un 85% (G-1) y 60% (G-2), aproximadamente, elevándose la intensidad media hasta un 79% y reduciéndose el rango de intensidades alrededor de la media. Por tanto, si la carga es suficientemente intensa, al mismo tiempo que se aumenta el volumen de entrenamiento aeróbico y se incrementa significativamente el consumo máximo de oxígeno, es probable que se mantenga durante 6 semanas –incluso reduciendo sustancialmente el volumen de entrenamiento con cargas– la fuerza conseguida en 10 semanas previas de entrenamiento en las que se puso especial énfasis en el desarrollo de la fuerza.

Hennessy y Watson (1994) tomaron a 56 jugadores de rugby habituados al entrenamiento de fuerza para estudiar el efecto de distintos métodos de trabajo.

– Entrenamiento de fuerza: durante 8 semanas, 3 días por semana (2 días con intensidades con el 70% y más, y uno con 3 series de 10RM), que tuvo los efectos previstos: aumento de la fuerza, del salto vertical y de la velocidad en 20 metros, y un mantenimiento del consumo máximo de oxígeno; –Entrenamiento de resistencia: 8 semanas, 4 días por semana (2 de carreara continua al 70% de la frecuencia cardíaca máxima (FCmáx), uno de fartlek y otro al 85% de la FCmáx, que también produjo los efectos propios: aumento del consumo máximo de oxígeno, pero sin mejorar la fuerza, ni el salto vertical, ni la velocidad en 20 metros.

— Combinación de ambos métodos: de acuerdo con el siguiente entrenamiento:

— *lunes*, carrera ligera (70% de la FCmáx) más un entrenamiento de fuerza de intensidad moderada

— *martes*, fartleck (básicamente series entre 30 y 200 metros con carrera continua de recuperación) con una duración de 15 minutos en la 1.ª semana y aumento progresivo hasta 35 en la 8.ª

— *miércoles*, fuerza con intensidades altas (>70%, y en progresión durante las 8 semanas) más carrera ligera (70% de FCmáx)

— *jueves*, descanso

— *viernes*, carrera intensa (85% de FCmáx), en progresión desde 20 minutos en la 1.ª semana hasta 40 en la 5.ª, a partir de la cual se mantuvo este tiempo máximo

— *sábado*, fuerza con intensidades altas

que produjo los siguientes resultados:

— Mejora significativa en fuerza de piernas (sentadillas), pero mucho menos que el grupo de fuerza (5,4 frente a 16,7%)

— La mejora en la fuerza de piernas fue significativamente menor que la obtenida por el grupo de fuerza

— Mejora significativa en el press de banca, aunque también menor que la del grupo de fuerza (14,5 frente a 20,9%)

— No hubo mejoras significativas ni en salto vertical, ni en la velocidad en 20 metros

— Hubo mejoras significativas en el consumo máximo de oxígeno

Por tanto, la combinación del entrenamiento de resistencia y el de fuerza durante 8 semanas es probablemente adecuado para proporcionar una mejora del consumo máximo de oxígeno y de la fuerza máxima; pero la mejora de la fuerza de los grupos musculares que intervienen en el entrenamiento de resistencia es significativamente menor que si el sujeto hiciera sólo entrenamiento de fuerza. Esta afirmación no sería totalmente correcta si sólo tuviéramos en cuenta los entrenamientos de fuerza realizados, ya que en el trabajo combinado falta la sesión de 3 series de 10RM, aunque de haberla incluido también se correría el riesgo de llegar a un sobreentrenamiento. Pero sí está justificada, en nuestra opinión, por el hecho de que en los ejercicios de la parte superior del cuerpo la mejora se acerca más a las obtenidas por el grupo de fuerza, no estableciéndose diferencias significativas entre ellas. Por otra parte, parece claro que el trabajo de resistencia, al menos con este tipo de entrenamiento, impide la mejora de la velocidad y del salto vertical. Por tanto, es importante darse cuenta de las interferencias que pueden ocasionarse cuando se combina el entrenamiento de fuerza y el de resistencia en especialidades que necesitan fuerza, potencia, velocidad y resistencia.

No parecen existir diferencias en la mejora de fuerza en función del orden en el que se entrenen la fuerza y la resistencia. Para estudiar esta problemática, Collins y Snow (1993) realizaron un estudio de 7 semanas de duración en el que un grupo realizaba primero entrenamiento de fuerza y después de resistencia (F/R), mientras que otro realizaba el mismo entrenamiento pero en orden inverso (R/F). El entrenamiento de fuerza consistía en hacer 3 veces por semana 2 series de 3-12 repeticiones con intensidades comprendidas entre el 50 y el 90% de 1RM. El de resistencia en correr 3 días por semana 25 minutos a una intensidad comprendida entre el 60 y el 90% de la frecuencia cardíaca de reserva. Ambos entrenamientos se realizaban seguidos, en el mismo día, uno inmediatamente después del otro, según el orden que correspondía a cada grupo.

El incremento de la fuerza en cada grupo de trabajo fue el siguiente:

	F/R	R/F
Pb	15,2%	19,0%
Ph	16,0%	24,0%
Cb	17,0%	20,0%
Pp	12,0%	14,0%

(Pb=press de banca; Ph=press de hombros; Cb=curl de biceps; Pp=press de piernas)

Todas las mejoras fueron significativas (p<0,05), pero no hubo diferencias entre los grupos, excepto en el ejercicio de press de hombros (p<0,05), lógicamente, a favor del grupo R/F.

El incremento del consumo máximo de oxígeno también fue similar en ambos grupos.

Aunque no aparezcan diferencias significativas nada más que en un ejercicio, la tendencia parece que se inclina claramente a favor de realizar primero el entrenamiento de resistencia seguido del de fuerza. Es probable que una prolongación del entrenamiento durante 2-3 semanas podría haber ofrecido mayores diferencias entre los grupos, aunque no se han hecho tests intermedios desde el inicio del experimento que pudieran hacer prever esta tendencia. También es presumible que un entrenamiento de fuerza con mayor volumen (sobre todo más series), podría haber dado resultados más diferenciadores en cuanto al orden de ejecución de los entrenamientos.

También se observa que, aunque las diferencias están todavía dentro del azar, el ejercicio que menos progresa en términos cuantitativos es el realizado con las piernas, lo que indica una tendencia que está de acuerdo con el estudio presentado por Hennessy y Watson

Sale y otros (1990) estudiaron el efecto producido por el entrenamiento combinado de fuerza y resistencia cuando se realizaban ambos en el mismo día o en días alternos. Para ello tomaron a 7 sujetos jóvenes que realizaron el entrenamiento combinado el mismo día en una sola sesión (G-A), 2 veces por semana durante 20 semanas. Otro grupo (G-B) de 8 sujetos hizo el entrenamiento de fuerza 2 veces por semana, y el de resistencia en otros 2 días diferentes de la semana (se supone que en días alternos). El entrenamiento de fuerza consistió en 6-8 series de 15-20 RM en una máquina de press de piernas (Pp), y el de resistencia en 6-8 series de 3 minutos en un cicloergómetro a una intensidad entre el 90 y el 100% del VO2máx. Los resultados fueron los siguientes:

	Incremento de los resultados en %	
	G-A	G-B
1RM en Pp	25***/++	13***
Flex. de rodillas	12	14
Ext. de rodillas	31	34
Hipertrofia	33	25
VO2máx	7***	6***
Repet. con 1RM inicial	33	55
Repet. 80% 1RM	64*	39*
Enzimas oxidativos	26**/+	6

*** p<0,001
** p<0,005
* p<0,01
++ p<0,009 (diferencia entre grupos)
+ p<0,05 (diferencia entre grupos)

En flexión y extensión de rodillas hubo diferencias significativas dentro de los grupos, pero no entre ellos. El incremento de hipertrofia fue significativo dentro de los grupos, pero no entre ellos (fibras FT: p<0,004; ST: p<0,01). Las repeticiones con 1RM inicial no fueron analizadas estadísticamente dentro de los grupos, pero no hubo diferencias entre ellos.

Parece, por tanto, que hacer el entrenamiento de fuerza en días diferentes al de la resistencia produce un mayor incremento de la fuerza voluntaria en las piernas en comparación con el entrenamiento de ambas cualidades realizado en el mismo día en una sola sesión. Es oportuno resaltar que las piernas intervinieron en el entrenamiento de ambos grupos. Las enzimas oxidativas parecen mejorarse de forma significativa en mayor medida si se hacen los dos entrenamientos el mismo día, al mismo tiempo que no parece tener influencia sobre ellas la separación de las sesiones. El resto de las mediciones realizadas indican una influencia sobre distintas cualidades y efectos del entrenamiento en mayor o menor grado según el método de trabajo, pero sin llegar a producirse diferencias entre ambos.

L. Paavolainen y otros (1991) estudiaron el efecto de la aplicación simultánea de entrenamientos de fuerza y resistencia, con la incorporación de sesiones de tipo explosivo.

El estudio se realizó con esquiadores de fondo durante un periodo de 6 semanas. El grupo experimental entrenó de 6 a 9 veces por semana, y en cada sesión hacía un entrenamiento de resistencia durante 1-4 horas o uno de fuerza que duraba de 15 a 90 minutos. En las 3 primeras semanas, el 34% del entrenamiento fue de fuerza (de tipo explosivo y con cargas pesadas), y el 66% de resistencia. Durante las 3 segundas semanas el trabajo de fuerza alcanzó el 42% y el de resistencia el 58%. El entrenamiento de fuerza era de tres tipos: explosivo, con cargas pesadas y con sprints. El entrenamiento de resistencia de este grupo consistió en un trabajo de resistencia "normal" para un esquiador: carreras con rollerskis, carreras a pie y con esquís. El 81% del entrenamiento de resistencia tuvo lugar por debajo del umbral anaeróbico, y el 19% por encima.

El entrenamiento de fuerza consistió en ejercicios de saltos específicos para esquiadores, con cargas bajas, pero realizados a gran velocidad. El entrenamiento con cargas pesadas se realizó con ejercicios de sentadillas dinámicas (rápidas) con barras y con varios ejercicios específicos para esquiadores. La carga en sentadillas osciló entre el 70% y el 90% de una repetición concéntrica máxima.

El grupo de control entrenó también 6-9 veces por semana. El programa para las 3 primeras semanas consistió en un 83% de entrenamiento "normal" de resistencia, un 14% de entrenamiento de resistencia a la fuerza y un 3% de entrenamiento explosivo. En las 3 últimas semanas hicieron el 87% de resistencia y el 13% de resistencia a la fuerza. El entrenamiento de resistencia a la fuerza consistía en ejercicios específicos de abdominales, de piernas y de brazos con cientos de repeticiones.

Los resultados indican que el grupo experimental sólo mejoró ligeramente a las 3 semanas (fig 5.1), pero a las 6 su fuerza explosiva mejoró un 10%, como se puede comprobar por las mejoras en el SJ y CMJ ($p<0,01$), y en la reducción del tiempo para alcanzar determinados porcentajes de la fuerza isométrica máxima ($p<0,05$ para alcanzar el 60%). No hubo mejoras en la fuerza máxima de los músculos entrenados, ni tampoco en las características del rendimiento aeróbico (VO2máx, umbral anaeróbico y umbral aeróbico). El grupo de control no mejoró en ninguna de las variables medidas.

Este estudio viene a sugerir que los deportistas especializados en resistencia pueden realizar entrenamiento de fuerza –con las características expuestas aquí– sin reducción de sus capacidades aeróbicas. Una mejora de la fuerza explosiva sin perjuicio de la resistencia puede considerarse siempre positiva. Por ejemplo, el nivel de fuerza producido por los esquiadores en competición no es muy elevado, sin embargo se produce bastante rápidamente. Las características del incremento de la fuerza conseguida por el entrenamiento de tipo explosivo pueden ser adecuadas y podrían ser incorporadas en el entrenamiento de los esquiadores y también por otros deportistas de resistencia. Quedaría por

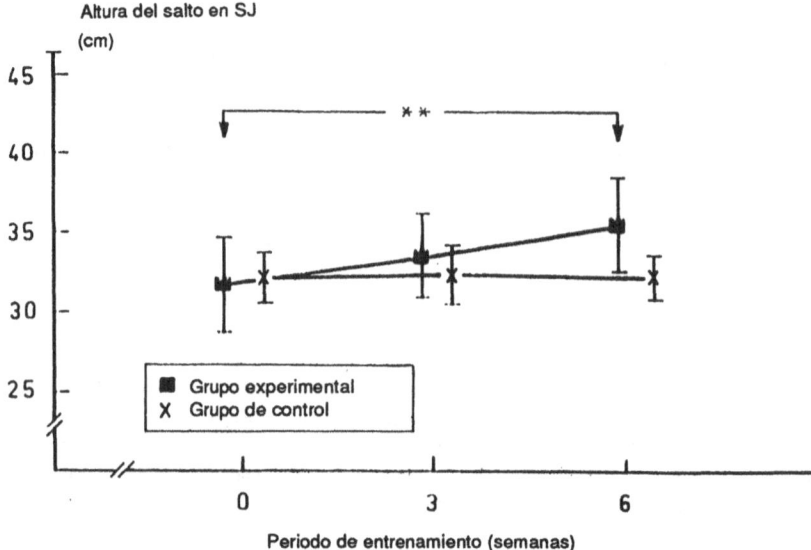

Fig 5.1. Efecto del entrenamiento combinado de resistencia más fuerza explosiva en comparación con el entrenamiento de resistencia "normal" (L. Paavolainen y otros, 1991)

comprobar si este tipo de entrenamiento y de beneficios mejorarían también el rendimiento en competición.

Los efectos que puede tener la aplicación de entrenamientos simultáneos de fuerza y resistencia pueden sufrir modificaciones en función del tiempo que se entén aplicando. En un estudio llevado a cabo por Hickson (1980) se pudo comprobar que después de 6-8 semanas de entrenamiento simultáneo no sólo se estabilizaban los resultados en fuerza, sino que incluso empeoran. En este estudio, un grupo (G-F) entrenó sólo fuerza 5 días a la semana durante 10 semanas. El programa fue diseñado especialmente para el incremento de la fuerza, por lo que todos los ejercicios se realizaron utilizando el máximo peso posible. Otro grupo (G-R) realizó sólo entrenamiento de resistencia 6 días a la semana, alternando ciclismo o pedaleo y carrera. El pedaleo consistía en 6 series de 5 minutos a una intensidad que se aproximaba al VO2máx. El entrenamiento de carrera consistió en correr lo más rápidamente posible durante cada vez más tiempo hasta llegar a los 40 minutos por sesión al final del estudio. El grupo que realizó el entrenamiento combinado (G-FR) hizo los dos entrenamientos. La fuerza se midió con una repetición máxima en sentadilla con flexión hasta que el muslo estaba paralelo al suelo.

La fuerza máxima de piernas de los grupos G-F y G-FR se incrementó aproximadamente al mismo ritmo durante las primeras 7 semanas de entrenamiento, y continuó mejorando en el G-F hasta alcanzar una superación del 44% al final del estudio (fig 5.2). El G-FR alcanzó una mejora del 34% y se estabilizó entre las semanas 7 y 8, con una pérdida posterior de fuerza en las dos semanas restantes del 9% de las ganancias anteriores. El G-R no mejoró su fuerza máxima. El VO2máx, tanto cuando se midió en el cicloergómetro, como cuando se hizo en el tapiz rodante, mejoró de forma similar en los grupos G-R y G-FR. El G-F tuvo un pequeño, pero estadísticamente significativo, incremento del VO2máx absoluto cuando se medía en el cicloergómetro, pero el VO2máx relativo no cambió debido al aumento del peso corporal.

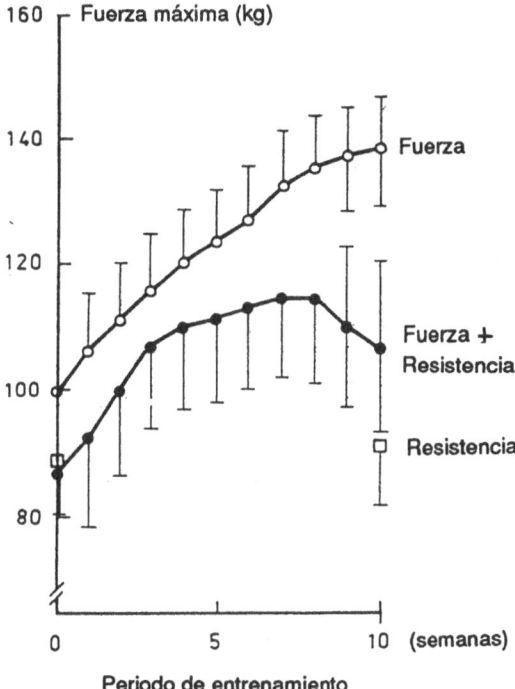

Fig 5.2. Cambios de la fuerza máxima de piernas durante 10 semanas después de tres tipos de entrenamiento: fuerza máxima (círculos en blanco), fuerza más resistencia (círculos en negro) y resistencia (cuadrados) (Hickson, 1980)

Aunque el trabajo realizado en este estudio: entrenamientos relativamente extremos de ambas cualidades, y un esfuerzo, quizá, extremadamente duro para el G-FR, no sea el que normalmente se planifique cuando queramos mejorar conjuntamente fuerza y resistencia, es importante tener en cuenta la tendencia que probablemente va a estar presente siempre que realicemos un entrenamiento simultáneo de ambas cualidades.

Últimamente se han realizado estudios para ver los efectos de distintas combinaciones de entrenamientos de resistencia y de fuerza sobre la fuerza máxima y explosiva. Hakkinen y otros (en prensa, comunicación personal) realizaron un trabajo con 18 deportistas voluntarios de pruebas combinadas nórdicas (biatlon compuesto de carrera de esquí de fondo, unos 50 kilómetros, y esquí de salto), con edades comprendidas entre 16 y 25 años.

Todos tenían un nivel nacional (considerados como buenos en Finlandia), y con una base de entrenamiento de tres o más años (400-800 horas por año).

Cada deportista entrenó de 8 a 12 veces por semana. El entrenamiento de resistencia duró entre 75 y 135 minutos a un ritmo cardíaco próximo al umbral aeróbico. Una vez a la semana se hizo un entrenamiento de carrera a nivel de umbral anaeróbico, con una duración de 50 minutos. En general, el entrenamiento de resistencia consistía en ejercicios de rollerskiing, carrera y esquí de fondo. El entrenamiento de fuerza explosiva duraba entre 40 y 80 minutos, y consistía en varios ejercicios de salto tales como salto sin contramovimiento, con contramovimiento, etc. Cada sesión se componía de 80 a 140 saltos, que se hacían en tres series de tres a cinco saltos cada una; después de tres series había siempre una recuperación de tres a cuatro minutos, y después de cada movimiento (se puede entender que después de cada serie) de uno a dos minutos. Las cargas usadas en el entrenamiento estaban entre el 15 y el 30% de la carga máxima (1RM), pero los saltos eran siempre realizados con la máxima velocidad y explosividad posibles. También se hizo entrenamiento de fuerza con una intensidad entre el 30 y el 70% de 1RM, con una velocidad de contracción máxima. Hacían de 8 a 10 repeticiones por serie, con recuperación de 2 a 8 minutos entre serie. El estudio se hizo al inicio de la temporada, porque los deportistas eran de competición.

Se formaron tres grupos para ver cuál era la influencia de distintas combinaciones de los entrenamientos de fuerza y resistencia. El primero de ellos realizó un entrenamiento combinado de fuerza y de resistencia con el 50% del volumen total para cada uno de los entrenamientos descritos (grupo denominado FF). A las 6 semanas se produjo una clara mejora en la fuerza máxima y de la fuerza explosiva, como se observó en la curva f-t a los 200, a los 300 y a los 400 ms de aplicación de la fuerza isométrica máxima, pero a las 12 semanas los resultados empeoraron con respecto al test inicial tanto en fuerza máxima como explosiva en todos los tiempos de control de la fuerza aplicada (no podemos ofrecer las figuras por no estar todavía publicado el trabajo). Estos resultados están de acuerdo con los trabajos anteriores, a pesar de que las cargas son muy inferiores a las del trabajo de Hickson, por lo que una vez más se observa que el tiempo óptimo de aplicación de esta combinación de entrenamientos probablemente esté entre las 6 y 8 semanas.

Otro grupo (denominado SE) realizó durante las seis primeras semanas el 75% del volumen total de entrenamiento de fuerza explosiva y el 25% restante de resistencia. Esta combinación también produjo una importante mejora de la fuerza máxima y explosiva durante las seis primeras semanas, y principalmente a los 200 y 300 ms. En las siguientes seis semanas se hizo un 75% del volumen total con trabajo de resistencia y el 25% restante de fuerza explosiva. Este cambio en la proporción del entrenamiento dio lugar a un empeoramiento de ambas manifestaciones de fuerza con respecto a los niveles alcanzados durante las seis primeras semanas, con una pérdida aproximada del 50% de las ganancias en fuerza máxima a los 400 ms de manifestación de fuerza y una vuelta casi a los valores del test inicial en fuerza explosiva durante los primeros 200 ms.

Un tercer grupo (denominado ES) realizó durante las primeras seis semanas el 75% del volumen total de resistencia y el 25% de fuerza, mientras que en las seis siguientes se hizo el 75% en fuerza y el 25% en resistencia. El resultado fue que la producción de fuerza máxima y explosiva en 400ms mejoró a las seis y a las doce semanas, alcanzándose, por tanto, los máximos valores en ambas al final del periodo de entrenamiento.

También se midieron los cambios relativos en fuerza isométrica máxima durante este experimento, y los resultados fueron similares a los de fuerza explosiva. El grupo FF mejoró en las primeras seis semanas, pero a las doce la fuerza isométrica máxima era inferior que en el test inicial. El grupo SE mejoró durante las primeras seis semanas y mantuvo el mismo nivel hasta la novena, pero a partir de aquí perdió fuerza, aunque sin bajar hasta los niveles del test inicial. El grupo ES no mejoró en las primeras seis semanas, pero tuvo un fuerte incremento en las seis siguientes, consiguiendo la mayor mejora relativa de los tres grupos, mientras que los peores resultados finales se obtuvieron con el primero (FF). La capacidad de resistencia de los tres grupos se mantuvo a un nivel similar.

Estos resultados sugieren que si queremos mantener los valores de resistencia, pero al mismo tiempo mejorar la fuerza explosiva –incluso máxima, según los casos–, se debe introducir el mayor porcentaje de trabajo de fuerza de tipo explosivo al final del ciclo de entrenamiento.

SÍNTESIS DE IDEAS FUNDAMENTALES

- La fisiología y la biomecánica son el punto de partida en la concepción del entrenamiento y el criterio de referencia para el control del mismo.

- Las vías de desarrollo y manifestación de la fuerza son:

- Estructurales: Hipertrofia

- De coordinación neuromuscular:

- Intramuscular:
    - Reclutamiento
    - Frecuencia de estímulo
    - Sincronización
- Intermuscular

- El entrenamiento de la fuerza explosiva o entrenamiento para alcanzar la aplicación de la máxima fuerza es específico de cada deporte.

- Dentro de ciertos límites de tiempo y con determinados tipos de entrenamiento:

- La fuerza se puede mantener al mismo tiempo que se mejora el consumo máximo de oxígeno.
- El trabajo simultáneo de fuerza y resistencia pueden mejorar conjuntamente el consumo máximo de oxígeno y la fuerza, pero los músculos implicados en el trabajo de resistencia mejoran menos la fuerza que si no se entrenara resistencia.

- El trabajo de resistencia realizado 3 veces o más a la semana impide la mejora de la velocidad y del salto vertical.
- El orden de los entrenamientos de fuerza y resistencia realizados de forma consecutiva no parece presentar diferencias en la mejora de la fuerza, aunque nosotros, según los datos presentados, nos inclinamos por considerar que es más beneficioso para la fuerza entrenar primero la resistencia y a continuación la fuerza.
- Si se hace el entrenamiento de fuerza en días distintos que el de la resistencia, la mejora en fuerza es mayor.
- Un entrenamiento de fuerza de tipo explosivo permite mejorar la fuerza explosiva de especialistas en resistencia sin perjuicio de sus capacidades aeróbicas.
- El entrenamiento simultáneo de fuerza y resistencia con cargas relativamente altas sólo permite mejorar la fuerza durante las primeras 6-7 semanas, a partir de aquí la fuerza se estabiliza y a continuación se comienzan a perder las ganancias anteriores. El mismo efecto se produce si se entrena con cargas más ligeras, de tipo explosivo, y los volúmenes de entrenamiento de fuerza y resistencia son equivalentes.
- Si deportistas de resistencia quieren mejorar la fuerza explosiva y la fuerza máxima sin perjuicio de la resistencia durante un periodo aproximado de 12 semanas, el máximo volumen de trabajo de fuerza en relación con el volumen total de entrenamiento debe hacerse al hacia el final del ciclo.

• Los cuadros siguientes resumen los efectos de cada entrenamiento y de las repeticiones por serie.

Relación entre efectos de entrenamiento y repeticiones por serie

Repeticiones	1-3	3-6	6-12	12-20	> 20
Fza. máx. vía neural	++++	++			
Fza. máx. vía hipertrofia	+	++	++++	+	
Fza. expl/IMF cargas altas	++++	+++			
Fza. expl/IMF cargas medias	++++	++++	+++		
Fza. expl/IMF cargas ligeras	+++	++++	+++		
Resist. a la fza. cargas altas	++	++++	+		
Resist. a la fza. cargas medias		++++	+++		
Resist. a la fza. cargas ligeras			++	+++	++++

Efectos fundamentales de los distintos metodos de entrenamiento de fuerza

	Hipertrofia	Fuerza máx.	F.expl.	Déficit	Reflejo	Inhibición
Int. máx. I	+	++	+++	+++		++
Int. máx. II	++	+++	++	++		+
Rept. I	+++	+++	+	+		+
Rept. II	++++	++	+			
Rept. III	+++	++[1]	+			
Pirámide	++	++	+	+		+
Conc. puro		+	++	++		+
Isométrico	+	++	+[2]	++		+
Excéntrico		+++		+++		++
Esf. dinámicos		+	++	++		+
Exc-conc.expl.		++	++	++		+
Plimetría	?[3]		+++	++	++	++
Fza. reactiva	-		++	++	+++	++

(1) Para sujeto no entrenado o con bajo nivel de fuerza.
(2) Con intensidades del 60-80% y contracciones muy breves.
(3) En cualquier caso, siempre será pequeña y selectiva sobre fibras FT.

Capítulo VI

Principios de planificación

La planificación del entrenamiento de fuerza no se trata aquí en amplitud, pues este aspecto del entrenamiento exige una atención especial y suficiente, que sólo se le puede dar en un libro dedicado exclusivamente a ello. Aquí únicamente vamos a indicar algunos principios básicos relacionados con la planificación que deben presidir cualquier entrenamiento de fuerza.

OBJETIVOS DE ESTE APARTADO:

1. Diferenciar los términos "planificación", "programación" y "periodización".

2. Reconocer la influencia de las distintas formas de aplicar los ejercicios.

3. Explicar la influencia de la variabilidad en relación con los métodos de entrenamiento y los regímenes de contracción.

4. Reconocer la tendencia actual en relación con la evolución del volumen y la intensidad.

A través del texto pueden aparecer tres términos que se usan con frecuencia e indistintamente en el ámbito deportivo: *planificación, programación y periodización.* Sin entrar en muchas disquisiciones sobre el significado de estos conceptos, para entendernos mejor, vamos a diferenciar cada uno de ellos.

La planificación es una actividad orientada a estructurar óptimamente un proceso, en el que deben aparecer, como notas específicas, los objetivos a conseguir, las técnicas y métodos para llegar a ellos y los procedimientos de control de los resultados y del propio proceso. La planificación incide, por tanto, sobre aspectos globales del entrenamiento, que posteriormente exigirán una organización más detallada y concreta, tarea que se llevará a cabo precisamente con la programación.

La programación trata de organizar de una manera concreta y al detalle todos los elementos y factores que se proponen en la planificación: objetivos, actividades, controles, etc., dándoles un orden, una distribución en el tiempo y una secuencialización, de acuerdo con unos criterios derivados de la teoría del entrenamiento. La programación *debe conjugar y armonizar los principios del entrenamiento con las características psico-físicas del deportista, en función de los objetivos previstos*. En este sentido se manifiesta Verkhosansky (1991) cuando dice que la conexión entre el estado físico del deportista y una carga dada *es la cuestión central en la teoría y la tecnología de la programación del entrenamiento*. Esto implica, al menos, el conocimiento de los procesos adaptativos, el potencial de entrenamiento de los ejercicios y la reacción individual del deportista a las cargas.

El aspecto de la programación dedicado a secuencializar y temporalizar las actividades es más propiamente la periodización. Gambetta (1991) la define como la aproximación sistemática, secuencial y progresiva a la planificación y organización del entrenamiento de todas las cualidades motoras dentro de una estructura cíclica para obtener el óptimo rendimiento de un deportista o de un equipo. Su máxima eficacia depende de saber interrelacionar en el tiempo de forma adecuada el entrenamiento de todas las habilidades motoras, para poder obtener el máximo rendimiento específico.

Quizá los términos programación y periodización puedan utilizarse como sinónimos en algunos casos, pero puestos a diferenciarlos, aquí queda expuesta nuestra interpretación al respecto.

Al haber titulado este punto como principios de planificación, queremos indicar que nos referimos a directrices o criterios globales del entrenamiento que deberán tenerse en cuenta al planificar y programar. Por ello, no entraremos en detalles sobre el desarrollo de los mismos.

1. CON RELACIÓN A LOS EJERCICIOS DE ENTRENAMIENTO

Cuando se comienza el entrenamiento de fuerza, los ejercicios generales tienen efectos positivos polivalentes, que permiten mejorar tanto la fuerza general como los resultados en competición, pero esta eficacia disminuye a medida que aumenta el desarrollo de la fuerza.

Cuando se eleva la cualificación deportiva, para seguir progresando, es necesario que la estructura de los ejercicios de entrenamiento se acerque cada vez más a la de los específicos o de competición. Si no es así, la transferencia de la fuerza no se produce. El tipo de fuerza más específica cada vez se desarrollará en mayor medida oponiendo cierta resistencia a la ejecución del propio ejercicio de competición.

Para continuar desarrollando el potencial de fuerza, cada vez hay que aplicar ejercicios/métodos más exigentes. Como ejemplo, veamos lo que propone Poliquin (1990):

– Hasta que el sujeto levante el 160-170% de su peso corporal en sentadillas por detrás (con la barra por detrás de la cabeza), debería hacer como entrenamiento sentadillas por delante y por detrás a ritmo moderado y despegues de la barra en forma de tirones lentos.

– A partir de aquí va incluyendo ejercicios complejos con barra como arrancadas y cargadas de fuerza, push-jerks y saltos con peso hasta llegar al 220%

– Posteriormente, introducirá ejercicios pliométricos (DJ), hasta superar el 300% de su peso corporal en sentadillas.

– A partir de aquí podrá comenzar a hacer ejercicios excéntricos.

Como muy bien dice este autor, pocos deportistas alcanzarán el nivel adecuado para poder utilizar el trabajo excéntrico según los requisitos establecidos por él mismo. Nosotros creemos que los ejercicios/métodos más agresivos deben ir incorporándose cuando los anteriores dejen de ofrecer efecto suficiente. Pero previamente debemos estar medianamente seguros de que esto es así y de que se está preparado para afrontar el nuevo método.

La adecuada combinación de ejercicios permite un efecto mayor que si se hacen por separado. Adams y otros (1992) realizaron un experimento para ver qué ejercicio o combinación de ellos tenía más efecto para mejorar el salto vertical. Uno de los grupos realizó sólo sentadillas, otro solamente saltos y el tercero los dos ejercicios en cada sesión. El grupo que hacía los dos entrenamientos realizó la misma intensidad que los otros dos, pero un 25% menos de volumen en total. El orden de ejecución de los ejercicios varió en función de la carga del entrenamiento con pesas: el día que la carga era muy fuerte, los martes, los pliométricos se hacían después, y los viernes, que las cargas eran ligeras, se hacían antes. Después de una semana de aprendizaje y seis de entrenamiento, resultó que el grupo que realizó los dos ejercicios mejoró 10.67 cm en el salto vertical, mientras que los otros dos mejoraron 3.30 cm (el grupo de sentadillas) y 3.81 cm (el grupo de saltos). Sin duda, se ha producido un efecto acumulado de las cargas de sentadillas y de saltos que ha multiplicado por tres el efecto de los demás.

Esto es lo que Verkhosansky (1990) distingue como concepto de *efecto de entrenamiento parcial,* es decir, el resultado del estímulo de una carga de una única orientación funcional predominante y como *efecto de entrenamiento acumulativo,* que sería el resultado de síntesis por parte del organismo de los estímulos producidos por cargas de diferente orientación funcional aplicados paralela o sucesivamente.

Este autor cita una investigación de A.V. Chidykin realizada con saltadores de altura de nivel medio en la que tres grupos de sujetos realizaron el siguiente entrenamiento: uno hizo en primer lugar tres meses de trabajo con pesas, seguido de otros tres de saltos (DJ);

el segundo hizo el mismo entrenamiento, pero cambiando el orden de sucesión; y el tercero hizo los dos trabajos durante todo el tiempo que duró la experiencia.

Los resultados indicaron que usar primero las pesas y después la pliometría proporciona un grado más elevado de preparación de fuerza rápida/explosiva (medida con el DJ) que con el orden inverso. Y que la realización simultánea de ambos ejercicios es claramente más positiva –como en el trabajo anterior de Adams y otros– que en cualquiera de los otros durante los tres primeros meses, aunque en los tres últimos bajó algo el rendimiento debido a la falta de variabilidad, lo que dio lugar, probablemente, a una reducción del potencial de entrenamiento de la carga.

De lo anterior se deduce la necesidad de respetar un principio del entrenamiento muy conocido: *la variabilidad,* de los ejercicios, en este caso. Pero esta variabilidad debe tener un límite, que depende de los objetivos, de la especialidad y de las necesidades de fuerza: un rápido cambio de los medios no permite sacar rendimiento a los mismos; y un alejamiento de la estructura del ejercicio de competición reduce el efecto. Los ejercicios tienen más margen de variación cuando son de fuerza general y para sujetos que no necesitan un grado alto de desarrollo de fuerza, en los demás casos está más restringida.

Aunque los ejercicios para mejorar la fuerza pueden ser muy numerosos, los más importantes y de mayor aplicación son los siguientes:

De efecto localizado:

– press de banca, press de hombros, biceps, triceps, lumbares, abdominales, etc.

De efecto generalizado con grandes cargas y máxima fuerza:

– sentadillas, tirones.

De efecto generalizado y máxima potencia:

– arrancada de fuerza, cargada de fuerza, yerk y push yerk.

De efecto generalizado sobre movimientos explosivos:

– saltos y lanzamientos

De efecto específico sobre las cualidades de una especialidad dada:

– ejercicios específicos o gestos de competición con sobrecarga.

De efecto específico sobre cualidades de competición:

– el ejercicio de competición.

2. ACERCA DEL PRINCIPIO DE PROGRESIÓN

Si queremos mantener la mejora de los resultados, hay que incrementar los estímulos periódicamente, pero esto debe hacerse de forma racional y como respuesta a un control adecuado del entrenamiento que justifique dicho incremento.

El nivel de carga de entrenamiento siempre debe ser el mínimo que sea suficiente para incrementar el rendimiento. El valor del estímulo adecuado está en relación con el umbral de respuesta del organismo del deportista. Grandes cargas innecesarias producen reacciones positivas inmediatas, pero acortan la progresión máxima e impiden el efecto de otras más pequeñas, útiles en su momento. Cuando no se han utilizado grandes resistencias como medio de entrenamiento, las cargas más ligeras pueden producir un alto incremento de fuerza: los ejercicios pueden y deben ser menos específicos, la intensidad más baja y la frecuencia de entrenamiento menor.

Un mal empleo de este principio puede limitar la progresión potencial del deportista. Y lo más probable es que esta limitación se produzca por la aplicación prematura de cargas que no son necesarias en los primeros años de entrenamiento.

Una progresión adecuada debería producirse por:

— Aumento progresivo entre ciclos de la frecuencia semanal de las sesiones de entrenamiento de fuerza.

— Aumento progresivo del volumen y la intensidad entre ciclos y dentro de los ciclos.

— El paso gradual de la aplicación de ejercicios más generales a los más específicos entre ciclos y temporadas.

— La introducción progresiva de nuevos métodos de entrenamiento (pliométricos, isométricos, excéntricos, etc.) a través de los años.

— El cambio de la dinámica de la progresión de las cargas: en los primeros años la progresión es lenta y sostenida; en años posteriores cada vez es más rápida y corta, y se alcanzan mayores volúmenes y valores de intensidad, y, por tanto, mayor alternancia de fases de grandes cargas con otras de recuperación.

3. SOBRE LOS MÉTODOS DE ENTRENAMIENTO

El principio de la variabilidad afecta muy especialmente a los métodos y a los regímenes de contracción. Como sabemos, después de un determinado periodo de entrenamiento dentro de un ciclo, se produce un estancamiento de los resultados, tanto debido a las cargas (volumen e intensidad) como a los métodos empleados. Una adecuada combinación de ambas variables puede prolongar el tiempo de progresión dentro del ciclo.

Para comprobar el efecto del cambio de intensidades y regímenes de contracción sobre la prolongación de la progresión del rendimiento, Hakkinen (1985a, d y e) realizó un estudio con 11 hombres (20-32 años) acostumbrados a realizar entrenamientos de fuerza de forma ocasional, pero sin intervenir en competiciones. Se entrenaron durante 24 semanas a razón de 3 veces por semana. El programa de entrenamiento consistió en realizar sentadillas. El número de repeticiones totales por sesión fue de 18 a 30, y la intensidad desde el 70 al 120% de 1 RM. Las cargas se distribuyeron de la siguiente manera:

Semanas 0 a 4:   70-80% de 1RM, concéntrico
Semanas 5 a 8:   80-90% de 1RM, concéntrico
Semanas 9 a 12:   80-110% de 1RM, concéntrico el 90% de las repeticiones, y excéntrico el 10% restante
Semanas 13 a 16:   70-90% de 1RM, concéntrico
Semanas 17 a 20:   80-115% de 1RM, concéntrico el 90% de las repeticiones, excéntrico el 10%
Semanas 21 a 24:   85-120% de 1RM, concéntrico el 90% de las repeticiones, excéntrico el 10%

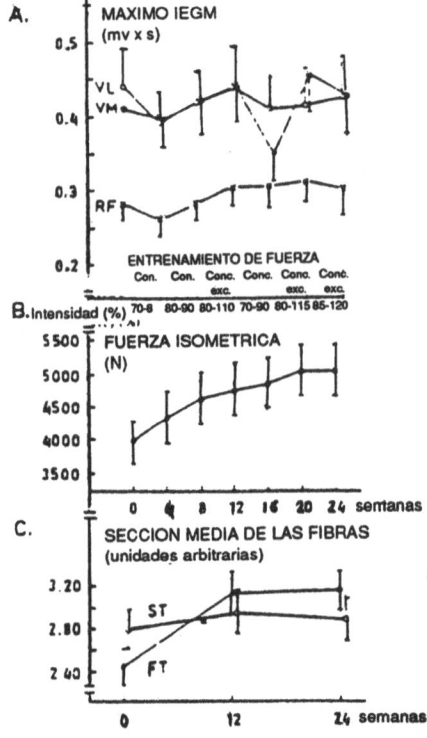

Fig. 6.1. Evolución de la IEMGmax de los músculos del cuádriceps (arriba) de la fuerza isométrica del cuádriceps (en el medio) y del área de las fibras musculares (abajo) a lo largo de 24 semanas de entrenamiento combinado de fuerza básica y de fuerza máxima (Hakkinen, 1985e).

Como se puede observar en la figura 6.1, este estudio mostró que la alternancia de ciclos de entrenamiento con cargas superiores al 80% y otros de cargas inferiores, así como la inclusión de contracciones excéntricas permite obtener un mayor aumento de la fuerza máxima, y que la fase de estancamiento ocurra más tarde, a partir de la semana 20.ª, en comparación con lo que ocurre cuando se hacen largos periodos de entrenamiento a intensidades superiores al 80%. Por tanto, parece que esta forma de aplicar los estímulos es más eficaz que la realización de un solo tipo de entrenamiento durante muchas semanas.

El estancamiento producido a partir de la semana 20.ª se puede deber a un excesivo stress debido al entrenamiento. Esto se puede comprobar por el paralelismo que mostró la evolución de la fuerza máxima y la relación testosterona/cortisol (fig. 6.2).

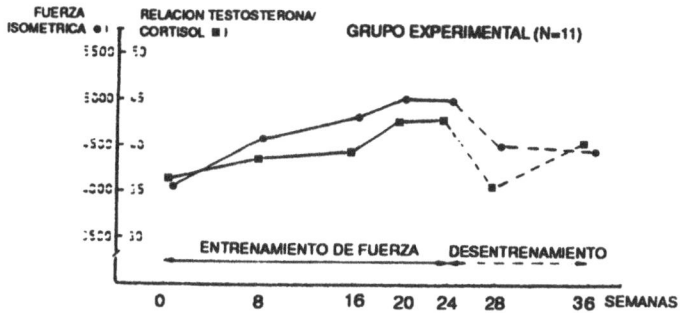

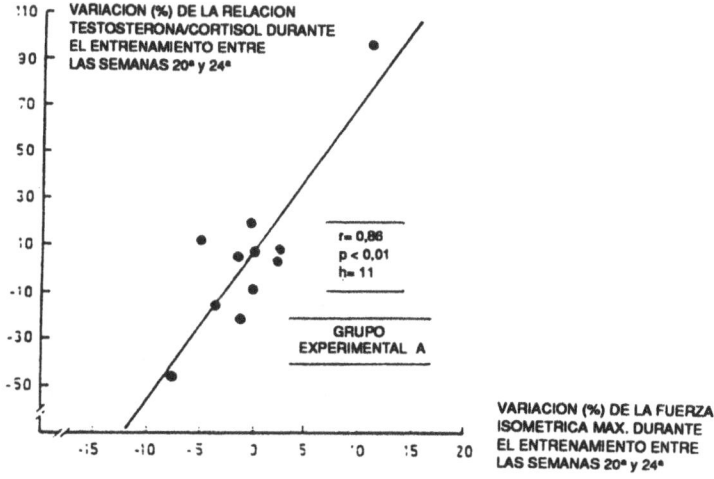

Fig. 6.2. Arriba: Evolución de la fuerza isométrica máxima del cuádriceps y del ratio testosterona-cortisol durante 24 semanas de entrenamiento combinado de fuerza. Abajo: Relación entre la variación del ratio testosterona/cortisol y la variación de la fuerza máxima entre semanas 20.ª y 24.ª (Hakkinen, 1985d).

Este supuesto queda reforzado por la alta corrrelación entre la relación testosterona/cortisol y la fuerza máxima en las cuatro últimas semanas. Es decir, los que no mejoraban fuerza estaban agotados (peor relación testosterona/cortisol) y los que sí mejoraban la tenían mejor.

Esto quiere decir que algunos sujetos podían seguir entrenando, mientras que otros no. De aquí se deduce otra aplicación práctica que viene a ratificar la necesidad de ajustar el entrenamiento al estado físico, a la capacidad de respuesta del sujeto.

Estos resultados sugieren que, aunque es muy probable que la duración de los ciclos de entrenamiento de fuerza no deban exceder de la 8-12 semanas, hay diferencias individuales que deben contemplarse, así como también hay que considerar el efecto de la variabilidad del entrenamiento.

Los distintos regímenes de trabajo tienen una secuencia determinada dentro de un ciclo y deben ir apareciendo progresivamente en el transcurso de los años.

Como ejemplo de la aplicación de los métodos a largo plazo, podemos tomar el propuesto por Poliquin y King (1991) sobre su evolución a través de las tres primeras temporadas de entrenamiento de fuerza de un equipo de rugby. Los jugadores han pasado la pubertad y no tienen experiencia previa sobre este tipo de trabajo.

La distribución es como sigue:

Porcentajes correspondientes a cada método

Años	1.º	2.º	3.º
Restencia a la fuerza	35	15	8
Fuerza máxima por hipertrofia	45	30	19
Fuerza máxima por Intensidades máximas	5	25	28
Fuerza máxima por entrenamiento excéntrico	3	8	15
Fuerza explosiva	12	22	30

Sin duda, es una propuesta que respeta los principios del entrenamiento, pero que utiliza prematuramente el trabajo excéntrico. Éste es un elemento de variabilidad, pero quizá no necesario tan pronto. Además, no va en la misma línea que la propuesta hecha por el primero de estos autores sobre la evolución de los medios/métodos en relación con la mejora de la fuerza en sentadillas (ver el punto 6.1).

Si se utilizan todos los regímenes en el mismo macrociclo de entrenamiento, Cometti recomienda lo siguiente (1991):

En un macrociclo de 19 semanas con competición en la última para un nadador. (fig. 6.3)

Semanas 1 a 3:   Método de repeticiones: 10 x 10
Semanas 4 a 6:   Método de contrastes
Semanas 7 a 9:   Método excéntrico
Semanas 10 a 12:   Método isométrico
Semanas 13 a 15:   Método pliométrico (DJ)
Semana 16:   Método de contrastes en la serie
Semanas 17 a 19:   Método estático-dinámico

Se entiende que cada uno de estos regímenes de contracción no se utiliza de forma exclusiva durante las semanas indicadas, sino que siempre van unidos al régimen concéntrico, que no se abandona nunca. Por ejemplo, el concéntrico puro se aplicaría en las dos o tres últimas semanas antes de la competición. También los pliométricos ligeros y medios se utilizan durante casi todo el ciclo.

Otro ejemplo para 23 semanas con dos competiciones de diferente importancia es el siguiente: (fig. 6.4)

3 semanas: Método de repeticiones: 10 x 10
3 semanas: Contrastes
2 semanas: Isométrico
2 Semanas: Estático-dinámico

1.ª Competición, de carácter secundario

3 semanas: Excéntrico
3 semanas: Isométrico
3 semanas: Pliométrico
1 semana: Contraste en la serie
1 semana :   Concéntrico puro
2 semanas: Estático-dinámico

2.ª Competición, más importante

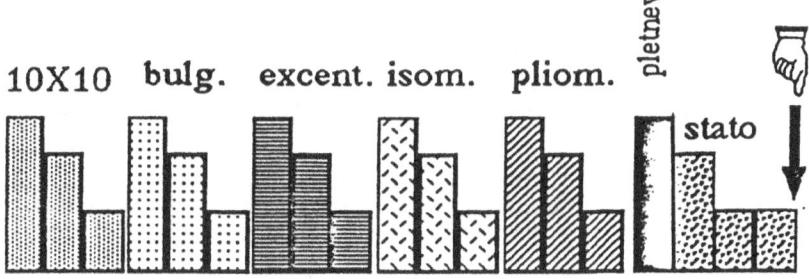

Fig. 6.3. Planificación de los regímenes de activación o contracción durante medio año en natación (cometti, 1991).

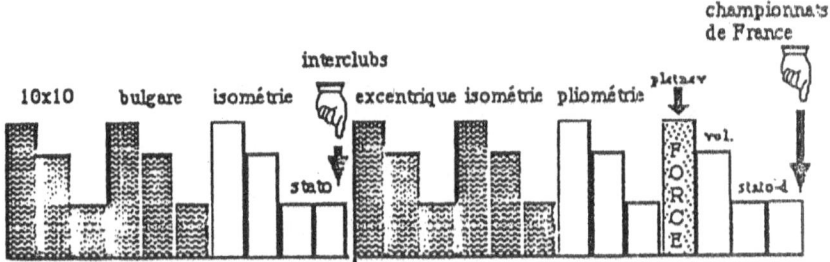

Fig. 6.4. Planificación de los regímenes de contracción con dos competiciones de diferente importancia en natación (Cometti, 1991).

Se observa que la tendencia general es ir de entrenamientos más voluminosos y "lentos" a otros más "rápidos" y ligeros, de manera que la forma física pueda manifestarse. Otro detalle importante es que este autor no comtempla el entrenamiento clásico de resistencia a la fuerza dentro de un deporte como la natación, sino que el rendimiento específico trata de conseguirlo a través del desarrollo de la fuerza por los medios y métodos propios de fuerza máxima y explosiva y la combinación con entrenamiento específico en agua, como ya vimos al hablar del entrenamiento de la resistencia a la fuerza.

De acuerdo con Schmidtbleicher (1992), el entrenamiento de la fuerza se basa fundamentalmente en proporcionar estímulos orientados a la mejora de la hipertrofia alternados con otros que favorecen la activación neuromuscular. Esto va de acuerdo con sus planteamientos sobre el déficit de fuerza. Los entrenamientos que favorecen la hipertrofia (más repeticiones por serie) aumentan el déficit de fuerza, ya que ésta aumenta, pero sin una mejora paralela de la capacidad para aplicarla rápidamente. De ahí que a continuación sea apropiado introducir cargas con intensidades máximas y movimientos explosivos que, sin perder la fuerza adquirida, permitan manifestarla en menos tiempo. Esto también permite evitar estancamientos y fatiga física y psicológica por la utilización permanente de grandes volúmenes o intensidades.

Los métodos también se pueden utilizar de forma combinada, con los efectos positivos, si se organizan bien, que hemos podido comprobar al principio de este punto. Las combinaciones pueden ser múltipes, pudiéndose utilizar hasta los cuatro regímenes de contracción en la misma sesión de entrenamiento. Nosotros vamos a hacer, siguiendo a Cometti, un resumen de los efectos fundamentales de cada uno de los métodos. Por la comparación entre ellos se pueden deducir los efectos de síntesis que podrían esperarse.

	Recuperación	Fza. máxima	Fza. explosiva
Concéntrico	+++	++	+++
Isométrico	++	+	−
Excéntrico	− −	++++	− −
Pliométrico	−	−	+++

Los signos negativos en la recuperación indican que ésta es más larga. Así, el que necesita más tiempo de recuperación es el método excéntrico, y el que menos el concéntrico.

Según la combinación que se elija, se podrá acentuar el desarrollo de una manifestación de fuerza u otra. Si se eligen el concéntrico y el excéntrico, se favorecerá la fuerza máxima, y habrá menos efectos negativos sobre la fuerza explosiva por el uso del concéntrico. El concéntrico y el pliométrico, como hemos visto en puntos anteriores (6.1), favorece en gran medida la fuerza explosiva.

4. SOBRE LA ORGANIZACIÓN DE LOS ENTRENAMIENTOS

El punto de referencia más importante para organizar el entrenamiento es conocer el tiempo necesario de trabajo para dar un salto cualitativo en cualquiera de las manifestaciones de fuerza o de las capacidades de resistencia a la fuerza. Teniendo en cuenta también el momento en que un determinado tipo de carga pierde su potencial de entrenamiento y se llega a una meseta o a un retroceso en los resultados.

Creemos que a través del libro se dan datos suficientes como para poder prever y detectar con cierta probabilidad de acierto cada una de estas circunstancias. Sólo como recordatorio, podemos decir que *el tiempo dedicado al entrenamiento de la fuerza depende de las características de la prueba o deporte, de la frecuencia de los entrenamientos y de la longitud del ciclo.* Una mayor frecuencia puede producir un aumento más rápido de la fuerza, pero también se llega antes al estancamiento. Un entrenamiento con cargas ligeras –aunque progresivas– permite mantener durante más tiempo las ganancias, aunque éstas sean menores por unidad de tiempo. Por supuesto, cuanto menor sea el nivel de desarrollo de la fuerza, más se puede mejorar y durante más tiempo seguido. Aun teniendo en cuenta todas estas consideraciones, nunca debemos prever periodos de entrenamiento superiores a las 12-14 semanas para desarrollar un ciclo completo de entrenamiento de fuerza:

En deportes que necesitan desarrollar un alto grado de fuerza máxima y fuerza explosiva:

- fuerza básica-hipertrofia-resistencia a la fuerza
- fuerza máxima
- fuerza explosiva

En deportes de mayor dependencia de la resistencia:

- hipertrofia-fuerza básica
- fuerza máxima
- explosiva
- resistencia a la fuerza específica

Los ciclos más cortos también pueden ser suficientes y, a veces, más convenientes. Además, con intensidades altas: 80% y más de 1RM, no debería trabajarse más de 8-10 semanas, si la frecuencia semanal es de 3-4 sesiones.

El fenómeno que, probablemente, explica el agotamiento de la progresión de los resultados después de un cierto periodo de entrenamiento es lo que Verkhosansky llama la reserva actual de adaptación (Raa). Cada sujeto, al comenzar un ciclo de trabajo dispone de una Raa, que marca el límite de progreso al que podrá llegar durante dicho ciclo. Esta predisposición está en relación, al menos, con el nivel de agotamiento de dichas reservas en el ciclo anterior, con el tiempo de descanso antes del ciclo y con el efecto de las cargas precedentes. Por supuesto, que la mejor o peor organización de las cargas va a hacer que estas reservas se materialicen en un mayor o menor rendimiento. Esto dependerá de que se ajusten adecuadamente las cargas y de que conserven o no su potencial de entrenamiento. Este potencial se mejora y mantiene por la introducción de la variabilidad en los ejercicios, el volumen, la intensidad, etc.

Aunque hemos hablado del desarrollo de hipertrofia, fuerza máxima y fuerza explosiva a través del ciclo, realmente no existe un límite o frontera rígida que las separe, lo que queremos indicar es el predominio de cada una de ellas a través del ciclo. Por ejemplo la evolución podría ser como sigue:

Fza. básica o resistencia a la fza.	Método de repeticiones II
Fza. máxima	Método de repeticiones I Método de intensidades máximas I y II
Fza. explosiva con intesidades máx.	Método de intensidades máximas I y II
Fza. explosiva	Método de esfuerzos dinámicos. Ejercicios específicos con cargas y ejercicios de competición. Método de int. máx.I

Las fronteras entre la fuerza máxima y explosiva no existen, aunque sí se dedica una porción del tiempo diferente a cada una de ellas a través del ciclo. En las primeras fases del ciclo, la fuerza máxima tiene predominio, pero otros ejercicios como los saltos y la técnica mantienen una cierta transferencia permanente de los logros de fuerza máxima.

La tendencia es a realizar no sólo microciclos, sino hasta sesiones en las que son estimuladas todas las cualidades físicas –dentro de las características de la especialidad– y la técnica. Se trata de aprovechar el efecto acumulativo de los diferentes métodos, intensidades (pesos) y velocidades de ejecución.

Aunque la idea de "bloque", como forma de distribuir las cargas y de conseguir más altos niveles de adaptación, sigue siendo válida, la creación de una amplia base de fuerza que después se aproveche para mejorar la técnica, idea básica de Verkhoshansky, no se considera lo más conveniente. *Es necesario unir la técnica y el desarrollo físico en la misma fase e, incluso, en la misma sesión o jornada de entrenamiento,* idea defendida por Bondarchuc.

Nosotros consideramos que el entrenamiento de fuerza siempre debe estar en conexión con la técnica del ejercicio o gesto específico. El desarrollo de la fuerza debe tener como punto de referencia y como criterio de evaluación su efecto sobre la mejora de la técnica.

Los cambios en la dinámica del volumen y la intensidad tienden a ser más frecuentes en los deportistas avanzados. En los primeros años de entrenamiento, el volumen crece más lentamente, así como la intensidad, y se prolonga por periodos de tiempo más largos. Con el crecimiento de la maestría deportiva, la duración de los ciclos se acorta. El volumen y la intensidad aumentan y disminuyen más rápidamente. Para deportistas avanzados no es lo más recomendable mantener una progresión constante de la intensidad. Debe existir una tendencia a subir durante el ciclo, pero con frecuentes cambios en cuanto a la intensidad máxima, que se acompañan de una dinámica generalmente opuesta del volumen. Cada 2-4 semanas se produce un ciclo completo en el cambio de los valores del volumen y de la intensidad.

SÍNTESIS DE IDEAS FUNDAMENTALES

- Los ejercicios generales tienen efectos positivos polivalentes en los primeros años de entrenamiento. Posteriormente pierden su efecto, y es necesario utilizar ejercicios más específicos.

- Una adecuada combinación de ejercicios permite un efecto mayor que si se hacen por separado.

- El nivel de carga de entrenamiento siempre debe ser el mínimo suficiente para incrementar el rendimiento.

- Todos las fuentes de progresión deben ser tenidas en cuenta para incrementar de forma racional la carga de entrenamiento:

  − Frecuencia de entrenamiento semanal
  − Valores del volumen y de la intensidad
  − Ejercicios: de menos a más específicos
  − Métodos
  − Dinámica del volumen y de la intensidad

- El tiempo de aplicación de un método de trabajo viene limitado por la permanencia de su efecto positivo dentro de un ciclo de entrenamiento.

- El grado de desarrollo de la fuerza alcanzada, la variabilidad y la frecuencia de entrenamiento y las diferencias individuales influyen en la duración del efecto del entrenamiento.

- Los distintos regímenes de trabajo tienen una secuencia determinada dentro de un ciclo, y deben ir apareciendo progresivamente en el transcurso de los años.

- El orden de introducción de los métodos dentro de un ciclo se rige por su efecto a largo y a corto plazo, por el tiempo de recuperación que requieren y por la velocidad de ejecución que permiten.

- Aunque siempre deben ir parcialmente mezclados, el énfasis en los métodos de desarrollo de fuerza por hipertrofia y por activación neural han de alternarse constantemente.

- El efecto de métodos compatibles dentro de una sesión puede mejorarse con una adecuada combinación de los mismos.

- Los entrenamientos de fuerza máxima y explosiva se realizan de forma contemporánea, aunque haya un mayor énfasis sobre cada uno de ellos en distintas fases del ciclo.

- El entrenamiento de la fuerza siempre debe estar en conexión con la técnica o gesto específico del ejercicio de competición.

- El desarrollo de la fuerza debe tener como punto de referencia y como criterio de evaluación su efecto sobre la mejora de la técnica.

Capítulo VII

Evaluación de la fuerza

La evaluación de la fuerza forma parte del control del entrenamiento. El control tiene como objetivo proporcionar constante información acerca de los efectos del trabajo realizado y del estado físico-técnico del deportista. A través de él se racionaliza el proceso de entrenamiento, ya que gracias a la información vamos a poder proporcionar el estímulo más ajustado y obtener los mejores rendimientos con el menor esfuerzo.

OBJETIVOS DE ESTE APARTADO:

1. Definir el papel de la evaluación de la fuerza

2. Distinguir los factores a tener en cuenta en la evaluación y justificar su influencia.

3. Enumerar las cualidades medidas por cada test.

4. Comparar las ventajas e inconvenientes de cada método o prueba para medir la fuerza.

5. Seleccionar los tests adecuados a una especialidad deportiva o a un sujeto.

6. Interpretar los datos derivados de las pruebas aplicadas antes y después del entrenamiento.

7. Diagnosticar el estado físico de un sujeto por la aplicación de las pruebas pertinentes.

8. Aplicar las pruebas más sencillas para medir la fuerza.

Cualquier tipo de control implica una forma de medida. La buena medición es un tarea tan importante como compleja en el campo deportivo. Pero si queremos avanzar y fundamentar nuestras decisiones en una base medianamente sólida, es necesario que utilicemos la medida como apoyo para diagnosticar y evaluar el trabajo que realizamos.

Cuando nos proponemos realizar una medición, debemos considerar lo siguiente:

– Qué es lo que pretendemos medir: fuerza, velocidad, fatiga, técnica, relación entre diferentes cualidades, la carga de entrenamiento, etc. No siempre es fácil conocer la esencia y la estructura de lo que se quiere medir, por lo que a veces queremos medir una cosa y medimos otra. Por tanto, hay que buscar la *validez* de la medición, asegurarse de que lo que pretendemos medir es realmente lo que medimos. En la mayor parte de los casos, medimos una cosa a través de otra: por ejemplo, la fuerza explosiva a través de la elevación del centro de gravedad en un salto vertical. Para que esto tenga validez, es necesario que comprobemos que lo que medimos directamente refleja en realidad la cualidad o característica que queremos medir.

– El instrumento de medida ha de poseer una constancia y precisión suficientes, de forma que cada magnitud de la característica, cualidad o fenómeno que se mide reciba idéntica valoración en todos los casos en que sea utilizado el instrumento. De esto depende la confianza que podamos conceder a los datos, es decir, la *fiabilidad* de la medición.

– También es necesario considerar las circunstancias en las que se realiza la medición: el calentamiento previo, la temperatura, la hora, y, sobre todo, la actitud del deportista, que no siempre se "entrega" de la misma forma en la realización de un test, etc.

1. OBJETIVOS DE LA EVALUACIÓN

La valoración de la fuerza se puede hacer para conseguir los siguientes objetivos:

– Determinar la importancia relativa de la fuerza para el rendimiento en una especialidad concreta.
– Conocer la naturaleza o tipo de manifestación de la fuerza requerida.
– Desarrollar el perfil del deportista, resaltando los puntos fuertes y débiles del mismo.
– Reconducir el proceso de entrenamiento.

2. FACTORES QUE INFLUYEN EN LA MEDICIÓN

Dado por hecho que la activación muscular voluntaria es máxima, el resultado obtenido cuando medimos la fuerza de un músculo o grupo de músculos depende de lo siguiente:

a) Factores generales

- Longitud o ángulo de la articulación del músculo medido
- Posición en la que se realiza el test.
- Tipo de contracción con que se mide (concéntrica, excéntrica, isométrica.)
- Velocidad de contracción en contracciones concéntricas y excéntricas.
- Tiempo de contracción en contracciones isométricas.

b) Factores específicos

- Grupos musculares que intervienen.
- Movimiento con el que se realiza el test.
- Velocidad de ejecución.
- Duración del test.

En cuanto a los factores generales, podemos decir que la fuerza es diferente según el ángulo en el que se mide, y también según la posición. En la figura 7.1 tenemos las curvas de fuerza máxima, en relación con los ángulos, desarrolladas por los extensores de las piernas en una sentadilla normal y en posición de sentado. La fuerza alcanzada por un músculo depende de los puentes cruzados activos, y éstos están en relación con la longitud del músculo, y, por tanto, con el ángulo de la articulación. A esto hay que añadir la ventaja mecánica obtenida por la posición en la que medimos la fuerza. Por tanto, es preciso considerar estos aspectos para valorar adecuadamente los resultados y para poder hacer deducciones.

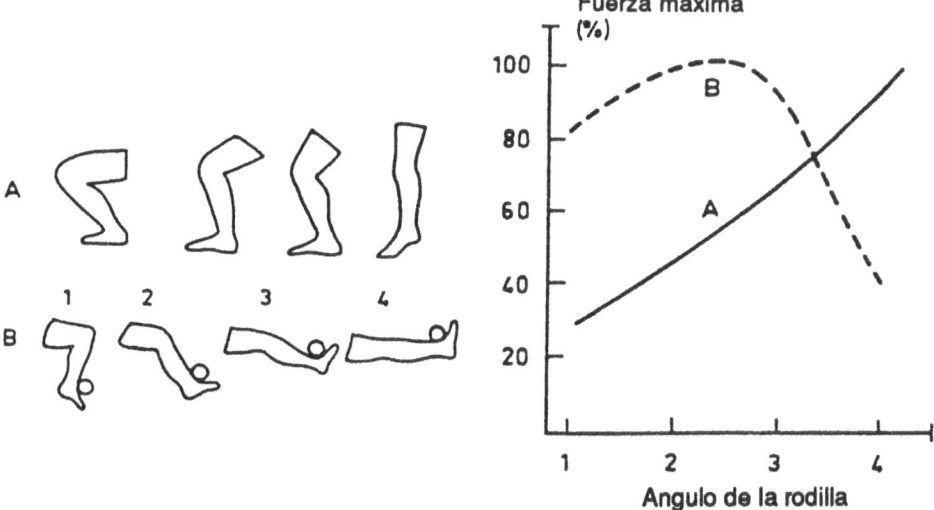

Fig. 7.1. Fuerza máxima de las dos piernas en posición de sentado (B) y en una sentadilla normal (A) (ver texto) (Vitasalo y otros, 1985; en Hakkinen, 1991c).

Cada tipo de contracción, como ya sabemos, permite manifestar un porcentaje de fuerza diferente (ver fig. 1.27). De esta misma figura se deduce también el efecto que tiene la velocidad de acortamiento y estiramiento del músculo sobre la manifestación de fuerza.

El tiempo de contracción isométrica va a determinar el que alcancemos el pico máximo de fuerza o que nos quedemos en una fuerza isométrica máxima relativa, inferior a la máxima posible.

Con la consideración de los factores específicos queremos llamar la atención sobre el hecho de que tanto los grupos musculares, como el movimiento, la velocidad y el tiempo de aplicación de la prueba deben ajustarse lo máximo posible a las características del gesto específico, de forma que los resultados sean representativos del tipo de fuerza que se requiere en una especialidad concreta. Pero no siempre es posible realizar pruebas en los condiciones próximas a las de competición; para ello se necesitan determinados instrumentos que, si existen, son caros. Si queremos acercarnos a la solución de este problema, debemos hacer una buena selección de tests y tratar de establecer las correlaciones de cada uno de ellos con los rendimientos específicos.

3. MÉTODOS PARA LA MEDIDA DE CADA CUALIDAD/CAPACIDAD

Distinguimos los siguientes:

3.1. Isométrico
3.2. Isocinético
3.3. Anisométricos concéntricos con pesos libres o máquinas
3.4 Métodos basados en el CEA

3.1. Método isométrico

Este método consiste en realizar una activación muscular voluntaria máxima contra una resistencia insalvable. Se pueden utilizar aparatos especialmente diseñados para ello o procedimientos más "caseros". Entre los primeros están las plataformas de fuerza y las máquinas isocinéticas. Entre los segundos estarían los pesos libres utilizados con cargas progresivas hasta llegar a una resistencia imposible de desplazar. Como es de suponer, con los primeros se puede obtener mayor información.

Realización: Si se utiliza una maquinaria electrónica, este test se realiza de dos formas: a) con una activación o contracción progresiva hasta llegar al pico máximo de fuerza; b) con una activación muscular muy rápida, tratando de alcanzar la máxima fuerza en el menor tiempo posible. En el primer caso sólo se puede tener en cuenta la fuerza isométrica máxima alcanzada. En el segundo también se puede e interesa medir los distintos niveles de fuerza alcanzados en relación con el tiempo, lo que nos permite conocer aspectos tan importantes para el entrenamiento como la fuerza producida en los primeros 100-150 ms, en los que se ha alcanzado la fuerza explosiva máxima.

El tiempo de contracción para asegurar que se alcanza la fuerza máxima debe ser de 3 a 5 seg., y se deben realizar de 2 a 5 intentos.

Es difícil determinar el comienzo exacto de la aplicación de fuerza, así como cuándo se alcanza el primer pico de máxima fuerza. Por eso, Hakkinen y col.(1984) proponen que se tomen los datos solamente entre el 10 y el 90% del pico máximo, así como en otros puntos intermedios: 30 y 60%. Esto nos permite analizar con mayor seguridad la C.f-t en distintas fases de la misma.

Es importante mantener el ángulo de ejecución en todas las pruebas, si queremos comparar los datos en distintos momentos del ciclo de entrenamiento.

Cualidades/capacidades medidas: La fuerza medida a través de una activación muscular isométrica máxima realizada lo más rápida posible proporciona los siguientes datos:

– Fuerza isométrica máxima.
– C.f-t., con todas las características de la misma, ya conocidas, y el tiempo de relajación. (fig. 7.2). El tiempo de relajación aumenta, es decir, la relajación es más lenta, empeora, después de la fatiga (Hakkinen, 1990). El tiempo de relajación puede ser útil en aquellos deportes que necesitan una rápida interrupción de la contracción. El índice de máxima relajación puede ser medido durante la fase posterior a la contracción máxima, y será el tiempo necesario para reducir la contracción hasta distintos porcentajes del valor absoluto del pico máximo de fuerza.

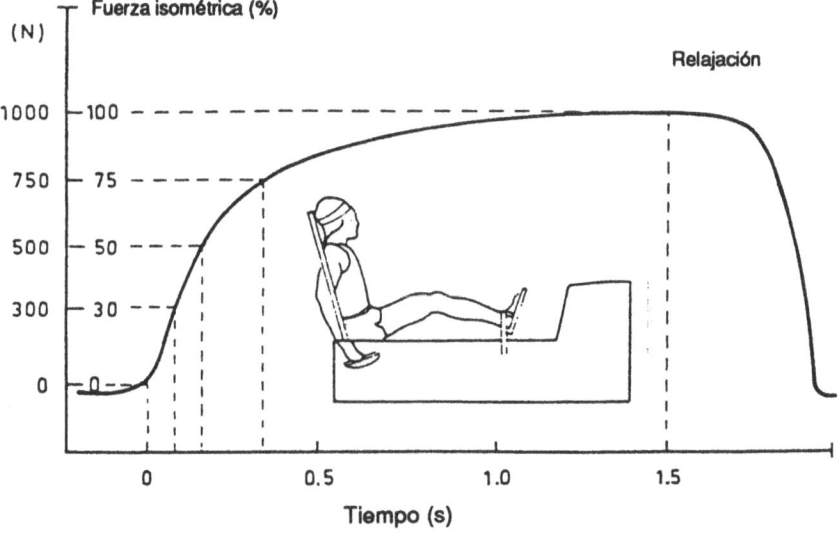

Fig. 7.2. Medida de la fuerza isométrica máxima y el tiempo de relajación (Hakkinen, 1990a)

En un test realizado por nosotros con un medidor de la fuerza de prensión de la mano (Handgrip) podemos observar algunas de las características más importantes que se dan en la producción de la fuerza máxima isométrica cuando ésta se trata de alcanzar en el menor tiempo posible

En la figura 7.3 tenemos tres tests de fuerza isométrica máxima realizados con un minuto de recuperación. De esta primera figura se puede sacar la siguiente información: 1 minuto de descanso entre intentos puede ser suficiente para manifestar en cada uno de ellos la fuerza isométrica máxima; el pico máximo de fuerza se alcanza antes de los dos segundos y se mantiene durante muy poco tiempo. Estas son características de este sujeto y de este test, pero no deben estar muy lejos de lo que ocurre en la generalidad de los casos.

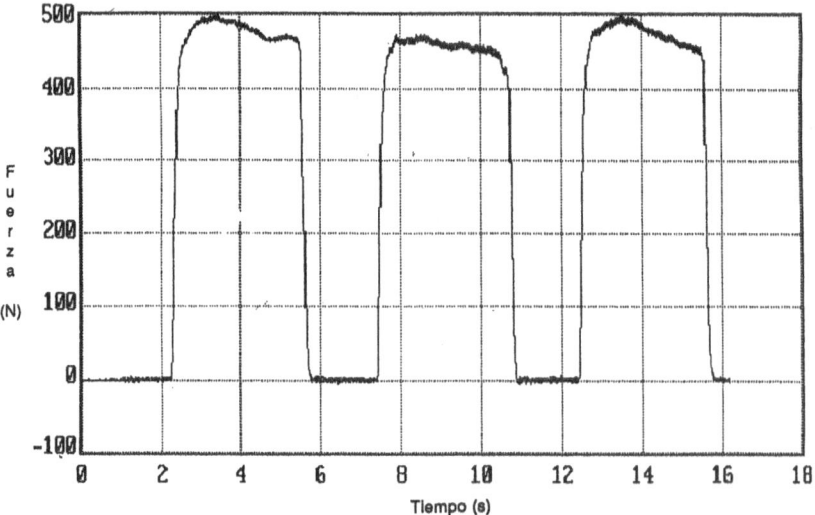

Fig 7.3. Curvas F-t de un test de fuerza isométrica máxima con tres intentos separados por un minuto de recuperación (el tiempo de recuperación en la escala no es real) (Gorostiaga y Badillo, 1994)

En la figura 7.4 se representa la primera de las curvas en diferente escala en el eje de abscisas. Los datos se registran a partir del momento en el que el sujeto ha producido una fuerza de 20 N. El tiempo comienza a contar a partir del momento en el que el instrumento de medida emite un sonido (bip). El handgrip realiza una medición de la fuerza producida cada 10 ms. Los datos más relevantes de esta curva son los siguientes:

Fuerza máxima .... 499 N
Tiempo de reacción .... 0,32 s
Tiempo hasta el 70% de la F. iso. máx. .... 0,12 s

Incremento de la fuerza por unidad de tiempo hasta llegar al 70% .... 2744 N/s

Momento en el que se produce el máximo incremento de fuerza .... a los 40 ms

Incremento máximo de fuerza por unidad de tiempo .... 4215 N/s

Fuerza alcanzada en el momento de producirse el máx. incremento de fuerza .... 136 N

La fuerza máxima se alcanzó a los 980 ms. En los dos intentos siguientes se necesitaron 990 ms para producir 473 y 500 N de fuerza máxima. Parece, por tanto, que en este tipo de tests se necesita un tiempo muy corto para desarrollar la máxima fuerza.

El tiempo de reacción es el tiempo pasado desde que suena el "bip" hasta que se alcanzan los 20 N de fuerza.

El incremento de la fuerza por unidad de tiempo hasta el 70% es una forma de medir la fuerza explosiva. Este porcentaje de la fuerza isométrica máxima se alcanza en un tiempo próximo a los 100 ms, concretamente, en este test se necesitaron 120 ms en el primero y 110 ms en el segundo y tercer intento. El incremento de fuerza por unidad de tiempo hasta alcanzar el 70% fue de 2744 N/s, 3133 N/s y 3128 N/s, respectivamente. Como norma general, y a efectos prácticos, sería adecuado tomar como medida de fuerza explosiva o IMF (índice de manifestación de fuerza) el incremento de la fuerza por unidad de tiempo en 100 ms.

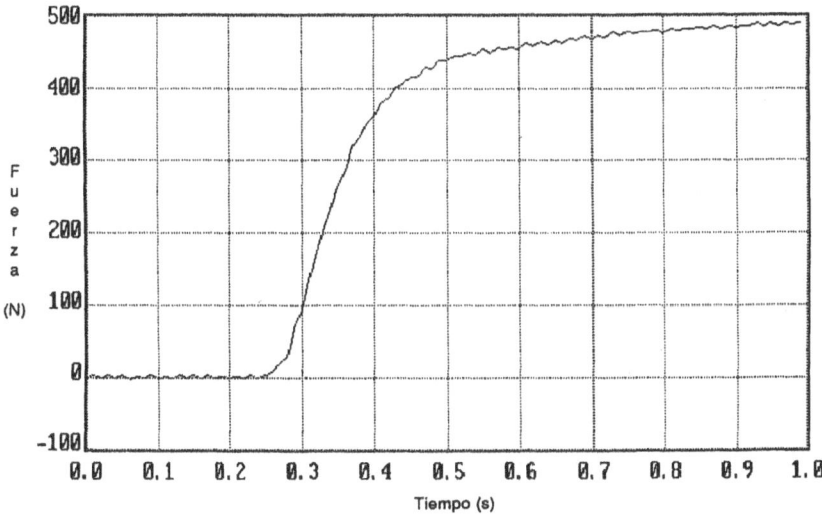

Fig 7.4. Curva de f-t con la escala del eje de abscisas ampliada del primer intento de la fig. 7.3 del test de fuerza isométrica máxima realizada con el handgrip (Gorostiaga y Badillo, 1994)

El momento en el que se produce el máximo incremento de fuerza por unidad de tiempo (medido cada 10 ms) nos indica cuál es la fuerza explosiva máxima (IMF máximo), que en este intento se produjo en el intervalo comprendido entre los 30 y 40 ms, y la fuerza ejercida en ese momento era de 136 N, es decir, el 27,2% de la fuerza isométrica máxima. En los otros dos intentos la fuerza desarrollada en el momento de alcanzar la máxima fuerza explosiva fue de 221 N (46,6% del máximo) y 144 N (28,8% del máximo). En la literatura que trata sobre estos datos se estima que la fuerza explosiva máxima se produce cuando se desarrolla aproximadamente el 30% de la fuerza isométrica máxima. En este test se ha producido en unos márgenes próximos al 30%.

Otra aplicación muy importante que tiene el estudio del comportamiento del deportista a través de la C.f-t es la que se relaciona con la medición de la fatiga y las características de la recuperación después de una carga determinada. En la figura 7.5 tenemos los resultados gráficos de un test en el que se mide en primer lugar la fuerza isométrica máxima (FIM) en reposo (B-1), inmediatamente después se realiza un test en el que se trata de mantener una fuerza del 70% de la FIM medida anteriormente el mayor tiempo posible hasta el agotamiento (este gráfico no aparece en la figura); después de 30 s de recuperación se vuelve a realizar otro test de FIM (B-2), y a continuación, con intervalos de 1 m de recuperación, se van realizando nuevos tests de FIM (desde B-3 a B-6). Los datos derivados de estos tests son los siguientes:

Test	F (N)	t(s) reacción	t(s) para 70%	F/t (N/s)
B-1	484	0,31	0,12	2608
B-2	359	0,35	1,36	233
B-3	412	0,35	0,40	802
B-4	436	0,32	0,29	1098
B-5	444	0,36	0,22	1435
B-6	451	0,33	0,20	1557

La información más relevante de estos datos está en la diferencia en el ritmo de recuperación de la FIM y las expresiones de fuerza explosiva, tanto si ésta es la máxima como si se considera el tiempo necesario para alcanzar 70% de la FIM.

A los 4 minutos de haber realizado el test de fatiga -a pesar de haber estado realizando cinco tests de FIM durante ese tiempo- se ha recuperado el 93,18% de la FIM inicial (451 N frente a 484 N); mientras que el tiempo necesario para alcanzar el 70% de la FIM de cada intento -a pesar de que los valores máximos de éstas han sido inferiores al de la inicial- todavía es un 66,6% mayor que en reposo (0,20 s frente a 0,12 s); por otra parte, la fuerza explosiva máxima medida en intervalos de 10 ms se encuentra todavía en el 59,7% de la inicial (1557 N/s frente a 2608 N/s).

El conocimiento de estos datos, como ya hemos venido comentando a través del texto, son de gran importancia para la organización de las cargas de entrenamiento, según los objetivos de las mismas.

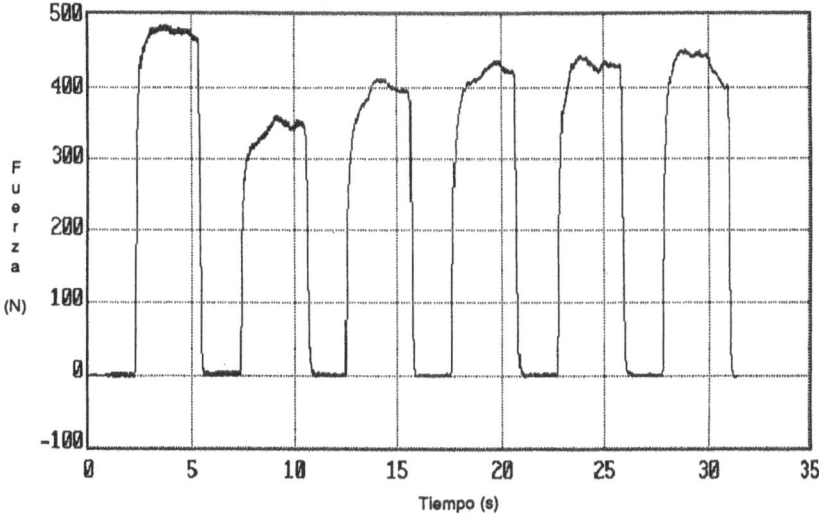

Fig 7.5. Evolución de la recuperación de la fuerza isométrica máxima después de un test de fatiga (ver texto para más aclaración) (Gorostiaga y Badillo, 1994)

3.2. Método isocinético

Consiste en realizar contracciones musculares, concéntricas y excéntricas, en las que la velocidad permanece constante durante todo el recorrido.

Las contracciones isocinéticas sólo pueden realizarse con máquinas electrónicas especiales. Su utilidad está limitada por el coste del material y por ciertos problemas que presenta el propio sistema de medida.

En la fase inicial del movimiento es necesaria una aceleración de la velocidad angular de la articulación que está siendo sometida al test, hasta que se alcanza la velocidad establecida de antemano y ésta queda regulada, fijada, por el mecanismo de control de la máquina. A altas velocidades, el tiempo para obtener la fase isocinética es muy alto, por lo que sólo una pequeña fase del recorrido es, realmente, isocinética. Asociado a la alta velocidad está también el "choque" que se produce al "frenar" la máquina, de menera brusca, el movimiento de un miembro de la articulación medida, con la consiguiente oscilación en el registro de la fuerza. Por tanto, parece que un método isocinético no es muy apropiado para medir fuerzas a altas velocidades. De aquí se deduce que el pico de fuerza máxima siempre vendría expresado más tardíamente que si desde el primer momento se pudiese aplicar la máxima fuerza. Esto también va a influir en el ángulo en el cual se produce dicha fuerza.

Según estos planteamientos, estas máquinas tendrían una aplicación más apropiada con velocidades muy bajas y con contracciones isométricas, que también se pueden realizar con ellas, en distintos ángulos. En algunos casos, están equipadas para realizar pruebas de contracción excéntrica máxima, lo que probablemente sería de utilidad, aunque creemos que en un segundo plano.

Cualidades/capacidades medidas: Con las salvedades apuntadas, las pruebas isocinéticas podrían ofrecer datos sobre:

- C.f-t, y los valores relacionados con la misma.
- Fuerza isométrica máxima en distintos ángulos.
- Fuerza dinámica máxima relativa a distintas velocidades.
- Pico de potencia.
- Curvas de fatiga. Por la repetición del mismo ejercicio durante un tiempo determinado o sin límite.

Con la pretensión de superar las deficiencias de las máquinas isocinéticas, S. Lupo y otos (1992) presentan un instrumento específico para la valoración funcional del deportista, proyectado por el Instituto de Ciencias del Deporte de Roma, del profesor Dal Monte, y que denominan "ergómetro isodinámico polifuncional". Está dotado de un motor que le permite el movimiento. Sus características, según los autores del artículo, son:

- Velocidad de rotación de 0 a 14400/s
- Valoración de la cadena cinemática muscular completa
- Valoración de dos articulaciones al mismo tiempo
- Movimiento cíclico a 360°
- Fase de aceleración precedente a la ejecución del test determinada por el motor de la máquina
- Movimiento de la cadena cinemática a velocidad constante durante toda la duración del test
- Fase de deceleración posterior a la ejecución del test determinada por la máquina
- Medida del pico de fuerza, de la máxima fuerza media expresada en un movimiento simple y de la fuerza media de todo el test
- Los mismos datos anteriores referidos a la potencia
- La C.f-v con un recorrido similar al del modelo teórico de Hill

Este ergómetro ha sido proyectado para ser utilizado con las articulaciones superiores e inferiores por separado o con todas al mismo tiempo. Es un ergómetro "activo", dotado de un motor propio, que permite el movimiento, y, por tanto, no está limitado por la capacidad funcional del deportista examinado, ya que mantiene la velocidad a utilizar.

Sólo conocemos este aparato por la referencia bibliográfica, por lo que no podemos opinar sobre el mismo.

3.3. Métodos anisométricos concéntricos con pesos libres o máquinas

Estos métodos los vamos a dividir en tres grupos:

3.3.1. Pesos libres
3.3.2. Pesos libres medidos con el "ergo power" o "biorrobot"
3.3.3. Plataformas de fuerza

3.3.1. Pesos libres

Es el sistema más habitual, sencillo y barato de medir la fuerza, aunque sólo puede proporcionar información parcial sobre valores de fuerza máxima. La expresión típica de fuerza medida con estas pruebas es la máxima dinámica. Teniendo en cuenta que pocas veces podemos medir la fuerza isométrica máxima, y mucho menos la excéntrica, este dato es de gran valor tanto para la programación del entrenamiento como para su control.

Los ejercicios pueden ser *simples* y *complejos*.

Ejercicios simples

Sentadilla completa:

Cualidad medida:

– Fuerza máxima de los extensores de las piernas y caderas.

Realización:

Flexión profunda de las piernas y extensión inmediata con la barra por detrás de la cabeza o apoyada en los hombros, con la barra por delante de la cabeza.

Se va cargando la barra progresivamente, desde el 40-50% de la mejor marca personal, con 10, 15 ó 20 kg. en cada serie, según el record del deportista, hasta llegar al 90% aproximadamente; a partir de aquí, la progresión es de 5 en 5 kg.; en las últimas series puede incluso hacerse de 2.5 en 2.5 kg.

Es necesario controlar el tiempo de recuperación entre series, que será de 3 a 5 m

Las repeticiones por serie serán de 5 a 1. Van disminuyendo progresivamente a medida que aumenta la intensidad.

Se aumenta la carga hasta que se falla. El peso fallado, si se ve la posibilidad de realizarlo, se puede intentar una segunda vez.

Press de banca

Cualidad medida:

– Fuerza máxima de los extensores de los brazos, de los músculos pectorales y del deltoides anterior.

Realización:

Tendido supino sobre un banco, manos separadas a una anchura ligeramente superior a lo de los hombros, flexión profunda de brazos y extensión inmediata.

La progresión es semejante a la sentadilla.

Se puede añadir algún ejercicio en posición específica y para grupos musculares concretos.

Ejercicios complejos

Los ejercicios complejos son aquellos que implican un mayor número de grupos musculares y su realización exige al menos un dominio mediano de su técnica. Entre ellos, los más fáciles y usados son: arrancada de fuerza y cargada de fuerza.

Arrancada de fuerza

Cualidad medida:

– Fuerza conjunta de los músculos de las piernas y la espalda.

Es un ejercicio que expresa la potencia y la fuerza explosiva. La resistencia que se vence, al levantar un peso máximo, cuando la barra se encuentra a la altura del muslo, equivale de forma aproximada al 40% de la fuerza isométrica máxima en esa posición. Esto quiere decir que la potencia que se puede desarrollar es muy alta.

Todo esto está influido por la técnica. Las diferencias en la velocidad, y, por tanto, en la potencia desarrollada dependen de la calidad técnica.

No nos parece válida la idea de que si no se levanta bien es mejor, porque así se tiene que realizar mayor esfuerzo, y, por tanto, más fuerza se desarrolla. Un movimiento de este tipo mal realizado no permite manifestar el mismo porcentaje de fuerza, no entrena la fuerza explosiva y los principales grupos musculares responsables del ejercicio dejan de ser las piernas y el tronco para desviarse hacia los brazos.

Realización:

La barra se levanta desde el suelo (tarima) hasta la extensión completa de los brazos por encima de la cabeza, sin parada intermedia. La técnica de este ejercicio no se puede explicar en estos momentos. Si es desconocida para el lector, debería consultar un texto especializado en estos temas.

La progresión del test se realiza de igual manera que con la sentadilla, aunque las repeticiones por serie son de 3 a 1.

Cargada de fuerza

– Todo lo expuesto en la arrancada es válido para este ejercicio. La diferencia fundamental entre ambos está en que la cargada de fuerza se realiza con más peso. En cuanto a la técnica, sólo se diferencian en que las manos en el agarre de la barra están más juntas que en la arrancada, y en que la barra sólo se levanta hasta los hombros.

3.3.2. Pesos libres medidos con el "ergo power" o "biorrobot"

Al realizar los tests con pesos libres, nos podemos acercar bastante a la situación real de competición, lo cual es muy positivo, pero nos quedamos escasos de información. Cuando utilizamos máquinas isocinéticas, tenemos más información, pero nos alejamos mucho de las condiciones que se dan en los movimientos explosivos, los más frecuentes en las actividades deportivas. Con el dispositivo electrónico, denominado actualmente "biorrobot", se pueden conseguir los mismos datos que con los pesos libres y, además, otros relacionados con la velocidad, fuerza y potencia desarrolladas durante el ejercicio. Por tanto, también se obtienen algunos de los ofrecidos por las máquinas isocinéticas, pero sin sus inconvenientes, y adaptándose mucho mejor a las características de los movimientos reales de entrenamiento.

Cuando se realiza la actividad muscular, tanto a favor como en contra de la gravedad, el "biorrobot" mide el desplazamiento (±3,3 mm) en función del tiempo (±1,0 ms), por lo que es posible calcular la velocidad, el trabajo, la potencia, etc (Bosco, 1993).

La fiabilidad de este instrumento de medida ha resultado ser de $r = 0,999$, tanto para la medición de la potencia como para la velocidad. El coeficiente de variación de la potencia mecánica medida en nueve deportistas especialistas en esquí alpino y en saltadores ha sido inferior al 4% al realizar ejercicios de press de piernas con 60 kg (Bosco, 1992; en Bosco, 1993)

El aparato está pensado para utilizarse sólo con máquinas de musculación y con ejercicios que puedan desarrollarse con una trayectoria totalmente vertical. Esto limita mucho su utilización, por lo que nosotros hemos hecho algunas adaptaciones –mejorables, por supuesto– para poder utilizarlo en otros ejercicios.

El aparato consta de tres partes:

– Una guía con un sensor que se une a la barra y que se desplaza con ella.
– Un microprocesador con pantalla, impresora y conexión a otro ordenador tipo Pc.
– Un dispositivo de biofeedback luminoso y auditivo.

Cualidades/capacidades medidas:

– Los datos que proporciona son los siguientes:

– Carga utilizada (este dato se introduce previamente)
– Mejor repetición realizada, si se ha hecho más de una
– Potencia media
– Fuerza media
– Desplazamiento de la barra
– Velocidad media
– Pico de potencia
– Tiempo para alcanzar el pico de potencia
– Tiempo positivo
– Tiempo positivo activo
– Desplazamiento positivo activo
– Potencia media verdadera
– Pico de potencia verdadero
– Tiempo negativo
– Tiempo negativo activo
– Desplazamiento negativo activo
– Potencia negativa
– Fuerza negativa

Realización:

La máquina se coloca junto a la barra, apoyando sobre ella el vástago que se une al sensor para que éste sea arrastrado cuando se realice el movimiento.

El sujeto que hace el ejercicio no tiene que prestar atención a la máquina, ni su realización se ve afectada por la aplicación de la guía al extremo de la barra. Hay dos formas de utilización: en forma de test y en forma de entrenamiento.

Aplicaciones:

Entre otras, podemos citar las siguientes:

– Curva de potencia.
– C.f-v
– Déficit de fuerza
– Curva de fatiga
– Diferenciar los ejercicios en función del porcentaje del máximo con el que se alcanza la máxima potencia.
– Determinar la progresión sin necesidad de realizar un peso máximo, simplemente comparando la potencia y/o la velocidad con la que se realiza un peso submáximo.
– Comprobar si el efecto del entrenamiento se orienta hacia la mejora de la velocidad o de la fuerza.
– Etc.

De cada uno de estos análisis se puede sacar mucha información para determinar el estado físico del deportista y la evolución del efecto del entrenamiento, así como para la reconducción del mismo.

Curvas de potencia

Como ejemplo tenemos la evolución de la curva de potencia de tres deportistas en el ejercicio de sentadillas con la barra sobre los hombros, por delante de la cabeza (fig. 7.6). El tiempo transcurrido entre ambos tests es de 23 días.

	80	90	100	110	115	120	Kg	
Test 1	673	701	668	432	331		Potencia 1	
Test 2	867	864	659	684	475	358	Potencia 2	

	80	90	100	110	115	120	125	130
Test 1	671	675	691	571	473	345		
Test 2	739	918	794	755	635	648	568	466

	90	100	110	120	125	130	135	140
Test 1	871	799	773	784	677	561	239	
Test 2	845	852	802	745	746	704	570	546

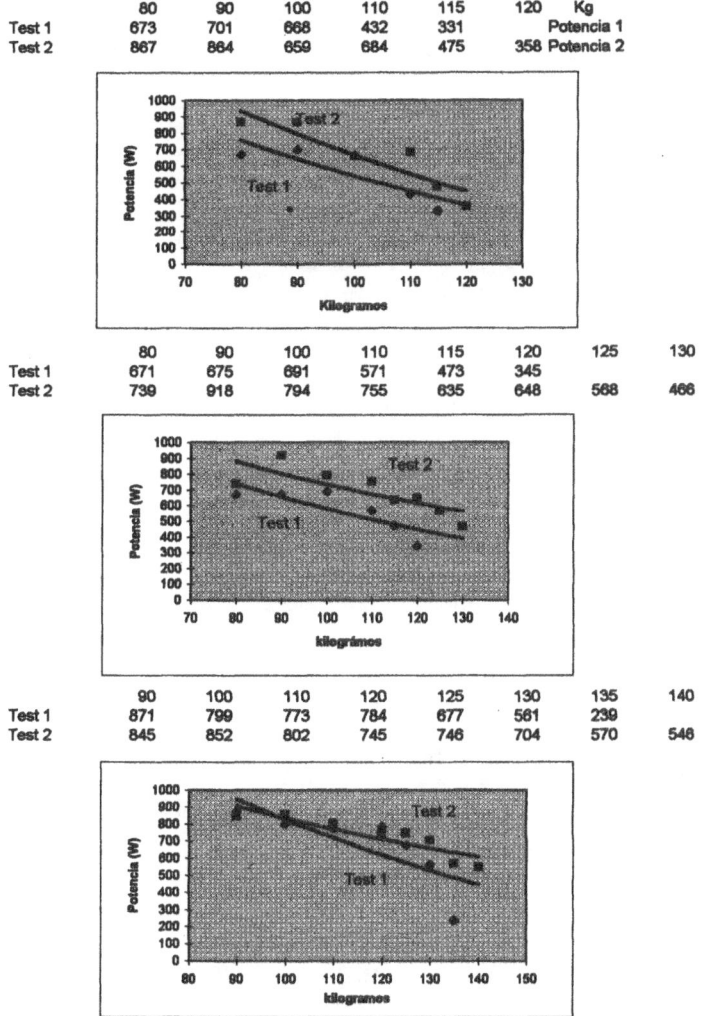

Fig. 7.6. Evolución de la curva de potencia de tres sujetos después de 23 días de entrenamiento (G. Badillo, JJ., 1993).

Curva fuerza velocidad

En la fig. 7.7 tenemos la C.f-v

Si en el mismo día hacemos la C.f-v a través del CMJ con peso, del mejor DJ y de la sentadilla hasta el máximo, tendremos un reflejo de la evolución de todas las manifestaciones de fuerza más importantes, desde la fuerza reactiva hasta la máxima dinámica, pasando por la explosiva y la dinámica máxima relativa con diferentes pesos.

	80	90	100	110	115	120	Kg
Test 1	0,78	0,73	0,64	0,39	0,29		Velocidad 1
Test 2	0,96	0,87	0,63	0,57	0,41	0,3	Velocidad 2

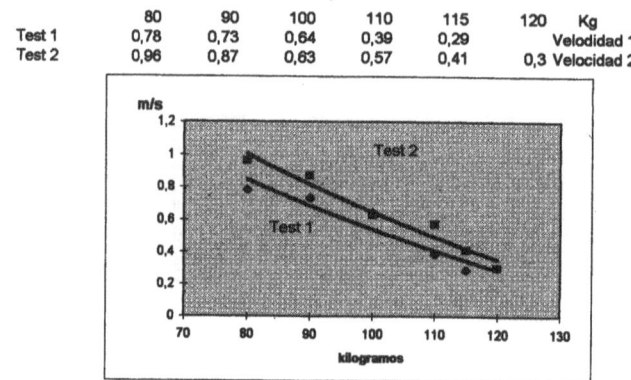

Fig. 7.7. Evolución de la C.carga-velocidad del sujeto número 1 (G. Badillo, JJ., 1993).

Déficit de fuerza

Otro aspecto importante podría ser comprobar el déficit de fuerza actual y su evolución a través del ciclo. En este caso tomaríamos como referencia de fuerza máxima el resultado obtenido en una sentadilla o en un press de banca. Como ejemplo real ofrecemos el déficit de fuerza de uno de estos deportistas.

	1.ª evaluación			2.ª evaluación		
Peso	% de 1RM	F(N)	Déficit	% de 1RM	F(N)	Déficit
120				100.0	1195	0.0%
115	100.0	1144	0.0%	95.8	1159	3.0%
110	95.6	1109	3.1%	91.7	1138	4.8%
100	87.0	1044	8.7%	83.3	1047	12.4%
90	78.3	961	16.0%	75.0	993	16.9%
80	69.6	863	24.6%	66.7	903	24.4%

F(N) = Fuerza en Newton

Observaciones:

— El valor de 1RM mejoró en 5 kg. entre la primera evaluación y la segunda, y la fuerza máxima aplicada pasó de 1144 N a 1195 N

— El déficit de fuerza con el 66.7% de 1RM de la segunda evaluación fue prácticamente igual que con el 69.6% de la primera, lo que indica que la fuerza rápida ha mejorado. Es decir, ante una carga inferior con respecto al record personal, se es capaz de aplicar una fuerza mayor. Lo mismo ocurre con el 75 y el 78.3%.

— Obsérvese que con los mismos pesos, exceptuando los 100 kg., en los que pudo haber ocurrido algún desequilibrio al realizar el movimiento, siempre se aplica más fuerza que en la primera evaluación.

Otro deportista que realizó el mismo test en las mismas fechas también mejoró su fuerza máxima en 5 kg., pero su comportamiento fue diferente, ya que la fuerza rápida empeoró. Lo podemos observar por los siguientes datos:

Test-1		Test-2	
% 1RM	Déficit	% 1RM	Déficit
88.9	6.5%	89.3	8.1%
92.6	4.1%	92.9	5.1%
96.3	1.9%	96.4	3.0%

Vemos cómo detrás de dos resultados aparentemente iguales, en los que ambos deportistas han superado en 5 kg. su marca, se oculta una información importante que indica, por una parte, el efecto del mismo entrenamiento (aproximado) sobre dos sujetos distintos, y, por otra, según esta información, lo que se debería hacer durante la siguiente fase, al acercarse a la competición.

En las figuras 7.8 y 7.9 podemos observar el efecto de entrenamientos de diferentes características.

En la figura 7.8 aparece el resultado sobre el déficit de fuerza en términos absolutos de un entrenamiento de tres semanas utilizando el método de Intensidades máximas I más Pliométricos (sujeto 1) en el ejercicio de press de banca. La mejora en la fuerza máxima después de nueve sesiones de entrenamiento fue un 6%, aunque consiguiendo 1RM a 0,23 m/s en el segundo test y a 0,33 m/s en el primero, lo que puede indicar que en el test inicial el valor de 1RM estaba algo más lejos de su 1RM real que en el segundo.

Los resultados del test indican que a pesar de haber aumentado el valor absoluto de 1RM, el déficit de fuerza se reduce con las cargas inferiores, y aumenta ligeramente en las cargas superiores. Este déficit, como hemos indicado antes, es el que se produce en

260 Fundamentos del entrenamiento de la fuerza. Aplicación al alto rendimiento deportivo

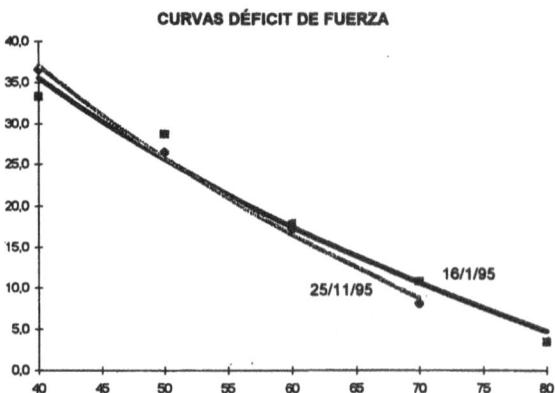

Fig. 7.8. Cambios en el déficit de fuerza en términos absolutos (ver texto). En la ordenada déficit en %, y en la abscisa kg (gráfico de M. G.ª Verdugo, 1994. Prácticas de clase)

términos absolutos, ya que se valora tomando como referencia los kilogramos levantados en cada intento.

En la figura 7.9 aparece el mismo tipo de estudio, pero en este caso sobre el déficit de fuerza de un entrenamiento de tres semanas utilizando el método de Repeticiones II (sujeto 2) en el ejercicio de press de banca. La mejora en la fuerza máxima después de nueve sesiones de entrenamiento fue un 11%, aunque consiguiendo 1RM a 0,27 m/s en el segundo test y a 0,32 m/s en el primero, lo que puede indicar que en el test inicial el valor de 1RM también estaba algo más lejos de su 1RM real que en el segundo.

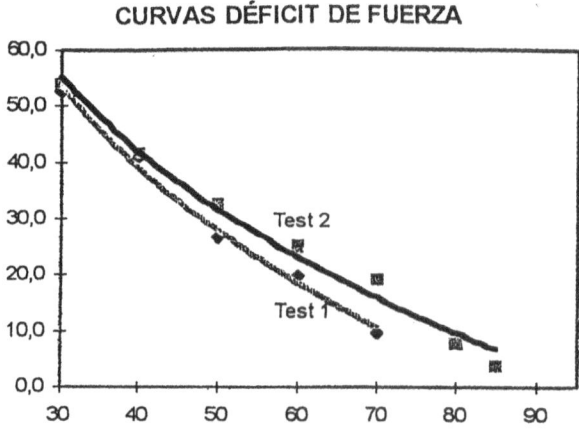

Fig. 7.9. Cambios en el déficit de fuerza en términos absolutos (ver texto). En la ordenada déficit en %, y en la abscisa kg (gráfico de M. G.ª Verdugo, 1994. Prácticas de clase)

Como era previsible, un entrenamiento de este tipo causó un aumento de la fuerza considerable con un incremento del déficit de fuerza ante todas las cargas.

Si tomamos los mismos datos anteriores y estudiamos el déficit en términos relativos, es decir, el déficit producido en relación con la nueva mejor marca actual (nuevo 1RM), tendremos una información más exacta de lo que ha ocurrido realmente después del ciclo de entrenamiento. En la figura 7.9-A podemos observar que en el primer caso (sujeto 1: Intensidades máx. I + pliométricos) el déficit se reduce con todas las intensidades: desde el 43,3% de déficit en el test 2 con el 40% de 1RM frente al 49,2% en el test 1, hasta el 3,5% frente al 3,6%, respectivamente, con el 95% de 1RM.

El entrenamiento del segundo sujeto (método de Repeticiones II) produce una reducción del déficit relativo más pequeña que en el primer caso, y sólo hasta las cargas del 70% de 1RM actual, a partir del 80% el déficit es mayor incluso en términos relativos. Los resultados se representan en la figura 7.9-B

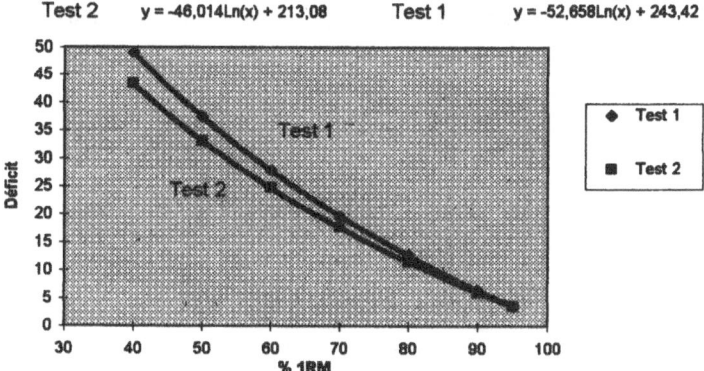

Fig. 7.9-A Cambios en el déficit de fuerza en términos relativos (método de Intensidades máx. I + pliométricos) (J.J. Glez. Badillo)

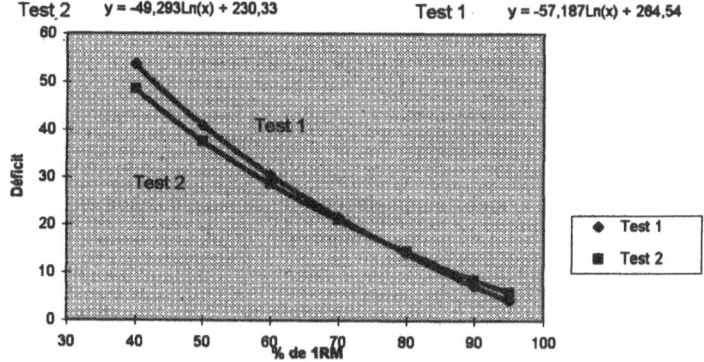

Fig. 7.9-B Cambios en el déficit de fuerza en términos relativos (método de Repeticiones II) (J.J. Glez. Badillo)

En las figuras 7.9-C y 7.9-D aparecen representadas las diferencias en porcentajes entre los déficits de los tests 1 y 2 en ambos casos. Los valores del primer test se toman como 100%, y sobre ellos se calculan los cambios medidos en el segundo.

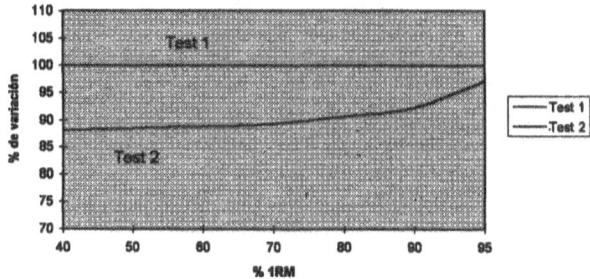

Fig. 7.9-C Diferencias en los déficits de fuerza entre los dos tests expresados en porcentajes con respecto al test inicial (Int. máx. + pliométricos) (J.J. Glez. Badillo)

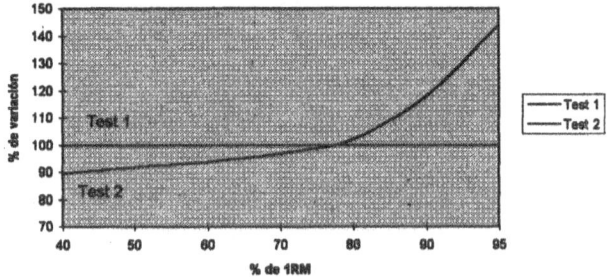

Fig. 7.9-D Diferencias en los déficits de fuerza entre los dos tests expresados en porcentajes con respecto al test inicial (Repeticiones II) (J.J. Glez. Badillo)

La máxima potencia en relación con el ejercicio realizado

Como sabemos, en toda la bibliografía encontramos que la potencia máxima se alcanza con un peso que está entre el 30 y el 40% de la fuerza isométrica máxima. Pero dado que en pocos casos vamos a poder medir esta fuerza, nos interesa saber cuál es la carga relativa con la que se consigue esta máxima potencia cuando hacemos ejercicios dinámicos concéntricos.

Nosotros hemos observado que esta carga relativa es diferente según las características del ejercicio. Con los más explosivos se alcanza la potencia máxima cerca del 100% de 1RM. Por ejemplo, en el ejercicio de arrancada, la máxima potencia se consiguió con pesos comprendidos entre el 90 y 100%. Con la cargada de fuerza, aunque este ejercicio es menos preciso en cuanto a la determinación de 1RM, la máxima potencia está siempre muy próxima al 95% de la mejor marca del sujeto. Por eso está plenamente justificado clasificar estos ejercicios como de potencia, ya que cuanto más peso utilizamos, manteniendo una técnica aceptable, más cerca estamos de la máxima potencia.

En los ejercicios más simples, como la sentadilla, se alcanza la potencia máxima con intensidades que oscilan entre el 60 y el 70% de 1RM.

Por eso hemos sugerido que los ejercicios podían clasificarse según el tanto por ciento con el que se consigue la máxima potencia.

Curva de fatiga

Si es necesario, también podemos trazar la curva de fatiga. Basta con realizar numerosas repeticiones con una carga determinada y ver la evolución de la potencia, velocidad y fuerza aplicadas.

En las figuras 7.10 y 7.11 tenemos las curvas de fatiga de los mismos sujetos a los que nos hemos referido en las figuras 7.8 y 7.9. Los tests de fatiga se realizaron 5 minutos después que los de 1RM. La carga utilizada fue equivalente en ambos casos, siempre en relación con el resultado del test de fuerza máxima dinámica. En la figura 7.10 (Intensidades máx.I + Pliométricos) vemos cómo la fuerza relativa aplicada tiende a ser más alta que en el test inicial en las primeras repeticiones, pero progresivamente tiende a ser menor a medida que aumentan las repeticiones; es decir, no ha habido mejoras de la resistencia relativa después del entrenamiento.

El entrenamiento de Repeticiones II, a pesar de haber producido un aumento más importante de la fuerza máxima dinámica, consigue mantener la resistencia relativa.

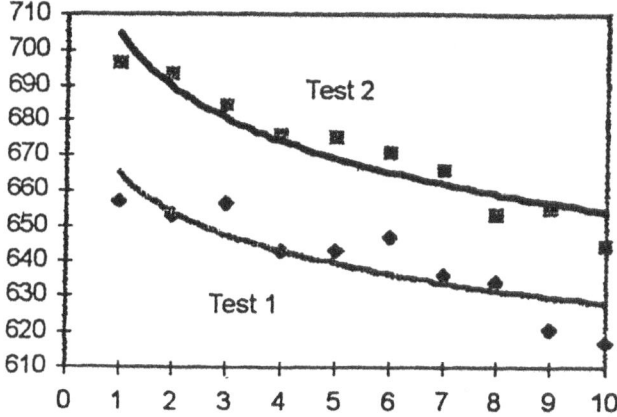

Fig. 7.10. Curvas de fatiga antes y después del entrenamiento (sujeto 1) En la ordenada N, y en la abscisa repeticiones (Gráfico de G.ª Verdugo, 1994. Prácticas de clase)

El sujeto 1, en el primer test (con 60 kg de carga), tuvo una pérdida de velocidad media entre las cinco primeras y las cinco segundas repeticiones del 18%, mientras que en el segundo test (con 62,5 kg) la pérdida fue del 22%. Sin embargo, el sujeto 2 perdió el 17% en los dos tests, a pesar de que en el segundo test utilizó 65 kilogramos, cinco más que en el sprimero.

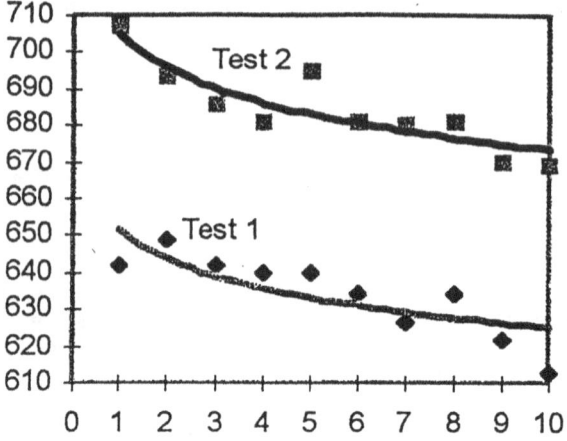

Fig. 7.11. Curvas de fatiga antes y después del entrenamiento (sujeto 2) En la ordenada N, y en la abscisa repeticiones (Gráfico de G.ª Verdugo, 1994. Prácticas de clase)

Tanto los datos aportados sobre la mejora de fuerza, como las modificaciones del déficit y las curvas de fatiga, se presentan sólo como ejemplos de algunas de las aplicaciones y análisis que puede permitir el "biorrobot" –ni siquiera todas– si el número de sujetos y el tiempo de entrenamiento fuesen suficientes, no como demostración de los efectos de determinados métodos de entrenamiento, ya que dado el número de sujetos, sus características y el tiempo de trabajo, sería absurdo tratar de llegar a conclusiones válidas.

Medición del efecto del entrenamiento y el nivel de rendimiento sin necesidad de hacer un esfuerzo máximo

Tenemos también la posibilidad de comprobar el estado de forma sin necesidad de llegar a realizar un peso máximo. Esto se puede comprobar por la comparación de los valores de estas tres variables: potencia, fuerza y velocidad en distintos días y con cargas submáximas.

3.3.3. Otros instrumentos de medida

Schmidtbleicher (1992) presenta unos dispositivos electrónicos, utilizados en sus trabajos, con los que se pueden medir datos relacionados con la fuerza en contracciones concéntricas. Lo más destacado de estos instrumentos es que pueden aportar el IMF cuando realizamos ejercicios concéntricos, así como la fuerza isométrica máxima en la misma posición en que después trabajaremos los ejercicios concéntricos. Ver figuras 7.12 y 7.13

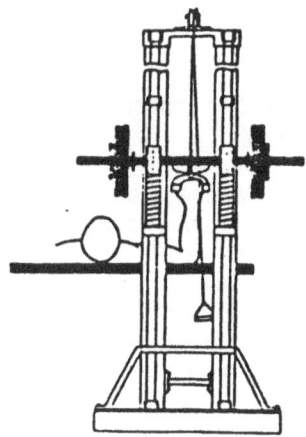

Fig. 7.12. Instrumento para medir la C.f-t (en Schmidtbleicher, 1992).

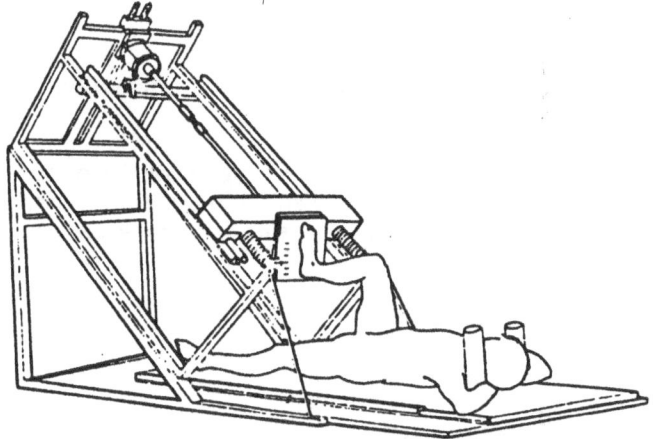

Fig. 7.13. Instrumento para medir la C.f-t en movimientos concéntricos, isométricos y excéntricos, con diferentes ángulos en las caderas, las rodillas y los tobillos (en Schmidtbleicher, 1992).

3.3.4. Plataforma de fuerza

La plataforma de fuerza o dinamométrica se utiliza cuando se realizan ejercicios en los que la fuerza se aplica contra el suelo en una zona reducida localizada. Esto se cumple en algunos saltos y en ejercicios de levantamientos como la arrancada y la cargada.

Los datos fundamentales que aporta se refieren a la C.f-t y a toda la información derivada de la misma.

Mide la fuerza ejercida en los tres ejes espaciales: x, y, z, por lo que puede informar sobre fuerzas verticales y horizontales.

Representa y ofrece datos sobre la dinámica total del movimiento mientras dura el contacto con la plataforma, lo que significa que es un magnífico instrumento para valorar la técnica de muchos gestos deportivos.

Es un complemento ideal de las plataformas de contacto, pues proporciona información inmediata de las fuerzas que han dado origen a una determinada elevación del centro de gravedad en ralación con el tiempo de contacto y la situación previa relacionada con el preestiramiento.

Tiene también la ventaja de que puede ser utilizada para medir la fuerza isométrica máxima. Si colocamos un peso en el suelo superior a nuestras posibilidades e intentamos levantarlo colocando los pies sobre la plataforma, no llegaremos a despegarlo del suelo, pero habremos manifestado nuestra máxima fuerza en esa posición. De igual manera se puede hacer colocando la barra en unos soportes, a una altura determinada, para medir la fuerza máxima estática de las piernas en distintos ángulos. También puede utilizarse en otras posiciones, como la que se muestra en la figura 7.2.

3.4. Métodos basados en el ciclo estiramiento-acortamiento (CEA)

En este punto vamos a tratar las pruebas relacionadas con los saltos, aunque en uno de ellos, el SJ, deba evitarse precisamente el efecto del estiramiento. Pero por su relación con los demás, así como por el hecho de que se utilice el mismo instrumento de medida que con los otros, hemos preferido incluirlo en este mismo grupo de tests que tratarlo por separado.

Estudiaremos los siguientes tests:

3.4.1. El salto sin contramovimiento (SJ)
3.4.2. El salto con contramovimiento (CMJ)
3.4.3. El salto en profundidad (DJ)

Cada uno de ellos tiene distintas aplicaciones, que iremos viendo a lo largo del texto. Para recordar las diferencias en la dinámica de los mismos, se puede consultar la figura 1.28.

El instrumento más fiable para medir la capacidad de salto es la plataforma de Bosco o "ergo jump", aunque tiene un margen de error alto, si se utiliza mal. Es una plataforma de contacto, que mide el tiempo de vuelo en el salto, y calcula de forma inmediata, a través de un microprocesador, la altura equivalente del salto. También puede medir el tiempo de contacto, cuando se hacen varios saltos seguidos o un salto en profundidad, y un cálculo indirecto del porcentaje de fibras FT y ST, según afirma el propio autor, aunque esto último no parece estar aún muy bien definido, y, por tanto, no disfruta de mucha fiabilidad.

Para la descripción de este punto, vamos a seguir a C. Bosco (1992), haciendo una síntesis de su libro: *La valutazione della forza con il test di Bosco,* y algunas aportaciones de otros autores.

3.4.1. El SJ

El SJ consiste en hacer un salto partiendo de una flexión de rodillas de 90° sin contramovimiento previo. Las manos deben quedar fijas, pegadas a las caderas. El tronco debe estar vertical, sin un adelantamiento excesivo. Las piernas deben permanecer rectas durante el vuelo, tomando contacto con el suelo con las puntas de los pies, y las rodillas estiradas. Después de tomar contacto con el suelo se pueden flexionar las piernas hasta un ángulo aproximado de 90° en las rodillas.

La técnica de este ejercicio es bastante difícil, pues casi nunca se hace realmente el ejercicio sin una pequeña flexión previa de rodillas. Debe pasar un cierto periodo de aprendizaje antes de utilizarlo como test. Se admite una variación máxima en el ángulo de las rodillas de ± 2°, para considerar el test como válido. Esto significa, lógicamente, que hay que disponer de un goniómetro electrónico para controlar estas desviaciones. Salvo en el caso de que las pruebas se hagan en el laboratorio, en la práctica diaria no es posible colocar el goniómetro cada vez que se quiere medir un salto a un grupo de sujetos. Por ello, lo más recomendable es no tomar datos sobre este test, si no hay garantías de su buena ejecución.

Cualidades/capacidades medidas:

– Fuerza explosiva.
– Capacidad de reclutamiento (fg.7.14).
– Expresión elevada de fibras FT (ver fig.2.8).

Correlaciones

Correlaciona con el sprint (fig. 7.15), con carrera de 20 m. en mujeres de voleibol y de baloncesto (Hakkinen, 1989), con el test de Abalakow, con el salto de longitud de parado y con el pico del momento de fuerza registrado con la máquina Cybex a velocidad de 4.2 rad/s (Bosco y col., 1983; en Bosco, 1992)

Bosco utiliza el SJ con carga creciente sobre la espalda hasta llegar a un valor equivalente al peso corporal y hasta 100 kg. El hecho de que sean 100 kg., y no otra cantidad no está explicado. En otros casos se han empleado cargas muy superiores con el fin de

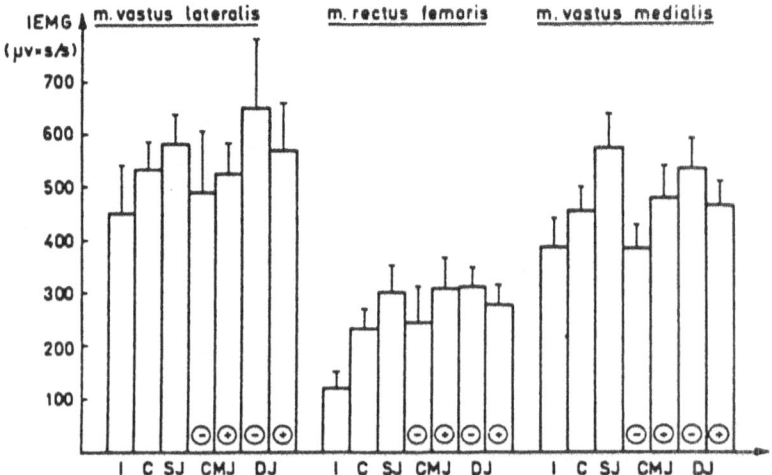

Fig. 7.14. Electromiografía integrada del recto femoral y vastos lateral y medio con contracción isométrica máxima (I), contracción concéntrica isocinética (C), SJ, CMJ y DJ desde una altura de 40 cm (Vitasalo, 1982; en Bosco, 1992).

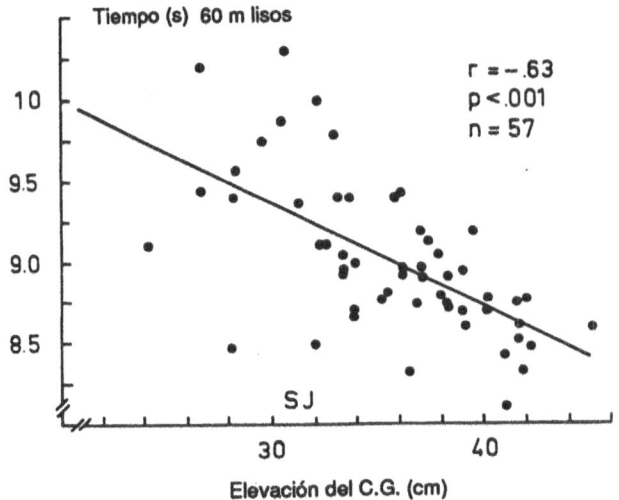

Fig. 7.15. Correlación entre el SJ y el tiempo para recorrer 60 m (Bosco y Komi, 1981; en Bosco, 1992).

conocer la C.f-v y su evolución, a través del salto vertical. La utilización de cargas, por pequeñas que sean, sólo debe hacerse si se tiene experiencia con este tipo de trabajo.

SJ con pesos

El SJ con pesos da información sobre distintas cualidades, según la carga utilizada:

Cualidades/capacidades medidas:

- Fuerza dinámica máxima (la entendemos como relativa): si se utilizan cargas ligeras, como por ejemplo, 30 kg (SJ30kg) y con el peso corporal (SJpc).
- Capacidad de reclutamiento nervioso (Bosco, 1982, en Bosco, 1992).
- Expresión de la estructura morfológica de los extensores de las piernas: sección transversa del músculo (Bosco, 1985).

Correlaciones

Se relaciona con otras pruebas y cualidades:

- El SJ10-40 kg. correlaciona con el SJ y con el CMJ.
- El SJpc correlaciona con la fuerza isométrica máxima.

Aplicaciones:

La utilización de peso, como hemos dicho anteriormente, permite establecer la C.f-v (empleando como fuerza el peso, si no se conoce el valor de la fuerza en Newtons). Para ello es necesario que se empleen cargas muy altas, de forma que se pueda manifestar la máxima fuerza. Se puede hacer también una curva menos completa empleando cargas hasta llegar a un peso equivalente al peso corporal

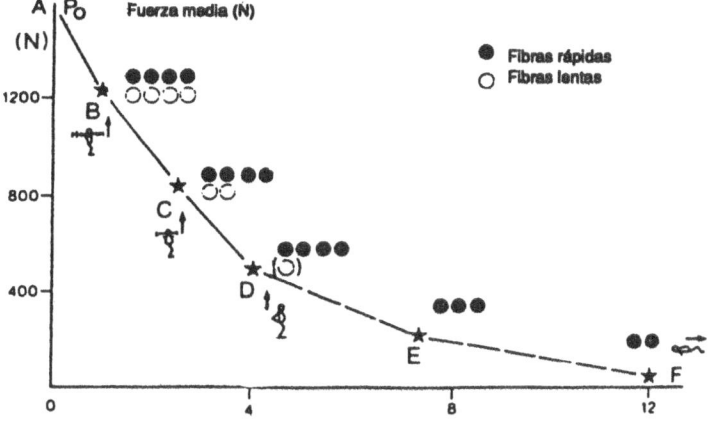

Fig. 7.16. Correlación entre la fuerza (en N) desarrollada durante el salto vertical realizado con y sin carga y la velocidad angular de la rodilla. La intervención de las fibras musculares viene representada según la hipótesis sugerida por Bosco en 1985.

La prueba se realiza por medio de una serie de saltos de SJ, comenzando sin carga y añadiendo progresivamente peso a la barra hasta el doble del peso corporal aproximadamente. La relación entre la elevación del centro de gravedad y el peso utilizado se representa en unos ejes de coordenadas y nos debe dar una curva parecida a la de la figura 7.16. Las características de la curva y su variación con respecto a la carga utilizada en futuros entrenamientos ya son sobradamente conocidas por el lector.

Al mismo tiempo que se consigue determinar la C.f-v, también se puede conseguir la curva de potencia, como podemos apreciar en la figura 7.17. En este caso, un sujeto de 88 kg de peso corporal realizó saltos con contramovimiento (CMJ) con cargas adicionales desde 20 kg hasta 80 kg. La potencia se calcula a través de la fórmula

$$P = (P_c + P_b) \times 9{,}81 \times \sqrt{2 \times 9{,}81 \times h}$$

donde "P_c" es el peso corporal; "P_b" el peso adicional (el peso de la barra); y "h" es la altura del salto en metros.

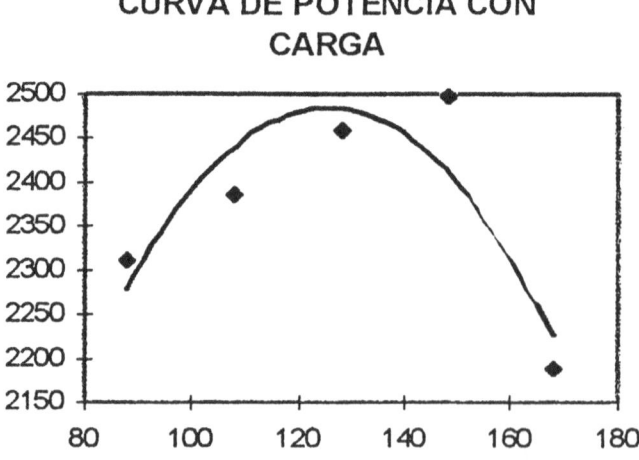

Fig. 7.17. *Potencia medida a través del salto vertical (CMJ) con cargas En la ordenada W, y en la abscisa kg (Gráfico de G.º Vedugo, 1994. Prácticas de clase)*

Índice de Bosco

Con este índice se pretende hacer una comparación entre la fuerza expresada en Newton (o representada por la carga (peso) con la que se salta) y la velocidad en m/s (o la altura alcanzada en el salto). Así, disponiendo sólo de una plataforma de contacto, la máxima velocidad se sustituye por la altura alcanzada en el salto sin carga (SJ o CMJ), y la máxima fuerza dinámica (relativa) por el salto con una carga equivalente al peso corporal (SJ_{PC} o CMJ_{PC}). La relación entre las alturas alcanzadas en los dos saltos sería el índice buscado. La fórmula es:

$$\text{Índice} = \text{relación F/V} = SJ_{PC}/SJ$$

Según el valor de esta relación, se determina la característica del sujeto y el efecto producido por el entrenamiento. Por ejemplo, si con el SJ_{PC} se realiza un salto de 15 cm. y con el SJ sin peso de 45 cm., tendremos un índice de 0.33. Es decir, con un peso equivalente al propio peso sorporal se consigue el 33% de lo que se hace si no utilizamos ningún peso. Este resultado nos indica cuál es la relación F/V en un sujeto determinado: si el índice es muy alto, y/o crece con el entrenamiento, es que estamos dando mayor énfasis al trabajo de fuerza máxima, o al menos así se manifiesta en el sujeto entrenado; por el contrario, si baja, probablemente estamos primando el trabajo de velocidad con cargas más ligeras. Se trata, por tanto, de descubrir la relación óptima en cada sujeto y en cada especialidad, y de decidir el márgen de desviación que nos podemos permitir en las distintas fases del ciclo de entrenamiento.

A través de este test nos podemos acercar a la determinación de la fuerza óptima de cada sujeto, a través de la mejor relación F/V. Considerando que la técnica sea la adecuada, bastaría con conocer el índice en los momentos en los que se manifiesta la mejor forma específica, así como la evolución que ha ido experimentando el mismo con el entrenamiento.

Reparemos en que no sólo hay que tener en cuenta que el índice óptimo posea un valor determinado, sino que también hay que considerar la magnitud de los saltos con los que se consigue dicho índice. Si se mantiene el índice, pero el SJ_{PC} y el SJ aumentan, creemos que el resultado del entrenamiento ha sido óptimo; pero si se mantiene el índice y los valores de lo saltos descienden, es probable que no mejore el rendimiento. Se deben analizar las modificaciones del índice teniendo en cuenta los cambios producidos en los dos saltos: los dos suben, los dos mejoran, uno sube y otro baja, uno sube y el otro no cambia, y sacar las consecuencias para el entrenamiento.

Dada la dificultad y la poca fiabilidad que podemos otorgar al SJ, así como la correlación que existe entre éste y el CMJ, nos parece que todos estos tests podrían realizarse con el CMJ. Creemos que es una mejor solución, aunque no esté descrito así, que llegar a conclusiones erróneas a través del SJ.

También existen otros índices de fuerza-velocidad relacionados con el SJ y el SJ con cargas (Vélez, 1992). Se utilizan pesos equivalentes al 100 y 50% del peso corporal. Las fórmulas son las siguientes:

$$\text{Índice F-V (con el 100\% del PC)} = (SJ - SJ_{PC})/SJ$$

$$\text{Índice F-V (con el 50\% del PC)} = (SJ - SJ_{50\%PC})/SJ$$

Los cocientes deben multiplicarse por 100

Por ejemplo, según Vélez, para un saltador de altura, estos índices, en "forma", deben encontrarse alrededor de 40 y 60 respectivamente.

3.4.2. El CMJ

El salto con contramovimiento se realiza por una flexión-extensión rápida de piernas con la mínima parada entre ambas fases. La flexión debe llegar hasta un ángulo aproximado de 90°. Para las manos, el tronco y las piernas valen las instrucciones dadas en el SJ. La diferencia de este test con respecto al anterior está en que en este caso se aprovecha la energía elástica generada durante la flexión/el estiramiento. Por esta razón, lo normal es que la altura alcanzada en el CMJ sea mayor que en el SJ.

La fuerza elástica se estima por la diferencia porcentual entre ambos tests. Los valores que se dan de esta cualidad oscilan entre un 10 y un 20%, pero dadas las posibilidades de error en el SJ, cuando las diferencias son muy pequeñas, nunca sabes si son reales o se deben a la propia ejecución del test. Por tanto, lamentablemente, hay que tener mucha precaución antes de tomar decisiones sobre estos resultados.

Cualidades/capacidades medidas:

– Fuerza explosiva.
– Capacidad de reclutamiento.
– Expresión del porcentaje de fibras FT
– Utilización de energía elástica
– Coordinación intra e intermuscular

Correlaciones:

– Con la velocidad de desplazamiento (fig. 7.18)
– Con el test de Abalakow
– Con el salto de longitud de parado
– Con el pico de fuerza obtenido en máquina isocinética a 4.2 rad/s.
– Con la fueza isométrica máxima en jugadoras de voleibol y de baloncesto (Hakkinen, 1989).
– Con el porcentaje de fibras FT de los extensores de las piernas.
– Hay una alta correlación significativa ($p<0.01$) entre la capacidad de usar energía elástica durante la ejecucuión del salto continuo del tipo CMJ y la economía de carrera realizada a baja velocidad en un tapiz rodante, medida mediante el consumo de oxígeno (Bosco y col, 1987; en Bosco, 1992).

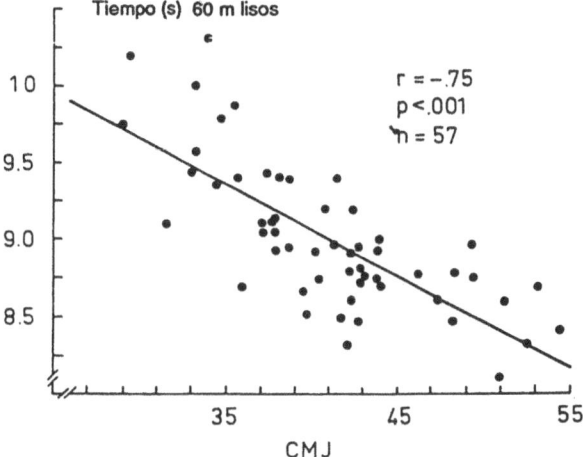

Fig. 7.18. Correlación entre el tiempo en recorrer 60 m y la capacidad de salto en el CMJ en jugadores de voleibol de 16 años (Bosco, 1981; en Bosco, 1992).

Potencia y metabolismo anaeróbico aláctico y láctico con el CMJ continuo durante 5-30 seg.

Distinguimos dos posibilidades:

A) Entre 5 y 15 seg
B) Entre 30 y 60 seg.

El salto de tipo CMJ, según Bosco, también puede ser utilizado para medir las características del proceso metabólico para un trabajo de una duración entre 5 y 60 seg.

El ejercicio consiste en hacer el CMJ de forma continua. El ángulo de la rodilla debe llegar a 90º. Si se flexiona menos, aumenta el potencial energético, debido a las condiciones de energía elástica y actividad eléctrica, por lo que no será válido como medida de potencia mecánica, pues una variación angular mínima modifica las condiciones de trabajo mecánico en las articulaciones inferiores. Si se reduce mucho el ángulo, sólo será válido para valorar la altura alcanzada, que no se mejora por la reducción del ángulo.

Durante la realización de la prueba, incluso en las más largas (30-60 seg.), no se debe dosificar el esfuerzo en el tiempo, sino que desde el primer salto hay que hacerlo con el máximo empeño hasta el final de la prueba.

El ritmo es de un salto por segundo aproximadamente. En sujetos altos (190 cm), se reduce un poco (13-14 saltos en 15 seg), y en los más bajos se aumenta (15-16). En los más altos resulta más difícil mantener el ángulo de 90º.

Los datos que proporciona el microprocesador son:

- Número de saltos
- Tiempo de vuelo
- Tiempo de contacto
- Potencia mecánica: Wat/kg
- Altura media del salto

Además, se pueden dar tiempos parciales cuando el tiempo es superior a los 5 seg.

A) Test realizado entre 5 y 15 seg.

Es aplicable a disciplinas en las que la fuerza explosiva es importante.

Para niños de 5 a 10 años se recomienda hacer sólo 5 seg. Para jóvenes de 11 a 16 años hacer entre 10 y 15 seg.

Correlaciones:

— Correlaciona con los tests de Abalakow, con el pico máximo de fuerza, con el tiempo en 60 m y con el test de Wingate (Bosco y col. 1983; en Bosco, 1992).

Cualidades/capacidades medidas:

La realización de este test nos da una valoración de la *capacidad de resistencia a la fuerza rápida* en pruebas de corta duración.

Se mide por la comparación entre el valor del CMJ y la altura media del test de 5-15 seg. *Se expresa así:* h_{15}/h_{CMJ}.

El valor de esta relación debe acercarse a 1 en deportista de fuerza rápida/explosiva. En deportistas de equipo puede estar un poco más bajo: 0.9-0.95.

También se puede emplear otro procedimiento: Comparar la media de los tres primeros saltos con la de los tres últimos en la prueba de 15 seg. Se expresa así: h_f/h_i

Cuanto más se acerque el cociente a uno, más alta es la resistencia a la fuerza rápida.

La validez depende de que el sujeto haya expresado el máximo de empeño durante toda la prueba.

Para comprobar que se ha hecho bien la prueba, comparar la altura media de los tres primeros saltos y el CMJ (h_i/h_{CMJ}). Los valores deben ser muy próximos; por tanto, el cociente debe ser casi igual a 1.

La prueba da información relativa, ante todo, a la capacidad de desarrollar potencia mecánica, que expresa la velocidad de utilización de fosfágenos y, parcialmente, la intervención de los procesos glucolíticos, las características visco-elásticas del músculo y la capacidad de coordinación intra e intermuscular.

Es importante, antes de tomar decisiones, comprobar el empeño puesto por el sujeto en la realización de la prueba.

Como punto de referencia para valorar los resultados, tenemos la siguiente tabla.

Valores de resistencia a la fuerza rápida

$h_{15s}/h_{CMJ} \times 100$ Dptes.individuales	Nivel	$h_{15s}/_{CMJ} \times 100$ Dptes. equipo
80	Bajo	70
90	Mediocre	80
100	Bueno	90

En la figura 7.19 tenemos la representación de la evolución del tiempo de vuelo en relación con el tiempo de contacto de un practicante de balonmano con un nivel deportivo medio. En ella parece apreciarse que el aumento del tiempo de contacto es proporcionalmente mayor que el tiempo de vuelo; es decir, cada vez necesita más tiempo para producir la misma altura de salto. Tanto la evolución de la potencia mecánica desarrollada a través de todos los saltos como la evolución del tiempo de vuelo en relación con el tiempo de cantacto pueden dar información sobre las características de los deportistas y del estado de forma física.

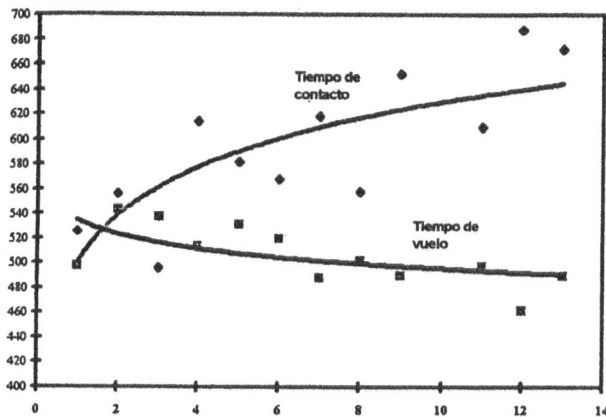

Fig. 7.19. Evolución del tiempo de contacto y del tiempo de vuelo en un test de 15" de salto vertical. En la ordenada ms, y en la abscisa número de saltos (Gráfico de G.ª Verdugo, 1994. Prácticas de clase)

B) Test realizado entre 30 y 60 seg.

Apropiado para pruebas que duran entre 60 y 300 seg., como, por ejemplo, esquí alpino, remo, piragüismo, 400-800 m en atletismo, etc. Para estas disciplinas, la prueba de 30-60 seg. de salto continuo representa una valoración específica tanto para conocer el estado del deportista como para la programación del entrenamiento.

Correlaciones:

— No se ha encontrado correlación entre el VO2-max. y el valor de la potencia mecánica en 60seg. (Bosco, 1980 y White y Johnson, 1991; en Bosco, 1992)

— Existe una buena correlación entre este test y el Wingate realizado durante 60 seg. ($p<0.01$). Pero el ácido láctico producido por el Wingate fue aproximadamente el doble (15.4 por 8.1) en doce jugadores de baloncesto. Esto se debe a que parte del tiempo de ejecución del test se está en el aire; y que del tiempo de contacto, una parte es excéntrica, lo que supone un menor gasto energético. En total se realizan aproximadamente 15 seg. de trabajo positivo y con preestiramiento.

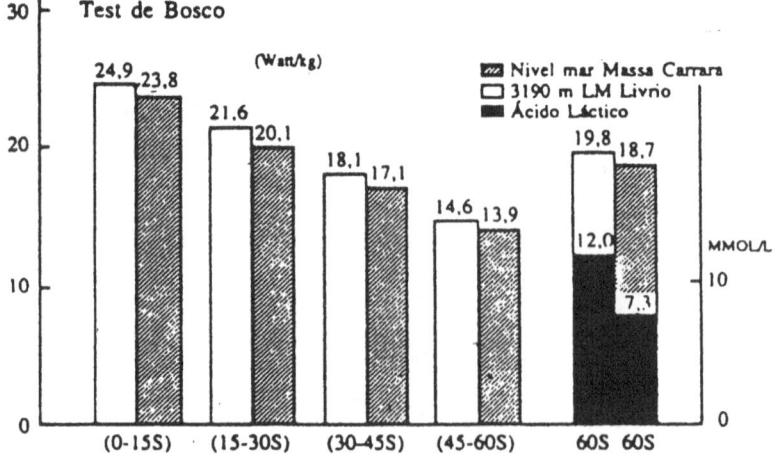

Fig. 7.20. Potencia mecánica y concentración de ácido láctico en sangre medido en nueve miembros de la selección italiana de esquí alpino durante la prueba de 60 seg. de salto continuo realizados al nivel del mar y a 3190m de altitud (Bosco y col., 1989; en Bosco, 1992).

La falta de una cantidad elevada de ácido láctico no debe llevar a la conclusión errónea de que la prueba de 60seg. no exige un esfuerzo máximo y prolongado. La capacidad de desarrollo de potencia viene drásticamente disminuida durante el transcurso de la prueba,(fig. 7.20).En los últimos 15 seg. no se llega ni al 60% de lo alcanzado en los 15 primeros.

– La prueba de 60 seg. se ha mostrado también sensible al porcentaje de fibras FT. Sujetos con alto nivel de estas fibras mostraron una potencia mayor que sujetos pobres en ellas durante los 60 seg., pero sólo se hallaron diferencias significativas durante los primeros 15 seg.($p<0.05$). (Bosco y col, 1983; en Bosco 1992))

– En un estudio con practicantes de esquí alpino, el test de 60 seg. resultó ser el más selectivo y discriminatorio entre todos los tests utilizados (Wingate, salto vertical, V02-máx. y 60 seg. de saltos continuos) para la diferenciación de los deportistas en niveles internacional, nacional y regional (White y Johnson, 1991; en Bosco, 1992)

Cualidades/capacidades medidas:

Con pruebas de 30-60 seg. se calcula la *capacidad de resistencia a la fuerza rápida* en pruebas de 60 a 300 seg.

Permite diagnosticar y evidenciar la capacidad de potencia anaeróbica láctica, mecánica y de resistencia a la fatiga.

El procedimiento para la realización del test es el mismo que el de 5-15 seg.(ver instrucciones).

Los parámetros que se usan son dos: 1) potencia mecánica, 2) altura media.

El descenso de la potencia durante el ejercicio se calcula por el índice de fatiga:

Índice de fatiga = potencia entre 45-60"/potencia entre 0-15"

Se representa así: *Índice de fatiga* = P_{45-60}/P_{0-15}

Tomamos la siguiente tabla como referencia para el cálculo de datos posteriores:

Periodo (s)	Potencia (Wat/kg)	Altura (h) (cm)			
0-15	31.3	48	valor parcial periodo		
15-30	28.7	43	"	"	"
30-45	24.8	37	"	"	"
45-60	19.3	29	"	"	"
0-60	26.1	39	valores medios para 60 seg		

El valor del CMJ de este sujeto es de 51.2 cm

La disminución de potencia o índice de fatiga ha sido:

$$P_{45-60}/P_{0-15} = 19.3/31.3 = 0.62 = 62\%$$

Para ver el empeño puesto por el sujeto en el esfuerzo mantenido, se aplica el siguiente cálculo:

$$h_{0-15}/h_{CMJ} = 48/51.2 = 0.94$$

Este valor se considera como óptimo, por tanto, la prueba es válida.

En este caso, se puede proceder a la *valoración del descenso del trabajo muscular*. Se utilizan dos métodos:

1) *Altura media/CMJ*. En este caso sería: 39/51.2 = 0.76

2) h_{45-60}/h_{0-15}. Tendríamos entonces: 29/48 = 0.60

El segundo método es mucho más sensible al proceso de agotamiento, pero sólo puede ser empleado si el empeño del sujeto ha dado resultado positivo. En caso contrario, utilizar el primero.

Como valores orientativos, tenemos la siguiente tabla:

Valores de referencia para una prueba de 60 seg. en los periodos de 30, 45 y 60 seg, aplicando el primer método y multiplicando por 100 el resultado.

Periodo (s)	Deporte individual	Nivel	Deporte de equipo
0-30	70	bajo	55
	80	mediocre	65
	90	bueno	75
0-45	60	bajo	45
	70	mediocre	55
	80	bueno	65
0-60	50	bajo	40
	60	mediocre	45
	70	bueno	55

3.4.3. El DJ

El DJ se realiza cayendo sobre la plataforma de contacto desde cierta altura. La caída se hace adelantando una pierna y a continuación la otra, sin efectuar ningún impulso sobre el objeto desde el cual se cae. La intención del sujeto debe ser realizar inmediatamente después de caer el máximo impulso para elevarse lo más alto posible. Por tanto, una parada después de la fase excéntrica del ejercicio, o una amortiguación suave y larga de la caída haría perder el efecto de la propia caída, y, por tanto, del test del DJ. Las manos y el tronco se mantienen de la misma forma que en los anteriores tests.

Cualidades/capacidades medidas:

- Elasticidad muscular
- Comportamiento visco-elástico
- Reflejo miotático
- Comportamiento órganos de Golgi

Correlaciones:

– El mejor DJ (BDJ) correlaciona con la carrera de 60 m lisos en jóvenes jugadores de voleibol (Bosco, 1981).

– Hay correlación entre la máxima velocidad en carrera y la elevación del centro de gravedad en el DJ desde 50 cm (Mero y col. 1981; en Bosco, 1992)

Test de salto continuo con las rodillas bloqueadas durante 5-7 seg, con o sin obstáculo

Representa una variante de DJ. Consiste en hacer saltos seguidos superando un obstáculo o no, pero manteniendo las rodillas casi bloqueadas, con una mínima flexión. Los brazos se utilizan y ayudan en un 15-25% a la elevación del centro de gravedad. Se debe intentar alcanzar la máxima altura con el menor tiempo de contacto posible.

Influye especialmente en el resultado la coordinación intra e intermuscular, la utilización de los brazos, la elasticidad y el reflejo miotático.

La cualidad específicamente medida es la fuerza reactiva. Es decir, la fuerza elástico-explosivo-reactiva en su máxima expresión de reactividad.

La eficacia del salto se valora teniendo en cuenta tanto la altura alcanzada como el tiempo de contacto. Cuanto menor sea el tiempo de contacto y mayor la altura, mayor fuerza reactiva se estará manifestando. También será positivo, como es lógico, reducir el tiempo de contacto y mantener la altura. Etc.

A continuación tenemos una tabla de referencia sobre el tiempo de contacto en distintas situaciones:

Valores indicativos del tiempo de contacto registrado durante la realización del BDJ y el salto continuo con brazos con o sin obstáculos.

BDJ (hombres) Tiempo contacto(ms)	Valor	Saltos continuos (hombres) Tiempo de contacto(ms)	(mujeres) Tiempo de contacto(ms)
145-160	Excelente	130-150	120-140
160-175	Bueno	150-160	140-150
175-190	Discreto	160-180	150-160
≥ 190	Malo	≥ 180	≥170

Para que estos valores tengan significado, es necesario que se comparen con la altura alcanzada en cada salto, siguiendo los criterios de eficacia indicados anteriormente.

Procesos metabólicos, enzimáticos y neuromusculares implicados durante los ejercicios de salto en el test de Bosco (Bosco, 1993)

Test	VO_2	Lact.	CP	ATP	ATP-asa	Reclu. UM	Refle. estir.	Elast. y coord.	Reclutamiento FT	Reclutamiento ST
SJ			*		***	***			***	
SJ_{Pc}			*		**	***			***	*
CMJ			*		***	***	*	***	***	
5s			**	***	***	***			***	***
15s		*	***	***	***	*			***	***
30s		*	***	**	**				***	***
45s	*	**	**	*	*				***	**	*
60s	**	***	*	*					***	**	*
$5s_{(rb)}$			**	***	*	***	***	***	*	
DJ				*	**	***	***	***	*	

Como reflexión final, hay que recordar que una adecuada utilización de los tests es una ayuda imprescindible para una buena planificación del entrenamiento. De ello depende la orientación que se le dé al trabajo. Las necesidades y el punto de partida en la condición físico-técnica del deportista son la base de la programación, y el conocimiento sobre los mismos sólo puede salir de los resultados de competición y de los tests físicos y biológicos.

No obstante, a los tests hay que darles su justa importancia y no concederles más valor del que realmente tienen. La potencia de los tests no permite diferenciar de forma significativa a sujetos relativamente próximos en sus resultados de competición.

Mero y otros (1981; en MacDougall y otros, 1991) nos presentan un estudio en el que se puede apreciar lo que acabamos de decir. Se administró una batería de tests a tres grupos de velocistas que diferían de forma significativa en sus resultados en 100 y en 30 m. La batería incluía tests de salto y fuerza isométrica máxima (PF), IMF (RFD) y tiempo de relajación (RR), (fig.7.21). Aunque los dos grupos más rápidos generalmente se distinguían del más lento, ellos mismos entre sí sólo se diferenciaron en el CMJ. Por tanto, estos tests pueden discriminar grandes, pero no pequeñas diferencias en el resultado de carreras cortas.

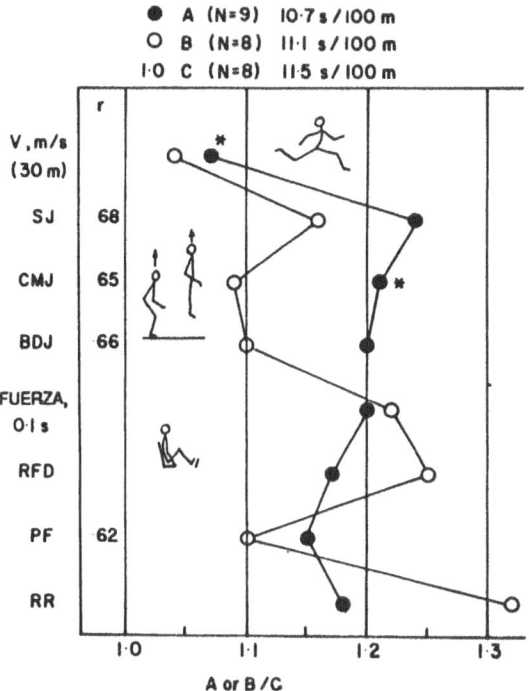

Fig. 7.21. Medidas realizadas en tres grupos de sujetos. Todas las medidas se expresan en relación con el grupo de sujetos más lento (valores de C=1.0) (ver texto) (Mero y col., 1981, en MacDougall y otros, 1991).

Es conveniente, por tanto, tener en cuenta la evolución del sujeto comparada consigo mismo, ya que un mismo rendimiento, dentro de ciertos márgenes, puede venir representado por diferentes valores obtenidos en los tests.

A pesar de lo comentado anteriormente, cada especialidad o prueba, incluso reconociendo y respetando las diferencias individuales, necesita el desarrollo y manifestación de determinadas cualidades en un cierto grado. Esto viene definido por el perfil de la prueba, en el que se indica el nivel de desarrollo de cada una de las cualidades que debe poseer el deportista. Para participar con éxito es necesario que las cualidades se desarrollen en la dirección y en el grado que marca la media de los mejores practicantes. Por tanto, tener el perfil del deportista es útil para reconocer las deficiencias y los puntos fuertes de cada uno. El perfil obtenido puede ser usado para modificar el entrenamiento hacia una dirección adecuada.

En la fig.7.22 damos un ejemplo de perfil. Los datos referentes a dicha figura están en la tabla siguiente.

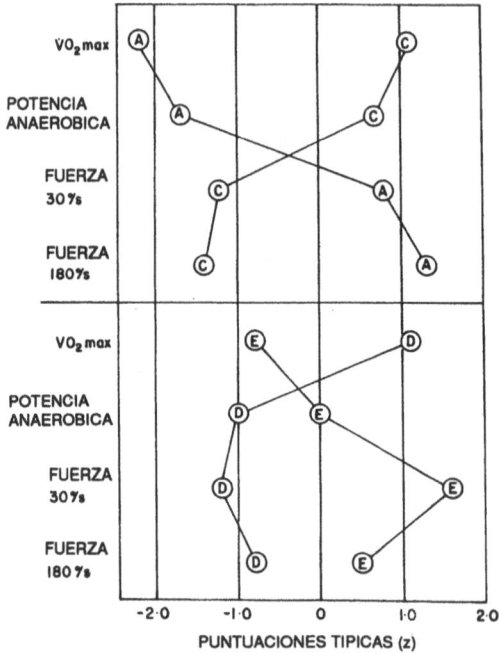

Fig. 7.22. Perfil de jugadores élite de fútbol americano (ver texto). Los datos aparecen en la tabla (en MacDougall y otros, 1991).

Resultados de los tests de potencia aeróbica, carrera rápida y fuerza en futbolistas élites

Jugadores	VO_2max (ml/kg/min)	z	Carrera rápida (anaeróbica)	z	Momento máximo (N x m)			
					30 °/s	z	180 °/s	z
A	48.2	-2.2	39	-1.7	245	0.8	210	1.3
B	67.0	1.1	45	-0.8	240	0.7	235	2.2
C	67.0	1.1	56	0.7	180	-1.2	140	-1.4
D	67.0	1.1	44	-1.0	180	-1.2	155	-0.8
E	56.1	-0.8	51	0.0	270	1.6	190	0.5
Grupo ($N = 20$)	60.5 ± 5.7	—	50.9 ± 12.2	—	218 ± 32	—	177 ± 26	—

Resultado de los tests realizados a un grupo de jugadores élite de fútbol americano: potencia aeróbica, carrera a ritmo anaeróbico en el tapiz rodante y fuerza a 30 y 180.º/s en una máquina isocinética. Se aportan también los valores "z": diferencia entre la puntuación de cada sujeto y la media dividida por la desviación típica (en MacDougall y otros, 1991)

En la figura podemos observar cómo el sujeto "A" es superado por todos los jugadores en potencia anaeróbica y aeróbica, pero queda muy por encima de ellos en fuerza, tanto a 30 como a 180º. Por el contrario, el sujeto "C" presenta buenos resultados en la potencia aeróbica y anaeróbica, pero bajos en fuerza. Esto quiere decir que aunque pertenezcan al mismo equipo, a estos dos jugadores probablemente les conviene hacer entrenamientos diferentes, con el fin de mejorar sus puntos débiles, etc.

4. ALGUNOS VALORES DE FUERZA EN DEPORTISTAS QUE PRACTICAN DIFERENTES DISCIPLINAS DEPORTIVAS

En este apartado veremos, en primer lugar, algunos valores de fuerza de deportistas que practican distintas disciplinas deportivas. En segundo lugar veremos algunos ejemplos que muestran la estrecha relación que existe, en algunas disciplinas, entre los valores de fuerza y los de marca deportiva. Por último, veremos algunos ejemplos que muestran la evolución de los valores de fuerza a lo largo de un ciclo de entrenamiento en deportistas que practican distintas disciplinas deportivas.

4.1. Fuerza isométrica máxima y curva fuerza-tiempo

La figura (7.23) (Viitasolo, 1978) muestra los valores de fuerza isométrica máxima y la curva fuerza-tiempo (en valores absolutos de fuerza) de los músculos extensores de la rodilla de 3 poblaciones deportivas diferentes (selecciones finlandesas de salto de trampolín en esquí hombres, esquí alpino hombres, esquí alpino mujeres) y de hombres sedentarios. Se puede observar que la fuerza isométrica máxima (en N.Kg-1) es muy similar, en hombres, en los esquiadores (saltadores o practicantes de esquí alpino) y los sedentarios. Las esquiadoras alpinas tienen unos valores de fuerza isométrica (en N.Kg-1) que son 15 a 20% inferiores a los del hombre.

Lo que diferencia principalmente a los hombres esquiadores respecto a los sedentarios es la curva fuerza-tiempo. En efecto, los esquiadores presentan una curva fuerza-tiempo desplazada hacia la izquierda con respecto a los sedentarios. Esto quiere decir que los esquiadores producen un valor determinado de fuerza submáxima (ej. 20N/kg) en menos tiempo que los sedentarios. Esto indica que los esquiadores son capaces de mover, por ejemplo, su propio peso corporal con mayor rapidez que los sedentarios.

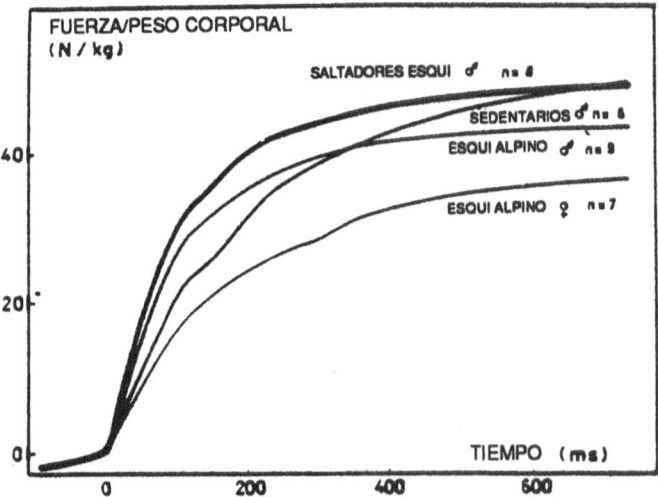

Fig. 7.23. Valores de la curva fuerza-tiempo de los músculos extensores de la rodilla en la selección finlandesa masculina de saltos de esquí (skijumpers) y de esquí alpino (skiers), de esquí alpino femenino y de hombres sedentarios (untrained) (Viitasolo, 1978).

4.2. Valores de salto vertical y salto con contramovimiento, sin carga

Las figuras (7.24) y (7.25), muestran los valores de salto vertical (en cm) de personas sedentarias y de deportistas que practican distintas disciplinas deportivas (valores personales o de comunicaciones personales). Por ejemplo, en la figura 7.24, se observa que los corredores de fondo en atletismo presentan los valores más bajos de salto vertical (unos 25.5 cm. de media), mientras que los deportistas que practican disciplinas cortas y rápidas (saltadores, velocistas) presentan valores de salto vertical cercanos a los 45-52 cm. La figura 7.25 muestra los valores medios de salto vertical en mujeres pertenecientes a equipos de baloncesto y de voleibol de la 1.ª División de Finlandia, en un equipo de baloncesto navarro masculino de la 2.ª División y en alumnos varones finlandeses de Educación Física. Dichos valores (entre 20 y 30 cm.) son muy inferiores a los observados en hombres. La figuras 7.26 y 7.27 (Bosco, 1991) muestran los valores medios de salto vertical y salto con contramovimiento de diferentes selecciones absolutas masculinas de distintos deportes. Llaman la atención los grandes valores de salto con contramovimiento de los esquiadores italianos de esquí alpino y de los jugadores de voleibol de la antigua Unión Soviética.

La figura (7.28) muestra los valores de elasticidad de distintas poblaciones deportivas. Recordemos que la elasticidad, o capacidad para utilizar durante una contracción concéntrica la energía almacenada durante la contracción excéntrica que le precede, es la diferencia (en porcentaje respecto a los valores de salto vertical) entre los valores de salto con contramovimiento (CMJ) y salto vertical (SJ), es decir: ((CMJ-SJ)/SJ) x 100.

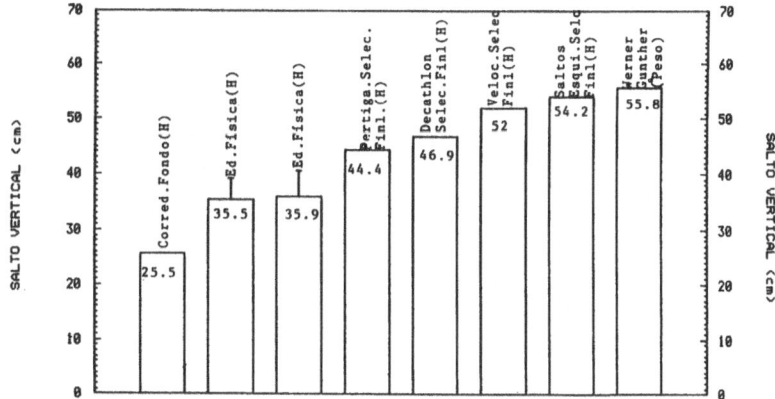

Fig. 7.24. Valores de salto vertical de diferentes poblaciones finlandesas masculinas, así como del campeón mundial (Sttutgart, 1993) de lanzamiento de peso Werner Gunthoer (Häkkinen K. y Mero A., comunicación personal).

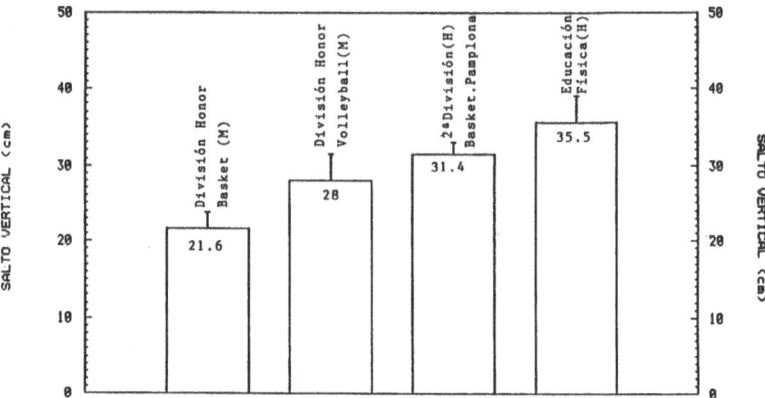

Fig. 7.25. Valores de salto vertical de diferentes poblaciones finlandesas femeninas, así como de un equipo de baloncesto masculino de Pamplona de 2.ª División (Häkkinen, K., comunicación personal y resultados personales no publicados).

No existe unanimidad a la hora de definir cuáles son los valores idóneos de elasticidad en una población dada. En general, se puede decir que la elasticidad debería ser siempre superior al 6-9%. Los valores de elasticidad inferiores al 6% reflejarían un mal aprovechamiento de la energía almacenada durante la contracción excéntrica que precede a la contracción concéntrica y, por consiguiente, un gesto ineficaz, desde el punto de vista energético, de las actividades que utilicen el ciclo estiramiento-acortamiento.

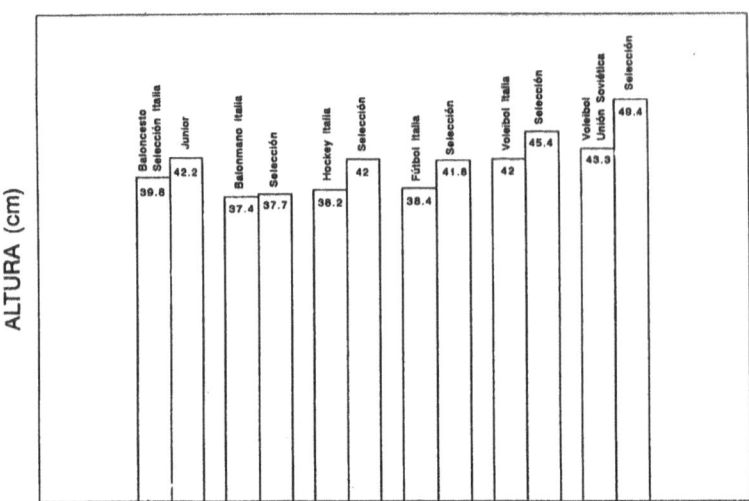

Fig. 7.26. Valores de salto vertical (histograma de la izquierda) y de salto con contramovimiento (histograma de la derecha) de diferentes selecciones absolutas italianas y soviéticas (Bosco, 1991).

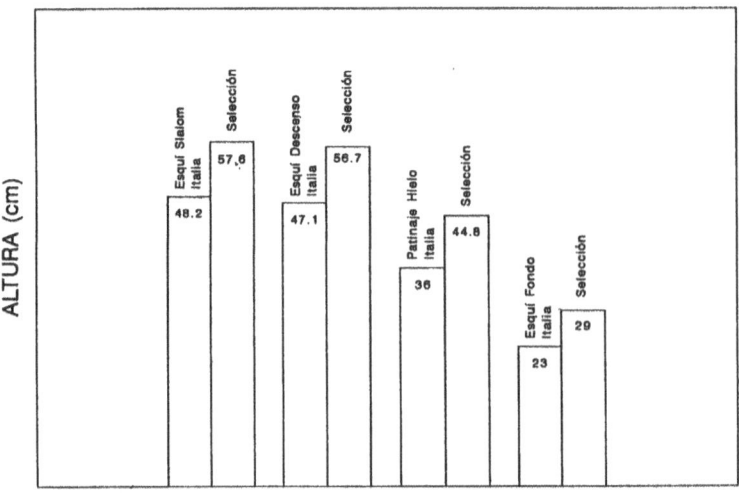

Fig. 7.27. Valores de salto vertical (histograma de la izquierda) y de salto con contramovimiento (histograma de la derecha) de diferentes selecciones absolutas italianas (Bosco, 1991).

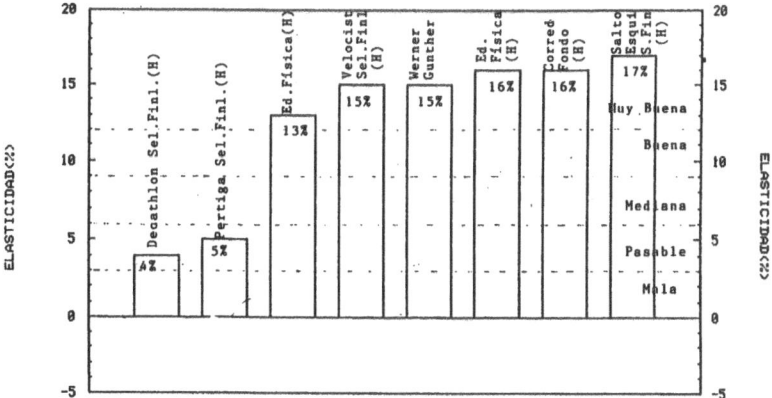

Fig. 7.28. Valores de elasticidad de diferentes poblaciones masculinas de la figura 7.24

4.3. Valores de salto vertical y salto con contramovimiento con carga (curva fuerza-velocidad)

La figura 7.29 muestra los valores de la curva fuerza-velocidad, o, mejor dicho, fuerza (carga)-salto vertical de distintos atletas de la selección finlandesa que practican especialidades de saltos o lanzamientos, así como los valores del campeón del mundo de lanzamiento de peso Werner Gunthoer (campeón mundial en Stuttgart, 1993). El peso que soporta el sujeto durante la realización del salto está definido como un porcentaje con respecto al peso corporal de cada sujeto. Se observa que, entre los atletas de la selección finlandesa, los saltadores de altura son los que presentan valores de salto vertical más elevados para cualquier valor de carga, mientras que los especialistas en decathlon y los pertiguistas son los que presentan valores más bajos. Por otra parte, los valores de Werner Gunthoer son los más elevados de todos. Estos valores de Gunthoer (56 cm. en salto vertical y 21 cm. cuando realiza un salto vertical soportando en sus hombros un peso igual a su peso corporal), constituyen una referencia para cualquier lanzador de peso que aspire a competir con garantías a un nivel internacional. Por último, la figura 7.29 nos muestra también que la relación carga (fuerza)-salto vertical en las diferentes poblaciones es paralela, es decir, que las diferencias existentes entre las poblaciones analizadas son las mismas para cualquier nivel de carga relativa utilizada durante el salto vertical.

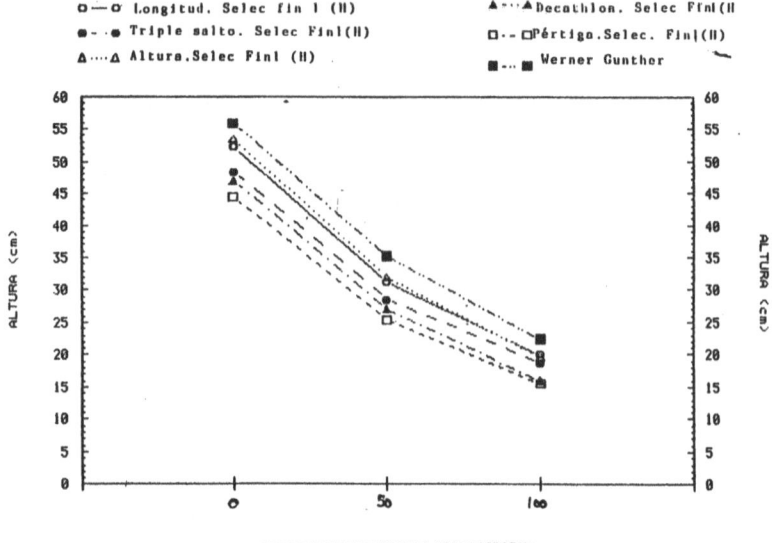

Fig. 7.29. Valores de salto vertical (en cm) soportando pesos en los hombros (en % del peso corporal) en diferentes selecciones finlandesas masculinas y en Werner Gunthoer (Häkkinen, K., comunicación personal).

4.4. Valores de saltos pliométricos (Drop jump)

La figura 7.30 (Komi, 1978) muestra la altura del salto vertical (en ordenadas) alcanzada inmediatamente después de caer al suelo desde peldaños situados a distintas alturas (abscisas), en hombre y mujeres estudiantes de educación física y en jugadores masculinos de voleibol. Se pueden hacer las siguientes reflexiones:

– Los jugadores de voleibol presentan unos valores más elevados que los estudiantes de educación física, especialmente cuando caen desde un peldaño situado a 60 cm. del suelo.

– En los estudiantes de educación física, la mayor altura de salto vertical se obtiene cayendo desde unos 40 cm., mientras que los jugadores de voleibol saltan más cuando caen desde 60 cm. y 80 cm. que cuando caen desde 40 cm.

– Las mujeres estudiantes de educación física saltan un 20% menos que los hombres.

– Por último, las 3 poblaciones presentan un aumento progresivo del salto vertical a medida que aumentamos la altura del peldaño desde el que se cae para realizar posteriormente el salto vertical. Sin embargo, existe un límite de altura del peldaño desde donde se inicia la caída a partir del cual el salto vertical disminuye. Este límite es de unos 60 cm. para los jugadores de voleibol y para los estudiantes de educación física. Mientras que las mujeres disminuyen sus resultados de manera muy acusada a partir de una caída desde unos 50cms.

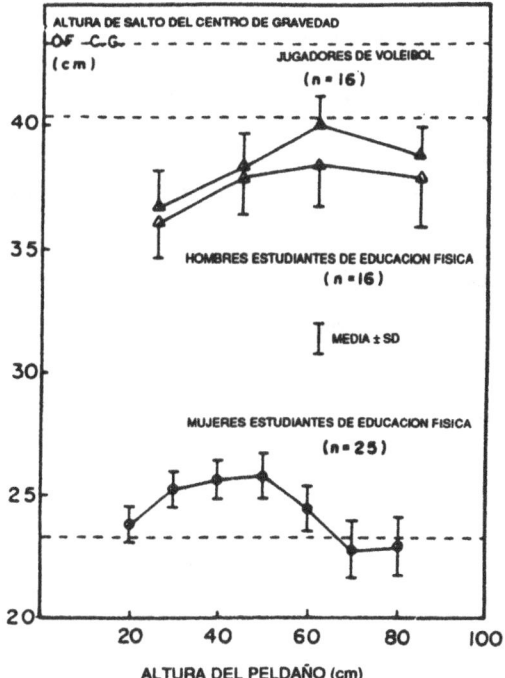

Fig. 7.30. Valores de altura de salto vertical (height of rise) (en ordenadas) alcanzados inmediatamente después de caer al suelo desde peldaños situados a distintas alturas (dropping height) en hombres y mujeres estudiantes de Educación Física y en jugadores de la selección finlandesa masculina de voleibol (Komi, 1978).

4.5. Relación entre los valores de fuerza y la marca deportiva

Parece lógico pensar que la fuerza tiene una mayor importancia relativa en las disciplinas deportivas que se caracterizan por durar poco tiempo (unos segundos) y realizarse a la máxima intensidad posible. Por ejemplo, es evidente que es más importante tener elevados valores de fuerza isométrica máxima y de fuerza explosiva en el caso de un corredor de 100 metros en atletismo que en un corredor de marathon.

En este apartado vamos a estudiar la relación existente entre distintos valores de fuerza y la marca deportiva de deportistas de alto nivel que practican algunas disciplinas deportivas en las que tienen que hacer esfuerzos de máxima intensidad durante un corto período de tiempo.

Halterofilia.

La halterofilia se caracteriza porque el levantador tiene que levantar un peso muy elevado en un corto período de tiempo (un segundo aproximadamente en el movimiento de "arrancada", y unos pocos segundos en el movimiento de "dos tiempos". Algunos autores han estudiado la relación existente entre la curva fuerza-velocidad, o mejor, carga-altura de salto vertical y la marca realizada en halterofilia o el nivel deportivo en dicha disciplina.

Las figuras 7.31 y 7.32 (Häkkinen, 1985f), muestran la diferente evolución de la curva carga-salto en halterófilos de la selección finlandesa y halterófilos de nivel regional finlandés, cuando el test fuerza-velocidad se realiza haciendo un salto vertical (SJ) (figura 7.31), o cuando se realiza haciendo un salto vertical precedido de un contramovimiento previo

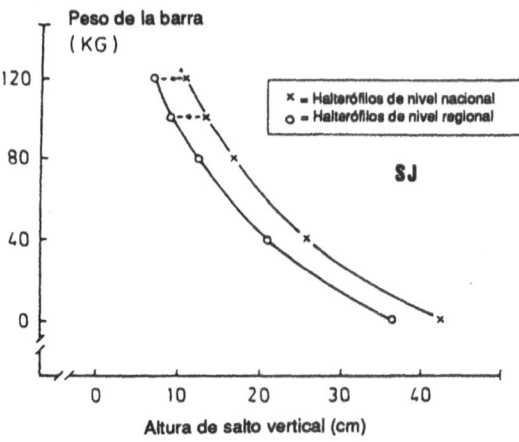

Fig. 7.31. Evolución de la curva de salto vertical, en cm (abscisas), en función del peso soportado en los hombros, en Kg, (ordenadas), en halterófilos de la selección finlandesa (x) y halterófilos de nivel regional (o) (Häkkinen, 1985f). Se observa que las diferencias significativas están en los saltos realizados soportando pesos elevados en los hombros (100 y 120 Kg).

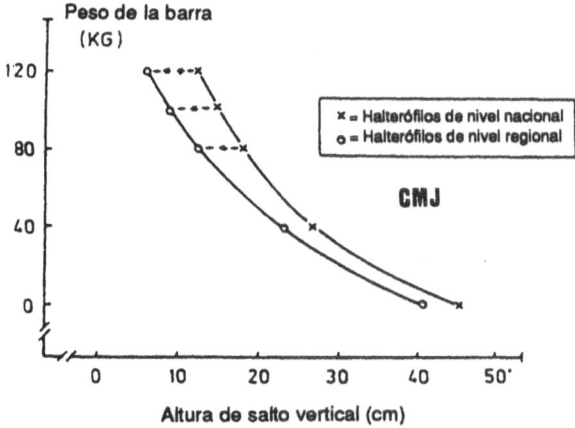

Fig. 7.32. Idem que la figura 7.31, pero los valores, en cm, son los de salto vertical precedido de contramovimiento (CMJ) (Häkkinen, 1985f).

(CMJ) (figura 7.32). Se observa que los halterófilos de la élite nacional finlandesa se caracterizan por presentar mayores valores de SJ y CMJ que los halterófilos de nivel regional, especialmente cuando los saltos se realizan soportando pesos de 80 a 120 Kg sobre los hombros. También se observa que los valores de SJ, sin carga, son de unos 43-44 cm. en los halterófilos de nivel nacional finlandes, y los de CMJ de unos 45 cm.

La figura (7.33) (Häkkinen, 1986c), muestra las rectas de regresión y la correlación existente, en 14 halterófilos de la selección finlandesa, entre la mejor marca realizada en competición en "clean and jerk" (Dos tiempos) (ordenadas) y la altura de SJ alcanzada cuando se tiene sobre los hombros una carga de 0, 40, 80 ó 140 kg. Se observa que la correlación entre la altura alcanzada en SJ y la marca en 2 tiempos aumenta cuando el salto vertical se realiza con pesos más elevados, aunque dicha correlación ya empieza a ser estadísticamente significativa con pesos de 40 kg (r=0.59, P<0.05). La mayor correlación con la marca se observa en los valores de SJ realizados soportando un peso de 140 kg. (r=0.79, p<0.001). Por consiguiente, el test carga-salto vertical (SJ) es un test que nos permite tener una idea de la marca potencial de un halterófilo, en función de los valores de fuerza (salto vertical) que presente.

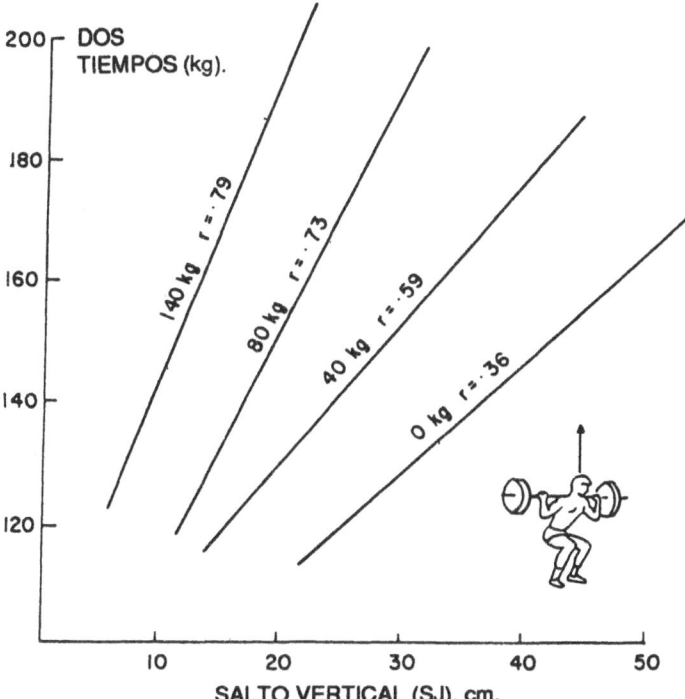

Fig.7.33. Rectas de regresión y correlaciones existentes, en 14 halterófilos de la selección finlandesa, entre la mejor marca realizada en Dos tiempos ("clean and jerk") y la altura de salto vertical (en cm) alcanzada cuando se tiene un peso sobre los hombros comprendido entre 0 y 140 kg (Häkkinen, 1986c).

Natación, 25 m.

La figura 7.34 (Sharp, 1982), muestra la correlación existente entre el pico máximo de potencia desarrollada en un aparato de musculación específicamente ideado para la natación ("Biokinetic Bench") y la velocidad media de nado en un sprint de 25 m, en 40 nadadores de nivel muy diferente. Se observa que existe una correlación significativa muy importante (r=0.90) entre el pico máximo de potencia alcanzado en el aparato de musculación y la marca obtenida en 25 m (o lo que es lo mismo, la velocidad media a la que se ha nadado dicha distancia).

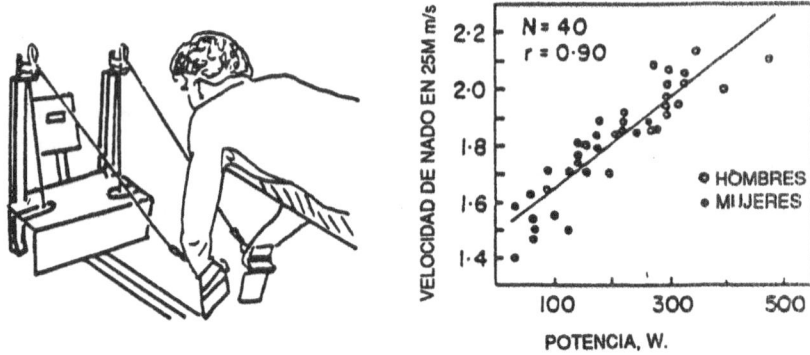

Fig. 7.34. Correlación existente entre el pico máximo de potencia (power, w) desarrollado en un aparato de musculación específicamente ideado para la natación (figura de la izquierda) y la velocidad media a la que se nada un sprint de 25 m en 40 nadadores (rango de tiempo en 25 m: 17"8-11"9). (En sale, 1990, a partir de Sharp, 1982).

Atletismo 100 m.

La figura 7.35 (Mero, 1987), muestra las evoluciones de la curva fuerza-velocidad, o mejor, fuerza-salto vertical y fuerza-salto vertical con contramovimiento previo en 3 poblaciones de atletas de 100m (N, MB y MA).

Las poblaciones están agrupadas por nivel de marca en 100 m. Así, el grupo N tiene una marca media de 12.22 en 100 metros, mientras que los grupos MB y MA, tienen respectivamente unas marcas medias de 10.96 y 10.62.

Las evoluciones de las curvas en los distintos grupos muestran que los valores de salto vertical son más elevados en el grupo de mejor marca en 100m y que la evolución de las curvas son paralelas. También se observa que la mayor diferencia entre los valores de salto vertical y de salto con contramovimiento ocurre en los saltos realizados sin peso adicional. Por último, se puede ver que la media de los valores de CMJ sin carga en el grupo de más nivel (MA), está cercana a los 58 cm, mientras que en el grupo MB, está cercana a los 50 cm.

Evaluación de la fuerza 293

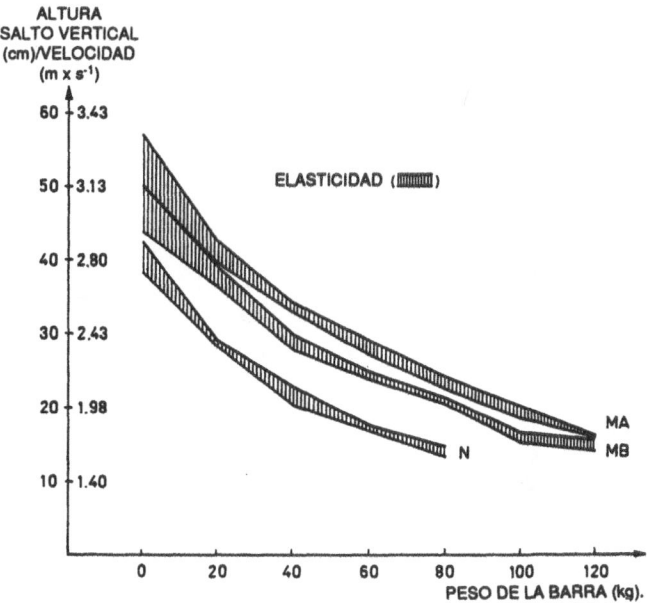

Fig.7.35. Evoluciones de la curva fuerza (carga)-velocidad soportada en los hombres y altura de salto vertical precedida de contramovimiento previo en atletas de 100 m agrupadas según marcas: (N=12"22, MB=10"96, MA=10"62) (Mero, 1987)

Atletismo 400 m.

La figura 7.36 (Gorostiaga, 1992) muestra los valores de salto vertical con contramovimiento previo (CMJ) de algunos atletas masculinos pertenecientes a la selección española del revelo 4 x 400 (en blanco y negro), así como los valores de 3 atletas americanos que tienen marcas de 46"9, 46"04 y alrededor de 44" (Anti Mero, comunicación personal). Dichos valores sugieren que los atletas de la selección española presentan unos valores de CMJ (entre 40 y 50 cm) que son muy inferiores a los presentados por los atletas que tienen marcas cercanas a 44 segundos (CMJ de unos 65 cm). La razón por la que los atletas españoles presentan esos valores tan inferiores de fuerza podría deberse a uno o varios de estos motivos: 1) insuficiente fuerza de origen genético 2) insuficiente o excesivo entrenamiento de fuerza 3) inadecuado entrenamiento de fuerza y 4) excesivo trabajo de series de entrenamiento de la capacidad anaeróbica láctica.

Parece lógico pensar que en las distancias superiores a 400m., la importancia relativa de la fuerza en la marca deportiva será cada vez menor. Por ejemplo, la importancia relativa de la fuerza explosiva en una marathon o en una carrera de 10.000 m debería ser muy pequeña. Sin embargo, en el 800 m y el 1500 m la fuerza tiene una importancia relativa que puede ser grande o pequeña según sea la táctica de carrera. Así, una carrera lenta

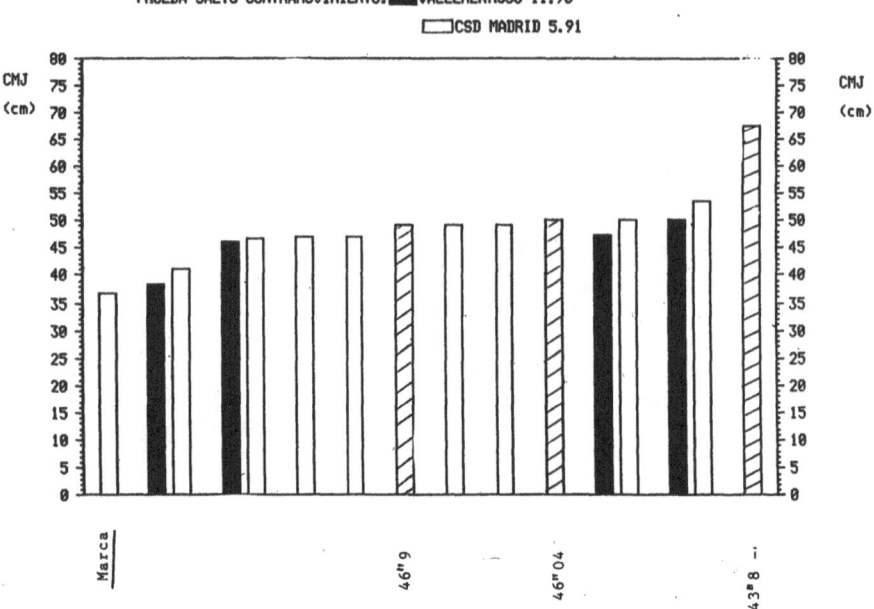

Fig. 7.36. Valores de salto vertical precedido por contramovimiento previo (CMJ) de algunos atletas masculinos del relevo 4 x 400 español (Gorostiaga, 1992). También se muestran valores de algunos atletas de 400 m americanos con marcas comprendidas entre 46"9 y 43"8 (Mero, A., comunicación personal).

de 1500m, se puede decidir en un sprint de 300 metros. En este tipo de carrera, aquellos sujetos que tengan mayor fuerza explosiva tendrán seguramente más velocidad y serán los ganadores aunque no tengan una gran capacidad aeróbica. Sin embargo cuando la carrera se haga a ritmo constante (por ejemplo: con liebre), la importancia relativa de la fuerza explosiva será menor y, sin embargo, la importancia relativa de la capacidad aeróbica será mayor. Afirmar que poseer una buena fuerza explosiva en las piernas es importante para el corredor de 1500 m y 5.000 está apoyada por los resultados del estudio de Houmard (1991), que encontró una relación significativa entre la altura de salto vertical y la marca en 5.000 metros.

Interpretación de los datos

Una vez realizada la evaluación de la relación fuerza-salto vertical de un atleta y siempre que conozcamos los valores de fuerza de deportistas de la élite de su especialidad, nos deberíamos hacer y contestar las siguientes preguntas:

1) ¿Cuál es su marca potencial de competición si sólo tenemos en cuenta sus valores de salto vertical, o de salto con 20, 40, 60 y 80 kg.?

2) ¿Están sus valores de fuerza de acuerdo con los valores de fuerza de deportistas de su nivel y especialidad?

3) ¿Qué interpretación daríamos si encontramos que los valores de fuerza que presenta el sujeto son superiores a los que debería tener para la marca que realiza?

4) ¿Qué interpretación daríamos si los valores de fuerza del sujeto son muy inferiores a los que le corresponden para su marca?

5) ¿Qué interpretación daríamos si los valores de fuerza explosiva que presenta el sujeto son inferiores a los que le corresponden para su marca y, sin embargo, los de fuerza máxima son superiores a los correspondientes a su marca?

6) ¿Y viceversa?

7) La interpretación y las consecuencias practicas de las preguntas 3 a 6, ¿serían las mismas o serían distintas en el caso de un halterófilo, un lanzador de peso, un corredor de 100 m, o un corredor de 1500 m?

Evolución durante el ciclo de entrenamiento

Las figuras 7.37, 7.38, 7.39, 7.40 y 7.41 muestran la evolución de los valores de fuerza a lo largo de un período de varios meses de entrenamiento, en distintos grupos de deportistas practicantes de voleibol masculino y femenino, Hockey sobre hierba femenino y halterofilia.

Vamos a comentar someramente cada figura. Después el lector debe especular acerca de su interpretación y consecuencias prácticas.

Explicación de las figuras 7.37 a 7.41.

– Figura 7.37. Evolución durante 5 meses de entrenamiento de los valores medios de salto vertical con contramovimiento, (Jump height, en cm) sin carga adicional (0 kg.), o soportando cargas en los hombros de 20, 40 o 60 kg., en la selección finlandesa de voleibol masculino (Viitasolo, 1985a). El entrenamiento de fuerza se basó especialmente en entrenamiento con pesas, multisaltos y pliometría. Al final del período de entrenamiento el salto con contramovimiento sin carga aumentó significativamente un 9%, mientras que el salto con 20 kg. en los hombros aumentó un 6%. No hubo mejoras en los saltos realizados con pesos de 40 a 60 kg. El último test se realizó unas semanas antes del campeonato del mundo de voleibol.

– Figuras 7.38 y 7.39: evolución media (Figura 7.38) del tiempo de vuelo durante el salto vertical (SJ) y el salto con contramovimiento previo (CMJ) de las componentes de la Selección Española de Hockey Hierba Femenino. Dichas jugadoras comenzaron en el mes de Diciembre de 1991 un entrenamiento de fuerza (iniciación a la fuerza), que consistió, de modo esquemático, en alternar períodos de trabajo de resistencia a la fuerza, fuerza general analítica y fuerza explosiva, con cargas que nunca fueron superiores al 50-60%

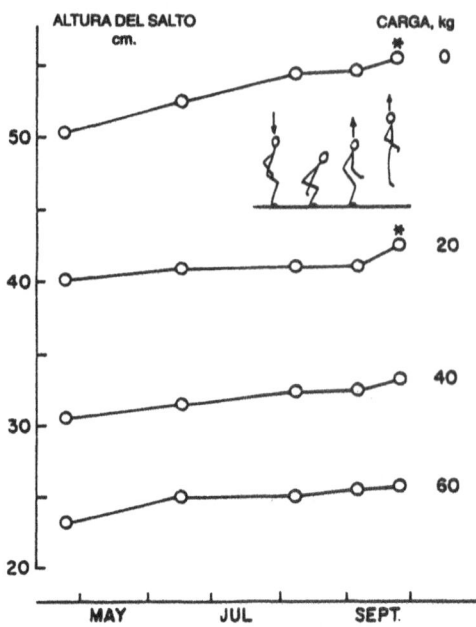

Fig. 7.37. Evolución durante 5 meses de entrenamiento de los valores medios de salto vertical con contramovimiento (jumping height, cm), soportando cargas de 0, 20, 40 y 60 kg de peso. Selección Finlandesa de voleibol (Viitasolo, 1985a).

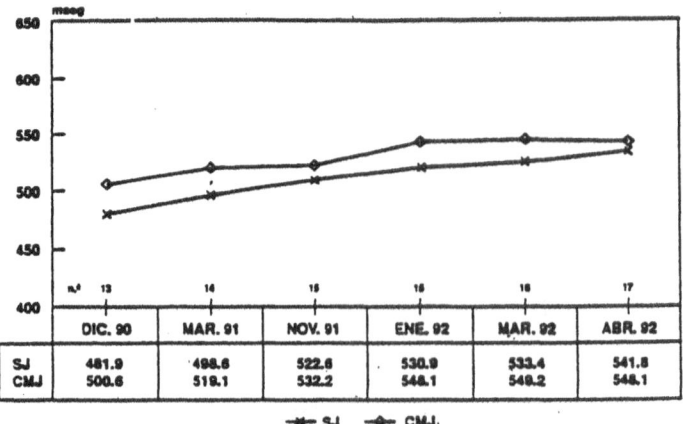

Fig. 7.38. Evolución media del tiempo de vuelo durante el salto vertical (SJ) y salto con contramovimiento (CMJ) de las componentes de la selección Española de Hockey sobre Hierba Femenina durante un año de entrenamiento (Gorostiaga, 1993).

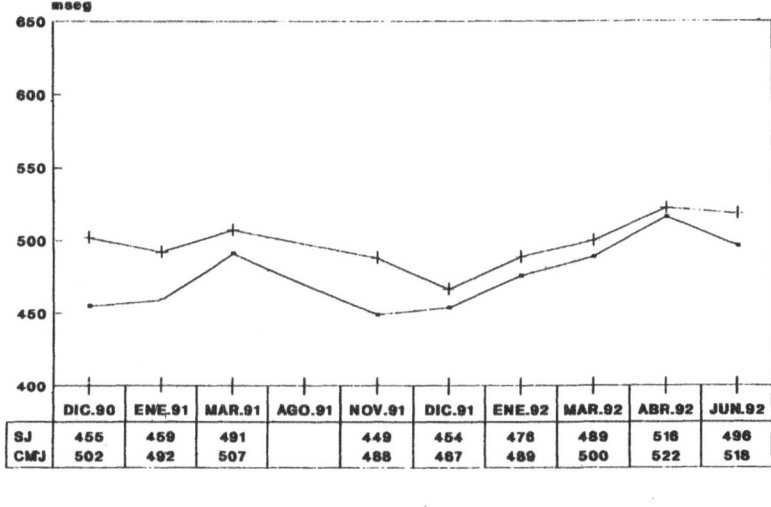

Fig. 7.39. Evolución media del tiempo de vuelo durante el salto vertical (SJ) y salto con contramovimiento (CMJ) de una jugadora de la Selección Española de Hockey sobre Hierba Femenino durante un año de entrenamiento. (Trabajo personal, no publicado).

de 1RM. El tiempo de vuelo de 482 milisegundos corresponde a 28.5 cm. de altura de salto, mientras que 542 milisegundos corresponden a 38 cm. Las jugadoras de la Selección Australiana (campeonas del mundo), presentaban unos valores medios de salto vertical cercanos a 575 milisegundos (41 cm.). La Selección Española de Hockey Hierba fue Campeona Olímpica en las Olimpiadas de Barcelona (Agosto de 1992). En la figura 7.39 se ve la evolución de dichos valores en una jugadora de dicha selección Española de Hockey Hierba Femenino en el mismo período de tiempo.

— Las figuras 7.40 y 7.41: muestran la evolución a lo largo de la temporada de diferentes tests de fuerza en 9 jugadoras de voleibol femenino de la primera división finlandesa. La figura 7.40 muestra, arriba, el volumen relativo de entrenamiento durante la temporada. Dicha temporada se divide en 4 ciclos: 1) preparatorio (pretemporada de 7 semanas) en el que el equipo realizó 3 a 4 sesiones semanales de preparación física, repartidas en 1 sesión de resistencia aeróbica y 2 a 3 sesiones de fuerza máxima y/o fuerza explosiva. Además, el equipo realizó 2 a 3 sesiones semanales técnicas o de partido de pretemporada. 2) Ciclo competitivo I: en este ciclo de 10 semanas, el número medio de sesiones semanales dedicado a la preparación física se redujo a 2-3, mientras que el de sesiones de técnica o partidos aumentó a 4-5 por semana. El entrenamiento de fuerza realizado fue sobre todo el de fuerza explosiva, mientras que el volumen de entrenamiento dedicado a la fuerza máxima se redujo notablemente, aunque no desapareció. 3) Ciclo de interrupción de la competición, de una duración de 3 semanas: en este ciclo se estimularon todas las cualidades, aunque insistiendo más en los apartados técnicos y los partidos de entrenamiento. 4) Ciclo de competición II: este ciclo duró 11 semanas y fue muy parecido al ciclo de competición I, con la única diferencia que en las últimas 5-6 semanas de dicho ciclo NO se realizó sesión alguna de fuerza máxima. En la parte central de la figura 7.40, se puede

298 Fundamentos del entrenamiento de la fuerza. Aplicación al alto rendimiento deportivo

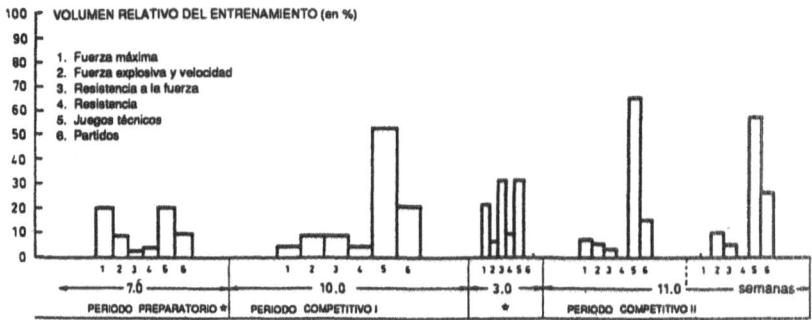

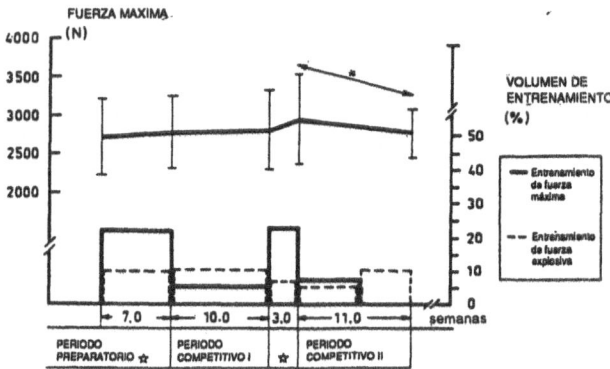

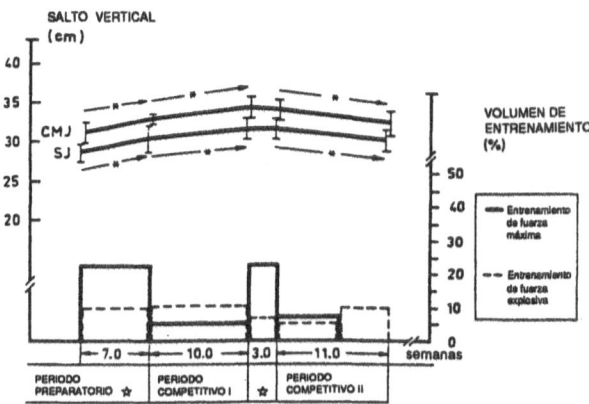

Fig. 7.40. Evolución media a lo largo de la temporada de la fuerza isométrica máxima de cuádriceps, de salto vertical (SJ) y salto con contramovimiento (CMJ) de 9 jugadoras de un equipo de voleibol femenino de 1.ª División finlandesa (Häkkinen, 1991b).

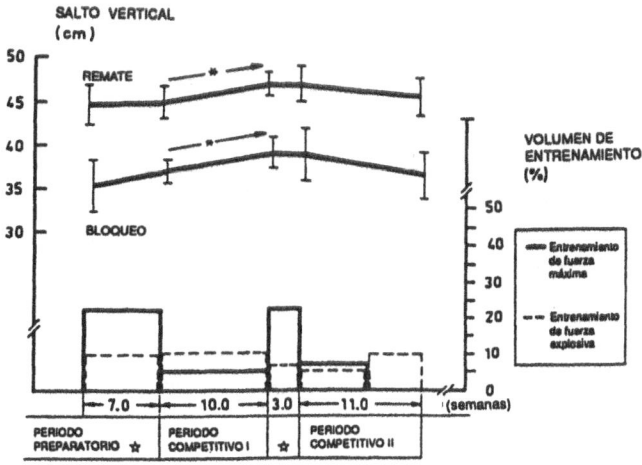

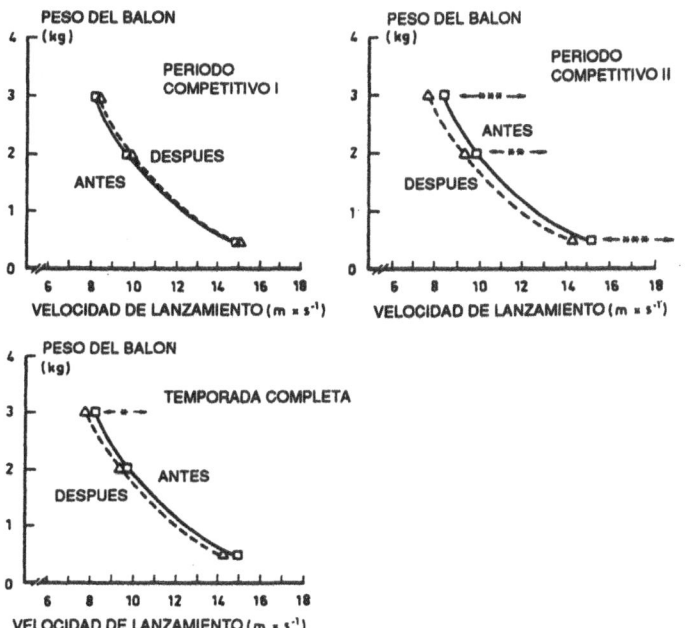

Fig. 7.41. Idem que la figura 7.34, pero se muestran los valores de saltos durante la realización de los gestos técnicos "spike" y "block" de voleibol, y de velocidad de lanzamiento con los brazos de balones medicinales. Para más detalles leer el texto. (Häkkinen, 1991b).

ver la evolución, en este mismo grupo, de la fuerza isométrica máxima bilateral de los músculos extensores de la rodilla. En la parte de abajo de la figura se observa la evolución media de los valores de salto vertical y de salto vertical con contramovimiento previo en dicho grupo. Por último, la figura 7.41 muestra, arriba, la evolución media del salto vertical durante la realización de dos saltos típicos del voleibol ("remate" y "bloqueo"). En la parte media y abajo de dicha figura se observa la evolución de la velocidad de lanzamiento con las manos (en m.s1) de balones medicinales de 3 kg., 2kg. y 400 g. antes y después del ciclo de competición I ("I competitive season"), del ciclo de competición II ("II competitive season") y antes y después de la temporada entera ("Entire competitive season").

5. MEDIDA DE LA CONCENTRACION SANGUINEA DE TESTOSTERONA Y DE CORTISOL

En el capítulo 2 explicábamos que la determinación de las concentraciones basales de las hormonas testosterona y cortisol permiten evaluar el grado de stress que un micro, meso o macrociclo de entrenamiento ha supuesto sobre un determinado organismo así como determinar si ese organismo ha asimilado positivamente un período de entrenamiento. En general, se suele considerar que una adaptación positiva se acompaña de un aumento en la fuerza y en el ratio testosterona/cortisol, tomado en condiciones basales.

Antes de realizar un análisis sanguíneo de testosterona y cortisol, conviene tener presente las siguientes consideraciones:

— El precio. Un análisis de testoterona total y de cortisol en suero puede costar alrededor de 5.000 pts.(año 1993).

— La molestia que supone la extracción. No se deberían realizar muchas extracciones.

— El período de entrenamiento en el que se quiere realizar el análisis. Lo más aconsejable es realizar como mínimo un análisis al año en el mismo momento de la temporada. Si se quieren hacer más analíticas, convendría hacerlas al principio y al final de un mesociclo, sobre todo si es muy intenso. Por último, también debería hacerse en el caso de estados de fatiga excesiva del sujeto.

— Métodos analíticos: teniendo en cuenta que la concentración sanguínea de testosterona no permanece constante en el hombre durante el día, es muy importante que la muestra de sangre se obtenga a la misma hora del día. En general se considera que hay que tomar la muestra después de 1 día de reposo, 12 horas de ayuno y 8 horas de sueño, y a las 8 de la mañana. Cuando se trata de mujeres, conviene que la muestra se tome siempre en el mismo día del ciclo menstrual (Häkkinen, 1990c). Conviene medir no sólo la concentración de testosterona total en suero sino también la de testosterona libre (este último análisis es más caro), que es la forma biológicamente activa.

La interpretación de un análisis de estas hormonas ya ha sido tratada en el capítulo sobre fundamentos biológicos del entrenamiento de fuerza.

CUADRO RESUMEN SOBRE EVALUACIÓN
METODOS

CUALIDADES CAPACIDADES	Dinamo Isometr.	Dinamo Isoci	Plat. Dinamo	Pesos Libres	"Bio-robot"	SJ	SJpc	SJpc/SJ y otros	CMJ DJ 5-7"	CMJ$_{5/15}$ CMJ30-60	P$_{45/60}$/ PO-15
F. iso. máx.	X	X	X	Posible							
F. diná. máx.				X	X						
F. diná. máx. relativa		X	X		X		X				
F. media					X						
F. explosiva IMF	X	X	X			X					
F. elástica									X		
F. reactiva									X		
Velocidad					X						
C. f - t	X	X	X								
C. f - v		X			X	X (Pesos)			CMJ (Pesos)		
Relación F/V								X			
Índice Relajación	X	X		·							
Potencia Pico pot.		X			X						
Potencia mecánica										X	
Déficit		X	X		X						
Curva de fatiga		X			X					X	X
Resist. a la F. rápida										X	
Dinámica del movimiento			X								
F exc. máx.		X Posible									

BIBLIOGRAFÍA

Adams, K.;O'Shea, J.P.; O'shea, K.L. y Climstein, M.: The effects of six weeks of squat plyometric and squat-plyometric training on power production. *The J. of Appl. Sport Sci. Research,* 6.1: 36-41, 1992.

Adams, G.R.; Hather, B.M.; Baldwin, K.M. y Dudley, G.A.: Skeletal muscle myosin heavy chain composition and resistance training. J. Appl. Physiol. 74(2): 911-915, 1993.

Ahlborg, B.; Bergstrom J.; Ekelund I.G.; Guarnieri G.; Harris R.C.; Hultman E.; Nordesjo L.: Muscle metabolism during isometric exercise performed at constant force. *J. Appl. Physiol.* 33:224-228, 1972.

Alen M.; Pakarinen A.; Hakkinen K.; Komi P.V.: Responses of serum androgenic-anabolic and catabolic hormones to prolonged strength training. *Int. J. Sports Med.* 9: 229-233, 1988.

Alway, S.E.; Winchester P.K.; Davis M.E.; Gonyea W.J.: Regionalized adaptations and muscle fiber proliferation in stretch-induced enlargement. *J. Appl. Physiol.* 66: 771-781, 1989.

Andersen, J.L.; Klitgaard, H.; Bangsbo, J. y Saltin, B.: Myosin heavy chain isoforms in single fibres from m. vastus lateralis of soccer players: effects of strength training. Acta Physiol. Scand. 150: 21-26, 1994.

Arce, J.C.; De Souza M.J.: Exercise and male factor infertility. *Sports Medicine* 15(3): 146-169, 1993.

Armstrong, R.B.: Mechanisms of exercise induced delayed onset muscle soreness: a brief review. *Med. Sci. Sports Exerc.* 16: 529-538, 1984.

Asmussen, E.; Bonde-Petersen F.: Storage of elastic energy in skeletal muscle in man. *Acta Physiol. Scand.* 91: 385-392, 1974.

Baltzopoulos, V.; Brodie D.A.: Isokinetic Dynamometry. Applications and Limitations. *Sports Med.* 8(2): 101-116, 1989.

Bangsbo, J.; Johansen, L.; Quistorff, B. y Saltin, B.: NMR and analytic biochemical evaluation of CrP and nucleotides in the human calf during muscle contraction. J. Appl. Physiol. 74(4): 2034-2039, 1993.

Barret, Holloway J.; Baechle T.: Strength Training for Female Athletes. A Review of Selected Aspects. *Sports Medicine.* 9(4): 216-228, 1990.

Behm, D.G. y Sale, D.G.: Velocity specificity of resistance training. *Sports Medicine* 15(6), 374-388, 1993.

Beliveau, I.; Helal J.N.; Gaillard E.; Van hoecke J.; Atlan G.; Bouissou: EMG spectral shift- and 31P-NMR-determined intracellular pH in fatigued human biceps brachii muscle. *Neurology* 41: 1998-2001, 1991.

Bell, G.J.; Syrotnik, D.J. y Quinney, H.A.: Maintenance of strength gains while performing endurance training in oarswomen. *J. Appl. Phys.* 18(1): 104-115, 1993.

Bigland-Ritchie, B.: EMG/Force relations and fatigue of human voluntary contractions. *Exerc. Sport Sci. Rev.* 9: 75-117, 1981.

Billeter, R.; Hoppeler H.: Muscular basis of strength. In: Strength and power in sport. Edited by P. Komi. *Blackwell Scientific* Publication, London, 39-63, 1992.

Bleisch, W.: Lunie V.N.; Nottebohm F.: Modification of synapses in androgen-sensitive muscle. Hormonal regulation of acetylcholine receptor number in the songbird syrinx. *J. Neuroscience* 4: 786-792, 1984.

Bobbert, M.F.; Huijing P.A.; Van Ingen Schenau G.J.: Drop jumping I: The influence of jumping technique on the biomechanics of jumping. *Med. Sci. Sports exerc.* 19: 332-338, 1987a.

Bobbert, M.F.; Huijing P.A.; Van Ingen Schenau G.J: Drop jumping II: The influence of dropping height on the biomechanics of drop jumping. *Med. Sci. Sports Exerc.* 19: 339-346, 1987b.

Bobbert, M.F.: Drop jumping as a training method for jumping hability. *Sports Med.* 9(1): 7-22, 1990.

Bondarchuk: Fuerza: su entrenamiento y valoración. *III Jornadas Internacionales de Ciencias Aplicadas al deporte*. Cádiz, 1991.

Bosco, C.; Komi P.V.: Potentiation of mechanical behaviour of the human skeletal muscle through pre stretching. *Acta Physiol. Scand.* 106: 467-472, 1979a.

Bosco, C.; Komi P V.: Mechanical Characteristics and Fiber Composition of Human Leg Extensor Muscles. *Eur. J. Appl. Physiol.* 41:275-284, 1979b.

Bosco, C.; Komi P.V.: Influence of aging on the mechanical behaviour of leg extensor muscles. *Eur. J. Appl. Physiol.* 45: 209-219, 1980.

Bosco, C.; Tihanyi J.; Komi P.V.; Fekete G.; Apor P.: Store and recoil of elastic energy in slow and fast types of human skeletal muscles. *Acta Physiol. Scand.* 116:343-349, 1982.

Bosco, C.; Luhtanen P.; Komi P.V.: A simple method for measurement of mechanical power in jumping. *Eur. J. Appl. Physiol.* 50: 273-282, 1983.

Bosco, C.: *Elasticita muscolare e forza esplosiva nelle attivitá fisico-sportive*. Roma. Societá Stampa Sportiva, 1985.

Bosco, C.: Prologo en R. Mano. *L'allenamento della forza,* Roma. Societá Stampa Sportiva, 1988.

Bosco, C.: Nuove metodologie per la valentacione e la programazione dell'allenamento. *Rivista di Cultura Sportiva*. (SDS) n.º22: 13-22, 1991a.

Bosco, C.: *Aspectos fisiológicos de la preparación física del futbolista*. Ed. Paidotribo, 82-83, 1991b.

Bosco, C.: *La valutazione della forza con il test di Bosco* Ed. Roma. Societa Stampa Sportiva, 1992.

Bosco, C.: Evaluation and control of basic and especific muscle behavior. *Track Technique,* 124: 3947-3951, 1993.

Braith, R.W.; Graves J.E.; Leggett S.H.; Pollock M.L.: Effect of training on the relationship between maximal and submaximal strength. *Med. Sci. Sports Exerc.* 25(1): 132-138, 1993.

Braunstein, G.D.: Testis. (1991). In: Geenspan (Ed.) *Basical and Clinical Endocrinology*, 3rd ed., Appleton and Lange, East Norwalk, 404-441, 1993.

Brooks, G.A.; Fahey T.D.: *Exercise Physiology: Human Bioenergetics and its Applications.* MacMillan, New York, 1985.

Brown, B.S. y Van Huss W.D.: *Exercise and rat brain catecholamines. J. Appl. Physiol.* 34: 664-669, 1973.

Brown, B.S.; Payne T.; Kim C.; Moore G. y Krebs P.: Chronic response of rat brain norepinephrine and serotonin levels to endurance training. *J. Appl. Physiol.* 46: 19-23, 1979.

Burque, R.E.: Motor units: anatomy, physiology, and functional organization. In V.B. Brooks (ed.). *Handbook of Physiology. Section I, The Nervous System II.* American Physiological Society, Washington, 345-422, 1981.

Butts, N.K.; Hoffman D.: Stability of experienced lifters' heart rates during and after free weight exercises. *J. Appl. Sport Sci. Res.* 6(4): 219-224, 1992.

Byrd, S.K.: Alterations in the sarcoplasmic reticulum: a possible link to exercise-induced muscle damage. *Med. Sci. Sports Exerc.* 24(5): 531-536, 1992.

Caquet, R.: *Examens de laboratoire en pratique médical courante.* 4ème. Edition. La Gazette Medicale, 183-184, 1987.

Carnevalli, R.: Periodización y principios técnicos del entrenamiento de los lanzados. *Cuadernos de atletismo n.º 17: lanzamientos II:* 51-69, 1985.

Cavagna, G.A.; Saibene F.P.; Margaria R.: Effect of negative work on the amount of positive work performed by an isolated muscle. *J. Appl. Physiol.* 20: 157, 1965.

Cavagna, G.A.; Dusman B.; Margaria R.: Positive work done by a previously streched muscle. *J. Appl. Physiol.* 24: 21-32, 1968.

Chesley, A.; Macdougall J.D.; Tarnopolsky M.A.; Atkinson S.A.; Smith K.: Changes in human muscle protein synthesis after resistance exercise. *J. Appl. Physiol.* 73(4): 1383-1388, 1992.

Clarkson, P.M.; Nosaka K.; Braun B.: Muscle function after exercise-induced muscle damage and rapid adaptation. *Med. Sci. Sports Exer.* 24(5): 512-520, 1992.

Chromiak, J.A. y Mulvaney, D.R.: A review: The effects of combined strength and endurance training on strength development. *J. Appl. Sport Sci. Res.* 4(2): 55-60, 1990.

Coffey, D.S.: Androgen action and the sex accessory tissues. In: Knobil E., Neill J. (eds). *The Physiology of Reproduction.* Raven Press, New York, 1081-1119, 1988.

Colliander, E.B.; Tesch P.A.: Effects of eccentric and concentric muscle actions in resistance training. *Acta Physiol. Scand.* 140: 31-39, 1990.

Collins, M.A.; Cureton K.J.; Hill D.W.; Ray C.A.: Relation of plasma volume change to intensity of weight lifting. *Med. Sci. Sports Exerc.* 21(2):178-185, 1989.

Collins, M.A.; Cureton K.J.; HILL D.W.; Ray C.A.: Relationship of heart rate to oxygen uptake during weight lifting exercise. *Med. Sci. Sports Exerc.* 23(5): 636-640, 1991.

Collins, M.A. y Snow, T.K.: Are adaptations to combined endurance and strength training effected by the sequence of training? *J. Sport Sci.* 11: 485-491, 1993.

Cometti G.: Les methodes modernes de musculation. *Compte-rendu du Colloque de Novembre 1988 à l'UFR STAPS de Dijon.* Presses de l'Université de Bourgogne-Dijon, 1988.

Cometti, G.: *Les methods modernes de musculation* (1er tomo). Dijon, Université de Bourgogne, 1989.

Cometti, G.: *Les methods modernes de musculation* (2.º tomo). Dijon, Université de Bourgogne, 1989.

Cometti, G.: *Musculation et natation.* Dijon, Université de Bourgogne, 1991.

Costill, D.L.; Daniels J.; Evans W.; Fink W.; Kraehenbuhl G.; Saltin B.: Skeletal muscle enzymes and fiber composition in male and female track athletes. *J. Appl. Physiol.* 40: 149-151, 1976.

Costill, D.L.; Pascoe D.D.; Fink W.J.; Robergs R.A.; Barr, S. I.; Pearson D.: Impaired muscle glycogen resynthesis after eccentric exercise. *J. Appl. Physiol.* 69(1): 46-50, 1990.

Crowley, JR. W.F.; Filicore M.; Spratt D.I.; Santoro N.: The physiology of gonadotropin-releasing hormone (GnRH) secretion in men and women. *Recent Progress in Hormone Research* 41: 473-531, 1985.

Cumming, D.C.; Brunsting III L.A.; Strich G.; Ries A.L.; Rebar R.W.: Reproductive hormone increases in response to acute exercise in men. *Med. Sci. Sports Exerc.* 18(4): 369-373, 1986.

Cumming, D.C.; Wall S.R.; Galbraith M.A. y Belcastro A.N.: Reproductive hormone responses to resistance exercise. *Med. Sci. Sports Exerc.* 19(3): 234-238, 1987.

Cumming, D.C.; Wall S.R.; Quinney H.A. y Belcastro A.N.: Decrease in serum testosterone levels with maximal intensity swimming exercise in trained male and female swimmers. *Endocrine Res.* 13: 31-41, 1987b.

Cumming, D.C.; Wheeler G.D.; Mccoll, E.M.: The effects of exercise on reproductive function in men. *Sports Medicine* 7: 1-17, 1989.

Cureton, K.J.; Collins M.A.; Hill D.W.; Mcelhannon Jr. F.M.: Muscle hypertrophy in men and women. *Med. Sci. Sports Exerc.* 20(4): 338-344, 1988.

Davies, C.T.M.; White M.J.: Muscle weakness following eccentric work in man. *Pfluegers Arch.* 392: 168-171, 1981.

Delorme, T.L.: Restoration of muscle power by heavy resistance exercise. *J. Bone Joint Surg.* 27: 645-667, 1945.

Desmet, J.E. y Godaux E.: Ballistic contractions in man: Characteristics recruitment pattern of single motor units of the tibialis anterior muscle. *J. Physiol.* 264:673-694, 1977.

Dohmeier, T.E.; Farrell P.A.; Foster C.; Greenisen: Metabolic response to submaximal and maximal timed interval squats (Abstract). *Med. Sci. Sports Exerc.* 16:126, 1984.

Duchateau, J.; Hainaut K.: Isometric or dynamic training: Differenti̇̀   cts on mechanical propierties of a human muscle. *J. Appl. Physiol.* 56: 296-301, 1ʻ

Dudley, G.A.; Tesch P.A.; Fleck S.J.; Kraemer W.J. y Baechle T.ſ   lasticity of human muscle with resistance training. *Anatomical Record* 214: 4, 198ɛ

Dudley, G.A.: Metabolic consequences of resistive-type exercise. *Med. Sci. Sports Exerc.* 20(5): S158-S161, 1988.

Dufaux, B.; Hoederath, A.; Heck, H. y Hollman W.: Serum testosterone levels during the first hours and days after a prolonged physical exercise and the influence of physical training. Fourth International Symposium of Biochemistry on Exercise, Abstr. 47, Brussels, 1979.

Edgerton, V.R.; Roy R.R.; Gregor R.J.y Hager C.L. y Wickiewicz T.: Muscle fiber activation and recruitment. In: Biochemistry of Exercise. *International Series of Sport Sciences* 13: 31-49, 1983.

Ehlenz, H.; Grosser, M. y Zimmermann, E.: Entrenamiento de la fuerza. Barcelona, *M. Roca,* 1990.

Fahey, T.D.; Rolph, R.; Moungmeee, P.; Nagel, J. y Mortara, S.: Serum testosterone body composition and strength of young adults. Med. Sci. Sports 8: 31-34, 1976.

Fallentin, N.; Jorgensen, K. y Simonsen, E.B.: Motor unit recruitment during prolonged isometric contractions. Eur. J. Appl. Physiol. 67: 335-341, 1993.

Faulkner, J.A.; Claflin, D.R. y McCully, K.K.: Power output of fast and slow fibers from human skeletal muscles. En N.L. Jones y otros (editores) *Human muscle power.* Champaing, IL. Human Kinetics, 1986.

Fleck, S.J. y Kraemer, W.J.: *Designing resistance training programs.* Champaign, Illinois. Human kinetics, 1987.

Florini, J.R.: Hormonal control of muscle cell growth. *J. Anim. Sci.* 61: 21-37, 1985.

Florini, J.R.: Hormonal control of muscle growth. *Muscle and Nerve* 10: 557-598, 1987.

Fontana, G.A.; Pantaleo, T.; Bongianni, F.; Cresci, F.; Manconi R. y Panuccio, P.: Respiratory and cardiovascular responses to static handgrip exercise in humans. J. Appl. Physiol. 75(6): 2789-2796, 1993.

Fox, E.L. y Mathews D.K.: *Bases physiologiques de l'activité physique.* Ed. Vigot, Paris, 65, 1981.

Friden, J.; Sjostrom, M. y Ekblom, B.: Myofibrillar damage following intense eccentric exercise in man. *Int. J. Sports Med.* 4: 170-176, 1983.

Friden, J. y Lieber R.L.: Structural and mechanical basis of exercise-induced muscle injury. *Med. Sci. Sports Exerc.* 24(5): 521-530, 1992.

Fry, A.C.; Kraemer, W.J.; Stone, M.H.; Warren, B.J.; Kearney, J.T.; Maresh, C.M.; Weseman, C.A. y Fleck, S.J.: Endocrine and Performance Responses to High Volume Training and Amino Acid Supplementation in Elite Junior Weightlifters. Int. J. Sports Nutr. 3: 306-322, 1993.

Gambetta, V.: Concept and application of periodization. *NSCAJ,* 13,5: 64-66, 1991.

Garfinkel, S. y Cafarelli, E.: Relative changes in maximal force, EMG, and muscle cross-sectional area after isometric training. *Med. Sci. Sports Exerc.* 24(11): 1120-1227, 1992.

Gettman, L.R. y Pollock, M.L.: Circuit weight training: a critical review of its physiological benefits. *Phys. Sports Med.* 9: 44-60, 1981.

Goldberg, A. y Goodman H.: Relationship between growth hormone and muscular work in determining muscle size. *J. Physiol.* 200: 655-666, 1969.

Goldberg, A.: Biochemical events during hypertrophy of skeletal muscle. In: Alpert N (ed). *Cardiac hypertrophy.* Academic Press, Nev York, 301-314, 1971.

Goldspink, G.: The proliferation of muyofibrils during muscle fiber growth. *J. Cell. Sci.* 6: 593-603, 1970.

Goldspink, G.: Development of muscle. In G. Goldspink (ed.) *Growth of cells in vertebrate tissues,* Chapman and Hall, London, 69-99, 1974.

Goldspink, G.: Cellular and Molecular Aspects of Adaptation in Skeletal Muscle. En: *Strength and power in sport.* Editado por P. Komi. Blackwell Scientific Publication, London, 211-229, 1992.

Gollnick, P.D.; Armstrong, R.B.; Saubert, C.W.; Piehl, K. y Saltin, B.: Enzyme activity and fiber composition in skeletal muscle of untrained and trained men. *J. Appl. Physiol.* 33: 312-319, 1972.

Gollnick P.D.; Timson, B.F.; Moore, R.L. y Reidy, M.: Muscle enlargement and number of fibers in skeletal muscle of rats. *J. Appl. Physiol.* 50: 939-943, 1981.

Gonyea, W.J.; Sale, D.; Gonyea, F. y Mikesky, A.: Exercise induced increases in muscle fiber number. *Eur. J. Appl. Physiol.* 55: 137-141, 1986.

González Badillo, J.J.: Volumen óptimo en el entrenamiento de pesas. *Revista de Investigación y Documentación sobre las Ciencias de la E.F. y del Deporte.* Año, II, n.º 2: 57-77, 1986.

González Badillo, J.J.: Intensidades máximas y rendimiento deportivo. *Revista de Investigación y Documentación sobre las Ciencias de la E.F. y del Deporte.* Año III, n.º6: 83-94, 1987.

González Badillo, J.J.: *Halterofilia.* Madrid. C.O.E., 1991.

Gorostiaga, E.; Postigo, A., Santiesteban, M.D. e Ibañez, J.: Control del entrenamiento de los corredores de 400 m a través de los tests de campo. *Congreso de la Federación Vizcaina de Atletismo.* Bilbao, 1992.

Gorostiaga, E.: Bases científicas del fútbol. Aplicación al entrenamiento. Segunda Parte. *Cuaderno del Entrenador Español de Fútbol* 57: 29-36, 1993.

Gorostiaga, E. y González Badillo, J.J.: Prácticas de clase. Datos no publicados, 1994.

Green, H.J.; Klug, G.A.; Reichman, H.; Seedorf, V. y Wiehrer W.; Pette, D.: Exercise-induced fibre transitions with regard to myosin, parvalbimin and sarcoplasmic reticulum in muscle of the rat. *Pfluf. Arch.* 400: 432-438, 1984.

Greenhaff, P.L.; Nevill, M.E.; Soderlund, K.; Bodin K.; Boobis L.H.; Williams, C. y Hultman, E.: The metabolic responses of human type I and II muscle fibres during maximal treadmill sprinting. J. Physiol. 478(1): 149-155, 1994.

Grimby, L.; Hannerz, J.; Hedman B.: The fatigue and voluntary discharge properties of single motor units in man. *J. Physiol.* 316: 545-554, 1981.

Grosser: *Entrenamiento de la velocidad.* Barcelona, M. Roca, 1992.

Guezenncec, Y.; Leger, L.; Lhoste, F.; Aymonod, M. y Pesquies P.C.: Hormone and Metabolic Response to Weight-lifting Training Sessions. Int. J. Sports Med. 7: 100-105, 1986.

Hackney, A.C.: Endurance training and testosterone levels. *Sports* Medicine 8: 117-127, 1989.

Hakkinen, K.; Komi, P.V.; Tesch, P.A.: Effect of combined concentric and eccentric strength training and detraining on force-time, muscle fiber and metabolic characteristics of leg extensor muscles. *Scand. J. Sports Sci.* 3(2):50-58, 1981a.

Hakkinen, K.; Komi, P.V.: Effect of different combined concentric and eccentric muscle work regimens on maximal strength development. *J. Human Mov. Stu.* 7:33-44, 1981b.

Hakkinen, K., Komi, P.V.: Electromyographic and mechanical characteristics of human skeletal muscle during fatigue under voluntary and reflex conditions. *Electroenceph. Clin. Neurophysiol.* 55:436-444, 1983a.

Hakkinen, K. y Komi, P.V.: Alterations of Mechanical Characteristics of Human Skeletal Muscle During Strength Training. *Eur. J. Appl. Physiol.* 50:161-172, 1983b.

Hakkinen, K. y Komi, P.V.: Electromyografic changes during strength training and detraining. *Med. Sci. Sports Exerc.* 15(6): 455-460, 1983c.

Hakkinen, K.; Alen, M. y Komi, P.V.: Neuromuscular, anaerobic, and aerobic performance characteristics of elite power athletes. *Eur. J. Appl. Physiol.* 53:97-105, 1984.

Hakkinen, K.; Alen, M. y Komi, P.V.: Changes in isometric force -andrelaxation- time, electromyographic and muscle fibre characteristics of human skeletal muscle during strength training and detraining. *Acta Physiol. Scand.* 125:573-585, 1985a.

Hakkinen, K.; Komi, P.V. y Alen, M.: Effect of explosive type strength training on isometric force- and relaxation-time, electromyographic and muscle fibre characteristics of leg extensor muscles. *Acta Physiol. Scand.* 125:587-600, 1985b.

Hakkinen, K. y Komi, P.V.: Effect of explosive type strength training on electromyographic and force production characteristics of leg extensor muscles during concentric and various strech-shortening cycle exercise. *Scand. J. Sports Sci.* 7(2):65-76, 1985c.

Hakkinen, K.; Pakarinen, A.; Alen, M. y Komi, P.V.: Serum hormones during prolonged training of neuromuscular performance. *Eur. J. Appl. Physiol.* 53: 287-293, 1985d.

Hakkinen, K. y Komi, P.V.: Factors influencing trainability of muscularstrength during short term and prolonged training. *NSCA* 7(2): 32-37, 1985e.

Hakkinen, K., Kauhanen, H. y Komi, P.V.: Merkmale neuromuskulärer Leistungskapazität bei Gewichthebern nationalen und regionalen Niveaus. Leistungssport 5: 35-41, 1985f.

Hakkinen, K. y Komi, P.V.: Changes in electrical and mechanical behaviour of leg extensor muscles during heavy resistance strength training. *Scand. J. Sports Sci.* 7,55, 1985g.

Hakkinen, K. y Komi, P.V.: Training-induced changes in neuromuscular performance under voluntary reflex conditions. *Eur. J. Appl. Physiol.* 55:147-155, 1986a.

Hakkinen, K. y Komi, P.V.: Effects of fatigue and recovery on electromyographic and isometric force- and relaxation-time characteristics of human skeletal muscle. *Eur. J. Appl. Physiol.* 55:588-596, 1986b.

Hakkinen, K.; Komi, P.V. y Kauhanen, H.: Electromyographic and force production characteristics of leg extensor muscles of elite weight lifters during isometric, concentric, and various stretch-shortening cycle exercises. *Int. J. Sports Med.* 7: 144-151, 1986c.

Hakkinen, K.; Komi, P.V. y Kauhanen, H.: Scientific Evaluation of Specific Loading of the Knee Extensors with Variable Resistance, Isokinetic and Barbell Exercises. *In: Med. Sport Sci.* (Karger, Basel) 26: 224-237, 1987a.

Hakkinen, K.; Komi, P.V.; Alen, M. y Kauhanen H.: EMG, muscle fibre and force production characteristics during a 1-year training period in elite weight-lifters. *Eur. J. Appl. Physiol.* 56:419-427, 1987b.

Hakkinen, K.; Pakarinen, A.; Alen, M.; Kauhanen H. y Komi, P.V.: Relationships between training volume, physical performance capacity, and serum hormone concentrations during prolonged training in elite weight lifters. *Int. J. Sports Med. Suppl.* 8: 61-65, 1987c.

Hakkinen, K.; Pakarinen, A.; Alen, M.; Kauhanen H. y Komi, P.V.: Neuromuscular and hormonal responses in elite athletes to two successive strength training sessions in one day. *Eur. J. Appl. Physiol.* 57:133-139, 1988a.

Hakkinen, K.; Pakarinen, A.; Alen, M.; Kauhanen, H. y Komi, P.V.: Daily hormonal and neuromuscular responses to intensive strength training in one week. *Int. J. Sports Med.* 9: 422-428, 1988b.

Hakkinen, K.; Pakarinen, A.; Alrn, M.; Kauhanen, H. y Komi, P.V.: Neuromuscular and hormonal adaptations in athletes to strength training in two years. *J. Appl. Physiol.* 65(6): 2406-2412, 1988c.

Hakkinen, K.: Maximal force, explosive strength and speed in female volleyball and basketball players. jour. of hum. mov. studies. 16:291-303. Hakkinen, K. y Kauhanen H. (1989a). Daily changes in neural activation, force-time and relaxation-time characteristics in athletes during very intense training for one week. *Electromyogr. Clin. Neurophysiol.* 29: 243-249, 1989.

Hakkinen, K.: Neuromuscular and hormonal adaptations during strength and power training. *J. Sports Med. Phys. Fitness* 29: 9-26, 1989b.

Hakkinen, K.; Pakarinen, A.; Komi, P.V.; Ryushi, T. y Kauhanen, H.: Neuromuscular adaptations and hormone balance in strength athletes, physically active males and females during intensive strength training. *Congress Proceedings, XII International Congress of Biomechanics* 26-30 June, UCLA, los Angeles, 1989c.

Hakkinen, K. y Myllyla, E.: Acute effects of muscle fatigue and recovery on force production and relaxation in endurance, power and strength athletes. *J. Sports Med. Phys. Fitness* 30: 5-12, 1990a.

Hakkinen, K.: *Voimaharjoittelun perusteet*. Ed. Gummerus Kirjapaino Oy. Jyväskylä, 1990b.

Hakkinen, K.; Pakarinen, A.; Kyrolainen, H.; Cheng, S.; Kim, D.H.; Komi, P.V.: Neuromuscular Adaptations and Serum Hormones in Females During Prolonged Power Training. *Int. J. Sports Med.* 11(2): 91-98, 1990c.

Hakkinen, K.: Neuromuscular responses in male and female athletes to one strength training session. *Congress FIMS,* Amsterdan, 1990d.

Hakkinen, K.; Pakarinen, A.: Serum hormones in male strength athletes during intensive short term strength training. *Eur. J. Appl. Physiol.* 63: 194-199, 1991a.

Hakkinen, K.: Changes in physical fitness profile in female volleyball players during the competitive season. Submitted to publication, 1991b.

Hakkinen, K.: Scientifics facts used as a base to determine Strength (Paper), 1991c.

Hakkinen, K.; Kauhanen, H.; Kallinen, M. y Komi, P.V.: Neuromuscular adaptations in strength athletes during strength training distributed into one or two daily sessions (Paper), 1991d.

Hakkinen, K.: Neuromuscular responses in male and female athletes to two succesive strength training sessions in one day. *J. Sports Med. Physical Fitness* 32(3): 234-242, 1992.

Hakkinen, K.: Neuromuscular Fatigue and Recovery in Male and Female Athletes during Heavy Resistance Exercise. *Int. J. Sports Med.* 14(2): 53-59, 1992b.

Hakkinen, K. y Pakarinen, A.: Acute hormonal responses to 2 different fatiguing heavy-resistance protocols in male athletes. *J. Appl. Physiol.* 74(2): 882-887, 1993.

Hakkinen, K.: Neuromuscular fatigue and recovery in male and female athletes during heavy resistance exercise. *Int. J. Sports Med.* 14(2): 53-59. 1993b.

Hakkinen, K.: Changes in physical fitness profile in female volleyball players during the competitive season. *J. Sports Med. Phys. Fitness* 33(3): 223-232, 1993c.

Hakkinen, K. y Kallinen, M.: Distribution of strength training volume into one or two daily sessions and neuromuscular adaptations in female athletes. *Electromyogr. Clin. Neurophysiol.* (para publicar), 1994.

Hakkinen, K.: Neuromuscular fatigue in males and females during strenous heavy resistance loading. Electromiogr. Clin. Neurophysiol. 33: 1-9, 1994.

Hall-Craggs, E.C.B.: The longitudinal division of overloaded skeletal muscle fibers. *J. Anat.* 107: 459-470, 1970.

Hannertz, J.: Discharge properties of motor units in relation to recruitment order in voluntary contraction. *Acta Physiol. Scand.* 91: 374-384, 1974.

Harman, E.: Strength and power: a definition of terms. *N. Strength Cond. A.J.* 15(6): 18-20, 1993.

Harre, D.; Lotz, I.; Entrenamiento de la fuerza rápida. *Revista de entrenameinto deportivo.* 2,3: 42-49, 1988.

Hashimoto, I.; Sembrowich, W.L. y Gollnick P.D.: Calcium uptake by isolated sarcoplasmic reticulum and homogenotes in different fiber types following exhaustive exercise. *Med. Sci. Sports* 10:42, 1978.

Hather, B.M., Tesch, P.A., Buchanan, P. y Dudley, G.A.: Influence of eccentric actions on skeletal muscle adaptations to resistance training. *Acta Physiol. Scand.* 143: 177-185, 1991.

Hempel, L.S.; Wells, C.L.: Cardiorespiratory cost of the nautilus express circuit. *The phys. and Sports med.* 13(4): 82-96, 1985.

Henneman, E.; Mendell, L.M.: Functional organization of motoneuron pool and its input. In. J. M. Brookhart and V. B. Mountcastle (Eds.), *Handbook of Physiology*. The Nervous System II, Bethseda, Md: American Physiological Society, 423-507, 1981.

Hennessy, L.C. y Watson, W.S.: The interference effects of training for strength and endurance simultaneously. *J. Strength and Cond. Res.* 8(1): 12-19, 1994.

Hermansen, L. y Vaage, O.: Lactate disappearance and glycogen synthesis in human muscle after maximal exercise. *Am. J. Physiol.* 233: E422-429, 1977.

Hickson, R.C.; Rosenkoetter, M.A. y Brown, M.M.: Strength training effects on aerobic power and short-term endurance. *Med. Sci.Sports Exerc.* 12:336-339, 1980a.

Hickson, R.C.: Interference of strength development by simultaneously training for strength and endurance. *Eur. J. Appl. Physiol.* 45(2-3): 255-263, 1980b.

Hickson, R.C.; Dvorak, B.A.; Gorostiaga, E.; Kvrowski, T.T. y Foster, C.: Potential for strength and endurance training to amplify endurance performance. *J. Appl. Physiol.* 65:2285-2290, 1988.

Hickson, R.C.; Hidaka, K. y Foster, C.: Skeletal muscle fiber type, resistance training, and strength-related performance. Med. Sci. Sports Exerc. 26(5): 593-598, 1994.

Hough, T.: Ergographic studies in muscular soreness. *Am. J. Physiol.* 7: 76-92, 1902.

Houmard, J.A.; Costill, D.L.; Mitchell, J.B.; Park, S.H. y Chenier T.C.: The role of anaerobic ability in middle distance running performance. *Eur. J. Appl. Physiol.* 62:40-43, 1991.

Howald, H.: Transformations morphologiques et fonctionnelles des fibres musculaires, provoquées par l'entraînement. *Rev. Méd. Suisse Romande* 104: 757-769, 1984.

Hu, Z. Y.; Bourreau, E.; Jung-Testas, I.; Robel, P. y Baulieu, E.E.: Neurosteroids: oligodendrocyte mitochondria convert cholesterol to pregnenolone. *Proc. Natl. Acad. Sci.* USA 84: 8215-8219, 1987.

Hurley, B.F.; Seals, D.R.; Ehsani, A.A.; Cartier, L.J.; Dalsky G.P.; Hagberg, J.M.; Holloszy, J.D.: Effects of high-intensity strength training on cardiovascular function. *Med. Sci. Sports Exerc.* 16: 483-488, 1984.

Ikay, M. y Fukunaga, T.: Calculation of muscle strength per unit cross-sectional area of human muscle by means of ultrasonic measurements. *Int. Zeits. Anglewandte Physiol.* 26: 26-32, 1968.

Inoue, K.; Yamasaki, S.; Fushiki, T.; Kano, T.; Moritani, T.; Itoh, K.; Sugimoto, E.: Rapid increase in the number of androgen receptors following electrical stimulation of the rat muscle. *Eur. J. Appl. Physiol.* 66(2): 134-140, 1993.

Jones, D.A. y Newham, D.J.: The effect of training on human muscle pain and damage (Abstract) J. Physiol. Lond 365: 76P, 1985.

Jones, D.A.; Newham, D.J.; Clarkson, P.M.: Skeletal muscle stiffness and pain following eccentric exercise of the elbow flexors. *Pain* 30: 233-242, 1987.

Jonsson, B. y Komi, P.V.: Reproducibility Problems when Using Wire Electrodes in Electromyographic Kinesiology. In *New Developments in Electromyography and Clinical Neurophysiology.* Ed. J. E. Desmet Karger, Basel, 1:540-546, 1973.

Kaneko, M.; Fuchimoto, T.; Toji, H. y Sney, K.: Training effect of different loads on the force-velocity relationship and mechanical power output in human muscle. *Scand. J. Sports Sci.* 5(2): 50-55, 1983.

Karlsson, J.; Gollnick, P. y Sjodin, B.: Enzyme activities in human skeletal muscle of trained and untrained subjects, in: *Metabolic Adaptation to Prolonged Exercise,* 2nd Inter Sympos. on Biochemistry of Exercise. Basel, Switzerland, Birhauser Verlag, 1975.

Katz, B.: The relation between force and speed in muscular contraction. *J. Physiol.* 96: 45-64, 1939.

Kelly, A.; Lyongs, G.; Gambki, B. y Robinstein, N.: Influences of testosterone on contractile proteins of the guinea pig temporalis muscle. *Advances Exper. Med. Biol.* 182: 155-168, 1985.

Keul, J.; Haralambie, G., Bruder, M. y Gottstein, H.J.: The effect of weitht lifting exercise on heart rate and metabolism in experienced weight lifters. *Med. Sci. Sports* 10: 13-15, 1978.

Kirwan, J.P.; Hickner, R.C.; Yarasheski, K.E.; Khort W.M.; Wiethop, B.V. y Holloszy, J.O.: Eccentric exercise induces transient insulin resistance in healthy individuals. *J. Appl. Physiol.* 72(6): 2197-2202, 1992.

Knudtson, A.V.; Curt, J.T. y Agre, J.C.: Fatigue and recovery of MVC after isometric exercise of different intensities in humans. Med. Sci. Sports Exerc. 25(5): Suppl. S174, 1993.

Knuttgen, H.G. y Kraemer, W.J.: Terminology and mesurement in exercise performance. *J. Appl. Sports Sci. Res.* 1: 1-10, 1987.

Komi, P.V. y Bosco, C.: Utilization of stored elastic energy in leg extensor muscles by men and women. *Med. Sci. Sports* 10(4): 261-265, 1978a.

Komi, P.V. y Karlsson J.: Skeletal muscle fibre types, enzyme activities and physical performance in young males and females. *Acta Physiol. Scand.* 103: 215-218, 1978b.

Komi, P.V.: Physiological and biomechanical correlates of muscle function: Effects of muscle structure and strength-shortening cycle on force and speed. In R. L. Terjung (Ed.), *Exercise and sport sciences reviews,* 12: 81-121, 1984.

Komi, P.V.: Training of muscle strength and power: interaction of neuromotoric, hypertrophic, and mechanical factors. *Int. J. Sports Med. 7 (Suppl.):* 10-15, 1986.

Komi, P.V.: Stretch-Shortening Cycle. In: *Strength and power in sport. Edited by P. Komi. Blackwell Scientific Publication, London, 169-179, 1992.*

Kraemer, W.J.; Noble, B.J.; Clark, M.J. y Culver, B.W.: Physiologic responses to heavy resistance exercise with very short rest periods. *Int. J. Sports Med.* 8: 247-252, 1987.

Kraemer, W.J.: Endocrine responses to resistance exercise. *Med. Sci. Sports Exerc.* 20: S152-S157, 1988.

Kraemer, W.J.: Marchitelli, L.; Gordon, S.E.; Harman, E.; Dziados, J. E.; Mello, R.; Frykman, P.; Mccurry, D. y Fleck, S.. Hormonal and growth factor responses to heavy resistance exercise protocols. *J. Appl. Physiol.* 69(4): 1442-1450, 1990.

Kraemer, W.J.; Gordon, S.E.; Fleck, S.J.; Marchitelli, L.J.; Mello, R.; Dziados, J.E.; Friedl, K.; Harman, E.; Maresch, C. y, Fry, A.C.: Endogenous Anabolic Hormonal and Growth

Factors Responses to Heavy Resistance Exercise in Males and Females. *Int. J. Sports Med.* 12(2): 228-235, 1991.

Kraemer, R.R.; Kilgore, J.L.; Kraemer, G.R. y Castracane, V.D.: Growth hormone, IGF-I, and testosterone responses to resistive exercise. *Med. Sci. Sports Exerc.* 24(12): 1346-1352, 1992.

Kraemer, W.J.: Hormonal mechanisms related to the expression of muscular strength and power. In: *Strength and power in sport.* Edited by P. Komi. Blackwell Scientific Publication, London, 169-179, 1992b.

Kroghlund C.; Jorgensen, K.: Myo-electric fatigue manifestations revisited-power spectrum, conduction velocity, and amplitude of human elbow flexor muscles during isolated and repetitive endurance contractions at 30 -percent maximal voluntary contraction. *Eur. J. Appl. Physiol.* 66(2): 161-173, 1993.

Kroon, G.W.; Naeije, M.: Recovery of the human biceps electromyogram after heavy eccentric, concentric or isometric exercise. *Eur. J. Appl. Physiol.* 63: 444-448, 1991.

Kuipers, H.H.; Verstappen, F. y Costill, D.L.: Influence of a prostaglandin-inhibiting drug on muscle soreness after eccentric work. *Int. J. Sports Med.* 6: 336-339, 1985.

Kuoppasalmi, K. y Adlercreutz, H.: Interaction between catabolic and anabolic steroid hormones in muscular exercise. In K. Fotherby and S. B. Pal (eds). *Exercise Endocrin.* Walter de Gruyter, Berlin, 65-98, 1985.

Kuznetsou, V.V.: Metodología del desarrollo de las cualidades especiales de velocidad-fuerza de los deportistas cualificados. *Cuadernos de atletismo n.º9: acondicionamiento físico deportivo.* Madrid. F.E.A.

Kyrolainen, H.; Hakkinen, H.; Komi, P.V.; Kim, D.H. y Cheng, S.: Prolonged power training of stretch-shortening cycle exercises in females neuromuscular adaptation and changes in mechanical performance of muscles. *J. Human Movement Studies* 17: 9-22, 1989.

Kyrolainen, H.; Komi, P.V.; Kim, D.H.: Effects of power training on neuromuscular performance and mechanical efficiency. *Scand. J. Med. Sci. Sports* 1:78-87, 1991.

Letzelter, M.: Trainingsgrgrundlagen. Rowohlt Verlag, Reinbek. LIND A. R., MCNICOL G. W. (1967). Muscular factors wich determine the cardiovascular responses to sustained and rythmic exercise. *Can. Med. Assoc. J.* 96:706-713, 1978.

Letzelter, H y M.: *Entrainement de la force.* Lausanne, Vigot.

Locatelli, E.: La forza. *Atletica leggera.* n.º365, 50-56.

Lombardi, V.P.; Evonak, E.: Lactate dehydrogenase activity and maximum oxygen consumption in endurance versus strength trained athletes. *Med. Sci. Sports Exerc. Abstract* 17: 231, 1985.

Lopez, G.; Villarroya, A.; Gorostiaga, E. y Espino, L.: Potenciación del cuádriceps por medio de contracciones isométricas prolongadas. Entrenamiento en quadristand. *Tesina de fin de carrera. Escuela Universitaria de Fisioterapia.* Universidad de Zaragoza, 1992.

Lupo, S.; Morbidelli, Q.; Sollai, R. y Alippi, B.: Una nuova metodica di valutazione isodinamica della forza. *Rivista di cultura sportiva.* año XI n.º24:66-71, 1992.

MacDougall, J.D.: Ward, G.R.: Sale, D.G. y Sutton, J.R.: Biochemical adaptation of human skeletal muscle to heavy resistance training and immobilization. *J. Appl. Physiol.* 43(4): 700-703, 1977.

MacDougall, J.D.; Sale, D.G.; Moroz, J.R.; Elder, G.C.B.; Sutton J.R. y Howaldd, H.: Mitochondrial volume density in human skeletal muscle following heavy resistance training. *Med. Sci. Sports.* 11: 164-166, 1979.

MacDougall, J.D.; Elder, G.C.B.; Sale, D.G.; Moroz, J.R.; Sutton, J.R.: Effects of strength training and immobilisation on human muscle fibers. *Eur. J. Appl. Physiol.* 43: 25-34, 1980.

MacDougall, J.D.; Sale, D.; Elder, G.; Sutton, J.: Muscle ultrastructural characteristics of elite powerlifters and bodybuilders. Eur. J. Appl. Physiol. 48: 117-126, 1982.

MacDougall, J.D.; Sale, D.G.; Alway, S.E. y Sutton J.R.: Muscle fiber number in biceps brachii in bodybuilders and control subjects. *J. Appl. Physiol.* 57: 401, 1984.

MacDougall, J.D.: Morphologicall changes in human skeletal muscle following strength training and immobilization. In. Jones N. L., McCartney N. and McComas A. J. (eds). *Human Muscle Power,* Human Kinetics, Champaign, Illinois, 269-288, 1986.

MacDougall, J.D.; Ray, S.; Maccartney, N.; Sale, D.; Lee, P. y Garner, S.: Substrate utilization during weightlifting. *Med. Sci. Sports Exerc.* 20: S66, 1988.

MacDougall, J.D.; Wenger, H.A.; Green, H.J.. Physiological Testing of the high performance athlete. Champain, Illinois. *Human Kinetics,* 1991.

MacDougall, J.D.: Hypertrophy or hyperplasia. In: *Strength and power in sport.* Edited by Komi P. Blackwell scientific publication, London, 230-238, 1992.

Malone, T.R.: *Evaluation of isokinetic equipment.* Baltimore: Willians and Wilkins, 2-4, 1988.

Marcinik, E.J.; Potts, J.; Schlabach, G.; Will, S.; Dawson, P. y Hurley, B.F.: Effects of strength training on lactater threshold and endurance performance. *Med. and Sci. in Sports and Exerc.* 23,6:739-743, 1991.

Martin, D.E.; Coe, P.N.: *Training Distance Runners.* Leisure Press, Champaign, IL, 1991.

Matn, P.; Lang, G.; Garetta, R. y Simon, G.: Scintographic evaluation of muscle damage following extreme exercise. *J. Nucl. Med.* 24: 308-311, 1983.

Maughan, R.J.; Leiper, J.B. y Litchfield, P.E.: The effects or induced acidosis and alkalosis on isometric endurance capacity in man. In: Dotson Co, Humphrey J. H.(eds): *Exercise Physiology. Current Selected Research,* 2. New York, AMS Press, 73-82, 1986.

Mauro, A.: Satellite cell of skeletal muscle fibers. *J. Biophys. Biochem. Cytol.* 9: 493-495, 1961.

Mayhew, J.L.; Ball, T.E.; Arnold, M.D. y Bowen, J.C.: Relative Muscular Endurance Performance as a Predictor of Bench Press Strength in College Men and Women. *J. Appl. Sport Sci. Res.* 6(4): 200-206, 1992.

McCully, K.; Schellock, F.G.; Bank, W.J.; Posner, J.D.: The use of nuclear magnetic resonance to evaluate muscle injury. *Med. Sci. Sports Exerc.* 24(5): 537-542, 1992.

McDonagh, M.; Davies, C.: Adaptive response of mammalian skeletal muscle to exercise with high loads. A review. *Eur. J. Appl. Physiol.* 52: 139-155, 1984.

Medvedeu, A.S.; Dvorkin, L.S.: Peculiarities of training weightlifters of different ages. *Weightlifting year-book 84.* Livonia, Michigan. Sportivny Press:59-68, 1987.

Mero, A.; Luhtanen, P.; Viitasolo, J. y Komi, P.V.: Relationship between the maximal running velocity, muscle fibre characteristics, force production and force relaxation of sprinters. Scand. J. Sports Sci. 3:16-22, 1981.

Mero, A.; Peltola, E. y Saarela, J.: *Nopeus-Ja Nopeuskestävyysharjoittelu.* Jyväskylä. Gummerus Oy Kirjapaino.

Mero, A.: Entrenamiento del corredor de 400m. *Clinic de la Federación Española de Atletismo.* Madrid, 13 y 14 de Febrero, 1992.

Michel, G. y Baulieu, E.: Androgen receptor in rat skeletal muscle: characterization and physiological variations. *Endocrin.* 107: 2088-2097, 1980.

Milner-Brown, H.; Stein, R. y Lee, G.: Synchronization of human motor units: possible roles of exercise and supraspinal reflexes. *Electroenc. Clin. Neurophysiol.* 38: 245-254, 1973.

Mommaert, W.; Seraydarian, K.; Suh, M.; Kean, K. y Buller, A.: The conversion of some biochemical properties of mammalian skeletal muscles following cross-reinnervation. *Exp. Neurol.* 55: 637-653, 1977.

Moritani, T.; De Vries, H.: Neural factors versus hypertrophy in the time course of muscle strength gain. *Am. J. Phys. Med.* 58(3): 115-130, 1979.

Negro-Vilar, A. y Valencia. M.M.: Male neuroendocrinology and endocrine evaluation of reproductive disorders. In Lamb et al (Eds.), *Physiology and toxicology of male reproduction,* Academic Press, San Diego, 103-131, 1988.

Newham, D.J.; Jones, D.A. y Edwards, R.H.T.: Plasma creatine kinase changes after eccentric and concentric contractions. *Muscle Nerve* 9: 59-63, 1986.

Newham, D.J., Jones, D.A. y Clarkson, P.M.: Repeated high- force eccentric exercise: effects on muscle pain and damage. *J. Appl. Physiol.* 63(4): 1381-1386, 1987.

Newton, R.V. y Kraemer, W.J.: Developing explosive muscular power: implications for a mixed methods training strategy. *Strength and Conditioning (N.S.C.A.)* 16(5): 20-31, 1994.

Norman, R.W. y Komi, P.V.: Electromyographic delay in skeletal muscle under normal movement conditions. *Acta Physiol. Scand.* 106: 241, 1979.

Noth, J.: Cortical and peripheral control. In: *Strength and power in sport.* Edited by P. Komi. Blackwell Scientific Publication, London, 9-20, 1992.

O'Reilly, K.P.; Warhol, M.J.; Fielding, R.A.; Frontera, W.R.; Meredith, C.N. y Evans, W.J.: Eccentric exercise-induced muscle damage impairs muscle glycogen repletion. *J. Appl. Physiol.* 63:252-256, 1987.

Odgers, T.; Lannigan, M. y Newton, M.: Increased power. *Sports coach.* abril-junio: 38-43, 1992.

Osternig, L.R.; Sawhill, J.A.; Bates, B.T. y Hamill, J.A.: A method for rapid collection and processing of isokinetic data. *Research Quart. Exerc. Sport* 53: 252-256, 1982.

Paavolainen, L.; Hakkinen, K. y Rusko, H.: Effects of explosive type strength training on physical performance characteristics in cross-country skiers. *Eur. J. Appl. Physiol.* 62: 251-255, 1991.

Pappas, A.M.; Zawacki, R.M. y Sullivan T.J.: Biomechanics of baseball pitching. A preliminary report. *Am. J. Sports Med.* 13: 216-222, 1985.

Pascoe, D.D.; Costill, D.L.; Fink, W.J.; Robergs, R.A. y Zachwieja J.J.: Glycogen resynthesis in skeletal muscle following resistive exercise. *Med. Sci. Sports Exerc.* 25(3): 349-354, 1993.

Person, R.S. y Kudina, L.P.: Discharge frequency and discharge pattern of human motor units during voluntary contraction of muscle. Electroencephalogr. Clin. Neurophysiol. 32: 471-483, 1972.

Pearson, D.R.; Costill, D.L.: Free weight vs. Isokinetic. *J. Applied Sport Sci. Res.* 2(3); 39-41, 1988.

Poliquin, CH.: Theory and methodology of strength training (part 1). *Sports Coach.* julio-septiembre: 25-27, 1989.

Poliquin, C.: At which speed should repetitions be performed. *Sports Coach,* April-June, 35-38, 1990.

Poliquin, CH. y King, I.: Theory and methodology of strength training (part 5). *Sport Coach.* abril-junio: 22-26, 1991.

Poliquin, C.H. y King, I.: Volume. *Sports Coach.* abril-juniio, 16-18, 1992.

Reib, M.: Allenamento ed aumento della capacitá di resistenza alla forza. *Rivista di Cultura Sportiva.* año XI, n.º 26; 42-49, 1992.

Reitsma, W.: Skeletal muscle hypertrophy after heavy exercise in rats with surgically reduced muscle function. *Am. J. Physical Medic.* 48: 237-259, 1969.

Robergs, R.A.; Pearson, D.R., Costill, D.L., Fink, W.J., Pascoe D.D.; Benedict, M.A., Lambert, C.P., Zachweija, J.J.: Muscle glycogenolysis during differing intensities of weight-resistance exercise. *J. Appl. Physiol.* 70(4): 1700-1706, 1991.

Rommerts, F.F.G.: Testosterone: an overview of biosynthesis, transport, metabolism and action. In: *Testosterone.* E. Nieschlag, H.M. Behre (Eds). Springer-Verlag Berlin 1-22, 1990.

Rosler, K.; Conley, K.E.; Howald, H.; Gerber, C. y Hoppeler, H.: Specificity of leg power changes to velocities used in bicycle endurance training. *J. Appl. Physiol.* 61: 30-36, 1986.

Ruyshi, T.; Hakkinen, K.; Kauhanen, H. y Komi, P.V.: Muscle fibre characteristics, muscle cross-sectional area and force production instrength athletes, physically active males and females. *Scand J. Sports Sci.* 10: 7-15, 1988.

Sahlin, K.; Harris, R.C. y Hultman, E.: Creatine kinase equilibrium and lactate content compared with muscle pH in tissue samples obtained after isometric exercise. *Biochemistry* J. 152: 173-180, 1975.

Sahlin, K.: Intracellular pH and energy metabolism in skeletal muscle of man. *Acta Physiol. Scand. Suppl.* 455:1-56, 1978.

Sale, D.G. y McDougall: Specificity in strength training: a review for the coach and athlets. *Can. J. Appl. Sport Science.* 16,2; 87-91, 1981.

Sale, D.G.: Neural adaptation in strength and power training. In: Jones N., McCartney N., McComas A., eds. Human Muscle Power, Champaign, Illinois. Human Kinetics Publishers, Inc, 1986.

Sale, D.G.: Neural adaptation to resistance training. *Med. Sci. Sports Exerc.* 20(5):S135-S145, 1988.

Sale, D.G.: Jacobs, I.; MacDougal, J.D. y Garner, S.: Comparison of two regimes of concurrent strength and endurance training. *Med. Sci. Sports Exerc.* 22(3): 348-356, 1990.

Sale, D.G.: Testing Strength and Power. In: *Physiological Testing of the High-Performance Athlete.* MacDougall J. D., Wenger H. A. and Green H. J. editors. Second Edition, 21-106, 1991.

Sale, D.G.: Neural adaptation to strength training. In: *Strength and power in sport.* Edited by P. Komi. Blackwell Scientific Publication, London, 249-266, 1992.

Sale, D.G.: Determining factors of strength. *NSCAJ* 15,1; 9-31, 1993.

Salmons, A. y Vrbova, G.: The influence of activity on some contractile characteristics of mammalian fast and slow muscles. *J. Physiol.* 201:535-549, 1969.

Saltin, B.: Enzyme activity and fiber composition in skeletal muscle of untrained and trained men. *J. Appl. Physiol.* 33: 312-319, 1972.

Saltin, B.; Gollinick, P.D.: Skeletal muscle adaptability: significance for metabolism and performance. In Peachy L., Adrian R. and Gerzer S. R. (eds). *Handbook of Physiology Skeletal Muscle,* 555-631, 1983.

Schwab, R.; Johnson, G.O.; Housh, T.J.; Kinder, J.E. y Weir, J.P.: Acute effects of different intensities of weightlifting on serum testosterone. Med. Sci. Sports Exerc. 25(12): 1381-1385, 1993.

Seals, D.R. y Hagberg, J.M.: The effect of exercise training on human hypertension. *Med. Sci. Sports Exerc.* 16: 207-215, 1984.

Sharp, R.L.; Troup, J.P. y Costill, D.L.: Relationship between power and sprint freestyle swimming. *Med. Sci. Sports Exerc.* 14:53-56, 1982.

Schmidbleicher, D.; Gollhofer, A.: Neuromuskuläre Untersuchungen zur Bestimmung individueller Belastungsgrössen für ein Teifsprungtraining. *Leistungssport* 12: 298-307, 1982.

Schmidbleicher, D.: L'entraînement de force. *Science du Sport,* Août, 1-13, 1982.

Schmidbleicher, D. y Buerle, M.: Neuronal adaptation and increase of cross-sectional area studying different strength training methods. *Biomechanics,* X-B, Jonsson (ed) 615-621, 1987.

Schmidbleicher, D.: Resultados y métodos de investigación del entrenamiento de fuerza. *Cuadernos de atletismo n.º23: Entrenamiento fuerza rápida.* 55-74, 1988.

Schmidbleicher, D.: Training for power events, en P. Komi (ed). *Strength and power in sport.* London; Blackwell scientific publications: 381-395, 1992.

Schultz, E.: Satellite cell behavior during skeletal muscle growth and regeneration. *Med. Sci. Sports Exerc.* Suppl. 21: S181-S186, 1989.

Sherman, M.R.; Stevens, J.: Structure of mammalian steroid receptors: Evolving concepts and methodological developments. *Annual Review of Physiol.* 46: 83-105, 1984.

Silvester, L.J.: *Weight training for strength and fitness.* Ed. Jones and Bartlett Publishers, 1991.

Sjogaard, G.: Muscle energy metabolism and electrolyte shifts during low-level prolonged static contraction in man. Acta Physiol. Scand. 134: 181-187, 1988.

Smith A.M.: The coactivation of antagonist muscles. *Can. J. Physiol. Pharmacol.* 59: 733-747, 1981.

Smith, L.L.: Acute inflammation: the underlying mechanism in delayed onset muscle soreness? *Med. Sci. Sports Exerc.* 23: 542-551, 1991.

Sola, O.M.; Christensen, D.L. y Martin, A.W.: Hypertrophy and hyperplasia of adult chicken anterior latissimus dorsi muscles following stretch with and without denervation. *Exper. Neurol.* 41: 76-100, 1973.

Stone, M.H., O'Bryant, H. y Garhammer J.A.: Theoretical model of strength training. *National Strength and Conditioning Association Journal* 35:36-39, 1982.

Stone, M.H.; Pierce, K.; Godsen, R.; Wilson, D.; Blessing, D.; Rozeneck, R. y Chromiak, J.: Heart rate and lactate levels during weight-training exercise in trained and untrained men. *The Phy. Sports Med.* 15(5): 97-105, 1987.

Stulen, F.B. y De Luca, C.J.: The relation between the myoelectric signal and physiological properties of constant-force isometric contractions. Electroencephalogr. Clin. Neurophysiol. 45: 681-698, 1978.

Tanaka, H.; Cleroux, J.; De Champlain, J.; Ducharme, J.R. y Collu, R.: Persistent effects of a marathon run on the pituitary-testicular axis. J. Endocrin. Invest. 9: 97-101, 1986.

Tesch, P.A. y Larsson, L.: Muscle hypertrophy in bodybuilders. *Eur. J.Appl. Physiol.* 49: 301-306, 1982.

Tesch, P.A., Thorstensson, A. y Kaiser P.: Muscle capillary supply and fiber type characteristics in weight and power lifters. *J. Appl. Physiol.* 56: 35-38, 1984.

Tesch, P.A. y Larsson, L.: Muscle fiber types and size in trained and untrained muscles of elite ahtlete. *J. Appl. Physiol.* 59: 1716-1720, 1985.

Tesch, P.A.; Colliander, E.B. y Kaiser, P.: Muscle metabolism during intense, heavy- resistance exercise. *Eur. J. Appl. Physiol.* 5: 362-366, 1986.

Tesch, P.A., Komi, P.V., y Hakkinen, K.: Enzymatic Adaptations Consequent to Long-Term Strength Training. *Int. J. Sports Med. Suppl.* 8:66-69, 1987a.

Tesch, P.A.: Acute and long-term metabolic changes consequent to heavy-resistance exercise. *Med. Sport Sci.* 26: 67-89, 1987b.

Tesch, A.: Short-and long-term histochemical and biochemical adaptations in muscle. In: *strength and power in sport.* Edited by Komi P. Blackwell Scientific Publication, London, 239-248, 1992.

Thortensson, A.: Muscle strength, fibre types and enzyme activities in man. *Acta Physiol. Scand. Suppl.* 443: 1-44, 1976.

Thortensson, A.; Larsson, L.; Tesch, P. y Karlsson, J.: Muscle strength and fiber composition in athletes and sedentary men. *Med. Sci. Sport* 9: 26-30, 1977.

Tidow, G.: 1990: Aspects of strength training in athletes. *New studies in athletics.* 1,93-110, 1977.

Tihany, J.: Fundamentos del entrenamiento de fuerza rápida. *Cuadernos de atletismo n.º23. Entrenamiento fuerza rápida.* Madrid. F.E.A.

Tihany, J.: Fisiología y mecánica de la fuerza. *Revista de entrenamiento deportivo.* Vol. 3 n.º2, 2-10, 1989.

Tschiene, P.: Ciclo annuale di allenamento. *Rivista di Cultura Sportiva.* n.º 2, 1985.

Vanhelder, W.P.; Radomski, M.W.; Goode, R.C.: Growth hormone responses during intermittent exercise in men. *Eur. J. Appl. Physiol.* 53: 31-34, 1984.

Veldhuis, J.D.; King, J.C.; Urban, R.J.; Rogol, A.D. y Evans, W.S.: Operating characteristics of the male hypothalamo pituitary-gonadal axis: pulsatile release of testosterone and follicle-stimulating hormone and their temporal coupling with luteinizing hormone. *J. Clin. Endocrin. Metabolism.* 65: 929-941, 1987.

Velez, U.: El entrenamiento de la fuerza para la mejora del salto. *Apunts.* Vol XXIX: 139-156, 1992.

Verkhoshansky, Y.: Una nueva concepción del entrenamiento especial de fuerza de saltadores y lanzadores. *Cuadernos de atletismo n.º10. acondicionamiento físico-atlético.:* 13-20, 1983.

Verkhoshansky, Y.: *Fundamentals of special strength training in sport.* Livonia, Michigan. Sportivny Press, 1986.

Verkhoshansky, Y.: *Entrenamiento deportivo.* Barcelona, M. Roca, 1990.

Verkhoshansky, Y.: Principios de la programación y de la organización del proceso de entrenamiento. *II jornadas unisport sobre planificación.* Málaga, 1991.

Vestergaard-Poulsen, P.; Thomsen, C.; Sinkjaer, T.; Stubgaard, M.; Rosenfalck, A. y Henriksen, O.: Simultaneous electromyography and 31P nuclear magnetic resonance spectroscopy-with application to muscle fatigue. *Electroenc. Clin. Neurophys.* 85: 402-411, 1992.

Viitasolo, J.T. y Komi, P.V.: Force-Time Characteristics and Fiber Composition in Human Leg Extensor Muscles. *Eur. J. Appl. Physiol.* 40:7-15, 1978.

Viitasolo, J.T.; Saukkonen, S. y Komi, P.V.: Reproducibility of measurements of selected neuromuscular performance variables in man. *Electromyography and Clinical Neurophysiology* 20: 487-501, 1980.

Viitasolo, J. y Bosco, C.: Electromechanical behaviour of human muscles in vertical jumps. *Eur. J. Appl. Physiol.* 48: 253-261, 1982.

Viitasolo, J.T.: Effects of training on force-velocity characteristics. In D. A. Winter, R. W. Norman, R. P. Wells, K. C. Hayes, A. E. Patla (Eds.), *Biomechanics IX-A.* Champaign, IL: Human Kinetics, 91-95, 1985a.

Viitasolo, J.T.: Measurement of force-velocity characteristics for sports-men in field conditions. In D. A. Winter, R. W. Norman, R. P. Wells, K. C. Hayes, A. E. Patla (Eds.), *Biomechanics IX-A*. Champaign, IL: Human Kinetics, 96-101, 1985b.

Vitori, C.. El entrenamiento de la fuerza en el sprint. *Atleticastudi*. 1,2:3-25 (traducción de J.M. Vélez y P.A. Galilea, Sant Cugat C.A.R.) 1990.

Walmsley, B.; Hodgson, J.A. y Burke, R.E.: Forces produced by medial gastrocnemius and soleus muscles during locomotion in freely moving cats. *J. Neurophysiol.* 41: 1203-1216, 1978.

Wang, N.; Hikida, R.S.; Staron, R.S. y Simoneau, J.A.: Muscle fiber types of women after resistance training-quantitative ultrastructure and enzyme activity. Pflügers Arch. 424: 494-502, 1993.

Weiss, L.W.; Cureton, K.J. y Thompson, F.N.: Comparison of serum testosterone and androstenedione responses to weight lifting in men and women. *Eur. J. Appl. Physiol.* 50: 413-419, 1983.

Weiss, L.W.: The obtuse nature of muscular strength: The contribution of rest to its development and expression. *J. Appl. Sport Sci. research*. 5,4,219-227, 1991.

Westcott, W.L.: Determining factors of strength. *NSCAJ.* 15,1;9-31, 1993.

Westerlind, K.C.; Byrnes, W.C.; Freedson, P.S. y Katch, F.I.: Exercise and serum androgens in women. Phys. Sports Med. 15: 87-94, 1987.

Widrick, J.J.; Costill, D.L.; Mcconell, G.K. y Anderson, D.E.; Pearson, D.R.; Zachwieja, J.J.: Time course of glycogen accumulation after eccentric exercise. *J. Appl. Physiol.* 72(5): 1999-2004, 1992.

Williams, P. y Goldspink, G.: Connective tissue changes in immobilized muscle. *J. Anat.* 138: 343-350, 1984.

Winters, S.J.: Diurnal rhythm of testosterone and luteinizing hormone in hypogonadal men. *J. Andrology* 12: 185-190, 1991.

Wooden, M. J.; Greenfield, B.; Johanson, M.; Litzelman, L.; Mundrame, M. y Donatelli, R.A.: Effects of strength training on throwing velocity and shoulder muscle performance in teenage baseball players. *JOSPT,* 15(5): 223-228, 1992.

Zatsiorsky, V.M.: Intensity of strength training. Facts and Theory: Russian and Eastern European Approach. *National Strength Cond. Assoc.J.* 14(5): 46-57, 1992.